Kochen für Freunde
Essen mit Freunden

Peter J. Efler

Kochen für Freunde
Essen mit Freunden

Rezepte für 2, 4, 6 und 8 Personen
mit logischer Abfolge
der Zubereitung und genauer
Angabe des Zeitaufwandes.
Mit 16 ganzseitigen Bildtafeln
von Menüs der Jahreszeiten
sowie 25 Einzeldarstellungen

Zutaten und Ausstattung: Delikatessenhaus
Alois Dallmayr, München
Graphiken: Rotraut Susanne Berner
Fotos: Ingrid Schreiber Thoma
Schutzumschlag: Karl Gogesch

Lizenzausgabe mit Genehmigung des
Heimeran Verlages, München,
für die Deutsche Buch-Gemeinschaft C. A. Koch's Verlag Nachf.,
Berlin · Darmstadt · Wien.
Diese Lizenz gilt auch für:
die Bertelsmann Club GmbH, Gütersloh,
die Europäische Bildungsgemeinschaft Verlags GmbH, Stuttgart,
die Buchgemeinschaft Donauland Kremayr & Scheriau, Wien,
und die Buch- und Schallplattenfreunde GmbH, Zug/Schweiz.

Gesamtherstellung: May & Co, Darmstadt
Printed in Germany · Buch-Nr. 00266 7

Inhalt

Vorwort

Dieses Kochbuch richtet sich an alle, die gern kochen und essen – und zumindest das letztere nicht unbedingt allein.

Es richtet sich vor allem aber an jene, die das Nonplusultra der Gastlichkeit nicht in einem Blech mit Pizza und einem Kasten Bier sehen.

Natürlich kann man seine Freunde damit bewirten, ebenso wie mit Hamburgern, einem Fondue oder einer Mitternachtssuppe – Vergil pflegte seinen Freunden Wein, Nüsse und Feigen vorzusetzen. Sicherlich wird Stimmung aufkommen, man wird lustig sein und vielleicht interessante Gespräche führen. Aber mit gutem Essen hat dies nicht allzuviel zu tun. Es ist ja auch nicht die Hauptsache bei solchen Zusammentreffen.

Mit meinem Kochbuch möchte ich dazu anregen, das gemeinsame Essen mit Freunden in den Mittelpunkt zu stellen. Denn das bringt doppelten Genuß: zum einen das Zusammensein mit Menschen, die man mag, zum anderen die Freuden gemeinsamen Tafelns.

Gutes Kochen ist gar nicht so schwer, wenn man einige Grundbegriffe berücksichtigt und weiß, wie man es macht. Aber dafür ist mein Buch ja da. Sie finden Rezepte – angefangen von Vorspeisen bis hin zu Desserts – für jeweils 2, 4, 6 oder 8 Personen, so genau beschrieben, daß jeder, der sich bereits ein wenig mit dem Kochen beschäftigt hat, diese Gerichte nachmachen kann. Dabei habe ich sowohl Rezepte aufgeschrieben für Gerichte, die Sie sonst nur in den »großen Küchen« finden – neuzeitliche Gesichtspunkte sind dabei berücksichtigt –, wie auch Speisen aus den regionalen Küchen, auf eine leichte und feine Art zubereitet.

Um es mit einigen wenigen Sätzen zu sagen:

Kochen für Freunde, damit meine ich *Kochen aus purem Vergnügen, ohne daß Zeit und Geld die dominierende Rolle spielen.*

Essen mit Freunden, damit meine ich *gemeinsames Genießen und dadurch mehr Freude an den Dingen, die uns Küche und Keller schenken.*

Einleitung

In den Rezepten dieses Kochbuchs finden Sie, bis auf wenige Ausnahmen, keine Fertigprodukte, Dosen und Tiefkühlkost. Die Zubereitung der Rezepte ist daher zeitraubender als gewöhnlich und deshalb nicht unbedingt für den Alltag geeignet – doch sollten Sie die Grundsätze dieses Kochbuchs auch dann anwenden!

Es ist heute, bei den guten Verkehrsverbindungen, nicht allzu schwer, gute und frische Zutaten zu bekommen. Doch gibt es einige wesentliche Unterschiede, wenn wir über die Grenzen sehen. Gerade in Frankreich findet man heute noch Gebiete, die sich auf bestimmte Produkte spezialisiert haben – zum Beispiel auf Wein und Champagner, Cognac oder Austern, Gänseleber, Hühner oder Rindfleisch, um nur einige wenige Dinge zu nennen – aber von so hervorragender Qualität, wie sie bei uns anscheinend nicht erzeugt werden kann.

Doch auch auf unseren Märkten und in den Geschäften finden wir vielfach gute Produkte.

Der Handel ist bemüht, das ganze Jahr hindurch ein gleichmäßiges Angebot zu garantieren. Darum erreichen uns heute aus aller Welt Nahrungsmittel. Aber das birgt auch Gefahren in sich: Zum einen fehlt die Vielfalt des Angebots, weil nur Waren, die sich problemlos transportieren und lagern lassen, eine Chance haben; zum anderen, weil Früchte und Gemüse in noch unreifem Zustand geerntet werden, um transportfähig zu sein. Zum dritten haben wir dadurch das Gefühl für den jahreszeitlichen Rhythmus weitgehend verloren. In diesem Buch finden Sie deshalb Menüvorschläge und Übersichtspläne, aus denen Sie das saisonale Marktangebot entnehmen können. Das heißt, in den Tabellen ist aufgezeigt, wann Nahrungsmittel ihren jahreszeitlichen Höhepunkt haben. Dann sind sie schmackhaft und preisgünstig. Außerdem ist bei vielen Gerichten angegeben, wann sie sich am besten zubereiten lassen. (Fehlt diese Angabe, so sind sie das ganze Jahr über herzustellen.)

Ein paar Anmerkungen möchte ich bereits an dieser Stelle machen: Billige Butter aus Lagerbeständen, Öl von zweifelhafter Herkunft und sogenannte Kochweine sollten Sie nicht verwenden. Ein Wein, der zu schlecht ist zum Trinken, ist erst recht zu schlecht zum Kochen! Durch das Erhitzen werden alle seine minderen Eigenschaften erst richtig bemerkbar. Nehmen Sie zum Kochen nur trockenen Wein, er verhält sich zu den anderen Gewürzen geschmacklich neutral. Denken Sie immer daran: Ein Gericht ist nur so gut wie seine schlechteste Zutat. Mehr zum Thema Einkaufen finden Sie auf den Seiten 9 bis 30, zum Thema Wein auf den Seiten 36 bis 61.

Achten Sie darauf, daß Sie nichts völlig durchbraten oder zerkochen. Fisch soll an den Gräten, Fleisch an den Knochen, der Braten innen noch rosa sein, das Gemüse knackig bleiben. Dann ist Fisch nicht fasrig und trocken, Fleisch nicht zäh und grau, sondern saftig, das Gemüse behält seine Farbe, seinen Naturgeschmack und seine Vitamine.

Mehlschwitzen und fette gebundene Saucen sind ungesund. Saucen-Grundlagen bilden heute Fleisch-, Fisch- oder Gemüsebrühen, zum Binden werden Crème fraîche, Sahne, Butter oder Eigelb, manchmal auch Quark verwendet. Diese Saucen sind leichter und schmecken frischer und feiner.

Das Einkaufen

Erst die Kenntnis des aktuellen Marktangebots ist die Voraussetzung für gutes Kochen. Denn nur wenn Sie genau wissen, wann Saison für ein bestimmtes Gemüse ist, können Sie es frisch und preiswert kaufen – dies gilt natürlich auch für Fisch, Wild und Obst.

Die Jahrestabellen in diesem Buch sind aufgrund der Angaben der CMA (Centrale Marketinggesellschaft der deutschen Agrarwirtschaft, Bonn) und in Gesprächen mit dem Bayerischen Bauernverband erstellt worden; die Teilstücke beim Fleisch mit der Fleischerfachschule in Augsburg; die Tabellen für Fisch mit der Filiale des Handelsunternehmens Nordsee in München. Allen, die mir dabei geholfen haben, sage ich hiermit meinen Dank.

Obst

Obst verwendet man innerhalb eines Menüs hauptsächlich zur Vorspeise oder zum Dessert, seltener als Beigabe zum Hauptgericht. Kaufen Sie Obst so frisch wie möglich an dem Tag, an dem Sie es auch zubereiten wollen.

Äpfel, Aprikosen, Birnen, Erdbeeren, Kirschen, Pflaumen, Pfirsiche, Renekloden, Tafeltrauben, Zitrusfrüchte und Zwetschgen werden in Deutschland nach EWG-Qualitätsnormen (in Österreich und der Schweiz gelten ähnliche Vorschriften) in den Güteklassen: Extra, I, II, III verkauft, die übrigen Obstsarten nach nationalen Handelsklassen; sie müssen den dafür festgelegten Merkmalen entsprechen. Die Beurteilung wird nach Größe, Gewicht, Aussehen, Geruch, Geschmack und Gebrauchseigenschaften vorgenommen. Außerdem muß die Aufmachung und Verpackung bestimmten Anforderungen entsprechen. Die wichtigsten Punkte, die wertgebenden Inhaltsstoffe, die Vitamine und Mineralien werden dabei allerdings nicht berücksichtigt. So kommt es, daß das Obst zwar aussieht wie von Kunsthochschulstudenten gemalt, aber nur geringen ernährungsphysiologischen Wert haben kann. Ja, das geht so weit, daß manche vitaminreiche Sorten vom Markt völlig verdrängt wurden. Typisch dafür ist bei Äpfeln der ‚Golden Delicious', dessen Vitamin-C-Gehalt nur 8 mg pro 100 g Fruchtfleisch beträgt, der anderer Sorten (z. B. ‚Freiherr von Berlepsch' oder ‚Ontario') dagegen über 20 mg liegt. Kaufen Sie also nicht nur mit den Augen, sondern vor allem mit Verstand. Sorten der Güteklasse II und III können sehr schmackhaft sein, auch wenn sie nicht so schön aussehen. Allerdings sollte Obst nicht zu alt oder welk sein.

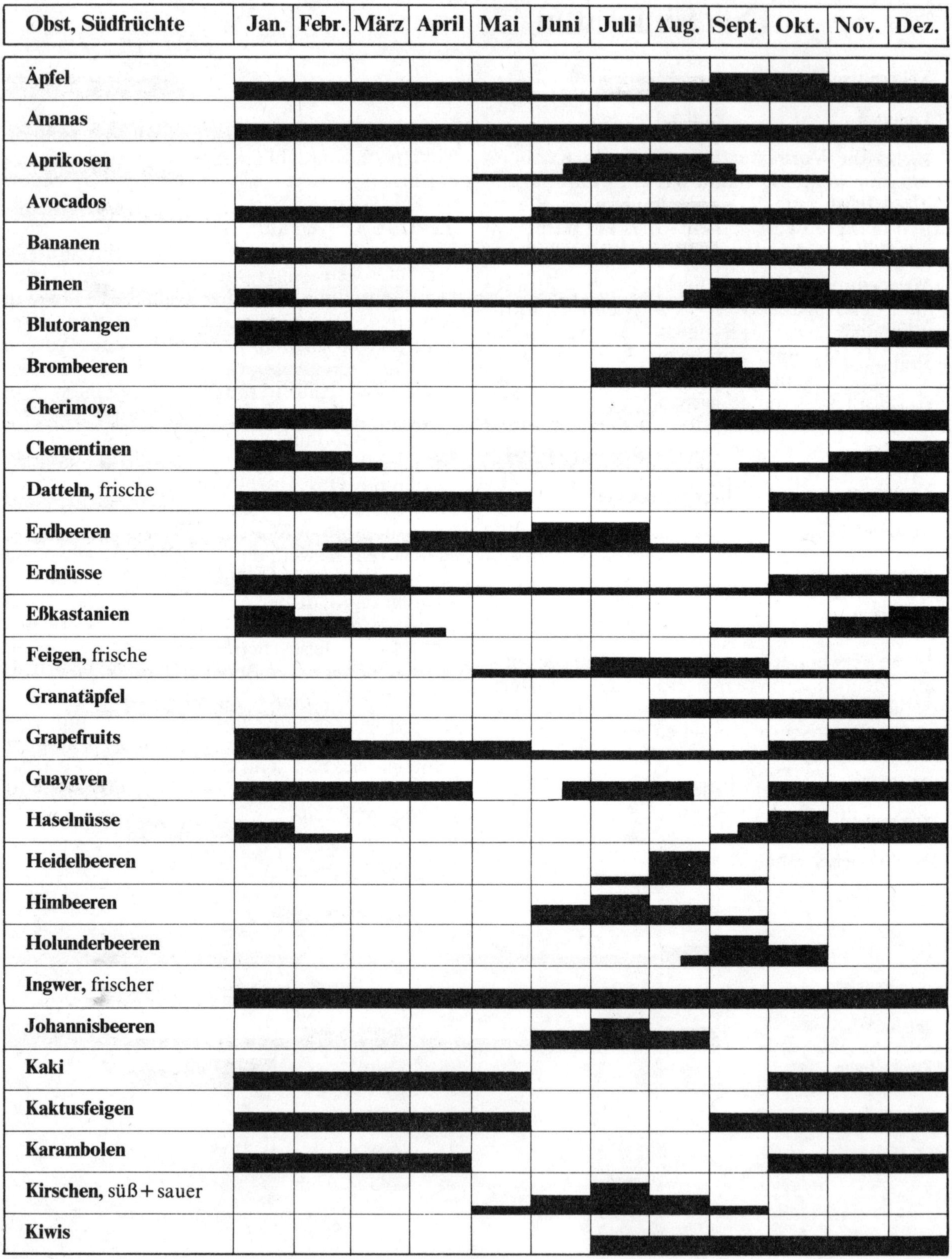
Obst, Südfrüchte
Jan.
Febr.
März
April
Mai
Juni
Juli
Aug.
Sept.
Okt.
Nov.
Dez.
Äpfel
Ananas
Aprikosen
Avocados
Bananen
Birnen
Blutorangen
Brombeeren
Cherimoya
Clementinen
Datteln, frische
Erdbeeren
Erdnüsse
Eßkastanien
Feigen, frische
Granatäpfel
Grapefruits
Guayaven
Haselnüsse
Heidelbeeren
Himbeeren
Holunderbeeren
Ingwer, frischer
Johannisbeeren
Kaki
Kaktusfeigen
Karambolen
Kirschen, süß + sauer
Kiwis

Obst, Südfrüchte
Jan.
Febr.
März
April
Mai
Juni
Juli
Aug.
Sept.
Okt.
Nov.
Dez.
Kokosnüsse
Limetten
Lychees
Mandarinen
Mangos
Melonen
Mirabellen
Nektarinen
Orangen
Papayas
Paranüsse
Passionsfrüchte
Pfirsiche
Pflaumen
Pinienkerne
Preiselbeeren
Quitten
Satsumas
Schälnüsse
Stachelbeeren, grüne
Stachelbeeren, reife
Walnüsse
Weintrauben
Zitronen
Zwetschgen

Gemüse und Salat

Ich meine, wir sollten viel öfter Gemüse essen, es hat lebenswichtige Vitamine, Mineralien und natürliche Ballaststoffe. Aber zumeist wird es einfallslos zubereitet und viel zu lange gekocht. Dabei verliert es Gehalt, Geschmack und Farbe.

Artischocken, Bleichsellerie, Blumenkohl, Bohnen (grüne), Chicorée, Endivien, Erbsen, Eskariol, Gurken, Karotten, Knoblauch, Kopfkohl, Kopfsalat, Rosenkohl, Spinat, Spargel, Tomaten und Zwiebeln werden nach EWG-Qualitätsnormen (Güteklassen: Extra, I, II, III) gehandelt. Die übrigen nach nationalen Handelsklassen; sie müssen den dafür festgelegten Merkmalen entsprechen. Beurteilt wird wie bei Obst. Über den Gehalt an Vitaminen und Mineralstoffen sagen die Verordnungen auch hier nichts aus. Achten Sie deshalb vor allem auf frische Ware. Eingetrocknete Schnittstellen, welkes Aussehen und faulige Blätter sind untrügliche Zeichen für zu alte Ware, die Sie nicht kaufen sollten.

Gemüse ist dann am preiswertesten und schmackhaftesten, wenn es vom Freiland reichlich geerntet wird. Teuer sind immer die ersten Anlieferungen am Markt. Warten Sie also lieber etwas länger! Zu drei Gemüse- und zwei Pilzsorten, die oft in den Rezepten auftauchen, möchte ich noch einige grundsätzliche Bemerkungen machen:

Tomaten

Drei Sorten von Tomaten werden bei uns angeboten:

a) Runde Tomaten, die vorwiegend in Holland angebaut werden. Fast immer kommen diese Tomaten aus dem Gewächshaus. Sie enthalten viele Kerne, viel Saft und schmecken fast nach nichts. Eine Ausnahme bilden die italienischen Kirschtomaten, die ein hervorragendes Aroma haben – oder kanarische, die im Winter eingeflogen werden.

b) Flaschen- und Birnentomaten, die vorwiegend aus Italien kommen. Ihr intensiver Geschmack entwickelt sich besonders beim Kochen.

c) Gerippte Tomaten (Fleischtomaten oder Vierländer), diese Tomaten haben wenig Kerne und ein intensives Aroma, auch schon im halbreifen Zustand. Die besten vom Freiland kommen aus Marokko und Italien. Inzwischen werden diese Tomaten auch in Holland im Treibhaus zur Reife gebracht – siehe oben unter a!

Verzichten Sie möglichst auf alle Tomaten, die aus dem Gewächshaus stammen, sie schmecken meist wie gefärbtes Wasser.

Porree

Achten Sie beim Einkauf darauf, daß der weiße Teil möglichst lang ist. Denn nur dieser Teil, ohne die grünen Blätter, wird verwendet. Waschen Sie den Lauch vor dem Verarbeiten sehr gründlich. Dazu schneiden sie die Stange der Länge nach durch.

Sellerie

Der Knollensellerie ist bis auf 2–3 Monate im Frühling immer zu bekommen. Ich ziehe ihn im allgemeinen dem Staudensellerie vor. Aber das ist eine persönliche Einstellung.

Champignons

Am besten schmecken natürlich die selbstgesammelten von der grünen Wiese. Am zweitbesten sind die schon hellbraunen, großen, reifen mit offenen Köpfen, wie sie im Handel jedoch nur selten angeboten werden. Sie sehen nicht so schön aus wie die ganz kleinen, geschlossenen und werden deshalb nur von Kennern gekauft. Sie haben ein viel intensiveres Pilzaroma. Zuchtchampignons werden das ganze Jahr über angeboten.

Trüffeln

Trüffeln sind Pilze, die vor allem in Eichenwäldern im Boden wachsen, in Italien um Alba (hier werden sie mit abgerichteten Hunden gesucht) und in Frankreich um Périgueux (hier sucht man sie mit Schweinen). Es gibt schwarze (aus Frankreich und Italien) und die noch teureren weißen Trüffeln (nur aus Italien). 100 g schwarze Trüffeln kosten etwa 60 DM, falls Sie

sie überhaupt in einem Feinkostgeschäft frisch bekommen. Es gibt Sommertrüffeln, die jedoch in Geschmack und Konsistenz den Wintertrüffeln nicht gleichzusetzen sind.

In diesem Kochbuch finden Sie einige Rezepte, in denen Trüffeln benötigt werden. Wenn keine frischen zu bekommen sind, müssen Sie notgedrungen auf Dosenware zurückgreifen, die aber längst nicht so schmackhaft ist.

Sie können aber die Trüffeln auch durch getrocknete Morcheln ersetzen. Rechnen Sie für je 50 g Trüffeln ein Tütchen mit 25 g Morcheln. Getrocknete Morcheln sind ebenfalls sehr teuer!

Die Morcheln müssen vor dem Gebrauch gründlich abgespült und dann in wenig Wasser 1½ Stunden eingeweicht werden. Nach Ablauf der Zeit werden die Morcheln aus dem Wasser genommen, das Wasser durch ein feines Sieb oder einen Filter gegossen und mitverwendet. Große Morcheln können Sie, falls erforderlich, in Scheiben schneiden.

Kartoffeln

Viele Restaurants kennen nur drei Kartoffelzubereitungen: Salzkartoffeln, Kartoffelbrei, Pommes frites. Kein Wunder, daß Kartoffeln bei uns als langweilig schmeckende Beilage bezeichnet werden, die dick macht. Doch das gilt nur für die Pommes frites, die darüber hinaus durch das Ölbad ihre letzten Vitamine eingebüßt haben und nur noch Kalorienbomben sind (100 g = 425 cal. bzw. 1780 Joule). Kartoffeln sind eigentlich reich an Mineralien (Phosphor, Eisen, Kalium, Kalcium) und Vitaminen (C, B-Gruppe) und können, richtig zubereitet, sehr schmackhaft sein.

Achten Sie beim Kartoffeleinkauf, vor allem, wenn sie in Plastikbeuteln verpackt sind, darauf, daß sie trocken und nicht faulig sind. Sie sollen frisch aussehen und fest sein, sonst lagern sie bereits zu lange und haben fast ihr gesamtes Vitamin C verloren.

Die Kartoffelsorten werden in zwei Kategorien eingeteilt: nach dem Reifezeitpunkt (frühe, mittelfrühe, späte Sorten) und nach der Kocheigenschaft (hier spielt der Stärkegehalt die ausschlaggebende Rolle).

Die Kocheigenschaft, der Sortenname und die Handelsklasse (Extra, I, II und Drillinge = besonders kleine Kartoffeln) muß vom Händler angegeben werden.

Die Kocheigenschaft ist wiederum ausschlaggebend für die Verwendung. Man unterscheidet drei Gruppen:

a) Festkochende oder Salatkartoffeln, für Salat, Brat- und Salzkartoffeln und für bestimmte Kartoffelgerichte, wie Kartoffelauflauf.

b) Vorwiegend festkochende Kartoffeln, etwas mehliger und trocken; für Salz-, Pell- und Bratkartoffeln.

c) Mehlig-festkochende Kartoffeln, sehr mehlig, platzen beim Kochen oft auf; für Püree, Klöße, Puffer, Suppen, zum Grillen und Backen in Folie.

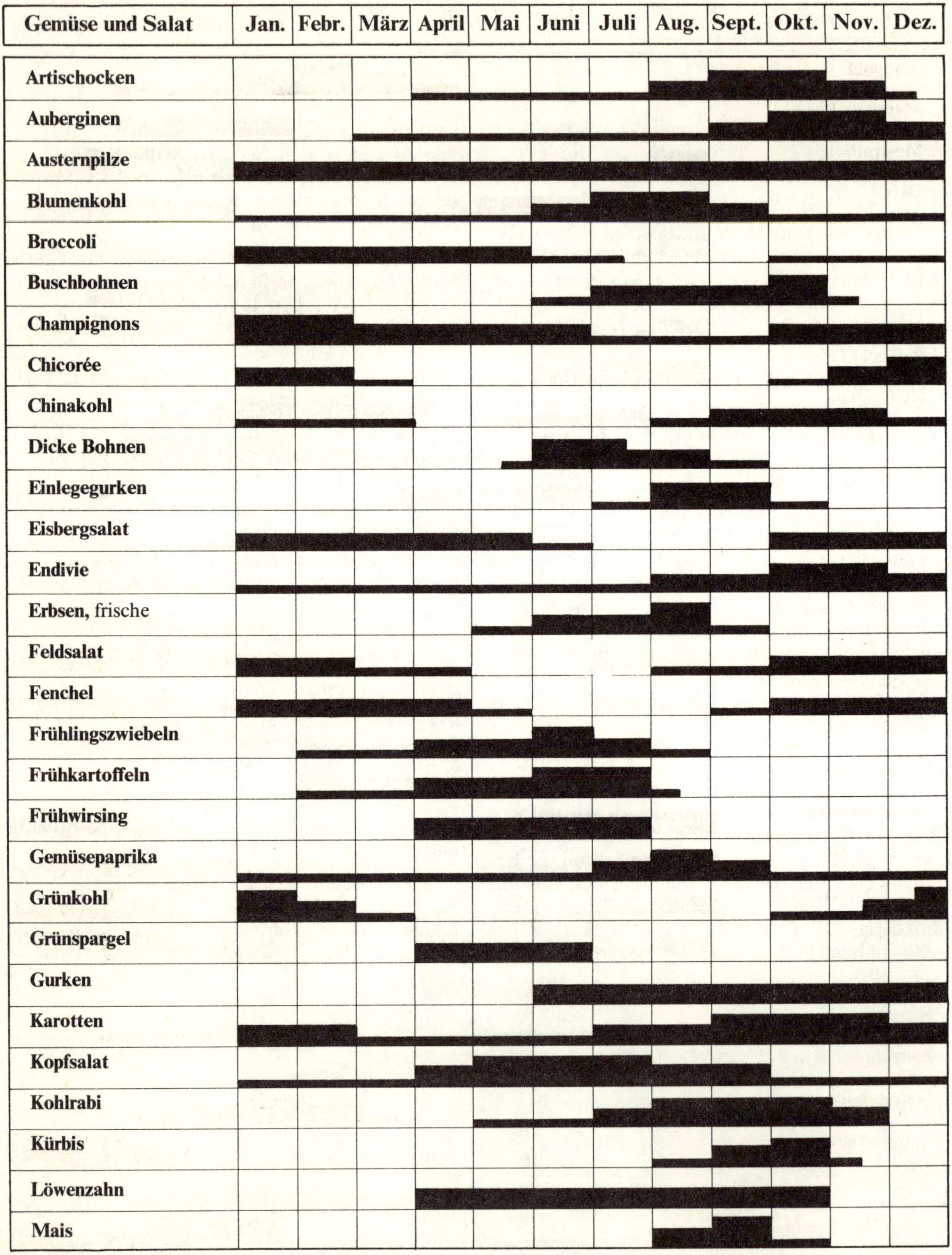
Gemüse und Salat
Jan.
Febr.
März
April
Mai
Juni
Juli
Aug.
Sept.
Okt.
Nov.
Dez.
Artischocken
Auberginen
Austernpilze
Blumenkohl
Broccoli
Buschbohnen
Champignons
Chicorée
Chinakohl
Dicke Bohnen
Einlegegurken
Eisbergsalat
Endivie
Erbsen, frische
Feldsalat
Fenchel
Frühlingszwiebeln
Frühkartoffeln
Frühwirsing
Gemüsepaprika
Grünkohl
Grünspargel
Gurken
Karotten
Kopfsalat
Kohlrabi
Kürbis
Löwenzahn
Mais

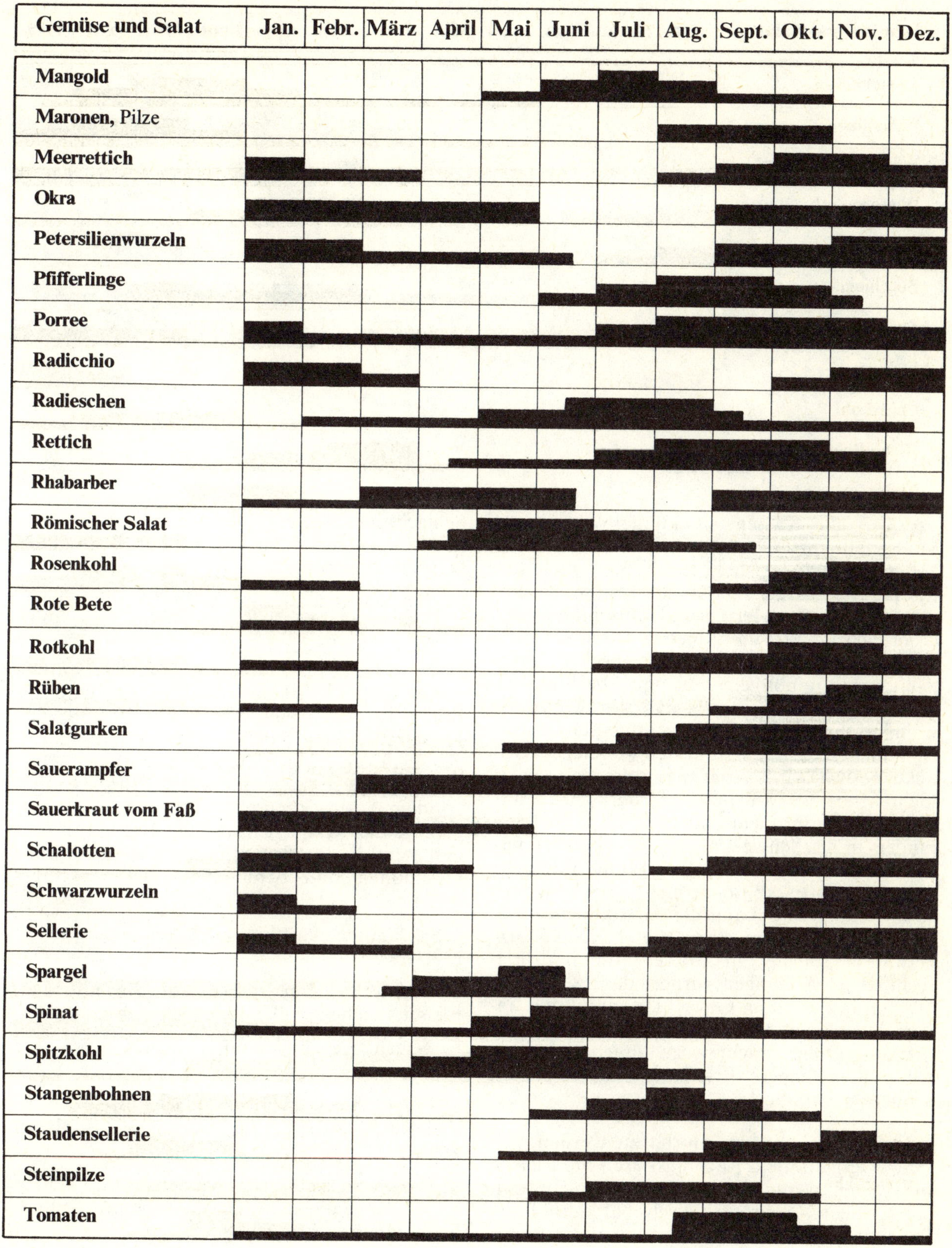
Gemüse und Salat
Jan.
Febr.
März
April
Mai
Juni
Juli
Aug.
Sept.
Okt.
Nov.
Dez.
Mangold
Maronen, Pilze
Meerrettich
Okra
Petersilienwurzeln
Pfifferlinge
Porree
Radicchio
Radieschen
Rettich
Rhabarber
Römischer Salat
Rosenkohl
Rote Bete
Rotkohl
Rüben
Salatgurken
Sauerampfer
Sauerkraut vom Faß
Schalotten
Schwarzwurzeln
Sellerie
Spargel
Spinat
Spitzkohl
Stangenbohnen
Staudensellerie
Steinpilze
Tomaten

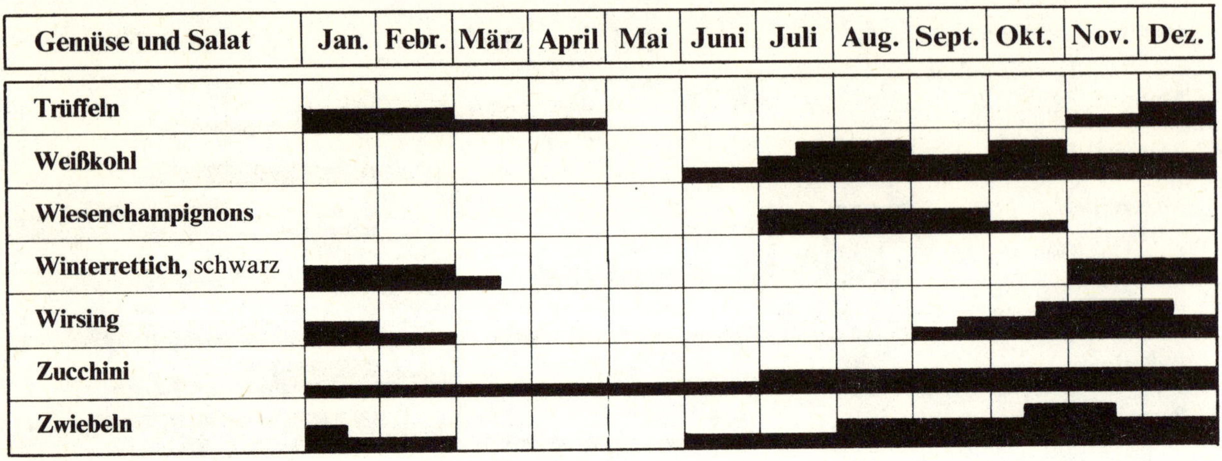

Fleisch

»Süßer die Kassen nie klingeln« – dieses Motto fällt mir oftmals ein, wenn ich einen Metzgerladen oder die Fleischabteilung eines Kaufhauses betrete. Dann nämlich, wenn ich sehe, wie manche Metzger in Deutschland oder Österreich ihr Fleisch anbieten. Es ist schlecht geschnitten oder, besser gesagt, gerupft, voller Sehnen, mit unnötigem Fett und überflüssigen Knochen. Dabei weiß ich, daß den Metzgern während ihrer Lehrzeit die richtige Schnittführung und das Entbeinen in den Schulen eingehend gelehrt wird. Aber wer gibt sich schon mehr Mühe, als von ihm gefordert wird? Wir Verbraucher in Deutschland und Österreich (anders in der Schweiz und in Frankreich) machen es den Metzgern viel zu leicht. Wir nehmen ihnen alles ab, auch nicht abgehangenes Rind-, Kalb- und Lammfleisch und wundern uns dann über einen zähen Braten! Den Metzgern ist ein solches Einkaufsverhalten natürlich recht. Beim Abhängen verliert das Fleisch an Wasser und somit an Gewicht, dadurch verdienen sie weniger. Hierzu gleich noch eine Anmerkung: zähes, nicht abgehangenes Fleisch wird durch längere Bratdauer nicht weicher, sondern noch zäher!

Fleisch braucht, um mürbe zu werden, das Fett. (Deshalb mein Rat: massieren Sie Fleisch mit Öl ein, wenn Sie es schneller mürbe machen wollen.) Schweinefleisch hat verhältnismäßig viel Fett im Muskelgewebe, das anderer Schlachttiere weniger. Deshalb kann Schweinefleisch auch schon kurz nach dem Schlachten verarbeitet werden.

Man macht heute, im Zuge der übertriebenen Schlankheitswelle, den Fehler, das Fett, welches das Fleisch umgibt, vor dem Braten abzuschneiden oder schon vom Metzger entfernen zu lassen. Es ist ein Irrglaube, daß dann der Braten kalorienärmer würde. Eine dünne, das Fleisch umgebende Fettschicht hat nämlich folgende günstige Eigenschaften: Sie transportiert die Geschmacksstoffe und schützt Ihren Braten vor dem Austrocknen und Verbrennen! Schneiden Sie das Fett erst nach dem Braten ab und entfetten Sie den Bratenfond – das ist für Ihre Gesundheit und Schlankheit viel wirkungsvoller.

Sie können natürlich auch versuchen, Ihren Metzger zu erziehen:

a) Sagen Sie ihm zuerst, was Sie mit dem Fleisch machen wollen.

b) Sagen Sie ihm dann, welches Stück Sie möchten.

c) Fragen Sie ihn, ob das Fleisch abgehangen (bei Rind, Kalb, Lamm) oder frisch ist (beim Schwein).

d) Lassen Sie sich das Stück zeigen und achten Sie darauf, daß es ein Muskelstück mit einheitlicher Faserstruktur ist.

Falls Sie das Fleisch dann so zubereitet haben, wie es im Rezept angegeben ist, und es trotzdem zäh wurde, dann lag es an Ihrem Metzger; sagen Sie es ihm, und falls es nochmals passiert, suchen Sie sich einen anderen.

Ich habe zu jedem Fleischrezept in diesem Kochbuch angegeben, welches Stück benötigt wird, und zwar für Deutschland (D), Österreich (A) und die Schweiz (CH). Aber die verwendeten Bezeichnungen für die einzelnen Fleischstücke können trotzdem völlig verschieden sein, oder die Bezeichnungen sind gleich, meinen aber ein anderes Stück!

In den folgenden Tabellen finden Sie in drei Rubriken die gebräuchlichsten deutschen, österreichischen und schweizerischen Bezeichnungen zusammengefaßt. Außerdem haben Sie eine leere Spalte, in der Sie die spezielle regionale Bezeichnung eintragen können. Mehr kann ich nicht tun, um den Begriffswirrwar, der vor allem bei Rindfleisch besteht, zu entwirren. Sie können also vor dem Einkauf hier nachschlagen und anhand der Nummer die für Sie richtige Fleischbezeichnung finden. Notfalls zeigen Sie Ihrem Metzger in diesem Buch das Teilstück, welches Sie wollen.

Rindfleisch

Als Rindfleisch wird das Fleisch von Färsen (weiblichen Jungrindern), Kühen, jungen und alten Bullen angeboten. Junge und alte Ochsen werden so gut wie gar nicht mehr, und wenn, dann als Ochsenfleisch auf den Markt gebracht.

Das beste Fleisch stammt von Kühen, die schon einmal gekalbt haben und 2–3 Jahre alt sind. Dann nämlich ist das Fleisch von zarten Fettadern durchzogen und besonders saftig – aber im Endeffekt auch nicht wesentlich kalorienreicher als das von Mastjungbullen, deren Fleisch man fast nur noch auf unseren Märkten findet. Kaufen Sie darum möglichst kein Mastjungbullenfleisch, auch wenn Ihr Metzger es Ihnen noch so anpreist. Dieses Fleisch ist zumeist noch nicht reif, das heißt so ausgemästet, wie es sein sollte, es ist dadurch nicht so saftig, zart und aromatisch.

Verlangen Sie vor allem, daß Ihr Fleisch abgehangen ist: zum Kochen 5 Tage, zum Braten 10–14 Tage, Steaks und Roastbeef 14–21 Tage.

Abgehangenes Fleisch erkennen Sie an seiner dunkelroten bis grauen Farbe; hellrotes Fleisch ist gerade erst geschlachtet worden. Wenn Sie sich nicht ganz sicher sind, können Sie Ihr Fleisch zum Braten mit Öl einreiben und im Kühlschrank etwa 8 Tage nachreifen lassen.

Kalbfleisch

Als Kalbfleisch bezeichnet man das Fleisch von Rindern, die höchstens 4 Monate alt und bis zu 150 kg (Zweihälftengewicht, nach dem Schlachten) schwer sind.

Kaufen Sie nur rötliches Fleisch, es ist nährstoffreicher, viel schmackhafter und rückstandsfreier! Das besonders weiße Kalbfleisch stammt von Tieren, die mit Milchaustauschfutter ernährt werden, dem das Eisen entzogen wurde. Bei diesen Tieren wird also eine künstliche Anämie geschaffen, die dann das weiße Fleisch bewirkt. Dazu kommt, daß solche Kälber vorsorglich mit hohen Mengen Antibiotika gespritzt werden, die als Rückstände im Fleisch bleiben können.

Kalbfleisch ist sehr wasserhaltig. Kaufen Sie deshalb möglichst abgehangenes Kalbfleisch. Vor allem Bratenstücke sollten mindestens 8 Tage alt sein. Achten Sie darauf, daß Sie das Fleisch scharf anbraten und dann die Hitze sofort reduzieren, damit die Verdunstungsverluste so gering wie möglich bleiben. Mit mindestens 30% müssen Sie trotzdem rechnen!

Schweinefleisch

Als Schweinefleisch wird das Fleisch von Jungschweinen, Schweinen oder Sauen (Mutterschweinen) angeboten.

Schweinefleisch wird bei uns am meisten verzehrt. Allerdings kann nur etwas mehr als die Hälfte des Schweins als Frischfleisch verkauft werden. Der Rest wird zu Wurstwaren verarbeitet.

Schweinefleisch sollten Sie frisch kaufen und verwenden. Ca. 2–3 Tage nach dem Schlachten ist es am schmackhaftesten.

Schaffleisch

Als Schaffleisch wird Milchlammfleisch von Lämmern unter 6 Monaten, Mastlammfleisch von Lämmern unter 12 Monaten, Hammelfleisch von kastrierten männlichen und von nicht zur Zucht verwendeten weiblichen Tieren unter 2 Jahren und Schaffleisch von weiblichen und kastrierten männlichen Tieren über 2 Jahren angeboten.

Im allgemeinen ist heute jedoch nur Lammfleisch auf dem Markt. Früher gab es eigentlich nur zu Ostern Lammfleisch und den Rest des Jahres über den streng schmeckenden Hammel, weil an Ostern die jungen Lämmer gerade groß genug zum Schlachten waren. Seit ein paar Jahren jedoch werden Lämmer von guter Qualität gezüchtet, die bereits nach etwas mehr als 3 Monaten ihr Schlachtgewicht erreichen.

Lammfleisch kommt auch gefroren aus Neuseeland zu uns, allgemein von guter Qualität (4–6 Monate alte Tiere). Es kann aber zäh sein, weil es nach dem Schlachten zu schnell tiefgekühlt wird. Es eignet sich auch nicht für alle Gerichte. So ist Beizen zum Beispiel nicht möglich, weil das Fleisch auslaugt.

Lammfleisch muß immer sehr heiß serviert werden, da das Fett bereits bei 40° C erstarrt und dann tranig schmeckt.

Schaffleisch ist sehr kalorienarm, wenn Sie nach dem Braten das Fett, das das Fleisch umgibt, entfernen.

Deutschland

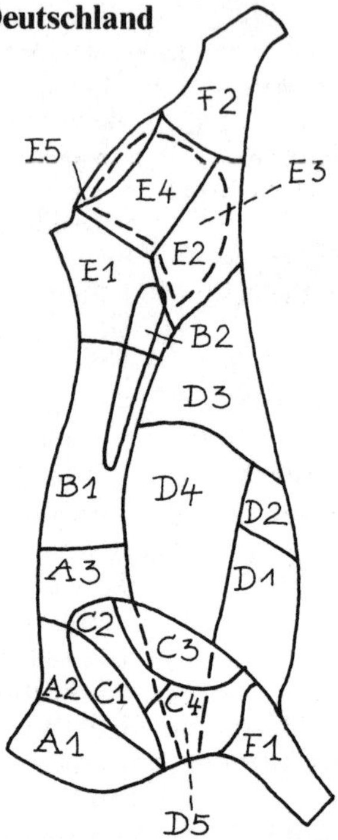

Österreich

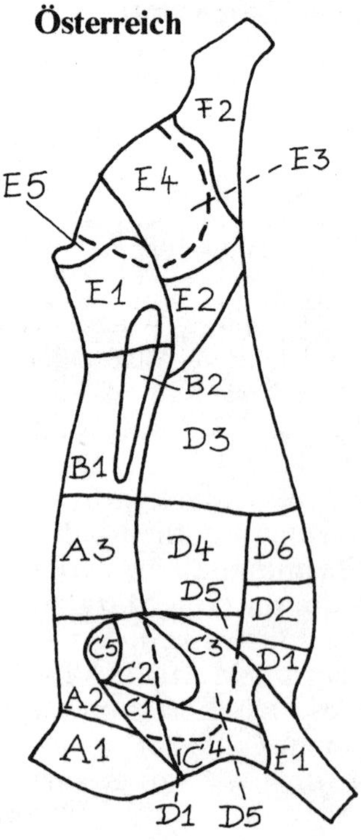

Schweiz

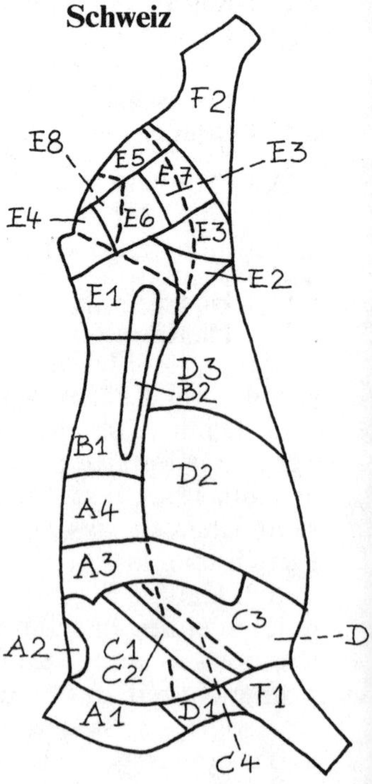

	Deutschland	Österreich	Schweiz	regionale Bezeichnung
A 1	Nacken/Hals	Halsstück	Hals	
A 2	Kamm/Halsgrat	Kamm	abgedeckter Rücken	
A 3	Fehlrippe/Hohe Rippe	Rieddeckel	Hohrücken	
A 4		Rostbraten		
B 1	Roastbeef/Lende	Beiried	Roastbeef	
B 2	Filet	Lungenbraten	Filet	
C 1	Falsches Filet	Fettes Meisel	Schulterfilet	
C 2	Mittelbug	Mageres Meisel	Schulterdeckel	
C 3	Dickes Bugstück	Dicke Schulter	Dicke Schulter	
C 4	Schaufelstück	Schulterscherzl	Bug	
C 5			Schulterspitz	
D 1	Brustkern	Brustkern/-spitz	Brustspitz	
D 2	Dünnung	Platte/Palisade	Brustkern	
D 3	Lappen	Riedhüfel	Lempen	
D 4	Spannrippe/Querrippe	Spitz	Federstück	
D 5	Abgedeckte Spannrippe		Abged. Federstück	
D 6			Nachbrust	
E 1	Hüfte	Hüferschwanzl	Huft	
E 2	Kugel	Hüferscherzl	Vorschlag	
E 3	Oberschale	Ortsschwanzl (Schale)	Eckstück	
E 4	Schwanzstück Unterschale	Tafelspitz	Unterspälte	
E 5	Schwanzrolle	Weißes Scherzl	Huftdeckel	
E 6		Tafelstück		
E 7		Gestutztes Scherzl		
E 8		Beinscherzl		
F 1	Hesse	Vorderer Wadschinken	Schenkel	
F 2	Hinterhesse	Hinterer Wadschinken	Schenkel	

Lage und Bezeichnung der Teilstücke beim Kalb

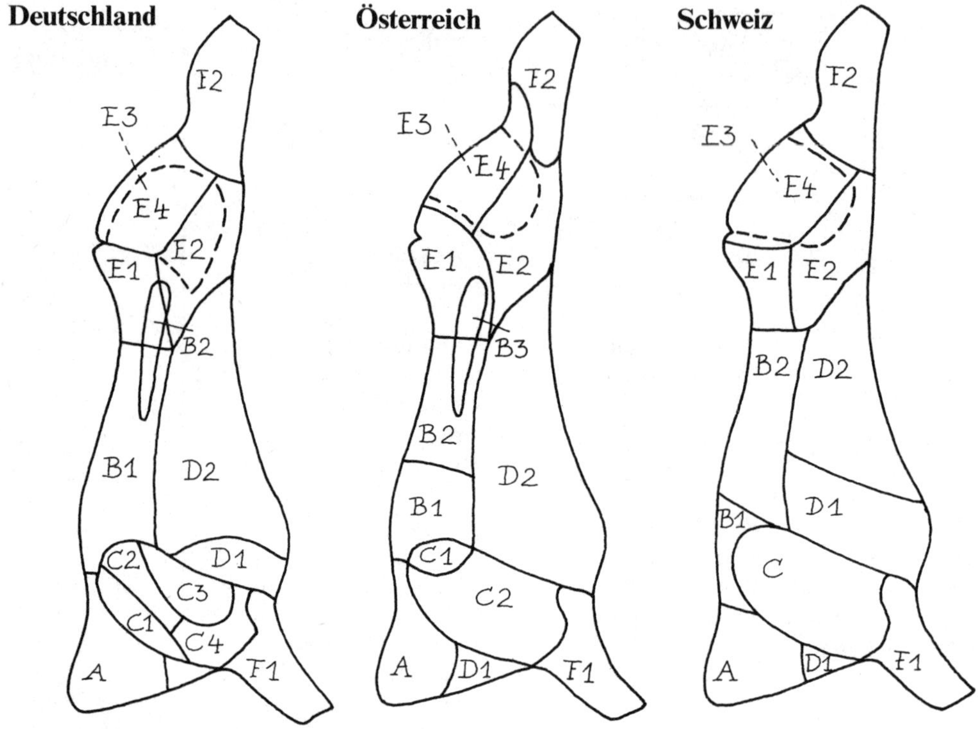

	Deutschland	Österreich	Schweiz	regionale Bezeichnung
A	Hals/Nacken	Halsfleisch	Hals	
B 1	Rücken/Kotelett	Karree	Kotelettenstück	
B 2	Filet	Nierenbraten	Nierstück	
B 3			Filet	
C 1	Falsches Filet	Kalbsschulter	Schulterspitz	
C 2	Mittelbug		Dicke Schulter	
C 3	Dickes Bugstück			
C 4	Schaufelstück			
D 1	Brust	Kalbsbrust	Brustspitz	
D 2	Dünnung	Wammerl	Brust	
E 1	Hüfte	Schlußbraten	Huft	
E 2	Kugel	Kalbsnuß	Nuß	
E 4	Oberschale	Naturteil (Schale)	Eckstück	
E 5	Schwanzstück	Frikandeau	Unterspälte	
F 1	Haxe	Vordere Kalbsstelze	Haxe	
F 2	Hinterhaxe	Hintere Kalbsstelze	Haxe	

Lage und Bezeichnung der Teilstücke beim Schwein

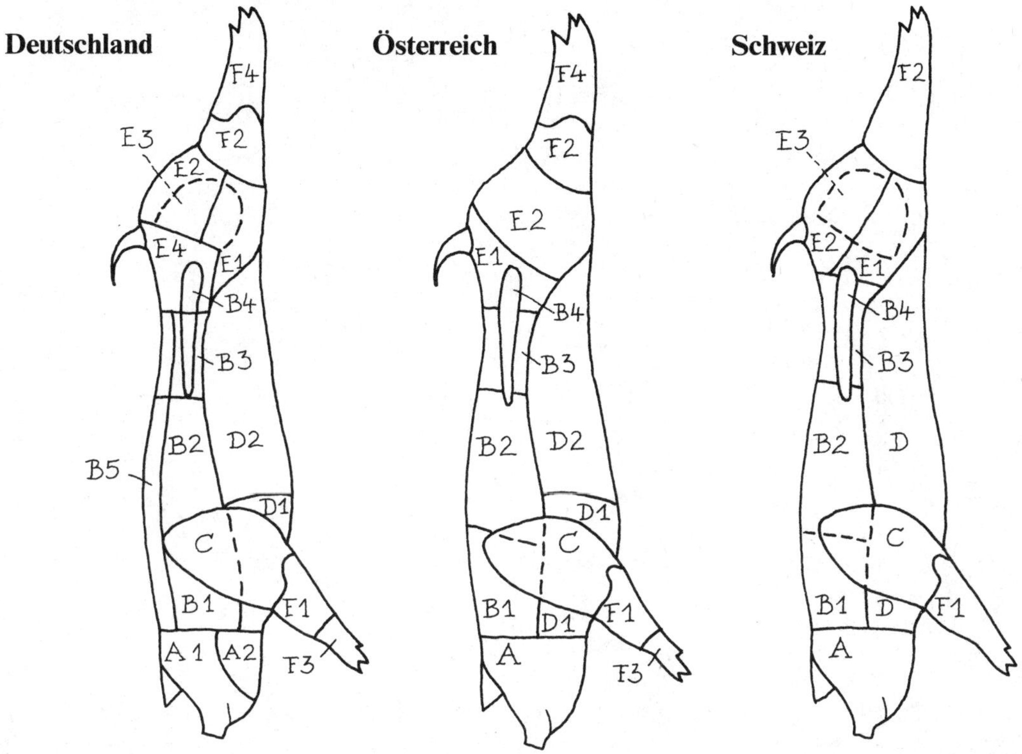

	Deutschland	Österreich	Schweiz	regionale Bezeichnung
A 1	Kopf	Schweinskopf	Kopf	
A 2	Backe			
B 1	Kamm/Nacken	Schopfbraten	Hals	
B 2	Kotelett	Karree/Koteletten	Kotelettstück	
B 3	Lendenkotelett	Rippenstück	Nierstück	
B 4	Filet	Lungenbraten	Filet	
B 5	Rückenspeck			
C	Bug/Schulter	Schweinsschulter	Schulter	
D 1	Brustspitze	Schweinsbrust	Brust	
D 2	Bauch	Bauchfleisch		
E 1	Nußschinken	Schlußbraten	Nuß	
E 2	Unterschale	Schlegel	Unterspälte	
E 3	Oberschale		Eckstück	
E 4	Schinkenspeck			
F 1	Eisbein	Vordere Schweinsstelze	Haxe	
F 2	Schinkeneisbein	Hintere Schweinsstelze	Haxe	
F 3	Spitzbein	Schweinsfuß		
F 4	Spitzbein	Schweinsfuß		

Lage und Bezeichnung der Teilstücke beim Schaf

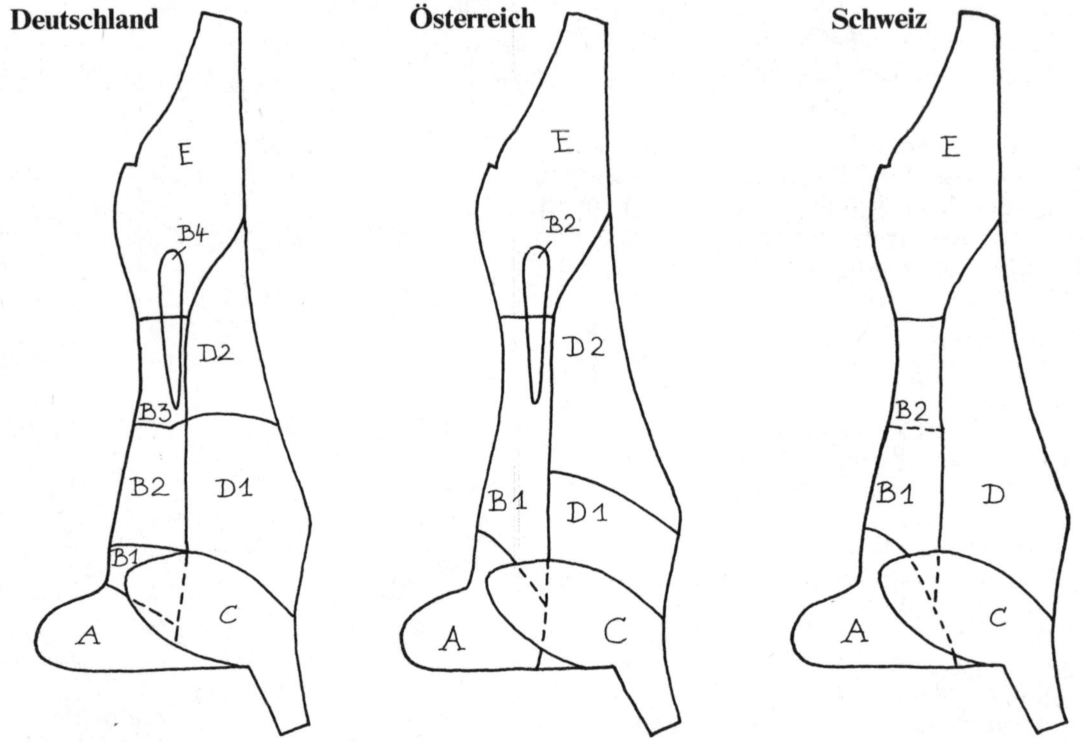

	Deutschland	Österreich	Schweiz	regionale Bezeichnung
A	Hals	Hals	Hals	
B 1	Kamm	Rücken/Sattel	Nierstück	
B 2	Kotelett	Rückenfilet	Kotelettenstück	
B 3	Lendenkotelett			
B 4	Filet			
C	Bug	Schulter	Schulter	
D 1	Brust	Brust	Brust	
D 2	Dünnung	Bauchfleisch		
E	Keule	Schlegel (Keule)	Schlegel (Keule)	

Wild

Wild gibt es zwar das ganze Jahr über aus der Tiefkühltruhe. Ich möchte Ihnen aber raten, es nur während der Saison, dann aber recht oft auf den Tisch zu bringen.

In Deutschland wird im allgemeinen wenig Wild gegessen. Ob das noch Auswirkungen sind aus der Zeit, als Wild nur dem Adel vorbehalten war? Ich meine, es liegt wohl daran, daß viele nicht wissen, wie man Wild richtig zubereitet.

Das Schalenwild (Reh, Hirsch, Wildschwein) wird sofort nach dem Erlegen aufgebrochen, die Innereien werden entfernt. Nachdem es aus der »Decke geschlagen« (das Fell abgezogen) ist, wird es im allgemeinen in folgende Teile zerlegt (genaue Richtlinien dazu gibt es nicht):

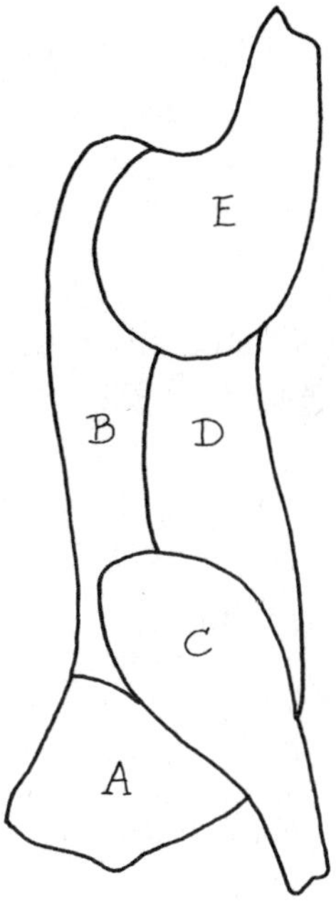

A Hals (Kochfleisch)
B Rücken (daraus werden auch Steaks, Koteletts und Medaillons geschnitten)
C Blatt
D Bauch (Kochfleisch)
E Keule

Haarwild muß, damit es zart wird, ca. 10 Tage abhängen. Außerdem muß es vor dem Weiterverarbeiten enthäutet werden. Das geschieht mit einem spitzen Messer, das unter der Haut über dem Fleisch entlanggeführt wird. Aber darauf weise ich in den jeweiligen Rezepten noch hin.

Die Zahlen hinter den nun folgenden Wildarten sind die Jagdzeiten für Deutschland, wie sie vom Bundesminister für Landwirtschaft und Forsten am 13. 7. 1967 erlassen wurden. Fast jedes Bundesland hat aber davon abweichende Regelungen getroffen, die hier natürlich nicht berücksichtigt werden können. Das gilt auch für Österreich und die Schweiz, deren Bundesländer bzw. Kantone eigene Jagdzeiten erlassen haben, die von den hier genannten um ein paar Wochen abweichen können.

Rehwild
Männliche Tiere 16. 5.–15. 10.
Weibliche Tiere und Kitze 1. 9.–31. 1.

Reh ist das teuerste und beliebteste Wild. Das Fleisch ist im allgemeinen zart und sollte nicht mehr gebeizt werden. Auch überlagernde Würzungen sollte man vermeiden. Keule und Rücken wiegen je etwa 1–1,5 kg und reichen jeweils für 6–8 Personen.

Rotwild
Männliche und weibliche Tiere 1. 8.–31. 1.

Zum Rotwild gehört der typische Hirsch unserer Wälder; er ist unser größtes Wildtier. Im Alter bis zu 3 Jahren liefert das Rotwild ein schmackhaftes und zartes Fleisch, danach kann es sehr streng schmecken und zäh sein.

Zur Brunftzeit im September und Oktober sollte man das Fleisch der Hirsche meiden, weil es einen zu strengen Geruch hat. Rücken und Keule können je bis zu 10 kg schwer sein. Pro Person rechnet man etwa 300 g Fleisch mit Knochen.

Damwild
Männliche Tiere 1. 9.–31. 1.
Weibliche Tiere und Kitze 1. 8.–31. 1.

Die männlichen Tiere dieser Gattung erkennt man an dem schaufelförmigen Geweih, ähnlich dem des Elchs. Die Größe der Tiere liegt zwischen der von Reh- und Rotwild. Während der Brunft, Mitte Oktober und November, sollte man auf das Fleisch der männlichen Tiere verzichten.

Wildschwein
Das ganze Jahr über

Das Wildschwein hat keine Schonzeit. Es schmeckt besonders würzig von Frischlingen oder Überläufern (1–2 Jahre alte Tiere). Das von älteren Schweinen sollte man unbedingt beizen. Der Nacken vom Wildschwein ist übrigens eines der besten Stücke!

Hase
16. 10.–15. 1.

Die Fleischqualität von jungen und alten Hasen ist sehr unterschiedlich. Da Sie, wenn dem Hasen das Fell fehlt, nur schwer feststellen können, ob es ein junges Tier ist (die Rippen geben nach und brechen sofort, die Nieren sind ohne Fett), müssen Sie sich auf die Aussage Ihres Händlers verlassen. Wald- und Berghasen schmecken besser als Feld- und Moorhasen! Ein ganzer Hase wiegt zwischen 2 und 4 kg. Er wird deshalb zumeist zerlegt angeboten, in Keulen und Rücken. Der Rücken hat eine geringere Bratdauer und reicht, je nach Größe, für 2–4 Personen.

Kaninchen
Das ganze Jahr über

Das Wildkaninchen hat keine Schonzeit, es ist das ganze Jahr über recht preiswert zu bekommen. Es ist würziger als das Stallkaninchen. Bei uns wird es seltsamerweise wenig gegessen, obwohl es viele gute Rezepte dafür gibt. Es kann auch zu einer Terrine verarbeitet werden. Zum Alter ist dasselbe wie beim Hasen zu sagen. Ein Kaninchen wiegt ca. 1–1,5 kg, das reicht für etwa 4 Personen.

Sonstiges Haarwild

Zu dieser Gruppe gehören noch Elch, Ren, Gams und Sikawild. Alle diese Tiere spielen bei uns keine so große Rolle, mit Ausnahme der Gams in den Alpenregionen. Alle Teile dieser Tiere können wie Rotwild zubereitet werden.

Federwild

Federwild sollten Sie in jedem Fall bereits gerupft kaufen. Es ist zwar teurer, aber das Rupfen und Ausnehmen ist eine schwierige Arbeit und nicht jedermanns Sache.

Wildente
1. 8.–15. 1.

Fast alle angebotenen Wildenten sind Stockenten. Manchmal gibt es auch die kleineren Krickenten. Meiden sollten Sie alle Tauchenten, sie schmecken tranig. Wildenten sollten außerdem ganz frisch sein – fragen Sie also Ihren Wildhändler auf Ehre und Gewissen! Wenn Sie ihm nicht trauen, schneiden Sie ein Stückchen Haut am Bürzel ab und braten Sie es an. Schmeckt es tranig, ziehen Sie dem Vogel lieber die Haut ab und belegen Sie ihn mit ungeräucherten Speckscheiben. Eine Wildente reicht für eine Person und ist in ca. 30–45 Minuten gar.

Fasan
1. 10.–15. 1.

Das edelste Wildgeflügel ist der Fasan. Sie sollten ihn öfter auf den Tisch bringen. Junge Tiere, die noch kein Jahr alt sind, kann man am stumpfen Sporn erkennen, wenn die Füße noch dran sind! (Manche geschickte Händler feilen den der alten Vögel entsprechend rund!) Außerdem ist das Brustbein weich und biegsam, aber das merken Sie erst zu Hause, denn welcher Händler läßt sich schon seine Vögel betasten. Wenn er Sie aber beschummelt hat, sagen Sie es ihm recht deutlich.

Fasan sollte immer gut abgehangen sein (ca. 5 Tage). Ein junger Fasan reicht für 2 Personen und ist in ca. 30–40 Minuten gar.

Waldschnepfe
16. 10.–15. 4.

Schnepfen sind recht selten zu bekommen. Wenn Ihr Wildhändler welche hat, sollten Sie zugreifen. Schnepfen müssen wie Fasane abhängen. Ein Vogel reicht für 1 Person und ist in 20–30 Minuten gar.

Rebhuhn
1. 9.–30. 11.

Das Alter ist an den Füßen zu erkennen: junge Vögel haben gelbe oder braune, alte dagegen graue! Ältere Vögel schmecken auch gut und sind sogar fleischiger, brauchen aber eine längere Bratzeit. Man kann sie auch beizen. Rebhühner aus Weingegenden schmecken besonders gut. Ein Vogel reicht nur für eine Person und ist in 30 Minuten (jung) oder 45 Minuten (alt) gar.

Wildtaube
16. 8.–30. 4.

Wildtauben werden zumeist gefüllt. Ein Vogel reicht dann für eine Person. Kaufen Sie möglichst junge Tiere, sie sind in maximal 30 Minuten gar. Das gilt auch für Haustauben.

Wachtel
Mai–Oktober

Wachteln sind strenggenommen eigentlich kein echtes Wildgeflügel mehr, weil sie vor allem auf Farmen gezüchtet werden. Man kann sie fix und fertig in Weinblätter gewickelt kaufen. Pro Person rechnet man 2 Vögel, die in 20 Minuten gar sind.

Anderes Wildgeflügel

Wildgans, Schneehuhn und Moorhuhn; sie spielen in der feinen Küche aber keine Rolle.

Geflügel

Huhn

Für die feine Küche sollten Sie unbedingt nur frisch geschlachtetes Geflügel kaufen. Tiefgekühltes Jungmastgeflügel verliert beim Auftauen zu viel Flüssigkeit und wird dann bei der Zubereitung leicht trocken. Wenn das Hähnchen (Poularde) 1,5 kg wiegt, dann reicht es für 4 Personen. Sie sollten es noch am Einkaufstag zubereiten.

Hähnchen und Poularden (außerdem Enten, Gänse und Puten) kommen in drei Handelsklassen auf den Markt: A, B und C.

Ein Brathähnchen (Poulet oder Jungmasthahn, in der Fachsprache »Broiler« genannt) wiegt bratfertig etwa 700 bis 1150 Gramm, Hähnchen mit höherem Gewicht heißen Poularden oder Junghuhn. Es werden sowohl männliche als auch weibliche Tiere gemästet und vor der Geschlechtsreife geschlachtet.

Wiegt ein Hahn mehr als 1750 Gramm (bratfertig), wird er als Jungmasthahn bezeichnet.

Suppenhühner sind etwa 12 bis 15 Monate alte Tiere, die bereits als Legehennen Eier produziert haben.

Es gibt in einigen deutschen Feinkostgeschäften frische Hühner aus Frankreichs berühmtester Geflügelgegend, der Bresse. Sie sind sehr schmackhaft, weil sie im Freiland aufwachsen und Körnerfutter, vor allem Mais, erhalten.

Ente

Sie ist der klassische Vogel der Feinschmecker. Es gibt dafür ungezählte ausgezeichnete Rezepte. Man kann Ente von süß (mit Orangen) bis sauer (in Essigsauce) zubereiten. Kaufen Sie keine zu kleine Ente, sie sollte etwa 1,5–2 kg wiegen und ganz frisch geschlachtet sein.

Perlhuhn

Das Perlhuhn stammt ursprünglich aus Afrika und ist mit dem Fasan verwandt. Es wird im Freien, nicht im Stall gehalten. Sein Fleisch ist delikater und würziger als das des Huhns.

Gans und Puter

Sie spielen in der feinen Küche keine allzu große Rolle, außer der Gänseleber.

Fische, Schalen- und Krustentiere, Caviar

Dazu gehören

- Süßwassserfische
- Seefische
- Frösche, Schnecken
- Krustentiere
- Schalentiere
- Caviar

Süßwasserfische

Aus fast allen gehandelten Fischen, vor allem aus jenen, die noch nicht gezüchtet werden, lassen sich hervorragende Gerichte zubereiten. Ich denke da besonders an Hecht, Zander, Blaufelchen und Renke. Es würde den Rahmen dieses Buches sprengen, wenn ich nun jeden einzelnen Fisch beschreiben würde. Aber auf den nächsten Seiten gebe ich Ihnen eine Übersicht aller hier gehandelten Süßwasserfische und deren Hauptsaison. Auch während der Saison sind seltenere Süßwasserfische (z. B. Äsche, Bachsaibling, Barbe etc.) nicht immer zu haben – das richtet sich ganz nach den Fangergebnissen. Blaufelchen und Renken werden Sie während der Sommerzeit auf dem Markt zumeist vergeblich suchen, jedoch auf den Speisekarten der entsprechenden Seerestaurants finden.

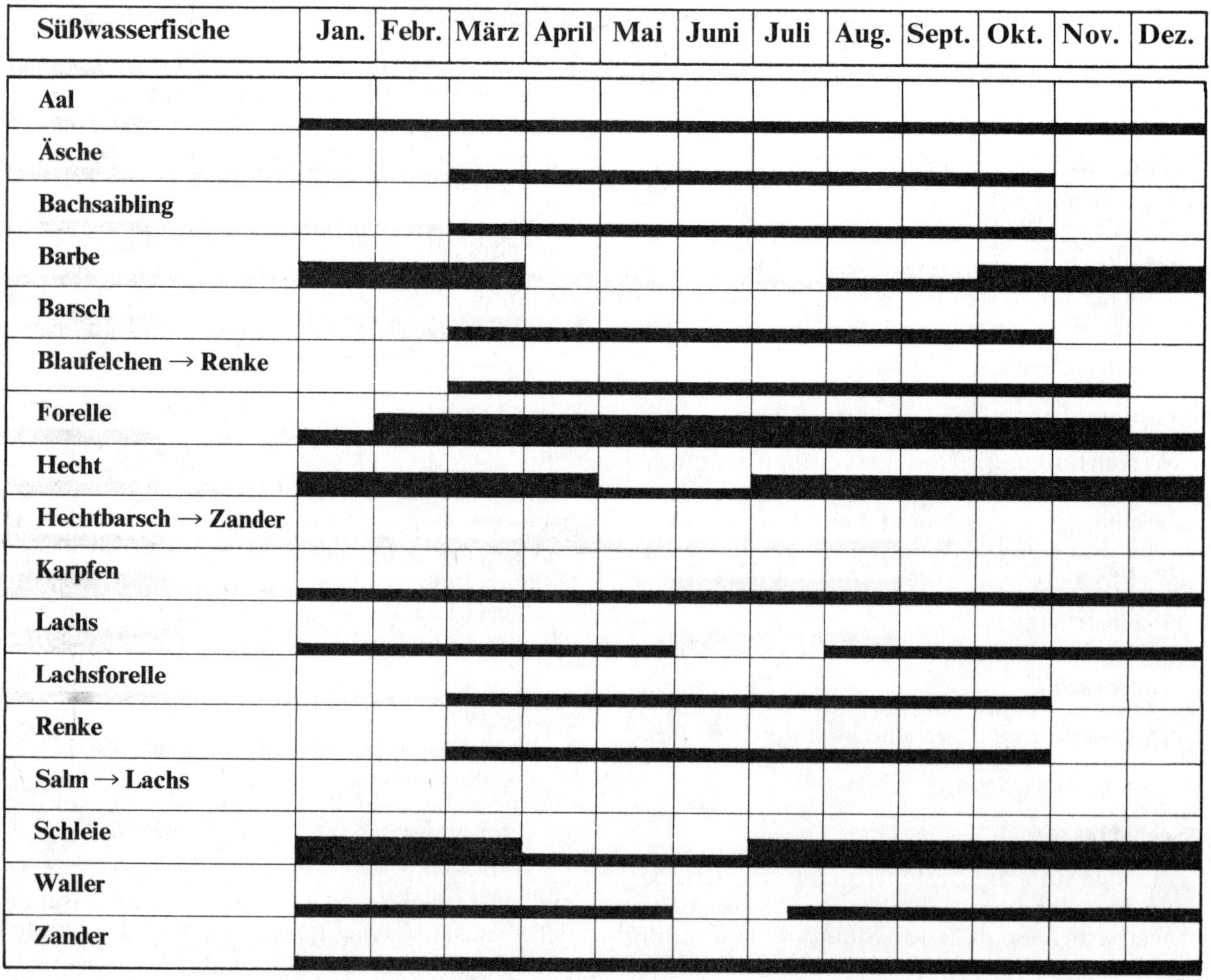

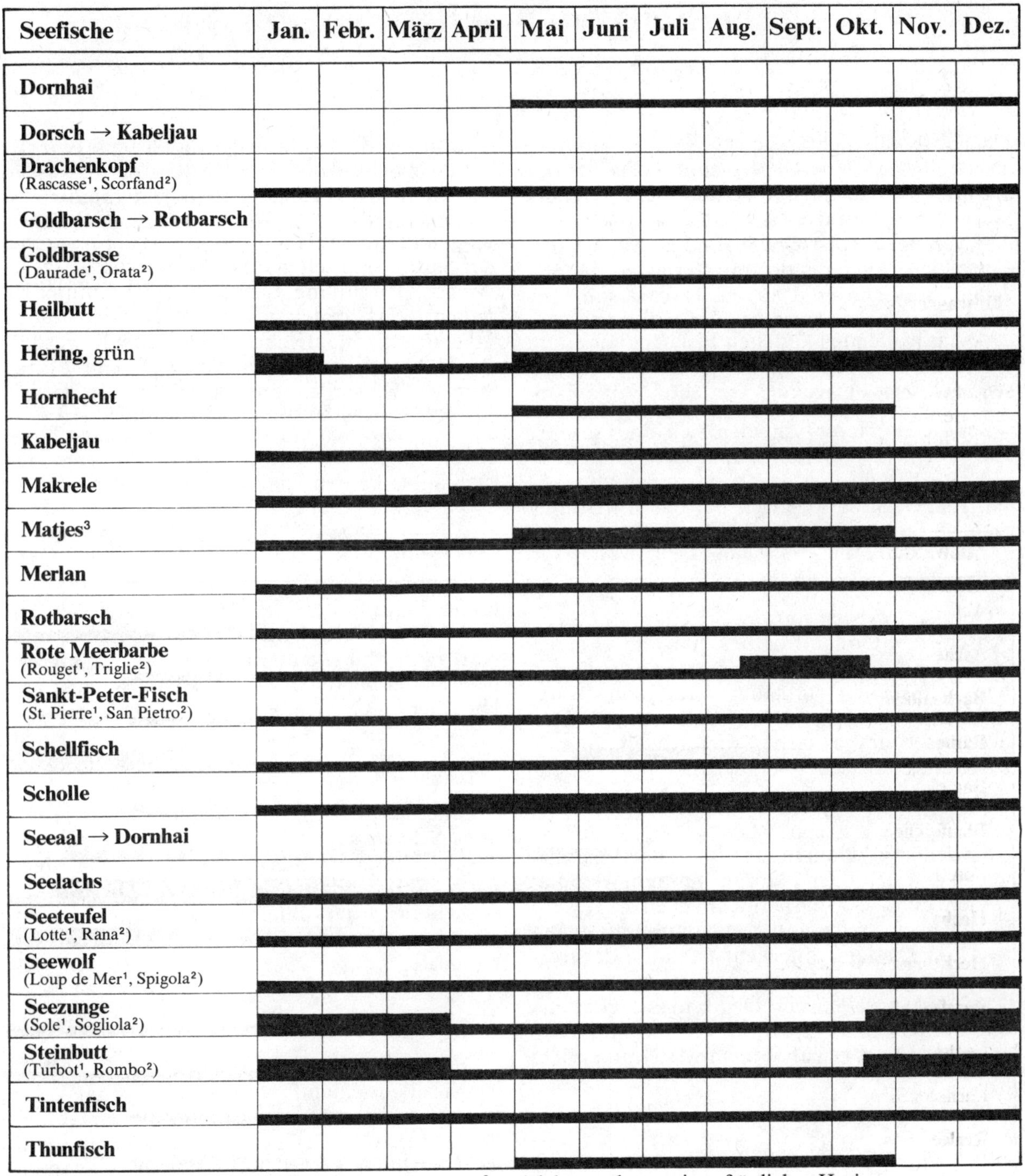

1 = franz. Bezeichnung   2 = ital. Bezeichnung   3 = leicht gesalzener, jungfräulicher Hering

Seefische

Leider sind die besten Fische aus dem Mittelmeer oder dem Atlantik, wie Seewolf, Rote Meerbarbe, Goldbrasse, Steinbutt und andere bei uns selten zu haben. Oftmals tauchen sie unter französischen oder italienischen Namen auf, deshalb sind bei den wichtigsten Fischen deren ausländische Bezeichnungen mit angegeben.

Aber ich will nicht ungerecht sein. Es gibt natürlich auch andere ausgezeichnete Fische aus der Nordsee, dem Atlantik und dem Weißen Meer: z. B. Seezunge, Heilbutt, Rotbarsch. Auf den vorangehenden Seiten finden Sie wieder eine Übersicht der hier am häufigsten gehandelten Seefische und deren Hochsaison. Im Binnenland sind sie meist nur gefrostet oder tiefgekühlt zu haben.

Frösche, Schnecken

Bei diesen Tieren scheiden sich die Geister. Für die einen sind sie der allerhöchste Genuß, andere schütteln sich, wenn sie nur davon hören. Fragen Sie also gleich bei der Einladung nach, ob Ihre Freunde diese Tiere mögen.

a) Frösche

Gegessen werden nur die Schenkel des See-, Ochsen- und Goliathfrosches. Sie sind zumeist nur tiefgefroren im Handel. Lassen Sie sie vor dem Verarbeiten unbedingt auftauen, sonst wässern sie zu stark und werden trocken. Der Geschmack des Fleisches wird allgemein mit dem des Kalbfleisches verglichen.

b) Schnecken

Sie gehörten schon in der Urzeit der Menschheit zu den ständigen Nahrungsmitteln. Bei uns werden nur die Weinbergschnecken gegessen, im allgemeinen fix und fertig vorbereitet aus der Dose. Da der Schneckenbestand in der freien Natur stark zurückging, züchtet man sie inzwischen, vor allem in Deutschland (Baden) und Frankreich (Elsaß). Schnecken sind sehr eiweißreich – sechsmal so reich wie Hühnereier.

Krustentiere

Bei den Bezeichnungen der Krustentiere herrscht ein heilloses Durcheinander. Ich will versuchen, es ein wenig zu lichten.

a) Krebse

Krebse waren einst so zahlreich in Deutschlands Bächen und Flüssen, daß eine sächsische Dienstboten-Verdingungsordnung aus dem 19. Jahrhundert vorschrieb, höchstens einmal in der Woche dem Gesinde Krebse vorzusetzen. Heute sind sie zur teuren Delikatesse geworden, die vor allem aus der Türkei eingeführt werden muß.

Man ißt Krebse vorwiegend mit den Händen. Vergessen Sie also nicht große Stoffservietten zum Gedeck zu legen. Außerdem eine kleine Gabel. Für Perfektionisten gibt es natürlich Krebsbestecke mit einem speziellen, gelochten Krebsmesser zu kaufen. Man ißt eigentlich nur den Schwanz, den man mit einer kräftigen Drehung vom Körper trennt, und die Scheren. Es ist erlaubt, diese mit den Zähnen aufzubeißen.

b) Hummer

Hummer werden vor allem im Atlantik gefischt, die größten Vorkommen finden sich an der Küste Neuenglands (USA), Kanadas und Norwegens. Sie werden in Drahtkörben mit einem Köder gefangen. Am besten schmeckt ein Hummer im Gewicht von 500–1000 Gramm.

c) Langusten, Scampi, Langostinos

Langusten haben keine Scheren, das Fleisch ihres Schwanzes ist im allgemeinen zarter als das des Hummers. Sie werden in warmen Meeren, z. B. im Mittelmeer gefangen. Die Scampi (italienisch) oder Langostinos (spanisch) sind die kleineren und peiswerteren Vettern der Languste.

d) Garnelen

Die meisten Deutschen nennen sie Krabben, in Norddeutschland heißen sie Granat oder Porren. Die Franzosen nennen sie Crevettes, die Spanier Gambas, die Italiener Granchi und die Engländer Crabs. Ich habe diese Namen aufgeschrieben, weil sie Ihnen oftmals begegnen, nicht nur im Urlaub. Garnelen kommen zumeist schon geschält und gekocht in den Handel. Außerdem gibt es noch Grönland-Garnelen, die etwas größer sind, und Tiefsee-Krabben, die in der Schale gehandelt werden, aber ebenfalls Garnelen sind.

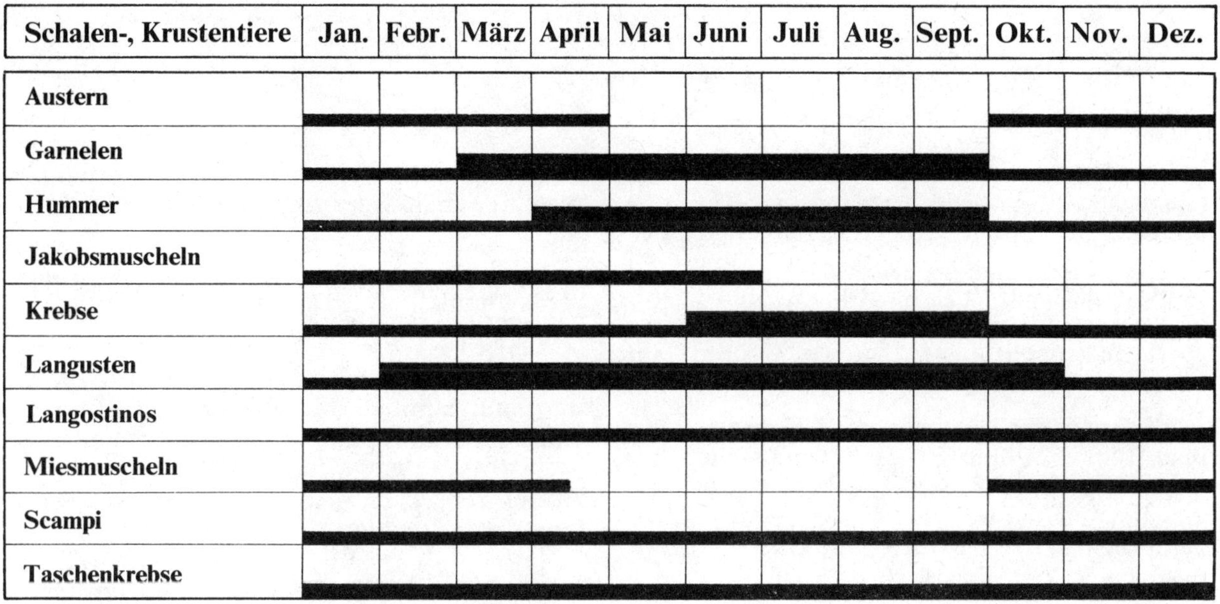

e) Krabben

Sie spielen bei uns eigentlich keine große Rolle in der Küche. Nur die Alaska-Königskrabbe wird verstärkt tiefgekühlt eingeführt. Sie kann ein Gewicht von über 3 Kilo erreichen. Sie liefert auch das Crabmeat, das in Dosen zu kaufen ist. Auch die frischen oder tiefgekühlten als Taschenkrebse verkauften Tiere sind eigentlich Krabben.

Schalentiere

Sie sind bei uns eigentlich nur von Oktober bis März zu bekommen. Vereinzelt werden Austern jedoch schon das ganze Jahr über eingeführt.

a) Miesmuscheln

Auch Pfahlmuscheln genannt. Sie werden heute schon gezüchtet, haben blaugraue bis schwarze Schalen mit einem Bart, der vor der Zubereitung entfernt werden muß. Sie sind eiweiß- und mineralstoffreich, aber arm an Fett. Muscheln verderben leicht. Sie sollten noch am Einkaufstage zubereitet werden. Stellen Sie sie nach dem Einkauf an einen kühlen Platz, aber legen Sie sie keinesfalls ins Wasser! Muscheln, die sich beim Berühren nicht sofort wieder schließen, sind abgestorben und müssen weggeworfen werden. Pro Person rechnet man 1 Kilo Muscheln.

b) Andere Muscheln

Dazu gehören vor allem die Herz- und Jakobsmuscheln (Coquilles St. Jacques), die bei uns fast nie frisch, sondern nur gefroren angeboten werden. Die ersteren sind in Italien zu Hause, die letzteren in Frankreich.

c) Austern

Austern gehören neben Caviar zu den festlichen Vorspeisen. Vorzugsweise für 2 Personen, schon des Preises wegen. Bereits die Römer kannten Austern, und die französischen Könige (und Königinnen!) schätzten sie über alles. Eine solche Vorspeise soll überaus stimulierend sein. Aber erst mit trockenem Wein und krossem Stangenweißbrot kommen sie richtig zur Geltung. In England ißt man Graubrot und Chesterkäse dazu. Aber das ist Geschmackssache.

Austern gibt es vor allem in zwei Formen:

Die »Portugais«: Meist werden sie um Arcachon und in der Bretagne »angebaut«. Sie sind länglich und haben eine zerklüftete dicke Schale. Sie kommen in Deutschland selten in den Handel, obwohl ihr Anteil an der französischen Produktion ca. 80% beträgt. Eigentlich sind sie, streng biologisch genommen, keine Austern, sondern eine besondere Muschelart, verwandt mit der Miesmuschel.

Die »Belons« aus Frankreich: Sie sind rund und flach. Ebenso wie die dänischen Linfjord und die holländischen Imperial. Die Größe der Belons wird mit Nullen gekennzeichnet. Die mit 6 Nullen (000000) wiegen über 113 g und sind die größten im Handel. Feinschmecker bevorzugen jedoch Austern in der Größe 0000 oder 000.

Austern halten sich bei plus 4° C und viel frischer Luft etwa eine Woche – wenn sie gut beschwert werden. Solche, die nicht fest verschlossen sind, müssen weggeworfen werden, weil sie verdorben sind. Eigentlich sollte man Austern noch am Einkaufstag essen.

Austern sind sehr nährstoffreich: viel Vitamin A, Mineralstoffe, Eiweiß – aber wenig Fett.

Caviar

Vom Stör stammt der beliebteste und teuerste Caviar. Je heller die Farbe und je größer das Korn, desto teurer ist er. Die wichtigsten Sorten sind:

a) Der graue, grobkörnige und teure Beluga, auch als Schah- oder Imperial-Caviar im Handel.

b) Der kleinere Sevruga, der wegen seines Aromas sehr geschätzt wird.

Außerdem gibt es noch zwei Sorten, die nicht vom Stör stammen und wesentlich preiswerter sind, aber genauso gut schmecken:

a) Der rote Lachs-Caviar aus Alaska. Auch Keta-Caviar genannt.

b) Der Caviar von Bachforellen aus Norwegen.

Der deutsche stammt vom Rogen des Seehasen und schreibt sich mit »K«. Er ist für die gute Küche uninteressant.

Übrigens, Malossol ist keine Sortenbezeichnung, sondern bedeutet: »wenig gesalzen«. Caviar dieser Art ist nur etwa 2 Wochen gekühlt haltbar. Er sollte am Einkaufstag gegessen werden.

Das Würzen

Gewürze und Kräuter, Südweine, Essig, Öle und Fette

Gewürze und Kräuter

Noch unsere Großmütter waren bedeutend wagemutiger im Umgang mit Kräutern und Gewürzen als wir. Viele davon, die sie ständig in Gebrauch hatten, sind heute fast vergessen. Viele Hausfrauen kennen nur noch Salz und Pfeffer und greifen zu fertigen Gewürzmischungen, zum Beispiel für Hähnchen, Gulasch oder Fisch, um nur drei zu nennen. Ich finde das armselig. Es nivelliert den Geschmack der Gerichte, macht abhängig von Gewürzkennern der Industrie, und die wiederum orientieren sich am Durchschnittsgeschmack.

Würzen Sie individuell. In diesem Kochbuch werden Sie keine fertigen Gewürzmischungen finden, außer der selbst hergestellten Pfeffermischung.

Die von mir angegebenen Gewürzmengen sind nur Anhaltspunkte. Sie sollen Ihnen beileibe nicht das Abschmecken abnehmen. Verwenden Sie lieber etwas weniger als die angegebene Menge und kosten Sie das Ergebnis. Mehr können Sie immer noch hinzufügen.

Ich führe Ihnen auf den folgenden Seiten die Gewürze etc. auf, die in diesem Buch gebraucht werden.

Noch ein paar Tips zur Aufbewahrung: Kaufen Sie sich am besten in einem medizinisch-technischen Fachgeschäft einige braune und weiße Gläser, wie Sie sie in Apotheken finden. Sie müssen fest schließen. Es gibt sie in den unterschiedlichsten Größen. Nehmen Sie nicht zu große. Braune Gläser (Lichtschutz) empfehlen sich für getrocknete Kräuter, Paprika, Curry, Cayennepfeffer und Safran. Alle anderen Gewürze können Sie in weißen Gläsern aufbewahren. Kaufen Sie Gewürze in Tüten und füllen Sie sie zu Hause um, das ist wesentlich billiger, als die Gewürze in Plastikdosen oder Gläsern zu kaufen.

Verschiedene Kräuter können Sie nicht trocknen, weil ihr gesamtes Aroma verlorengeht, aber einige davon lassen sich sehr gut einfrieren.

An Intensität gewinnen dagegen beim Trocknen: Beifuß, Bohnenkraut, Majoran, Oregano, Rosmarin, Thymian.

Frische Kräuter können Sie, gewaschen und abgetropft, aber nicht ganz trocken, etwa 1 Woche frisch halten, wenn Sie sie zugedeckt in ein Marmeladen- oder Weckglas geben und in den Kühlschrank stellen.

Zeichenerklärung

F = Nur frisch verwenden, nicht trocknen
O = Frisch oder getrocknet verwenden
T = Ist nur getrocknet im Handel
K = Nicht mitkochen, verliert an Aroma
G = Kann eingefroren werden

Anis T
Für Brote und Gebäck. Evtl. auch für Gemüse wie Rotkohl und Kürbis.

Basilikum G O
Für Gemüse wie Erbsen, Bohnen, Schmorgurken, Grilltomaten, Fleisch. Vor allem aber für Tomatensalate und italienische und südfranzösische Gerichte.

Beifuß G O
Wächst bei uns überall an Wegrainen, Schutthalden usw. Ein Verwandter des Wermut. Für fettes Fleisch und Geflügel, wie Schinken, Gans, Ente, aber auch für Lamm und Hammel.

Bohnenkraut G O
Für alle Bohnengerichte, Kartoffel- und Gemüsesuppen.

Borretsch G O
Für Kräutersaucen und Gurkensalat.

Brunnenkresse G F
Wächst nur in fließenden, sauberen Gewässern. Beigabe zu Salaten.

Cayennepfeffer T
Aus getrockneten Chilischoten hergestellt. Sehr scharf, aber nicht so würzig wie Paprika. Für südamerikanische Gerichte.

Curry T
Eine Gewürzkombination aus Indien. Sehr unterschiedliche Qualitäten und Richtungen im Handel. Für Reis, Ragout, indische Gerichte.

Dill K O G
Für Meeresfrüchte, Krebse, Gurkensalat, Graved Lachs, junge Kartoffeln, Saucen usw.

Estragon O G
Ein universelles Gewürz, vor allem in Frankreich sehr beliebt. Zum Aromatisieren von Essig, für Fleisch, Geflügel, Kaninchen. Außerdem zu Salaten und Suppen.

Fenchel T oder F
Als Samen und Knolle (besondere italienische Abart) im Handel. Samen für Brot und Gebäck, Knolle für Fischsuppen, Gemüse und als Salat. Das Fenchelkraut für französische Fischzubereitungen.

Gartenkresse F K
Das ganze Jahr frisch zu kaufen. Für Salate und als Garnierung auf kurzgebratenem Fleisch etc.

Ingwer F oder T
Sollte man nur als frische Wurzel verwenden. Für spezielle Würzungen und die fernöstliche Küche.

Kerbel G F K
Für Kräutersaucen (Grüne Sauce) und -suppen, Salate.

Knoblauch F
Knoblauch möglichst frisch kaufen und nicht zuviel auf einmal. Im Frühjahr und den ganzen Sommer über gibt es frische, junge Knollen, die sehr aromatisch sind. Wenn Knoblauch im Winter einen grünen Kern bekommt, muß dieser unbedingt entfernt werden. Er schmeckt sehr penetrant. Knoblauch kann auf einem Holzbrettchen mit dem Messerrücken zerrieben oder durch eine spezielle kleine Presse gedrückt werden.

Koriander T
Für Gebäck, Brot, aber auch Karotten.

Kümmel T
Für Kraut- und Kartoffelgerichte, Brot, gebratenes Fleisch.

Liebstöckel G O
Auch Maggikraut genannt, da Maggi unter anderem Liebstöckel enthält. Für Suppen, Salate, Fleischgerichte. Sehr aromatisch, verträgt sich nicht mit anderen Kräutern bzw. Gewürzen, außer Pfeffer.

Lorbeer T oder F
Für Suppen, Gulasch, Ragout, Terrinen, Fisch etc.

Majoran O
Für Kartoffelsuppen, fettes Fleisch etc.

Meerrettich F
Nur frisch gerieben an die Gerichte geben. Für spezielle Würzungen, Meerrettichsahne, Fleischgerichte, Saucen etc.

Muskatnuß T
Für Gemüse, wie Blumenkohl, Spinat, Rosenkohl, Kartoffelbrei, Kroketten. Möglichst frisch gerieben an die Speisen geben.

Nelken (ganz und gemahlen) T
Sparsam verwenden! Für Glühwein, Kompott, Braten, Fleischgerichte etc.

Nelkenpfeffer siehe Piment

Oregano O G
Wilder Majoran aus Italien. Für italienische Gerichte, Salate.

Petersilie K G O
Petersilie gibt es mit krausen (zum Garnieren) oder glatten (zum Würzen) Blättern. Sie ist ein Universalgewürz.

Pfeffer T
Nur ganze Körner kaufen und selbst mit der Mühle mahlen oder im Mörser zerstoßen. Pfeffer gibt es in drei Sorten im Handel:

a) Der milde weiße Pfeffer aus reifen, geschälten Früchten.

b) Der scharfe schwarze Pfeffer aus unreifen getrockneten Früchten.

c) Der grüne Pfeffer aus frischen, in Essig oder Alkohol eingelegten Körnern.

Pfefferminze O G
Vor allem für die englische Küche und für Tee.

Pfeffermischung T
Taucht sehr häufig in den Rezepten dieses Kochbuchs auf. Eine Mischung zu je ⅓ schwar-

zem, weißem und Nelkenpfeffer (Piment), die selbst gemischt werden muß. Pfeffermischung kann durch schwarzen Pfeffer ersetzt werden. Pfeffermischung gibt vielen Gerichten einen interessanteren Geschmack.

Piment T
Bestandteil der Pfeffermischung; sonst vor allem für Fleisch- und Gemüsegerichte.

Pimpinelle T
Für Salate und Kräutersaucen.

Rosmarin O
Für italienische oder südfranzösische Fleisch- und Gemüsegerichte, Kartoffeln etc.

Safran T
Wird aus den getrockneten Blütennarben einer Krokuspflanze gewonnen, die in Asien und Spanien wächst. Das teuerste Gewürz der Welt! Für Fischsuppen, Reis, Ragout.

Salbei O G
Für Fleischgerichte, Terrinen, Geflügel, Fisch.

Salz
Am besten Meersalz verwenden.

Schalotten
Die feine Abart der Zwiebel. Sollte grundsätzlich anstelle dieser in der guten Küche verwendet werden. Es gibt allerdings eine Zeit zwischen Mai und Juli, da sind Schalotten kaum zu bekommen – zu ersetzen durch Frühlingszwiebeln.

Schnittlauch F
Für Salate und Kräutersaucen.

Senfkörner T
Vor allem für Beizen oder selbstgemachten Senf.

Süßstoff
Wird statt Zucker in verschiedenen Rezepten benötigt, am besten flüssig.

Thymian O G
Für Gemüsegerichte mit südlichem Einschlag. Vor allem aber für gebratenes und geschmortes Fleisch.

Tomatenmark
Das in der Tube ist am wirtschaftlichsten. Für Saucen, Suppen etc. Auf keinen Fall durch Ketchup ersetzen. Ketchup hat in der guten Küche nichts zu suchen!

Vanille T
Als Stange im Handel. Für Vanillezucker und Süßspeisen. (Man zerstößt die Vanilleschote im Mörser mit Zucker, bis er braun ist und siebt ihn dann durch. Im Schraubglas gut verschlossen aufbewahren.)

Wacholderbeeren T O
Für Krautgerichte, Beizen, Terrinen, Wild.

Zimt T
Gemahlen und in Stangen. Für Süßspeisen, Gebäck und Glühwein.

Zitronenmelisse G O
Für Salate, Fisch und Melissenbutter.

Zucker
Bringt nur leere Kalorien. Manchmal ist jedoch sein Eigengeschmack als Gewürz erwünscht. Er kann durch flüssigen Süßstoff fast immer ersetzt werden.

Zwiebeln siehe Schalotten

Südweine

In der Küche benötigen Sie drei Südweine: Sherry, Portwein, Madeira. Kaufen Sie je eine große Flasche (0,7 l), da Sie Südweine auch als Aperitif verwenden können. Außerdem ist das wesentlich billiger als die Spritzflaschen in Gewürzsortimenten. Das Wesentliche über Sherry und Portwein steht unter dem Kapitel »Aperitif« auf Seite 36.

Madeira kommt von der gleichnamigen portugiesischen Insel im Atlantik und ist ein alkoholisierter Wein, der im Geruch an Portwein erinnert, aber doch einen ganz eigenen frischen Geschmack hat.

Essig

Essig ist ein Oxydationsprodukt des Alkohols. Bakterien verwandeln ihn mit Hilfe von Sauerstoff in Essigsäure. Es gibt dabei die unterschiedlichsten Qualitäten:

a) Essigessenz

Sie wird unter anderem bei der Verarbeitung von Holzabfällen gewonnen und muß vor dem Verbrauch verdünnt werden. Eine sehr preiswerte Sorte, die sehr scharf und sauer ist. Zum Einlegen und als Waschessig zu gebrauchen.

b) Branntweinessig

Er wird aus Branntweinmaische gewonnen. Eine preiswerte Sorte mittlerer Qualität.

c) Weinessig

Vorsicht! Achten Sie genau auf das Etikett! Wenn nur 20% Essig aus Wein enthalten ist (der Rest ist Branntweinessig), darf er sich schon Weinessig nennen.

d) Weinessig aus 100% Wein

Ein ausgezeichneter, geschmacklich runder Essig, der auch als Rotweinessig mit einem kräftigeren Geschmack zu haben ist. Wird bei den Zutaten in den Rezepten dieses Kochbuchs Weinessig verlangt, ist jedoch immer weißer Weinessig gemeint.

In der feinen Küche wird häufig Xérès-Essig, der aus Sherry hergestellt wird, verwendet. Er »parfümiert« sozusagen das Gericht und ist in guten Feinkostgeschäften zu haben. Falls Sie keinen kaufen können, machen Sie ihn selbst. Rezept Seite 72.

e) Kräuteressig

Hergestellt aus Weinessig mit Kräuterzusatz. Sie können ihn auch selbst ansetzen, z. B. mit frischem Estragon oder frischer Zitronenmelisse, die Sie in die Flasche stecken und 14 Tage darin ziehen lassen.

f) Obstessig

Er wird aus Obst, vorzugsweise aus Äpfeln gemacht und ist reich an Mineralien, aber sehr scharf und sauer im Geschmack. Etwas für Reformhaus-Liebhaber. Für gute Küche gibt es aber einen Essig, den Sie sich besorgen sollten: Himbeeressig aus Frankreich (Vinaigre de vin blanc aux framboises).

g) Malzessig

Er wird aus Malz, das ist gekeimte, getrocknete und geröstete Gerste, hergestellt. Er wird vor allem in der englischen Küche verwendet.

Senf

Grundsätzlich kann man sagen, daß die Deutschen und Österreicher ihren Senf vor allem auf ihr Wurstbrot schmieren oder zu den Würsten essen – die Schweizer und Franzosen ihn vor allem in der Küche verwenden. Auf diese unterschiedlichen Anwendungsbereiche ist der Geschmack des Senfs auch abgestimmt.

a) Deutscher Senf

Hier ist zuallererst der scharfe Düsseldorfer Löwensenf zu nennen. Dann der Delikateß- oder Tafelsenf. Er ist relativ mild und leicht gewürzt. Eine Spezialität aus Deutschlands Süden ist der süße Senf. Er ist nicht wegzudenken bei Weißwürsten oder Leberkäs.

b) Französischer Senf

Die führende Stadt für Senfherstellung ist Dijon. Vor allem drei Marken sind führend im Senf-Geschäft: Grey Poupon, Bornibus, Maille. Sie stellen etwa 90 verschiedene Senfarten her. Der berühmteste dabei ist der Dijon-Senf. Schwarze Senfkörner werden vermahlen mit dem Most unreifer Trauben. Er ist relativ neutral im Geschmack. In diesem Kochbuch wird er häufig verwendet, vor allem bei Salatsaucen.

Dijoner Senf oder Senf nach Dijoner Art ist keine geschützte Bezeichnung. Er kann auch aus anderen Städten und Ländern kommen. Weitere Spezialitäten: Champagner-Senf, Estragon-Senf, Senf mit grünem Pfeffer, Bordeaux-Senf.

Darüber hinaus ist noch der Senf (und das Senfpulver) aus England berühmt.

Öle und Fette

Öl wird aus fetthaltigen Samen von Pflanzen gewonnen. Es gibt die unterschiedlichsten Sorten und Qualitäten im Handel. Ein Tip: Jedes Öl hat die »Vitamine« E und F! Das sind nämlich die essenziellen, lebensnotwendigen Fettsäuren.

a) Öle aus verschiedenen Pflanzensamen

Dazu gehören alle Öle, die die Bezeichnung 100% Pflanzenöl tragen. Das ist eine Mischung aus unterschiedlichsten Pflanzensamen, die mitunter minderwertig sein können.

b) Öle aus bestimmten Pflanzensamen

Qualitativ gute Öle werden aus Sonnenblumenkernen oder Maiskernen hergestellt, mit einem hohen Gehalt an ungesättigten Fettsäuren. Das gilt ganz besonders für Distelöl aus dem Reformhaus. Der Gehalt an ungesättigten Fettsäuren ist hier ebenso hoch wie z. B. beim Diätöl »becel«. Alle diese Öle sind mehr oder weniger neutral im Geschmack.

c) Olivenöl

Hier gibt es sehr unterschiedliche Qualitäten. Kaufen Sie nur kaltgepreßtes Olivenöl. Es kann allerdings einen starken und sehr typischen Olivengeschmack haben, den nicht jeder mag.

Darüber hinaus gibt es noch eine Reihe anderer Öle, z. B. Erdnußöl und Walnußöl, mit einem ganz spezifischen Geschmack.

d) Butter

Verwenden Sie nur allerfrischeste, möglichst keine Lagerbutter. Es gibt gute holländische oder französische mit ganz leichtem Salzgeschmack.

e) Margarine, Plattenfette

Sie haben in der guten Küche nichts verloren.

f) Sahne

In Deutschland wurde bisher nur süße Sahne mit 30% Fettgehalt und saure Sahne mit 10% hergestellt. In Frankreich und der Schweiz gibt es Crème fraîche, eine dicke süß-saure Sahne mit 39 oder 40% Fettgehalt, die den Saucen und vielen Gerichten der französischen Küche ihren unvergleichlichen Geschmack gibt. Diese Sahne läßt sich ohne zu gerinnen mitkochen, im Gegensatz zur sauren Sahne, und man kann sie sogar steif schlagen.

Inzwischen bringen einige deutsche Molkereien Crème fraîche mit 30 oder 40% Fettgehalt auf den Markt. Die 40%ige ist in der Qualität zufriedenstellend bis sehr gut.

Die Getränke

Der Aperitif

Es ist vor allem in Frankreich üblich, die Wartezeit vor dem Essen mit einem Aperitif zu überbrücken. Es handelt sich dabei meist um ein herbes oder auch bitteres Getränk, das den Magen auf die zu erwartenden Genüsse vorbereiten soll. Da Sie Ihre Freunde ca. 15 Minuten vor Beginn des Essens erwarten, und Sie in dieser Zeit wichtige und abschließende Dinge in der Küche zu tun haben werden, sollten Sie einen Aperitif vorbereiten.

Aperitifs sind jedoch umstritten. Es wird ihnen vor allem unterstellt, daß sie die Geschmacksnerven abstumpfen. Ich bin auch gegen alle zu alkoholreichen Aperitifs. Jedoch einen Champagner, eventuell mit Cassis (Kir Royal) trinke ich gerne vor dem Essen. Selbstverständlich können Sie Ihren Freunden auch die Wartezeit mit einem Glas Wein, den Sie auch zum ersten Gang servieren, verkürzen.

Ich gebe Ihnen hier eine Zusammenstellung der gebräuchlichsten Aperitifs.

Alkoholisierte Südweine
Das sind die klassischen Aperitifs. Zu ihnen gehören Portwein, Sherry und Madeira. Man trinkt die trockenen Sorten kühlschrankkühl. Beim Sherry heißen sie Manzanilla, Fino, Amontillado (die Sorte Medium ist schon leicht süß). Beim Portwein sind es die Sorten Light Tawny und White Port. Man trinkt sie aus Südweingläsern oder Originalgläsern, die nur zur Hälfte gefüllt werden.

Aperitifs auf Weinbasis
Kräuter und Gewürze werden hierbei mit Wein angesetzt; zu nennen sind u. a. Dubonnet, Byrrh oder St. Raphael. Am bekanntesten sind die Wermut-Weine: Cinzano, Stock und Martini aus Italien sowie Napoleon und Noilly Prat aus Frankreich. Man serviert sie auf Eis und mit einer hauchdünn abgeschälten Zitronenschale.

Aperitifs auf Alkoholbasis
Diese Aperitifs werden aus Alkohol mit Aromaauszügen hergestellt. Mindestalkoholgehalt 30% (nur in Deutschland – im Ausland weitaus weniger!) Dazu gehören zum Beispiel Campari, Cynar und die Anisgetränke (Absinth) Pernod oder Ricard. Man trinkt sie eisgekühlt oder mit Eis und Sodawasser vermischt, ⅓ zu ⅔.

Jetzt noch einige leichtere Getränke, die ich schon andeutete:

Sekt-Cocktail
⅕ Campari oder Orangensaft mit ⅘ Sekt oder Champagner aufgießen. Gut gekühlt oder mit einem kleinen Eiswürfel in einer Sektschale servieren.

Darüber hinaus ist seit Jahren ein Aperitif beliebt, der in Frankreich schon klassisch ist:

Wein mit Cassis (Kir)
⅕ Crème de Cassis (herber schwarzer Johannisbeerbrandy aus Burgund) mit ⅘ trockenem, nicht zu alkoholreichem Weißwein (am besten ein deutscher Müller-Thurgau) aufgießen. Gut gekühlt in einem Weißweinglas servieren.

Kir Royal
⅕ Crème de Cassis mit ⅘ Champagner aufgießen. In der Champagnerflöte servieren.

Der Wein

Vorbemerkungen

Wein gehört zu einem guten Essen. Je sorgfältiger der Wein mit den Speisen abgestimmt wurde, desto besser schmecken beide. Doch sollte man das Ganze nicht als Dogma sehen und seiner eigenen Phantasie und dem Geschmack folgen.

Im Laufe der Jahrzehnte haben sich Erfahrungswerte gebildet, an die man sich halten kann. Da jedoch seit einigen Jahren der Trend ganz deutlich zu leichteren Speisen geht, hat sich auch der sie begleitende Wein angepaßt. Es werden heute zum Beispiel leichte, frische und junge Rotweine zu Speisen getrunken, bei denen es noch vor wenigen Jahren als ein Sakrileg galt, und natürlich umgekehrt, Weißweine zu Speisen, die eindeutig Rotweinen vorbehalten waren.

Zum anderen werden seit einigen Jahren wieder mehr »trockene« Weine, das heißt ausgegorene, ohne Restzucker (bzw. nur mit geringem Restzucker) getrunken, weil lieblicher (süßer) Wein die meisten Gerichte stört.

Umgang mit Wein

Nur bei der richtigen Temperatur entwickelt der Wein seine Feinheiten an Geruch, Geschmack und Bouquet. Sie sollten darum mit einem Weinthermometer die Temperatur vor dem Einschenken kontrollieren.

Leichter Weißwein	6– 8° C
Schwerer Weißwein	8–10° C
Junge Rotweine (Beaujolais)	12–14° C
Alte Rotweine	16–18° C
Sekt oder Champagner	4– 6° C
Roséweine oder Weißherbst	7– 9° C

Servieren Sie Wein immer von rechts (Speisen von links) und zwar vor dem Servieren des ersten Gerichts. Füllen Sie dabei die Gläser nur etwa zur Hälfte, da Wein Luft braucht, um sein Bouquet im Glas entfalten zu können. Gießen Sie außerdem nicht zu schwungvoll ein, es schadet dem Geschmack.

Weißweine sollten Sie 30 Minuten, Rotweine einige Stunden vor dem Servieren öffnen und jeweils einen kleinen Schluck abgießen, damit die Oberfläche des Weins mit viel Sauerstoff in Berührung kommt.

Der Wein sollte außerdem rechtzeitig temperiert werden. Vorsicht beim Kühlen im Kühlschrank, denn bei Temperaturen unter 3° C wird der Wein trübe. Eigentlich sollten Sie Ihren Wein im kalten Wasser, im Weinkübel, mit oder ohne Eis, temperieren und auch während des Essens darin kühl halten.

Bewegen Sie vor allem die großen alten Roten aus Bordeaux nicht zu schwungvoll. Meist hat sich ein Bodensatz (Depot) gebildet, der sich nicht mit dem Wein vermischen soll. Diese Weine sollten Sie einige Tage vorher aus dem Keller holen und langsam auf 14–16° C temperieren.

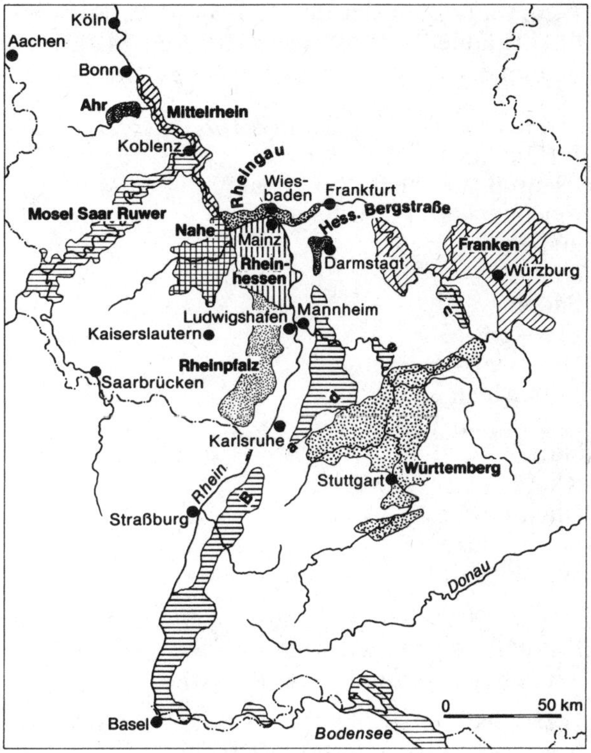

Gesetzliche Bestimmungen

Nach dem Weingesetz vom 14. 7. 1971 gibt es statt ca. 30 000 Weinlagen »nur« noch ca. 2800. Eine immer noch unüberschaubare Anzahl für den Nichtfachmann. Trotzdem hat das Gesetz klare Richtlinien geschaffen, an die Sie sich halten können. Dieses Gesetz wurde mit Stichtag vom 1. 9. 1977 in einigen Punkten durch das EWG-Bezeichnungsrecht ergänzt bzw. geändert. Grundsätzlich gibt es zwei Güteklassen:

a) Tafelwein

Einfacher Konsumwein mit mindestens 8,5° Alkohol, der aus verschiedenen Lagen stammen kann, mit Süßreserve verschnitten (= mit Traubensaft versetzt) oder verbessert (= mit Rübenzucker gesüßt) sein kann. Wurde nur deutscher Wein abgefüllt, steht auf dem Etikett: »Deutscher Tafelwein«. Enthält er auch

Weine aus Ländern der EG, muß es auf dem Etikett lauten: »Wein aus mehreren Mitgliedsstaaten der Europäischen Gemeinschaft«.

b) Qualitätswein bestimmter Anbaugebiete
(Qualitätswein b. A.)
Es muß auf dem Etikett angegeben sein, aus welchem der 11 Anbaugebiete er stammt. Sie heißen:
Ahr
Baden
Franken
Hessische Bergstraße
Mittelrhein
Mosel-Saar-Ruwer
Nahe
Rheingau
Rheinhessen
Rheinpfalz
Württemberg

Alle Qualitätsweine müssen einer amtlichen Prüfung unterzogen werden. Sie tragen eine amtliche Prüfnummer (A.-P.-Nr.).

Darüber hinaus gibt es noch deutschen Landwein, dessen Mindestalkoholgehalt 0,5° höher als bei Tafelwein sein muß.

Qualitätsweine bestimmter Anbaugebiete dürfen gemischt und mit Süßreserve (= Traubensaft) verschnitten und außerdem mit Rübenzucker verbessert werden. Der Alkoholgehalt muß mindestens 7° betragen.

c) Qualitätswein mit Prädikat
Es muß wieder angegeben sein, aus welchem Anbaugebiet der Wein stammt. Er muß eine amtliche Prüfnummer tragen und darf nicht verschnitten oder gezuckert sein. Die Qualitätsstufen heißen:
Kabinett (entspricht besonderen Qualitätsanforderungen),
Spätlese (aus Trauben einer späten Lese, die amtlich festgelegt wird),
Auslese (nur aus vollreifen Trauben unter Aussonderung aller kranken und unreifen Beeren),
Beerenauslese (aus edelfaulen oder überreifen Beeren),
Trockenbeerenauslese (aus weitgehend eingeschrumpften, edelfaulen Beeren).

Die Bezeichnung »Eiswein« darf nur im Zusammenhang mit dem Prädikat Spätlese oder Auslese verwendet werden. Die Trauben dafür werden gefroren gelesen und noch in diesem Zustand gekeltert.

Für alle Qualitätsweine gilt: Die Rebsorte darf nur dann genannt werden, wenn mindestens 85% (bis 1977: 75%) des Lesegutes daraus besteht. Der Jahrgang darf nur dann genannt werden, wenn mindestens 85% des abgefüllten Weines aus ihm stammt. Der Name des Erzeugers, Abfüllers oder der Vertriebsfirma muß angegeben sein. Der Zusatz »Erzeugerabfüllung« bedeutet, daß ausschließlich eigene Trauben verarbeitet wurden.

Qualitätsweine können Auszeichnungen tragen, die sie entweder von einer Kommission des jeweiligen Weinbauverbandes oder von der Deutschen Landwirtschaftsgesellschaft in Frankfurt erhalten haben.

Zum Beispiel das rote Weinsiegel: Dieses Siegel erhalten nur Weine, die bei einer Qualitätsprüfung mindestens 2–3 Punkte über vergleichbaren Weinen liegen.

Darüber hinaus gibt es noch das gelbe Siegel mit dem Zusatz »trocken«. Es besagt, daß dieser Wein ausgegoren ist und nur maximal 4 g/Liter Restzucker enthält, oder bis zu 9 g/Liter, wenn der Gesamtsäuregehalt höchstens 2 g/Liter darunter liegt, also mindestens 7 g/Liter beträgt.

Außerdem gibt es ein grünes Weinsiegel »halbtrocken«. Es besagt, daß der Restzuckergehalt des Weines maximal 18 g/Liter beträgt und der Gesamtsäuregehalt höchstens 10 g/Liter unter dem Restzuckergehalt liegt.

Die deutschen Weinbaugebiete und ihre besten Lagen

Ich habe darauf verzichtet, Ihnen für die folgenden Anbaugebiete die besten Jahrgänge zu nennen. Deutsche Weine, auch die der Spitzenlagen, sollten spätestens nach zehn Jahren (Ausnahme: Auslesen und Trockenbeeren-Auslesen) getrunken werden, da sie im allgemeinen danach abbauen.

Bei den meisten Lagen finden Sie in Klammern den dafür empfehlenswerten Winzer. Die Weine mit einem Stern sind die anerkannten Spitzen des jeweiligen Weinbaugebiets, sozusagen die Besten der Besten. Die Rotwein-Lagen sind durch ein »R« zusätzlich gekennzeichnet. Werden in der entsprechenden Lage außerdem Weißweine angebaut, wird die Bezeichnung »R/W« verwendet.

Weingüter, die keine trockenen Weine keltern, sind durch ein »S« gekennzeichnet.

a) Ahr

In diesem Gebiet, das zu den kleinsten Weinbaugebieten Deutschlands gehört, wachsen fast nur Rotweine, es ist zu 75% mit den Reben des Blauen Spätburgunders (Pinot noir) bedeckt. Gekeltert werden sowohl einfache als auch Spitzenrotweine.

Die großen Lagen:

R Dernauer Hardtberg (Winzerverein/Weinbauverein Dernau)

R * Heimersheimer Landskrone (Winzergenossenschaft Heimersheim)

R Marienthaler Trotzenberg (Winzerverein Marienthal)

R Marienthaler Klostergarten (Landeslehr- und Versuchsanstalt Bad Neuenahr)

R Mayschosser Mönchberg (Winzergenossenschaft Mayschoß)

R * Walporzheimer Kräuterberg (Winzergenossenschaft Walporzheim)

R * Walporzheimer Gärkamer (J. J. Adeneuer, Ahrweiler)

b) Baden

Es gehört zu den ältesten Weinbaugebieten Deutschlands und ist eines der vielfältigsten. Es reicht vom Main bis zum Bodensee. Die Rebfläche verdoppelte sich seit 1945 und beträgt heute über 12 000 ha. Die Kellereiwirtschaft hat sich im gleichen Zeitraum zur modernsten Deutschlands entwickelt. 80 Prozent der Weinerzeugung wird heute von Winzergenossenschaften vermarktet. Mit dieser Entwicklung ging eine Überschwemmung des Marktes mit süßen Konsumweinen einher – doch muß gleichzeitig gesagt werden, daß kein anderes deutsches Weinbaugebiet mehr große Preise und silberne Preismünzen pro Hektar erhielt. In jüngster Zeit bemüht man sich, auch der trockenen Geschmacksrichtung mehr Aufmerksamkeit zu widmen.

Die großen Lagen:

R/W * Achkarrer Schloßberg (Winzergenossenschaft Achkarren)

R/W * Blankenhornsberger (Versuchs- und Lehrgut für Weinbau Ihringen)

* Durbacher Plauelrain (Winzergenossenschaft Durbach)

* Durbacher Schloßberg (Gräfl. Wolff-Metternich'sches Weingut Durbach)

Durbacher Schloß Staufenberg (Markgräfl. Badisches Weingut Schloß Staufenberg, Durbach)

Durbacher Steinberg (Versuchsgut des Weinbauinstituts Freiburg)

Fremersberger Feigenwäldchen (Winzergenossenschaft Varnhalt)

R/W * Ihringer Winklerberg (Dr. Heger/Rudolf Stiegler Ihringen)

Schloß Neuweirer Mauerberg (Schloßgut Neuweier)

* Schloß Ortenberger Schloßberg (Freiherr von Neveu, Durbach S)

c) Franken

In Franken war schon immer der trockene Wein zu Hause. Die dominierenden Reben sind Silvaner und Müller-Thurgau – also solche, die nicht zu den Spitzengewächsen gezählt werden. Doch entwickelt sich gerade der Silvaner in Franken zu erdigen, kernigen Weinen und keinesfalls zu Massenträgern, wie anderswo. Die besseren Frankenweine werden in der typischen Bocksbeutelflasche angeboten.

Die großen Lagen:

Casteller Schloßberg (Fürstl. Castell'sches Domänenamt, Castell)

* Escherndorfer Lump (Winzergenossenschaft Escherndorf, Juliusspital, Würzburg S)

Hörsteiner Abtsberg (Adam Dreßler, Alzenau-Hörstein, Staatliche Hofkellerei, Würzburg S)

Homburger Kallmuth (Fürstl. Löwenstein-Rosenberg'sches Weingut Kreuzwertheim S)

* Iphofer Julius-Echter-Berg (Juliusspital, Würzburg S)

Iphofer Kalb

Randersackerer Marsberg (Juliusspital, Würzburg S, Bürgerspital, Würzburg, Staatliche Hofkellerei, Würzburg S)

* Randersackerer Pfülben (Paul Schmitt, Randersacker, Staatliche Hofkellerei, Würzburg S, Juliusspital, Würzburg S, Bürgerspital, Würzburg)

Randersackerer Sonnenstuhl (Paul Schmitt, Randersacker, Staatliche Hofkellerei, Würzburg S)

Randersackerer Teufelskeller (Juliusspital, Würzburg S, Bürgerspital, Würzburg, Staatliche Hofkellerei, Würzburg S)

Würzburger Abtsleiste (Juliusspital, Würzburg S, Bürgerspital, Würzburg, Staatliche Hofkellerei, Würzburg S)

* Würzburger Innere Leiste (Staatliche Hofkellerei, Würzburg S, Juliusspital, Würzburg S, Bürgerspital, Würzburg)

* Würzburger Stein (Juliusspital, Würzburg S, Staatliche Hofkellerei, Würzburg S, Bürgerspital, Würzburg)

* Würzburger Stein-Harfe (Juliusspital, Würzburg S, Bürgerspital, Würzburg)

d) Hessische Bergstraße

Das Gebiet am Westhang des Odenwaldes ist Deutschlands kleinstes Weinbaugebiet. Es schließt nach Süden an das Weinbaugebiet Baden an.

Die großen Lagen:

Bensheimer Streichling (Staatsweingüter Eltville)

Bensheimer Paulus

Heppenheimer Centgericht (Staatsweingüter Eltville)

Heppenheimer Schloßberg

Heppenheimer Steinkopf (Gebietswinzergenossenschaft Bergstraße, Staatsweingüter Eltville)

e) Mittelrhein

Eines der kleinen Weinbaugebiete, zwischen Bingen und Koblenz beiderseits des Rheins. Es werden außer Weißwein auch geringe Mengen Rotwein erzeugt.

Die großen Lagen:

Bacharacher Hahn (Toni Jost, Bacharach)

Bacharacher Posten (Fritz Bastian, Bacharach)

Bopparder Hamm-Feuerlay (August Perll, Boppard)

Bopparder Hamm-Mandelstein (August Perll, Boppard)

Bopparder Hamm-Ohlenberg (August Perll, Boppard)

Oberweseler Ölsberg (Heinrich Weiler, Oberwesel)

Oberweseler St. Martinsberg (Heinrich Weiler, Oberwesel)

Schloß Fürstenberg (Wilhelm Wasum, Bacharach)

f) Mosel-Saar-Ruwer

Die Mosel schlängelt sich etwa 200 km durch ein Weinbaugebiet, das durch Sonneneinfall, Boden, Wind, Regen – kurz gesagt sein Kleinklima vom einen zum anderen Kilometer größte Unterschiede aufweist. Ganz abgesehen von den Unterschieden zu Saar und Ruwer. Hier sind drei Gebiete zusammengefaßt worden, die zwar verwandt sind, von denen aber jedes seine individuellen Eigenheiten hat.

Die großen Lagen der Mosel:

* Brauneberger Juffer (Fritz Haag, Brauneberg)

* Bernkasteler Doctor (Deinhard S/Thanisch Ww. Bernkastel-Kues)

Dhroner Hofberger (Friedrich-Wilhelm-Gymnasium, Trier S)

* Erdener Prälat (St. Johannishof, Bernkastel)

* Erdener Treppchen (St. Johannishof, Bernkastel)

* Graacher Josephshöfer (Reichsgraf v. Kesselstadt, Trier)

Graacher Himmelreich (Friedrich-Wilhelm-Gymnasium, Trier S)

* Ürziger Würzgarten (Bischöfl. Weingüter, Trier)
* Wehlener Sonnenuhr (Joh. Jos. Prüm, Wehlen)
* Zeltinger Himmelreich (Joh. Jos. Prüm, Wehlen)
* Zeltinger Schloßberg (Joh. Jos. Prüm, Wehlen)
* Zeltinger Sonnenuhr (Joh. Jos. Prüm, Wehlen)

Die großen Lagen der Saar:

* Kanzemer Altenberg (Bischöfl. Weingüter, Trier)

Ockfener Bockstein (Staatl. Weinbau Domäne, Trier)

* Scharzhofberger (Egon Müller, Scharzhof)
* Wiltinger Braune Kupp (Vereinigte Hospitien, Trier)

Wiltinger Hölle (Vereinigte Hospitien, Trier)

Die großen Lagen des Ruwer:

* Eitelsbacher Karthäuserhofberg (Karthäuserhof, Trier-Eitelsbach)
* Kaseler Hitzlay (Reichsgraf von Kesselstadt Weingut, Trier)
* Kaseler Kehrnagel (Reichsgraf von Kesselstadt Weingut, Trier)
* Maximin Grünhäuser Herrenberg (C. v. Schubert'sche Gutsverwaltung Grünhaus, Mertesdorf S)

g) Nahe

Der Charakter der Nahe-Weine liegt zwischen denen Rheinhessens und der Mosel. Die Erzeugung ist relativ klein, sie liegt bei knapp 5% der gesamten deutschen Weinproduktion. Trotzdem – oder gerade deshalb – wird für Nahewein ein guter Preis bezahlt. Fast 100% der Anbaufläche sind mit Weißweinreben bebaut, etwa ein Viertel davon mit Riesling. Bis vor kurzem noch führten die Nahe-Winzer die »süße Welle« an. Langsam macht sich jedoch auch hier ein Umdenken bemerkbar. Führende Weinanbauer bekennen sich mehr und mehr zum trockenen, typischen Nahe-Wein.

Die großen Lagen:

Altenbamberger Kehrenberg (Rudolf Anheuser'sche Gutsverwaltung, Bad Kreuznach S)

* Kreuznacher Brückes (August E. Anheuser, Bad Kreuznach, Reichsgräfl. v. Plettenberg'sches Weingut, Bad Kreuznach)

Kreuznacher Kahlenberg (Rudolf Anheuser'sche Gutsverwaltung, Bad Kreuznach S, August E. Anheuser, Bad Kreuznach, Staatl. Weinbau-Domäne, Niederhausen-Schloßböckelheim S, Reichsgräfl. v. Plettenberg'sches Weingut, Bad Kreuznach, Staatsweingut Weinbaulehranstalt Bad Kreuznach S)

* Kreuznacher Kauzenberg (Rudolf Anheuser'sche Gutsverwaltung, Bad Kreuznach S, August E. Anheuser, Bad Kreuznach)

Kreuznacher Krötenpfuhl (Rudolf Anheuser'sche Gutsverwaltung, Bad Kreuznach S, August E. Anheuser, Bad Kreuznach)

Dorsheimer Burgberg (Staatl. Weinbau-Domäne, Niederhausen-Schloßböckelheim S)

Niederhäuser Hermannsberg (Staatl. Weinbau-Domäne, Niederhausen-Schloßböckelheim S)

* Niederhäuser Hermannshöhle (August E. Anheuser, Bad Kreuznach, Staatl. Weinbau-Domäne, Niederhausen-Schloßböckelheim S, Jakob Schneider, Niederhausen S)
* Rotenfelser im Winkel (Staatl. Weinbau-Domäne, Niederhausen-Schloßböckelheim S)

Roxheimer Höllenpfad (Reichsgräfl. v. Plettenberg'sches Weingut, Bad Kreuznach, Rudolf Anheuser'sche Gutsverwaltung, Bad Kreuznach S)

* Schloßböckelheimer Kupfergrube (Staatl. Weinbau-Domäne, Niederhausen-Schloßböckelheim S, Reichsgräfl. v. Plettenberg'sches Weingut, Bad Kreuznach)

Winzenheimer Rosenheck (Reichsgräfl. v. Plettenberg'sches Weingut, Bad Kreuznach)

h) Rheingau

Im Rheingau wird bereits seit dem 9. Jahrhundert Wein angebaut. In diesem Gebiet herrschen dafür geradezu ideale Bedingungen: der Rhein gleicht die Temperaturen aus und reflektiert die Sonne, die Taunusberge halten die kalten Winde ab. Hier »entdeckte« man auch im Jahr 1775 die Edelfäule, die die Weine dieser Region berühmt machten. Hier und an der Mosel entwickelt sich die Riesling-Rebe zu ihrer eigentlichen Größe. Rheingauer Rieslinge werden geschätzt wegen ihrer geschliffenen Säure, Fruchtigkeit und dem mineralischen Ton. Erfreulich ist, daß seit 1975 der Ausbau trockener Weine im Rheingau enorm gestiegen ist. Darum sind diese Weine ideale Begleiter zum Essen.

Die großen Lagen:

R * Aßmannshäuser Höllenberg (Staatsweingüter, Eltville)

* Erbacher Marcobrunn (Staatsweingüter, Eltville, Freiherrlich Langwerth von Simmern'sches Rentamt, Eltville S, Schloß Schönborn Domänenweingut Hattenheim, Schloß Reinhartshausen, Erbach)

* Geisenheimer Rothenberg (Schloß Schönborn Domänenweingut Hattenheim)

* Hattenheimer Engelmannsberg (Staatsweingüter, Eltville, Schloß Schönborn Domänenweingut Hattenheim, Schloß Reinhartshausen, Erbach)

* Hattenheimer Mannberg (Staatsweingüter, Eltville, Freiherrlich Langwerth von Simmern'sches Rentamt, Eltville S)

* Hattenheimer Nußbrunnen (Freiherrlich Langwerth von Simmern'sches Rentamt, Eltville S, Schloß Schönborn Domänenweingut Hattenheim, Schloß Reinhartshausen, Erbach)

* Hattenheimer Steinberg (Staatsweingüter, Eltville)

* Hattenheimer Wisselbrunnen (Schloß Schönborn Domänenweingut Hattenheim, Schloß Reinhartshausen, Erbach)

Hochheimer Domdechaney (Staatsweingüter, Eltville, Schloß Schönborn Domänenweingut Hattenheim)

Hochheimer Kirchenstück (Staatsweingüter, Eltville, Schloß Schönborn Domänenweingut Hattenheim)

* Kiedricher Gräfenberg (Staatsweingüter, Eltville, Weingut des Reichsfreiherrn Ritter zu Groenesteyn, Kiedrich, Dr. Weil, Kiedrich)

Kiedricher Wasseros (Weingut des Reichsfreiherrn Ritter zu Groenesteyn, Kiedrich, Dr. Weil, Kiedrich)

* Rauenthaler Baiken (Staatsweingüter, Eltville, Gräfl. Eltz'sche Gutsverwaltung, Eltville S, Freiherrlich Langwerth von Simmern'sches Rentamt, Eltville S, Schloß Schönborn Domänenweingut Hattenheim)

* Rauenthaler Gehrn (Staatsweingüter, Eltville, Gräfl. Eltz'sche Gutsverwaltung, Eltville S)

* Rauenthaler Wülfen (Staatsweingüter, Eltville, Schloß Schönborn Domänenweingut Hattenheim, Schloß Reinhartshausen, Erbach)

* Rüdesheimer Berg Rottland (Staatsweingüter, Eltville, G. H. von Mumm'sches Weingut, Johannisberg, Schloß Schönborn Domänenweingut Hattenheim, Weingut des Reichsfreiherrn Ritter zu Groenesteyn, Kiedrich)

Rüdesheimer Berg Roseneck (Staatsweingüter, Eltville, G. H. von Mumm'sches Weingut, Johannisberg, Gräfl. Eltz'sche Gutsverwaltung, Eltville S, Weingut des Reichsfreiherrn Ritter zu Groenesteyn, Kiedrich)

* Rüdesheimer Berg Schloßberg (Staatsweingüter, Eltville, G. H. von Mumm'sches Weingut, Johannisberg, Schloß Schönborn Domänenweingut Hattenheim, Weingut des Reichsfreiherrn Ritter zu Groenesteyn, Kiedrich)

* Schloß Johannisberger (Fürst Metternich)
  Schloß Vollrads (Graf Matuschka-Greiffenclau'sche Gutsverwaltung)
  Steinberger (Staatsweingüter, Eltville)
  Wallufer Walkenberg (Weingut Becker, Niederwalluf)

i) Rheinhessen

Im Gegensatz zum Rheingau, wo auf Qualität besonderen Wert gelegt wird, scheint man in Rheinhessen auf Quantität zu bauen. Hier ist alles ein bißchen größer als anderswo. Hier sind 20% der landwirtschaftlichen Nutzfläche mit Reben bepflanzt. Hier findet man den größten Weinerzeugerbetrieb mit einer Lagerkapazität von über 800 000 hl. Hier gibt es die meisten Rebsorten, z. B. Faber, Scheurebe, Morio-Muskat, Bacchus, Kerner, Huxelrebe und wie sie alle heißen, die außer ihrem merkwürdigen Duft keine besonderen Eigenschaften aufweisen. Und hier bestimmen natürlich die Massenträger von Müller-Thurgau bis Silvaner mit ⅔ der Anbaufläche die Richtung. Riesling ist lediglich mit einem Anteil von etwa 5% vertreten! Schon an diesen Zahlen läßt sich die Weinbau-Politik der rheinhessischen Winzer ablesen. Bedenkt man ferner, daß hier Hektarerträge von 80–100 hl erzielt werden (zum Vergleich: in verschiedenen Gebieten Burgunds sind maximale Produktionsmengen von 30 hl pro Hektar vorgeschrieben!), kann man sofort erkennen, daß Qualitätsweine, gemessen an der Produktionsmenge, dünn gesät sind. So wächst denn auch in Rheinhessen die in aller Welt bekannte Liebfrauenmilch.

Aber trotz aller geschäftstüchtigen Massenvermarktung – es gibt auch einige Weine und Winzer, über die es zu berichten lohnt. Diese Weine Rheinhessens erreichen zwar in keinem Fall die Eleganz der Moselweine oder die Fruchtigkeit des Rheingaus – sie sind manchmal etwas derb, aber dann immer grundehrlich. Die trockenen Weine Rheinhessens sollte man ruhig etwas liegen lassen – wenn es geht bis zu 10 Jahren –, sie können nur gewinnen.

Noch ein Wort zu Ingelheimer Rotweinen: Hier gibt es inzwischen einige Winzer, die Spätburgunder so ausbauen, daß er den Vergleich mit berühmten Lagen der Ahr und auch Frankreichs nicht zu scheuen braucht. Allen voran das Weingut J. Neus mit seinem Ingelheimer Sonnenberg.

Die großen Lagen:

  Binger Scharlachberg (Jakob Gerhard, Nierstein, Weingut Villa Sachsen, Bingen S, Staatl. Weinbaudomänen, Mainz)
  Bodenheimer Hoch (Jakob Gerhard, Nierstein, Staatl. Weinbaudomänen, Mainz)
  Bodenheimer Silberberg (Staatl. Weinbaudomänen, Mainz)
  Dienheimer Tafelstein (Jakob Gerhard, Nierstein, Staatl. Weinbaudomänen, Mainz)
* Nackenheimer Engelsberg (Jakob Gerhard, Nierstein, Staatl. Weinbaudomänen, Mainz)
* Nackenheimer Rothenberg (Jakob Gerhard, Nierstein, Staatl. Weinbaudomänen, Mainz)
* Niersteiner Brudersberg (Freiherr Heyl zu Herrnsheim, Nierstein)
* Niersteiner Glöck (Jakob Gerhard, Nierstein, Staatl. Weinbaudomänen, Mainz)
* Niersteiner Heiligenbaum (Freiherr Heyl zu Herrnsheim, Nierstein)
* Niersteiner Hipping (Freiherr Heyl zu Herrnsheim, Nierstein, Franz Karl Schmitt, Hermannshof, Nierstein)
* Niersteiner Kranzberg (Jakob Gerhard, Nierstein, Freiherr Heyl zu Herrnsheim, Nierstein, Franz Karl Schmitt, Hermannshof, Nierstein)
* Niersteiner Ölberg (Jakob Gerhard, Nierstein, Freiherr Heyl zu Herrnsheim, Nierstein, Staatl. Weinbaudomänen, Mainz, Franz Karl Schmitt, Hermannshof, Nierstein)
* Niersteiner Orbel (Freiherr Heyl zu Herrnsheim, Nierstein, Franz Karl Schmitt, Hermannshof, Nierstein)
* Niersteiner Pettental (Freiherr Heyl zu Herrnsheim, Nierstein, Franz Karl Schmitt, Hermannshof, Nierstein)
* Oppenheimer Sackträger (Jakob Gerhard, Nierstein, Staatl. Weinbaudomänen, Mainz)

j) Rheinpfalz

Die Pfalz gehört zu den größten Weinerzeugern Deutschlands. Über 20 000 ha sind mit Reben bepflanzt. Auch hier überwiegen, wie in Rheinhessen, die Massenträger Müller-Thurgau und Silvaner. Immerhin sind etwa 14% der Fläche mit Riesling-Reben bepflanzt, die entscheidend dazu beitragen, daß die Pfalz zu den Spitzenwein-Erzeugern zu zählen ist. Diese Weine sind frisch, rassig, körperreich, haben aber im allgemeinen wenig Säure.

Die großen Lagen:

Bad Dürkheimer Michelsberg (Dr. von Bassermann-Jordan, Deidesheim)

* Deidesheimer Grainhübel (Dr. von Bassermann-Jordan, Deidesheim, Julius Ferdinand Kimich, Deidesheim, Reichsrat von Buhl, Deidesheim)

Deidesheimer Herrgottsacker (Dr. von Bassermann-Jordan, Deidesheim, Reichsrat von Buhl, Deidesheim, Georg Sieben Erben, Deidesheim)

* Deidesheimer Hohenmorgen (Dr. Bürklin-Wolf, Wachenheim, Dr. von Bassermann-Jordan, Deidesheim)

Deidesheimer Kalkofen (Dr. von Bassermann-Jordan, Deidesheim, Reichsrat von Buhl, Deidesheim, Dr. Bürklin-Wolf, Wachenheim)

Deidesheimer Kieselberg (Dr. von Bassermann-Jordan, Deidesheim, Reichsrat von Buhl, Deidesheim)

* Deidesheimer Leinhöhle (Dr. Bürklin-Wolf, Wachenheim, Dr. von Bassermann-Jordan, Deidesheim, Julius Ferdinand Kimich, Deidesheim, Reichsrat von Buhl, Deidesheim, Georg Sieben Erben, Deidesheim)

Deidesheimer Mäushöhle (Dr. von Bassermann-Jordan, Deidesheim, Reichsrat von Buhl, Deidesheim)

Dirmsteiner Jesuitenhofgarten (Jesuitenhofgut, Gebr. Jawson, Dirmstein)

Forster Freundstück (Reichsrat von Buhl, Deidesheim, Dr. von Bassermann-Jordan, Deidesheim)

* Forster Kirchenstück (Dr. Bürklin-Wolf, Wachenheim, Dr. von Bassermann-Jordan, Deidesheim, Reichsrat von Buhl, Deidesheim)

* Forster Jesuitengarten (Dr. Bürklin-Wolf, Wachenheim, Dr. von Bassermann-Jordan, Deidesheim, Reichsrat von Buhl, Deidesheim)

Forster Ungeheuer (Dr. Bürklin-Wolf, Wachenheim, Dr. von Bassermann-Jordan, Deidesheim, Reichsrat von Buhl, Deidesheim)

Kallstadter Annaberg (Fitz-Stumpf, Leistadt)

Königsbacher Idig (Winzerverein, Königsbach, Reichsrat von Buhl, Deidesheim)

* Ruppertsberger Hoheburg (Dr. Bürklin-Wolf, Wachenheim, Dr. von Bassermann-Jordan, Deidesheim, Reichsrat von Buhl, Deidesheim)

Ruppertsberger Nußbien (Dr. Bürklin-Wolf, Wachenheim, Dr. von Bassermann-Jordan, Deidesheim)

Wachenheimer Gerümpel (Dr. Bürklin-Wolf, Wachenheim)

* Wachenheimer Goldbächel (Dr. Bürklin-Wolf, Wachenheim, Reichsrat von Buhl, Deidesheim)

Wachenheimer Rechbächel (Dr. Bürklin-Wolf, Wachenheim)

k) Württemberg

Wer Wein säuft, sündigt – wer Wein trinkt, betet. Das soll einmal der erste Präsident der Bundesrepublik Deutschland, Theodor Heuss, gesagt haben. Und er als Schwabe hat sicher gewußt, wovon er sprach. Vergleicht man die Mengen, die im Land selbst getrunken werden, mit denen, die »ausgeführt« werden, so muß man feststellen, daß in Württemberg häufig und viel »gebetet« wird.

Das Weinbaugebiet Württemberg ist eines der zerrissensten. Es erstreckt sich über ein etwa 30×50 km großes Rechteck zwischen Neckarsulm und Stuttgart. Unter einer Vielzahl von Weinbergen, die Konsumweine hervorbringen, verstecken sich überdurchschnittliche

Lagen, wie willkürlich über das ganze Gebiet verstreut. Sieben Rotwein- und sechs Weißweinsorten spielen die Hauptrolle. Die nur in Württemberg angebaute Trollinger-Rebe (Anteil etwa 25%) bringt fruchtige, kräftige Konsumweine – die fast alle an Ort und Stelle getrunken werden. Der Blaue Spätburgunder bringt in besten Lagen ausgezeichnete feurige Rotweine. Erfreulich ist der Riesling-Anteil mit weit über 20% von der Anbaufläche. Wie überall wächst er auch hier nur in den besten Lagen. Er liefert Weine von schöner, duftiger Eleganz mit abgerundeter, feiner Säure.

Die großen Lagen:

R/W * Abstatter Burg Wildeck (Staatl. Lehr- und Versuchsanstalt Weinsberg S)

Cannstatter Halde (Musterweingut Stadt Stuttgart)

R/W * Cannstatter Zuckerle (Weingärtnergenossenschaft, Stuttgart-Bad Cannstatt)

* Maulbronner Eilfingerberg (Württembergische Hofkammer-Kellerei, Stuttgart S)

* Maulbronner Eilfingerberg-Klosterstück

Fleiner Eselsberg (Weingärtnergenossenschaft/Weingut Wolf)

R/W * Gundelsheimer Himmelreich (Staatl. Lehr- und Versuchsanstalt Weinsberg S)

R/W Heilbronner Wartberg

R/W * Kleinbottwarer Süßmund (»Brüssele«) (Weingut »Brüssele« Schloßkellerei Graf Adelmann, Steinheim-Kleinbottwar S)

R/W * Mundelsheimer Käsberg (Württembergische Hofkammer-Kellerei, Stuttgart S)

R/W * Neippberger Schloßberg (Gräflich von Neipperg'sches Weingut, Schwaigern S)

Schwaigerner Ruthe (Gräflich von Neipperg'sches Weingut, Schwaigern S)

* Stettener Brotwasser (Württembergische Hofkammer-Kellerei, Stuttgart S)

Stettener Pulvermächer

R/W * Stuttgarter Mönchshalde (Musterweingut Stadt Stuttgart)

Weinsberger Schemelsberg (Staatl. Lehr- und Versuchsanstalt Weinsberg S)

* Weikersheimer Schmecker (Fürstl. Hohenlohe-Langenburg'sches Weingut, Weikersheim)

Französischer Wein

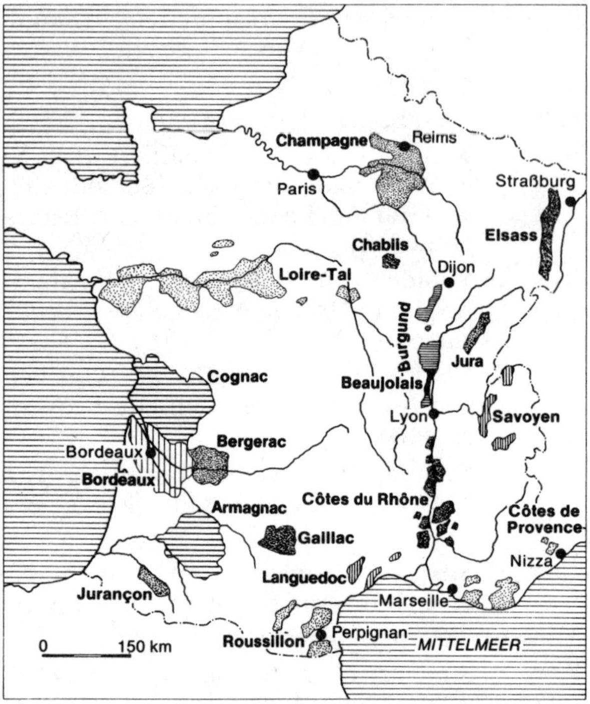

Gesetzliche Bestimmungen

Schauen wir zuerst wieder auf das Etikett: Eine kleine Zahl teilt die französischen Weine in zwei Lager:

a) Einfache Landweine (vergleichbar unserem Tafelwein), die das Wort »vin« und eine kleine Zahl zwischen 8,5° und 13° im Etikett führen, die den Alkohol pro Liter angibt und auch auf dem Halskragen oder sogar in einzelnen Fällen auf dem Korken stehen kann. Wo dieser Wein gewachsen ist, braucht nicht angegeben zu sein, aber der Abfüller oder Händler (négociant) muß grundsätzlich genannt werden. Diese Weine werden oft unter einem Markennamen verkauft.

b) Weine, auf deren Etikett eine Ursprungsbezeichnung steht, also Ort oder Region der Erzeugung. Sie tragen nie eine Angabe über den Alkoholgehalt, weil dieser amtlich, mit regionalen Unterschieden, festgelegt ist. Diese Weine teilen sich wiederum auf in zwei Gruppen:

»Vins délimités de qualité supérieure« (V.D.Q.S.) also in der Menge limitierte Weine von gehobener Qualität. Diese Weine werden von einer Kommission nach einer Verordnung des Landwirtschaftsministeriums unter bestimmten Kriterien ausgewählt. Sie sind eine eigenständige Gruppe und keine Unterabteilung der »Appellation-Contrôlée-Weine«.

Die höchste Stufe sind »Vins d'origine contrôlée« (A.O.C. oder A.C.), also Weine mit kontrolliertem Ursprung. Aus dieser Gruppe gehen die großen Weine hervor, die in den einzelnen Anbaugebieten noch unterschiedliche Klassifikationen aufweisen.

Die A.O.C.-Weine werden nach strengen, genau geregelten Bedingungen angebaut und hergestellt: Anbaubezirk, Rebsorte, Maximalertrag pro Hektar, Alkoholgehalt, Anbau- und Herstellungsverfahren sind gesetzlich geregelt.

Es gibt in Frankreich 251 verschiedene A.O.C.-Weine. Außerdem bestehen noch Organisationen, z. B. der »Tastevin«, die besondere Auszeichnungen vergeben.

»Mis en bouteilles au château« besagt, daß der Wein auf dem Schloß des Erzeugers abgefüllt und dort ausgebaut wurde. Dies ist im allgemeinen ein zusätzliches Qualitätsmerkmal.

Seien Sie vorsichtig bei deutschen Phantasieetiketten französischer Weine. Meist handelt es sich um billigen Exportverschnitt, der in Deutschland abgefüllt wurde, auch wenn eine Appellation angegeben ist.

Kritische Anmerkungen

Während in Deutschland Wein zumeist nach dem Essen getrunken wird, konsumieren die Franzosen ihren Wein zumeist zum Essen. Es ist durchaus üblich, schon mittags einen halben Liter zu sich zu nehmen. Daher rühren auch die unterschiedlichen Erzeugergewohnheiten. Während in Deutschland gefällige, süffige, mollige Weine gekeltert werden, ist es in Frankreich umgekehrt. Man erzeugt trockene Weine, die in der Regel besser zum Essen passen. Es ist erwiesen, daß diese Weine ohne Restzucker bekömmlicher sind; sie brauchen außerdem wesentlich weniger Schwefel zum Haltbarmachen.

Weil aber in Deutschland so wenig trockene Weine erzeugt werden, wenden sich die Weinfreunde nach Frankreich – dort wird das Gewünschte reichlich angeboten. Der Nebeneffekt dabei ist, daß auch für weniger gute Tropfen Preise bezahlt werden, von denen deutsche Winzer nur träumen können. Das Beispiel Sancerre beweist es: Dieser Wein ist zumeist nicht unter 10 Mark zu haben – aber oft von einer Qualität, die diesen Preis keinesfalls rechtfertigt. Er ist eben zu einem Modewein geworden, wie der Chablis oder die stillen Weine aus der Champagne – von denen fast das gleiche zu berichten wäre.

Ein weiterer, recht fragwürdiger Trend führt zu immer stärkerer Nachfrage nach jungem Beaujolais. Bereits in der Nacht vom 14. auf den 15. November wird dieser Wein sowohl in guten wie auch in schlechten Jahren tanklastzugweise über die Grenzen gekarrt. Nicht immer rechtfertigt das Ergebnis den Aufwand – und auch hier wollen wir lieber nicht vom Preis reden.

Es ist erstaunlich, wie die Preise für Rotweine aus Burgund und dem Bordelais in den letzten Jahren bei uns gestiegen sind. Vergleicht man sie nämlich mit den Preisen, die man in England und in vielen Ländern des Commonwealth bezahlt, dann kann niemand diese Unterschiede erklären.

Alles in allem ist zu sagen, daß Frankreich nach wie vor der größte Erzeuger von Qualitätsweinen ist – die es sich auch entsprechend in Deutschland, Österreich und der Schweiz honorieren läßt.

Die wichtigsten französichen Weinanbaugebiete und ihre besten Lagen

a) Bordeaux

Kein anderes französisches Weinbaugebiet ist so umfangreich und vielfältig. Hier werden die Hälfte aller A.O.C.-Weine Frankreichs erzeugt. Fast ⅔ davon sind Weißweine, der Rest Rotweine. Die Feinheiten des Etiketts zu verstehen, ist selbst für den Kenner von Bordeaux-Weinen sehr schwer. Ein Wein der Bezeichnung »Appellation Bordeaux Contrôlée« ist irgendwo im Gebiet des Bordelais gewachsen. Er ist im allgemeinen ein einfacher, sauberer Tischwein. Zur Mittelklasse zählen alle Weine mit einer regionalen Appellation auf dem Etikett. Bei Rotweinen: Saint-Emilion (mit 6 Unter-Appellationen), Côtes-de-Fronsac, Côtes-Canon-Fronsac, Pomerol, Lalande-de-Pomerol, Médoc und Haut-Médoc. Bei Weißweinen: Entre-deux-mers, Entre-deux-mers-Haut-Benauge, Côtes-de-Bordeaux-Saint-Macaire, Côtes-de-Blaye, Cérons, Loupiac, Sainte-Croix-du-Mont, Sauternes, Barsac, Graves supérieurs. Bei Weiß- und Rotweinen: Blaye oder Blayais, Premières-Côtes-de-Blaye, Bourg oder Côtes-de-Bourg oder Bourgeais, Sainte-Foy-Bordeaux, Graves-de-Vayres, Premières-Côtes-de-Bordeaux, Graves blanc und rouge, Bordeaux-Côtes-de-Castillon.

Zur gehobenen Mittelklasse zählen im allgemeinen Gemeinde-Appellationen, vor allem aus dem Médoc: Margaux, Pauillac, St. Julien, Saint Estèphe, Moulis, Listrac. Im Médoc gibt es noch neben der A.O.C. die berühmte Klassifikation von 1855, auf die ich noch zurückkomme. Die folgenden Qualifikationen zählen ebenfalls zur gehobenen Mittelklasse:

Cru Exceptionnel
Cru Bourgeois Supérieur
Cru Bourgeois.

Sie schließen sich in dieser Reihenfolge direkt unter der Klassifikation von 1855 an. Dazu kommen im Bordelais alle A.O.C.-Weine mit Dorfnamen bzw. Châteaux, etwa 500.

Große Jahrgänge: 49, 53, 55, 59, 61, 64, 70, 75. Gute Jahrgänge: 45, 50, 62, 66, 67, 69, 71, 76.

Die wichtigsten Regionen und deren beste Lagen will ich Ihnen noch nennen, weil man ihnen bei uns oftmals begegnet:

Entre-deux-mers

Hier werden große Mengen Weißwein produziert, der frisch und trocken ist, ohne große Ansprüche zu stellen. Er wird im Westen Frankreichs gern zu Austern getrunken.

Graves

Im Süden des Médoc schließt sich das Gebiet des Graves an. Die Spitzenweine sind gruppiert in Premier grand cru (Château Haut-Brion) und Grand cru:

Château Bouscaut
Château Carbonnieux
Domaine de Chevalier
Château Haut-Bailly
Château La Mission-Haut Brion
Château La Tour-Haut-Brion
Château La Tour-Martillac
Château Malartic-Lagravière
Château Olivier
Château Pape-Clément
Château Smith-Haut-Lafitte

Die Rotweine altern wie im Médoc, sie sind kräftig und mit feinem Bouquet.

Médoc

Die ca. 3000 Schlösser (Châteaux) des Médoc wurden 1855 ziemlich willkürlich gesichtet und in 5 Klassen (Cru = Gewächs) eingeordnet. 60 davon kamen in diese begehrte Gruppe. Drei davon in die ursprüngliche Spitzengruppe, Premier Cru genannt:

Château Lafite-Rothschild*
Château Margaux
Château Latour

Außerdem das Château Haut-Brion, obwohl dieser Wein im Gebiet des Graves wächst. Seit 1973 rechnet man auch das ursprünglich in der zweiten Gruppe befindliche Château Mouton-Rothschild zur ersten Gruppe.

Auf den Etiketten dieser fünf Châteaux werden Sie nie eine Anmerkung finden, daß sie zur Spitzengruppe gehören. Dafür bürgt einfach der Name. Bei einigen der 14 Zweitplazierten finden Sie einen entsprechenden Vermerk (2ème Cru), auf allen anderen nur die Bezeichnung Grand Cru.

* Es gibt außerdem ein Château Lafitte, Appellation 1ers-Côtes-de-Bordeaux contrôlée – der nicht zu verwechseln ist mit Château Lafite-Rothschild – er ist außerdem wesentlich preiswerter.

Hier möchte ich Ihnen die Namen der wichtigsten Châteaux nennen.

2. Crus, (komplett)
Château Brane-Cantenac
Château Cos-d'Estournel
Château Montrose
Château Ducru-Beaucaillou
Château Gruaud-Larose-Sarget
Château Léoville-Lascases
Château Léoville-Poyféré
Château Léoville-Barton
Château Durfort-Vivens
Château Lascombes
Château Rauzan-Ségla
Château Rauzan-Gassies
Château Pichon-Longueville
Château Pichon-Longueville-Lalande

Und noch die wichtigsten der 3.–5. Crus. Das Plus-Zeichen bedeutet, daß man heute diese Châteaux längst höher bewertet.

3. Crus: Château Palmer+
Château Calon-Ségur+
Château Langoa
Château La Lagune+

4. Crus: Château Beychevelle+
Château Branaire-Ducru
Château Talbot+
Château Duhart-Milon

5. Crus: Château Pontet-Canet+ (2.)
Château Batailley
Château Haut Batailley
Château Grand-Puy-Ducasse
Château Lynch-Bages+
Château Mouton-Baron-Philippe+
Château Cantemerle+ (2.)

Der Médoc-Wein hat viel Bouquet, ist delikat, feurig und brillant. Dieser Wein sollte mindestens 4 Jahre alt sein, bevor Sie ihn trinken. Spitzenweine können aber ohne weiteres ein Alter von 100 Jahren und mehr erreichen.

Pomerol

Hier gibt es keine offizielle Klassifizierung. Zweifellos ist das Château Pétrus die beste Lage. Weitere gute Lagen sind:

Château Beauregard
Château Certan-Demay
Château La Conseillante
Château l'Evengile
Château La Fleur-Pétrus
Vieux Château Certan
Clos de l'Eglise
Château Petit-Village
Château Trotanoy
Château Latour-Pomerol

Saint-Emilion
Die offizielle Klassifizierung lautet:
Premier grand cru classé A:
Château Ausone
Château du Cheval-Blanc.

Premier grand cru classé B:
Château Beauséjour
Château Bel-Air
Château Canon
Château Fourtet
Château Gaffelière-Naudes
Château Magdelaine
Château Pavie
Château Trottevieille

Außerdem Grand cru classé mit 75 Châteaux und die Bezeichnung Grand cru, die jährlich neu vergeben wird an mehr als 50 Châteaux.

Der Wein hat eine dunkle Färbung, ist brillant und samtig im Geschmack. Er sollte mindestens 4 Jahre lagern. Nach 10–20 Jahren erreicht er seine größte Qualität.

Sauternes
Ein schwerer Weißwein, der oftmals als Dessertwein bezeichnet wird. Er ist aber nicht gezuckert oder mit Traubensaft verschnitten. Gruppierung der Spitzenweine: Premier grand cru (nur Château d'Yquem), Grand cru und Deuxième cru. Ähnliche Weine werden im Nachbargebiet Barsac gewonnen.

b) Beaujolais
Diese Weingegend liegt südlich von Burgund und erstreckt sich etwa 50 Kilometer entlang der Saône. Der Beaujolais ist mit keinem der anderen Weinbaugebiete Frankreichs zu vergleichen, schon gar nicht mit der Bourgogne. Diese beiden Weine sind aufgrund der unterschiedlichen Rebarten völlig verschieden. Vergessen Sie deshalb alles, was Sie je über alte Weine und deren Güte gehört haben. Beim Beaujolais stimmt das alles nicht! Beaujolais wird in Frankreich grundsätzlich jung getrunken! Bereits am 15. November wird er auf Flaschen gefüllt und als Beaujolais Primeur verkauft und auch sofort verbraucht, obwohl es in manchen Jahren angebracht wäre, ihn noch einige Wochen im Faß zu lassen. Nur wenn er jung ist, hat er seinen typischen Geschmack: Sauber, fruchtig und frisch. Nach Ostern sollten Sie ihn nicht mehr anrühren!

Vom Beaujolais gibt es folgende Klassen:

Beaujolais mit 9° Alkohol, der als Primeur sofort getrunken wird.

Beaujolais Supérieur mit 10° Alkoholgehalt. Er sollte das nächste Jahr der Ernte nicht mehr erleben.

Beaujolais Villages oder mit einem Ortsnamen anstelle von Villages. Zwei Jahre nach der Ernte sollte auch er getrunken sein.

Die elegantesten Beaujolais (Grand Crus) werden in 9 Dörfern produziert, die alle eigenständige Qualitätsmerkmale aufweisen und ebenso nach drei Jahren, ganz besonders hervorragende Jahrgänge spätestens nach 5 Jahren, getrunken sein sollten. Die neun Grand-cru-Dörfer, die ihren Namen als Ursprungsbezeichnung verwenden dürfen, sind: Saint-Amour, Juliénas, Chénas, Moulin-à-vent, Fleurie, Chiroubles, Morgon, Côtes de Brouilly, Brouilly.

Wie schon gesagt, dauert das eigentliche Vergnügen am jeweiligen Jahrgang nur kurze Zeit. Wenn in Frankreich kein Mensch mehr diesen Jahrgang trinkt, dann wird der Rest nach Deutschland exportiert, wird in vielen Restaurants und Gaststätten gepflegt, das heißt noch Jahre im Keller gelagert und zimmerwarm, mit über 20° C serviert. Daß er völlig »tot« ist merkt anscheinend bei uns niemand und ebensowenig, daß er fast 10° C zu warm serviert wird. Aber auch in vielen Geschäften kann man »alten« Beaujolais kaufen.

c) Burgund

Es gibt nach wie vor Weinkenner, die sich streiten, welcher Wein der bessere sei, Burgunder oder Bordeaux. Dieser Streit wird nicht zu schlichten sein, denn über Geschmack zu streiten ist müßig. Bordeaux-Weine werden meist als elegant und erlesen bezeichnet, Burgunder als fruchtig und vollmundig – Umschreibungen, die dem Laien nicht weiterhelfen. Im allgemeinen kann gesagt werden, daß Burgunder öfter zur Zubereitung von Speisen verwendet und dann natürlich auch dazu getrunken wird. Bordeaux-Weine sich dagegen als Begleiter festlicher Menüs bewährt haben.

In Burgund werden die Weine in vier Klassen eingeteilt:

1. Grand cru (Tête de Cuvée)
Etwa 30 Spitzenweine, jeder mit eigener Appellation, so daß nur die Lage auf dem Etikett steht.

2. Premier cru
Auf dem Etikett ist zuerst die Gemeinde, dann die Lage aufgeführt, und zwar in gleicher Größe. Falls es sich um einen Verschnitt mehrerer Lagen handelt, so erscheint nur die Ortsbezeichnung.

3. Kommunale Appellation
Hier erscheint zumeist nur der Gemeindename. Wenn eine Lage angegeben ist, muß die Schrift viel kleiner sein als der Gemeindename.

4. Regionale Appellation
Die Bezeichnung »Bourgogne Appellation Contrôlée« wird für Gemeinden benutzt, die keine eigene Appellation führen dürfen.

Das wertvollste Weingebiet Burgunds bezeichnet man als Côte d'Or. Sie wiederum teilt sich in zwei Gebiete: Côte de Nuits und Côte de Beaune. Die besten der nun aufgeführten Lagen sind mit einem Stern gekennzeichnet.

Côte de Nuits

Ein etwa 20 km langes und höchstens 800 m breites Gebiet, das fast vollständig mit Rotwein bebaut ist. Die Weine reifen langsam, sind lange haltbar, von schöner Farbe und exzellentem Duft.

Lagen:

Clos du Chapitre (Gemeinde: Fixin)
Clos de la Perrière
Les Arvelets
Les Hervelets

* Chambertin (Gemeinde: Gevrey-Chambertin)
* Chambertin Clos de Bèze
Charmes-Chambertin
Chapelle-Chambertin
Griotte-Chambertin
Latricières-Chambertin
Mazis-Chambertin
Ruchottes-Chambertin
Le Clos Saint Jacques
Varoilles

* Bonnes Mares (Gemeinde: Morey-Saint-Denis)
Clos de Tart
Clos de la Roche

* Musigny (Gemeinde: Chambolle-Musigny)
* Bonnes Mares
Les Amoureuses

Clos de Vougeot (Gemeinde: Vougeot)

* Les Grands Echézeaux (Gemeinde: Flagey-Echézeaux)

* Romanée-Conti (Gemeinde: Vosne-Romanée)
* Richebourg
* La Tâche
* Romanée-Saint-Vivant
La Romanée
La Gaudichots
La Grande-Rue
Le Clos des Réas
Les Beaux-Monts
Les Malconsorts
Les Suchots
Les Petits Monts

Les Saint-Georges (Gemeinde: Nuits-Saint-Georges)
Les Vaucrains
Les Cailles
Aux Cras
Les Porrets

Les Pruliers
Clos des Corvées
Aux Boudots
Les Murgers
La Richemone
Les Didiers

Côte de Beaune

Dieses Gebiet schließt sich an die Côte de Nuits an und ist etwa doppelt so groß. Hier wachsen außer Rotweinen auch große Weißweine.

Die Rotweine sind im allgemeinen früher trinkbar als die der Côte de Nuits. Sie sind ebenfalls wunderbar in der Farbe und beeindrucken durch ein ausdrucksvolles Bukett und runden, charakteristischen Geschmack.

Lagen:
* Corton (Gemeinde: Aloxe-Corton)
* Le Clos du Roi
Les Bressandes
Corton Renardes
Corton Perrières
Corton Les Maréchaudes
Ile des Vergelesses (Gemeinde: Pernand-Vergelesses)

Les Grèves (Gemeinde: Beaune)
Les Fèves
Aux Cras
Champimonts
Les Bressandes
Les Marconnets
Le Clos de la Mousse
Le Clos des Mouches
Les Teurons
Les Avaux
Aigrots

Les Rugiens-Hauts (Gemeinde: Pommard)
Les Rugiens-Bas
Les Grands Epenots
Les Boucherottes
Les Argillières
Les Arvelets

Caillerets Dessus (Gemeinde: Volnay)
En Caillerets
Champans
Le Clos des Ducs
Chevret

Les Duresses (Gemeinde: Auxey-Duresses)

Clos Saint-Jean-Morgeot (Gemeinde: Chassagne-Montrachet)
La Boudriotte

Les Gravières (Gemeinde: Santenay)

Ein Ort im Chalonnais, südlich der Côte de Beaune, sei noch erwähnt, weil man die dortigen Weine häufig bei uns antrifft: Mercurey. Hier wachsen Rotweine, die apart und körperreich sind.

Im allgemeinen altern Burgunder nicht so gut wie Bordeaux-Weine. Sie sollten jedoch – vor allem die guten Jahrgänge und Lagen – mindestens 5–6 Jahre alt sein, bevor man sie trinkt, besser noch 8 Jahre. Kleinere Lagen sind schon nach 3–4 Jahren trinkbar.

Gute Jahrgänge: 47, 49, 52, 55, 59, 61, 62, 64, 66, 69, 70, 71, 72, 73, 76.

Weiße Burgunder

Diese berühmten Weine werden aus der Chardonnay-Rebe gekeltert. Sie wachsen alle im Gebiet der Côte de Beaune. Ich nenne Ihnen hier die wichtigsten Lagen. Grands crus sind mit einem Stern gekennzeichnet.

Corton-Charlemagne
Charlemagne

Meursault-Perrières
Meursault-Charmes
Meursault-Goutte d'Or

* Le Montrachet
* Chevalier-Montrachet
* Bâtard-Montrachet
* Bienvenue-Bâtard-Montrachet
* Criots-Bâtard-Montrachet

Zu den weißen Burgundern zählen auch die Weine von Chablis; sie wachsen nördlich der Côte de Nuits und östlich von Auxerre. Es gibt 7 Grands crus:

Bougros
Les Vaudésir
Les Preuses
Les Clos
Les Grenouilles
Valmur
Les Blanchots

Als nächste Stufe folgt die »Appellation Contrôlée Chablis Premier Cru« mit 18 Lagen, dann Appellation Chablis und Petit Chablis. Die beiden letzten Weine können bereits sehr säuerlich, unharmonisch und dünn schmecken. Im allgemeinen kann gesagt werden, daß die großen Weine des Chablis etwa 5–6 Jahre, die übrigen weißen Burgunder 3–5 Jahre nach der Lese getrunken werden sollten. Große Jahrgänge können ohne weiteres 10–15 Jahre und älter werden.

Gute Jahrgänge: 61, 62, 64, 66, 69, 70, 71, 73, 74, 75, 76, 77.

d) Côtes-du-Rhône

Hier werden dunkelrote, geschmacksintensive Rotweine gekeltert, aber auch kräftige, goldfarbene Weißweine.

Die Rotweine sind etwa 5 Jahre nach der Lese trinkbar und können bis zu 20 Jahren gelagert werden. Die Weißweine sollten etwa nach 2–3 Jahren getrunken werden.

Die Klassifizierung:

Etwa ein Dutzend Orte besitzen eine eigene Appellation, z. B. Côte Rôtie, Hermitage, Crozes-Hermitage, Châteauneuf-du-Pape. Es folgen wieder ein Dutzend Orte, die ihre Weine »Côtes-du-Rhône-Villages« nennen dürfen. Die übrigen Weine werden mit »Appellation Côtes-du-Rhône« bezeichnet.

Die besten Lagen:
Côte Rôtie Tête de Cuvée
Côte Rôtie brune et blonde
Château Grillet
* Les Bessards (Hermitage)
* Le Méal (Hermitage)
Chante Alouette (Hermitage – Weißwein)

Gute Jahrgänge: 61, 62, 64, 66, 67, 69, 70, 71, 73, 74, 76.

e) Elsaß

Die elsässischen Weine tragen keine Ursprungsbezeichnung, sondern im allgemeinen nur die Rebsorten-Namen sowie die Namen der Händler oder Abfüller auf dem Etikett. Nur wenn Orte einen besonders guten Ruf haben, sind sie angegeben und sogar die Lage.

1975 wurde aber eine Regelung erlassen, die für die besten Weine das Prädikat »Alsace Grand cru« ermöglicht. Er wird nur an Weine aus folgenden Rebsorten vergeben:
Riesling
Gewürztraminer
Muskat
Pinot gris

Der in Deutschland sehr bekannte Edelzwicker ist ein Verschnitt aus verschiedenen Rebsorten. Im Elsaß werden fast ausschließlich Weißweine angebaut.

Gute Jahrgänge: 61, 64, 66, 67, 69, 70, 71, 73, 75, 76.

f) Jura

Dieses östlich von Burgund gelegene Gebiet bringt kräftige, herbe Rot- und fruchtige, zarte Weißweine hervor, außerdem Roséweine. Die besten Weine wachsen bei Arbois und Château-Chalon. Eine Besonderheit sind die Strohweine (Vin de Paille): Die Trauben lagern vor dem Keltern den Winter über auf Strohmatten.

g) Loire-Tal

Dieses Gebiet erstreckt sich von St. Nazaire im Westen an der Loire-Mündung bis nach Nevers im Osten. Es ist kein geschlossenes Weinbaugebiet, sondern gliedert sich in mehrere Anbaubezirke auf. Die Weißweine sind meist geschmeidig, mit wenig Säuregehalt – trotzdem schmecken sie lebendig und frisch. Die wichtigsten Gewächse will ich Ihnen hier vorstellen: Aus dem Pays Nantais-Gebiet stammt der Muscadet, ein mittelschwerer, trockener Weißwein. In Anjou-Saumur werden vor allem trokkene Roséweine gekeltert. Die Coteaux du Layon bringen süße und halbsüße Weißweine von großer Fruchtigkeit hervor; sie können sich ohne weiteres mit den großen Gewächsen aus

Sauternes messen. An den Coteaux de la Loire wachsen rassige Weine mit weniger Restsüße. Die Spitzenlage heißt Savennières. Weiter im Osten finden wir die Weine des AC-Gebietes Touraine. Aus den Orten Bourgueil und Chinon kommen Rotweine, die recht ansprechend sind. In Vouvray werden vor allem Schaumweine, zum Teil von ausgezeichneter Qualität (méthode champenoise), erzeugt.

Noch weiter im Osten finden wir die Weine von Pouilly Fumée und Sancerre. Gerade der Sancerre ist zu einem Modewein geworden, der leider nicht immer den in ihn gesetzten Erwartungen gerecht wird. Alle hier genannten Weine sollten jung getrunken werden.

h) Mâconnais

Auch dieses Gebiet ist kein geschlossenes Anbaugebiet. Es gibt hier eine Klassifizierung; sie lautet von unten nach oben: Mâcon, Mâcon supérieur, Mâcon-Village und das Spitzengebiet mit Pouilly-Fuissé, Vinzelles, Loché, Saint-Vérand. Es sind elegante, frische und kräftige Weißweine, die gut zum Essen passen. Sie werden jung getrunken.

i) Jurançon und Gaillac

Hier werden trockene Weißweine gekeltert, die frisch schmecken und jung getrunken werden.

j) Provence

Es gibt hier zumeist nur V.D.Q.S.-Weine. Die trockenen Weißen und Rosés sollten jung getrunken werden. Die Roten können ein paar Jahre altern.

Die weiteren französischen Weinanbaugebiete möchte ich nur der Vollständigkeit halber aufführen: Bergerac, Korsika, Savoyen, Languedoc und Roussillon.

Österreichischer Wein

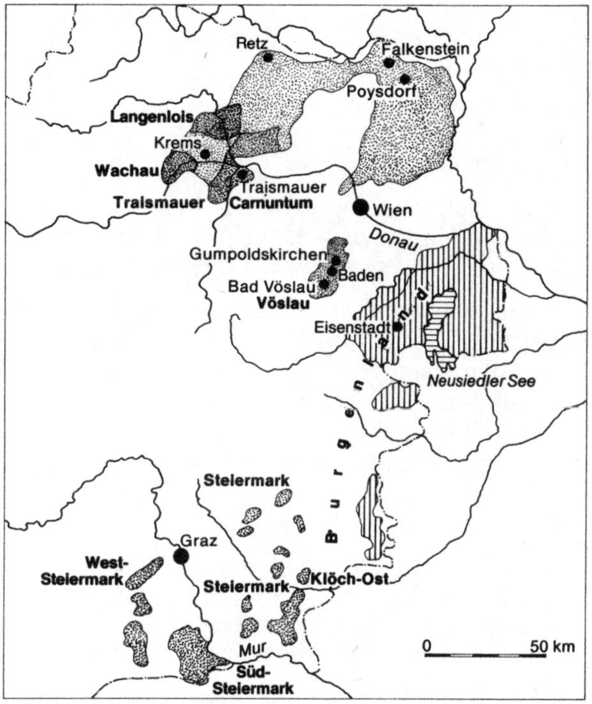

Gesetzliche Bestimmungen

Das österreichische Weingesetz stammt von 1961 und ist 1971 und 1972 den EWG-Bestimmungen weitgehend angeglichen worden.

Die unterste Stufe der Klassifizierung stellen die Tisch- oder Tafelweine dar. Diese Bezeichnung kann für Weine verwendet werden, die nicht den Ansprüchen genügen, die an Qualitätsweine gestellt werden. Es gibt ein Weinsiegel »Wein aus Österreich – kontrollierter Tafelwein«, das für hundertprozentig österreichische Tafelweine geschaffen wurde. Durch Stichproben des österreichischen Weininstituts wird die Qualität überwacht.

Die nächste Klasse bilden Qualitätsweine. Sie müssen aus einer der sechs Weinbauregionen stammen und aus einer amtlich empfohlenen Rebsorte gekeltert werden. Wie bei Tafelwein darf der Most aufgebessert, das heißt gezuckert werden.

Die höchste Klasse sind Qualitätsweine besonderer Reife und Leseart:

Kabinett
Spätlese
Auslese
Beerenauslese
Ausbruch
Trockenbeerenauslese

Eine Aufbesserung ist hier nicht mehr erlaubt. Qualitätsweinen kann nach Prüfung das »Weingütesiegel Österreich« verliehen werden.

Außer den genannten Gütezeichen gibt es noch die Burgenland-Kapsel, die Medaille der steirischen Landesweinkost und das Wiener Weingütesiegel. Darüber hinaus werden bei regionalen Verkostungen Gold-, Silber- und Bronzemedaillen vergeben.

Die Weinbauregionen lauten:
Niederösterreich
  Weinbauregion Donauland:
  Krems
  Langenlois
  Traismauer-Carnuntum
  Wachau
  Weinbauregion Weinviertel:
  Falkenstein
  Retz
  Weinbauregion Thermenregion:
  Baden
  Vöslau

Wien

Burgenland
  Weinbauregion Burgenland:
  Rust-Neusiedler See
  Eisenberg

Steiermark
  Weinbauregion Steiermark:
  Südsteiermark
  Weststeiermark
  Klöch-Oststeiermark

In Österreich sind auf den Etiketten vor allem die Weinbauregion, der Weinbauort, der Weinbauer (Winzer) und vor allem die Rebsorte angegeben. Lagebezeichnungen (Riede) spielen keine so wesentliche Rolle. Weine verschiedener Riede können verschnitten sein. Achten Sie auch auf die häufig verwendeten Phantasiebezeichnungen, die oftmals Riednamen vortäuschen. Nur der gute Name des Weinbauers oder des Weingutes sind für die Qualität österreichischer Weine ausschlaggebend.

Ich möchte Ihnen an dieser Stelle auch die empfohlenen Rebsorten angeben und wo sie wachsen. Diese Rebsorten sind für Qualitätsweine amtlich vorgeschrieben.

Weißweinsorten	*Anbaugebiet*
Grüner Veltliner	Weinviertel, Donauland, Burgenland, Wien
Müller-Thurgau	ganz Österreich
Welschriesling	Burgenland, Steiermark, Thermenregion
Neuburger	Baden, Krems, Wachau, Burgenland, Wien
Weißer Burgunder	ganz Österreich
Muskat Ottonel	ganz Österreich, insb. Rust-Neusiedler See
Rheinriesling	ganz Österreich, insb. Region Donauland
Frühroter Veltliner	ganz Österreich
Traminer	ganz Österreich
Zierfandler (oder Spätrot-Rotgipfler)	Baden
Ruländer	ganz Österreich

Rotweinsorten	*Anbaugebiet*
Blauer Portugieser	Niederösterreich
Blaufränkisch	Burgenland, Niederösterreich
St. Laurent	Niederösterreich, Burgenland
Blauer Wildbach (Schilcher)	Steiermark

Ein »rescher« Wein ist säurereich und mit unserem Begriff »trocken« zu vergleichen.

Wenn auf dem Etikett der Gemeindename angegeben ist, so muß mindestens 85% des Lesegutes von dort stammen – steht der Zusatz »Original« dabei, müssen es 100% sein. Ist ein Riedname angegeben, müssen ebenfalls alle Trauben aus dieser Lage stammen.

Kritische Anmerkungen

In Österreich wird zu fast 90% Weißwein produziert. Der grüne Veltliner spielt dabei die Hauptrolle. Er ist typisch für Österreich. Er zählt zwar nicht zu den Spitzenweinen, ist jedoch angenehm würzig und von erfrischender Säure. Die deutsche Rieslingrebe wird in Österreich zumeist Rheinriesling genannt. Der Welschriesling stammt aus Frankreich und ist mit dem Riesling nicht verwandt; auch die Qualität ist nicht zu vergleichen.

Leider ist es in Österreich vielfach üblich, Weine nicht durchzugären. Sie haben deshalb verhältnismäßig viel Restsüße. Auffallend ist außerdem, daß relativ viele Weinsorten angepflanzt werden, die nicht zu den Spitzengewächsen zählen.

Die österreichischen Weinbaugebiete und ihre besten Lagen

a) Niederösterreich

W Kremser (Steiner) (Weingut Undhof, Pfaffenberg, Fritz Salomon, Krems-Stein)
W * Kremser Kögl (Weingut Undhof, Fritz Salomon, Krems-Stein)
W Kremser Weinzierlberg (Weinbauschule/ Weingut Stadt Krems)
W Kremser Sandgrube
W Kremser Wachtberg (Weinbauschule/ Undhof/Probstein, Krems)

Weitere empfehlenswerte *Lagen:*
Goldberg, Jungfrau, Kremsleiten, Narrenstein.

W Dürnsteiner Hollerin
W Dürnsteiner Liebenberg (Winzergenossenschaft Wachau)

Weitere empfehlenswerte *Lagen:*
Himmelstiege, Kellerberg, Lichtenstainer.

W * Weißenkirchner Klaus (Josef Jamek, Joching)
W Weißenkirchner Achleiten (Josef Jamek, Joching)
W Tausendeimerberg, Spitz
W Unterloibener Burgstall
W Unterloibener Rotenberg (Winzergenossenschaft Loiben – beide Lagen auch unter Loibener Kaiserwein im Handel)
W * Gumpoldskirchner Kramer (Schloßweingut des Deutschen Ordens, Gumpoldskirchen)
W * Gumpoldskirchner Spiegel (Schloßweingut des Deutschen Ordens, Gumpoldskirchen)
W * Gumpoldskirchner Wiege (Schloßweingut des Deutschen Ordens, Gumpoldskirchen)

Weitere empfehlenswerte *Lagen:*
Goldköpfel, Grimmling, Kramer, Rasslerin, Sonnberg, Stocknarrn.

Die Weine mit einem Stern sind die anerkannten Spitzen des jeweiligen Weinbaugebiets, sozusagen die Besten der Besten.

b) Wien

W Wiener Nußberg

c) Burgenland

Greiner, Satz, Turner und Vogelsang sind die besten Weißwein-Riede der Gemeinde Rust. Die Rotwein-Riede lauten:
Baumgarten, G'märk, Mittelkräften. Empfehlenswerte Weingüter in Rust: Ratskellerei, Dremmel, Gabriel, Just und das Fürstlich Esterhazy'sche Weingut in Eisenstadt. Eine Spezialität ist hier der Ruster Ausbruch, ein nach dem Trockenbeeren-Ausleseverfahren gewonnener Wein, dem frisch gekelterter Traubenmost zugegeben wird.

Bemerkenswert sind noch die Weine aus Oggau. Die empfehlenswerten Weingüter:
Karl oder Franz Mad, Weingut der Stadt Oggau und Eugen Wimmer.

d) Steiermark

W Glanzer Berg (Mahorko, Glanz)
W Steinbach (Weingenossenschaft Ehrenhausen)
W Köbelberg (Fruhmann, Graz)
W Sulztal (Dreisiebner/Fruhmann, Graz)
W Hartberger Ring
W Hartberger Löffelbach
W Graßnitzberg (Dr. Brandl, Strass)
Ottenberger Wittscheinberg (Krempel, Leoben)

Schweizer Wein

Zum Schluß möchte ich Ihnen noch einige Bezugsquellen für Österreichischen Wein nennen. Diese Weingüter besitzen Auslieferungslager in der Bundesrepublik oder exportieren regelmäßig:

Winzergenossenschaft Wachau, A-3601 Dürnstein
Metternich'sche Weingüter, Dominikanerplatz 11, A-3500 Krems
Burgenländischer Winzerverband, A-7071 Rust
Kelleramt Chorherrenstift, Klosterneuburg
Deutsch-Ordens Schloßweingut & Kellerei, Singerstr. 7, A-1010 Wien
Winzergenossenschaft St. Martinus, A-7082 Donnerskirchen
Weingüter Helmut Osverger, A-3491 Straß

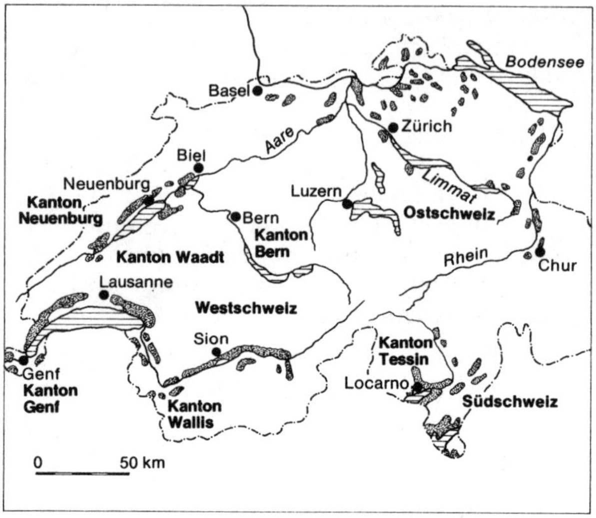

Gesetzliche Bestimmungen
Es gibt in der Schweiz keine Klassifizierung wie in Deutschland oder Frankreich. Aber es gibt geschützte Wortmarken für bestimmte Kantonsweine aus bestimmten Rebsorten, zum Beispiel Dôle im Wallis oder Merlot VITI im Tessin. An sie werden überdurchschnittliche Qualitätsanforderungen gestellt. Tischweine sind in der Schweiz zumeist einfache Konsumweine, die fast immer mit billigen Auslandsweinen verschnitten werden. Markenweine haben oftmals Phantasienamen, die aber nur in Verbindung mit der Rebsorte verwendet werden dürfen.

Ein Wein ist im allgemeinen um so besser, je enger sein Ursprungsgebiet beschrieben ist, also das Gebiet, die Lage und das Weingut; zum Beispiel im Kanton Waadt: Lavaux, Dézaley, Clos des Moines.

In der Ostschweiz gibt es das Schutzzeichen »Attestierter Winzer-Wy«. Es wird an Qualitätsweine verliehen, die bestimmte Mindestvoraussetzungen erfüllen müssen.

Die wesentlichen Weißweinreben der Schweiz:
Gutedel (Chasselas, im Wallis: Fendant, im Waadt: Dorin)

Riesling × Silvaner (Müller-Thurgau)
Johannisberg (Silvaner)

Die Rotweinreben:
Blauer Burgunder (Pinot noir, Clevner), Gamay und Merlot

Die Weinanbauzonen sind in der Schweiz gesetzlich begrenzt und auf die klimatisch geeigneten Gebiete beschränkt. Auch die Rebsorten sind amtlich vorgeschrieben. Die Weine sind im allgemeinen ausgegoren. Wein mit einem Restzuckergehalt von mehr als 4 g/l (in Deutschland gilt er unter bestimmten Voraussetzungen noch als trocken) muß auf dem Etikett den Zusatz tragen: »leicht süß« oder »mit Restzucker«. Ein unverbesserter Wein mit Restsüße wird als »natürlich süßer Luxuswein« bezeichnet.

Darüber hinaus gibt es Qualitätshinweise auf den Etiketten, die aber nicht gesetzlich geregelt sind:
Auslese,
Spätlese,
Beerenauslese.
(In der Schweiz wird Spätlese gegenüber der Auslese höher bewertet).

Kritische Anmerkungen

»Schweizer Weine gehören alle in Giftflaschen abgefüllt« – diesen Ausspruch soll der Schweizer Dramatiker Friedrich Dürrenmatt gemacht haben.

Nun, wie es sicher Menschen gibt, die seine Theaterstücke nicht mögen, so scheint Dürrenmatt die Weine seiner Heimat nicht zu lieben. Ich vermute, sie sind ihm nicht süß genug. Aber gerade ihre saubere, ehrliche, durchgegorene Art macht die Weine der Schweiz bei Kennern so beliebt – und so geeignet als Begleiter zum Essen.

Noch vor 100 Jahren war die Weinanbaufläche der Schweiz mehr als doppelt so groß – heute beschränkt man sich auf die dafür am besten geeigneten Gebiete. Deshalb sind Schweizer Weine vor allem außerhalb des Landes eine Rarität. Das hat zwei Gründe: Die eigene Weinerzeugung deckt nur etwa die Hälfte des Verbrauchs, und – Schweizer Weine sind außerhalb des Landes verhältnismäßig teuer. Die steilen Lagen, die Bewässerungssysteme und die hohen Löhne fordern eben ihren Tribut.

Noch ein Kuriosum zum Schluß. In der Schweiz befindet sich der höchste Weinberg Europas; die Rebflächen ziehen sich bis auf 1200 m hinauf.

Die Schweizer Weinanbaugebiete und ihre besten Lagen

In 22 der 25 Kantone der Schweiz wird Wein angebaut. Die Anbauflächen werden grob in drei Gebiete eingeteilt: Westschweiz, Ostschweiz, Südschweiz. Beginnen wir zuerst mit

a) Westschweiz:
Kanton Wallis

Es ist das größte Weinanbaugebiet der Schweiz. Hier wird der bekannte Dôle gekeltert, ein Rotwein, gehaltvoll und harmonisch.

Die Weißweine: Fendant, Johannisberg, Ermitage, Malvoisie und Amigne. Im Mont d'Or wächst sogar Riesling.

Im Wallis ist es bis auf wenige Ausnahmen üblich, keine Lagebezeichnungen, sondern nur Rebsorte, Jahrgang und Abfüller zu nennen.

Die Rotwein-Lagen sind durch ein »R« zusätzlich gekennzeichnet. Werden in der entsprechenden Lage außerdem Weißweine angebaut, wird die Bezeichnung »R/W« verwendet.

W/R	Vétroz, Clos de Balavaud (Les Fils Maye, Riddes/Germanier, Vétroz)
W	Ardévaz
W	Clavoz (Genossenschaft, Bonvin)
W	Uvriez (Varon, Sion)
W	Molignon (Varon, Sion)
R	Saillon
W	Mont d'Or
W	Leytron, Clos Grand Brûlé (Petitat & Co., Riddes)
W	Leytron, Clos des Montibeux (Alphonse Orsat S. A., Martigny)
R	Sierre Salgesch (Matier & Söhne, Salgesch)

Kanton Waadt

Die geschützten Bezeichnungen lauten hier:

Dorin (Chasselas-Rebe)
Terravin (Spitzen-Dorin)
Salvagnin, Appellation Contrôlée (Pinot noir und/oder Gamay).

Dézaley ist die beste Lage der gesamten Schweiz. Hier werden Weißweine (Chasselas) angebaut. Vor allem das Weingut der Stadt Lausanne bewirtschaftet den Berg.

Die besten Einzellagen:
Clos des Abbayes,
Clos des Moines,
Embleyres,
Gueniettaz.

Die besten Lagen in Aigle:
Les Murailles (H. Badoux jun., Aigle)
Les Papillons (Landolt, Aigle)
Clos du Paradis (Obrist-Gay, Vevey)
Weitere exzellente Weißweine wachsen in Yvorne.

Kanton Genf

In Santigny wachsen Chasselas, Riesling, Silvaner und Gamay. Die Weine sind anspruchslos – eine Spezialität ist der moussierende »Perlan«.

Kanton Neuenburg (Neuchâtel)

Die Spezialität stellt hier der »Stern-Wein« dar. Durch frühe Flaschenabfüllung steigt beim Einschenken ins Glas sternförmig Kohlensäure auf.

Die besten Lagen:
R/W Auvernier
W Cressier
R Cormondrèche
R Cortaillod
R La Béroche

Kanton Freiburg

Chasselas und Pinot noir bringen hier süffige, leichte und angenehme Weine.

Kanton Bern

Hier wird vor allem die Chasselas-Rebe angebaut. Die besten Lagen:
W Twanner Kapf
W Twanner Hohle
Schafiser

b) Ostschweiz:

Hier gibt es mehr als 300 Weinberge – zumeist kleinere Areale. Zu etwa 80 Prozent wird Rotwein erzeugt.

Kanton Zürich
R Schipf Herrliberg
R Stäfner Lattenberg (Weingut Lattenberg, Stäfa)
R/W Stäfner Sternenhalde (Forschungsanstalt für Weinbau, Wädenswil)

Kanton Schaffhausen
R Schauffhauser Munot

Kanton Graubünden

Die besten Rotweinlagen in Maienfeld lauten:
Schloß Salenegg, Hohlen, Marschallgut, Pola.
In Malans: Completer-Halde, Markstaller, Rüfisser, Seufzerhalde, Zeller.

In den Kantonen Thurgau und St. Gallen werden wie überall in der Ostschweiz vor allem Rotweine gekeltert.

c) Südschweiz:

Im Tessin werden, wie in der Ostschweiz, fast nur Rotweine gekeltert. Vor allem die aus dem Bordelais stammende Rebe »Merlot« wird hier angebaut. Die Schutzmarke VITI wird an qualitativ hochstehende Weine vergeben.

Zum Schluß möchte ich Ihnen noch einige Bezugsquellen für Schweizer Weine nennen:

Albert Reichmuth AG, Stauffacherstr. 145a, CH-8026 Zürich
Cellier Mövenpick, Seestr. 160, CH-8026 Zürich
Kellereien Mövenpick, Postfach 800 763, 7000 Stuttgart 80
Frankhofkellerei, Burgeffstr. 14, 6203 Hochheim
Bremer Weinkolleg, Löwenhof 2, 28 Bremen 1
Schenk GmbH, Ludwig-Wilhelm-Platz 4, 7570 Baden-Baden
Selection, Mühlstr. 22, 6229 Walluf

Italienischer Wein

Norditalien und Mittelitalien

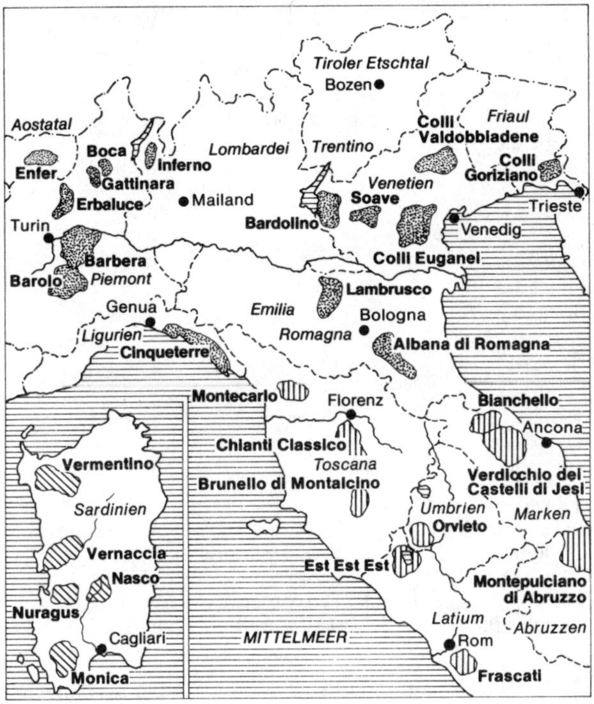

Süditalien

Gesetzliche Bestimmungen

Italien ist das größte Weinbauland der Welt, hier werden im Schnitt etwa 75 Millionen Hektoliter pro Jahr gekeltert. Mehr als die Hälfte aller landwirtschaftlichen Betriebe baut (auch) Wein an.

1963 trat das Gesetz »Nome per la tutela della denominazione di origine dei mosti e dei vini« (Schutz der Herkunftsbezeichnung für Moste und Weine) in Kraft. Es unterscheidet drei Qualitätskategorien:

Denominazione di Origine Semplice (Einfache Herkunftsbezeichnung).

Diese Angabe steht so gut wie nie auf dem Etikett. Es sind Weine, die aus den Anbaugebieten stammen und nach traditioneller Art gekeltert werden.

Denominazione di Origine Controllata, abgekürzt DOC (kontrollierte Ursprungsbezeichnung).

Diese Qualitätsstufe ist vergleichbar mit den deutschen Qualitätsweinen bestimmter Anbaugebiete oder den französischen AOC-Weinen. Bisher wurden etwa 350 Weine ausgezeichnet. Sie müssen aus einem genau umgrenzten Anbaugebiet stammen. Vorgeschrieben sind ferner: Rebsorte, Anbaumethode, Maximalerträge, Mindestalkoholgehalt und die zusätzlichen zulässigen Prädikate wie zum Beispiel classico, superiore etc. Außerdem sind bestimmte Meldepflichten vorgesehen.

Etwa 15 Prozent der Gesamternte tragen die DOC-Auszeichnung. Dabei gibt es ein großes Gefälle vom Norden nach Süden. Fast 50 Prozent der DOC-Weine werden exportiert.

Denominazione di Origine Controllata e Garantita, abgekürzt DOCG (kontrollierte und garantierte Ursprungsbezeichnung).

In diese Klasse sollen Weine aufgenommen werden, die höchsten Qualitätsanforderungen genügen. Sie erhalten ein staatliches Gütesiegel. Man rechnet damit, daß die ersten Weine ein Brunello und Barolo sein werden.

Kritische Anmerkungen

In Italien wird Wein fast ausschließlich zum Essen getrunken. Mit 150 Flaschen pro Kopf und Jahr liegen die Italiener einsam an der Spitze (zum Vergleich Deutschland: 20 Liter). Auf Grund von bestimmten historischen Bedingungen hat sich in Italien der Qualitätsweinanbau nicht wie in anderen Ländern entwickeln können. Mit Ausnahme einiger weniger großer Rotweine wird in Italien billiger Massenwein erzeugt.

Trotz der enormen Ausfuhrmengen von weit über 10 Millionen Hektolitern hat sich der Qualitätswein aus Italien im übrigen Europa kaum einen Namen machen können.

Auch die unübersichtliche DOC-Klassifizierung macht es einem Nicht-Italiener schwer, sich hier durchzufinden. Ich will nun auf den folgenden Seiten versuchen, Ihnen die besten DOC-Weine vorzustellen. Wir beginnen dabei im Norden. Zeichenerklärung:

* = Spitzengewächs
R = Rotwein
W = Weißwein
S = Süß
T = Trocken
M = Moussierender Wein (Schaumwein)

Die italienischen Weinbaugebiete und ihre besten Lagen

a) Südtirol

DOC-Bezeichnung	Prädikate	Anmerkungen
Eisacktaler		W, T
Kalterersee	classico, superiore, Auslese	R
Meraner		R, T
St. Magdalena (Santa Maddalena)	classico	R, T*
Terlaner		W, T

b) Lombardei

DOC-Bezeichnung	Prädikate	Anmerkungen
Botticino		R
Lugana		W, T
Riviera del Garda		R
Valtellina (Veltliner)	superiore forzato (Sfurzat) riserva	R, T

c) Piemont

DOC-Bezeichnung	Prädikate	Anmerkungen
Asti spumante		W, S, M
Barolo	riserva riserva speciale	R, T*
Barbareso	riserva riserva speciale	R, T,*
Barbera d'Alba	superiore	R, T
Boca		R, T
Carema		R
Dolcetto		R
Fara		R, T
Gattinara		R, T, *
Ghemme		R, T
Sizzano		R, T

d) Emilia Romagna

DOC-Bezeichnung	Prädikate	Anmerkungen
Lambrusco di Sorbara		R, T, M
Sangiovese di Romagna	riserva	R, T

e) Venetien

DOC-Bezeichnung	Prädikate	Anmerkungen
Bardolino	classico, superiore	R, T
Breganze	superiore	W, R, T
Soave	classico, superiore	W, T, *
Valpolicella	classico, superiore	R, T – S

f) Toscana

DOC-Bezeichnung	Prädikate	Anmerkungen
Brunello di Montalcino		R, T, *
Chianti	classico vecchio riserva	RT
Montepulciano	riserva riserva speciale	R, T *
Vernacchia di San Giminano		W, T

g) Umbrien und Latium

DOC-Bezeichnung	Prädikate	Anmerkungen
Est! Est! ! Est! ! !		W, S
Frascati	superiore	W, T – S
Orvieto		W, T – S, *

h) Marken und Abruzzen

DOC-Bezeichnung	Prädikate	Anmerkungen
Verdicchio dei Castelli de Jesi	classico	W, T, *
Montepulciano	vecchio	R, T

i) Sizilien

DOC-Bezeichnung	Prädikate	Anmerkungen
Marsala	fine	R, S
	superiore	R, S
	vergine	R, S *
Corvo (kein DOC-Wein)		R/W, T
Corvo Colomba Platino		W, T

In Deutschland sind wenig italienische Qualitätsweine auf dem Markt. Einige empfehlenswerte Importeure möchte ich Ihnen noch nennen:
Reidemeister & Ulrichs, Bremen
Eggers & Franke, Bremen
Orvieto-Import Moll, Aachen
Vinotheka, Hochheim
Kelle, Bad Bramstedt
Lagergesellschaft europäischer Qualitätsweingüter, Kehl

Sekt und Champagner

Sie können ein Menü durchaus ausschließlich mit Champagner oder Sekt begleiten. Dies empfiehlt sich jedoch nur bei kleinerem Essen zu zweit, zum Beispiel wenn es Austern, Kaviar, Hummer oder ähnliches gibt. Ansonsten sollten Sie Champagner oder Sekt nur zum Aperitif oder zum Dessert reichen. Ob Sie Champagner einem guten Sekt vorziehen, sei Ihrem Geschmack und Ihrem Geldbeutel überlassen. Ein guter Champagner ist doppelt bis fünfmal so teuer wie Sekt. Das liegt vor allem an den unterschiedlichen Ausgangsweinen und der Herstellungsweise. Champagner hat einen arteigenen Geruch und Geschmack und ist im allgemeinen feinperliger als Sekt.

Sekt ist wie Champagner meist eine Mischung (Cuvée) aus verschiedenen Weinsorten. Riesling-Sekt muß mindestens zu 75 Prozent Riesling-Weine enthalten, Jahrgangssekt mindestens zu 75 Prozent aus Grundweinen eines einzigen Jahrgangs bestehen. Lagensekt besteht zu 75 Prozent aus der entsprechenden Weinlage.

Prädikatssekt ist einer Prüfung unterzogen worden, er muß zu mindestens 60 Prozent aus inländischen Trauben hergestellt sein.

Diabetiker-Sekt ist kein besonders trockener Sekt, sondern die Dosage (Süßung) besteht nicht aus Traubenmost oder Zucker, sondern aus Zuckeraustauschstoffen.

Außer weißem Sekt wird noch in geringem Maße roter und Rosé hergestellt.

Etwa 98 Prozent der hergestellten Menge ist heute keine Flaschen- sondern Tankgärung.

Die Bezeichnung Sekt dürfen ausländische Hersteller nur verwenden, wenn der Schaumwein alle gesetzlichen Bestimmungen für Qualitätsschaumwein erfüllt.

Sekt wird von vielen renommierten Weingütern hergestellt. Im allgemeinen kann gesagt werden, je trockener ein Sekt ist, desto besser ist er auch. Für einen erstklassigen Sekt muß nämlich der Ausgangswein ebenso erstklassig sein.
Die Bezeichnungen: Brut
Extra dry
Trocken
Halbtrocken

Beim Champagner sollten Sie sich auf die Bezeichnung »Brut« beschränken.
Renommierte Champagnerhersteller sind:
Bollinger
Krug
Moët et Chandon
Veuve Clicquot
Deutz & Geldermann
Taittinger
Louis Roederer
Lanson
Heidsieck

Aus der Champagne stammen auch sehr gute, trockene weiße, sogenannte »stille Champagner-Weine« mit der Bezeichnung: »Coteaux Champenois«.

Die Rezepte

Bemerkungen, Abkürzungen, Erläuterungen, Maße und Gewichte

Dieses Kochbuch ist in manchen Dingen anders aufgebaut als viele Kochbücher, die Sie kennen. Wie Sie bereits wissen, enthalten die Rezepte die genaue Menge der Zutaten für 2, 4, 6 und 8 Personen – mit Ausnahmen, zum Beispiel wenn ein Rezept sich nur für eine gewisse Personenzahl zubereiten läßt.

Die Zutaten für jedes Rezept sind in der Reihenfolge des Gebrauchs der Zubereitung geordnet. Sie können mit der Zubereitung eines Gerichts sofort beginnen, ohne das Rezept vorher durchzulesen. So kann es Ihnen zum Beispiel nicht passieren, daß Sie mit dem Braten vor der Backröhre stehen und es heißt plötzlich: »*... in den auf 250° C vorgeheizten Ofen schieben ...*«.

Solche Rezepte halte ich für praxisfremd, weil ein Elektroherd bis zu 20 Minuten benötigt, diese Hitze zu erreichen.

Vor der Zubereitung des jeweiligen Rezeptes sehen Sie auf den ersten Blick genau, wieviel Zeit Sie benötigen – und zwar für die entsprechende Personenzahl.

Außerdem ist zu allen Hauptgerichten ein Beilagen- und Weinvorschlag gemacht.

Unter vielen Rezepten gibt es die Rubrik »Tips«, in denen Erläuterungen und wissenswerte Details zu finden sind.

Die Mengenangaben bei Gemüse beziehen sich auf ungeputzte Ware.

Bei vielen Gerichten ist angegeben, zu welchen Zeiten sie am besten zuzubereiten sind. Fehlt diese Angabe, ist eine Zubereitung das ganze Jahr über möglich.

g	= Gramm	
kg	= Kilogramm	= 1000 g
cl	= Zentiliter	= 10 g
dl	= Deziliter	= 100 g
l	= Liter	= 1000 g
TL	= Teelöffel	= 4–6 g
EL	= Eßlöffel	= 3 TL = ca. 15 g
2 cl	= 2 Zentiliter	= $^2/_{100}$ l = 1 Schnapsglas = 20 g
8 EL	= $^1/_8$ l	= 125 g
16 EL	= $^1/_4$ l	= 250 g
$^1/_{12}$ l	= 100 ccm	= 100 g
$^1/_8$ l	= 125 ccm	= 125 g
$^1/_4$ l	= 250 ccm	= 250 g
$^3/_{16}$ l	= 375 ccm	= 375 g

Der Verlag dankt dem Delikatessenhaus Alois Dallmayr, München, für seine freundliche Unterstützung bei der Herstellung der Bildvorlagen. Das Haus Dallmayr stellte die Zutaten zur Verfügung. Die Ausstattung der Arrangements verdanken wir der Dallmayr-Boutique.

Grundlagen einer guten Küche

Freunde einzuladen, aus Spaß am Essen und an der Geselligkeit, ist seit jeher ein Vergnügen besonderer Art. Aber ein solches Essen kann viel Mühe, Zeit und auch Geld kosten – doch es kann auch viel Spaß machen und zu interessanten Gesprächen anregen.

Bei der Zubereitung guter Speisen, die über den Rahmen des sonst Üblichen hinausgeht, sollte man gewisse Grundregeln beachten, die aber auch beim täglichen Kochen ohne weiteres beibehalten werden können.

Auf den folgenden Seiten finden Sie einige Grundrezepte, die für das zeitgemäße und gute Kochen unerläßlich sind; so zum Beispiel zur Zubereitung von Saucen, wie Mayonnaise, holländischer Sauce und Sauce Béarnaise, aber auf eine leichte Art; außerdem für Rinder- und Hühnerbrühe, selbst hergestellt, wie sie heute auch in Spitzen-Restaurants gekocht werden.

In diesem Kapitel ist auch beschrieben, wie man ein Hähnchen entbeint. Es wird bei einigen Rezepten verlangt.

Dies gilt ebenso für den Sherry-Essig (Vinaigre de Xérès). Dieser Essig hat einen aparteren Geschmack als normaler Weinessig und wird deshalb für viele Gerichte benötigt. Falls Ihr Feinkosthändler keinen Sherry-Essig führt, können Sie ihn selbst zubereiten.

Das wichtigste Rezept in diesem Kapitel heißt: Fleischjus. Es ist bei uns nach wie vor üblich, zu Fett und Bratenfond etwas Wasser anzugießen, einen Brühwürfel und/oder Mehl dazuzugeben und aufzukochen. Das Ergebnis ist die ungesunde, brave, braune Einheitstunke, die in den »gutbürgerlichen« Gaststätten wie leider auch zu Hause von der Roulade über den abgebräunten Leberkäs und Kalbsbraten bis hin zum Rumpsteak über alles gegossen wird, was da nach dunklem Fleisch aussieht. Das Problem dabei ist, daß sie immer gleich schmeckt, und zwar pampig und pappig nach Mehl, gesundheitsschädlich ist, weil schwer verdaulich, und auch noch viele unnötige Kalorien liefert.

Es ist im Prinzip ja nichts gegen Fertigprodukte einzuwenden, die wichtig werden können, wenn die Zeit knapp ist oder besondere Umstände es erfordern. Aber daß diese Produkte heute so gut wie ausschließlich in unseren Küchen verwendet werden, ist doch bedauerlich. Ich frage mich, wo die eigene Phantasie bleibt, wo das Erfolgserlebnis am Selbstgeschaffenen. Ganz abgesehen vom Geschmack der Gerichte, der zumeist künstlich und uniform wirkt.

Sie werden jetzt einwenden, daß ein Stück Bratenfleisch, besonders das Kurzgebratene, keinen ausreichenden Saucenfond liefert. Dabei ist es ganz einfach, auf natürliche Weise einen Fond zu verlängern, zu verbessern und ihn auch noch ohne Mehl oder Speisestärke zu dicken.

Das Geheimnis der guten Küche heißt also: Fleischjus (Rezept auf Seite 64). Fleisch, Knochen, Gemüse, Kräuter und Gewürze werden so lange gekocht, bis sie ihre Geschmacksstoffe abgegeben haben. Übrig bleibt ein Extrakt, der bei Hitze flüssig ist, aber sobald er abkühlt, zum Beispiel beim Gießen über das Fleisch, sofort dickt. Dabei kostet die Herstellung des Fleischjus wenig und ist relativ einfach. In diesem Kochbuch wird häufig auf Jus zurückgegriffen. Sie sollten also immer etwas davon im Kühlschrank haben.

Außerdem können Sie ohne weiteres leichte Gemüse-, Fleisch- oder Fischbrühen als Sauce reichen, auch mit Magerquark gedickt. Nach kurzer Gewöhnung werden Sie merken, daß diese Saucen schmackhafter und bekömmlicher sind als die, die Sie bisher zubereitet haben.

Uniforme, ungesunde Mehlschwitzen finden Sie in diesem Kochbuch nicht, sondern für jedes Gericht, wenn es erforderlich ist, eine spezielle leichte Sauce, die jeweils auf die Minute frisch zubereitet wird.

Kochen Sie also für Ihre Freunde individuell und phantasievoll. Sie werden sehen, es schmeckt besser und macht allen mehr Spaß.

Brauner Fleischjus

Personen				Zutaten
2	4	6	8	
				Die Zutaten ergeben ca. 1½ l Fleischjus
			1000	**g Rindfleisch** zum Kochen, am besten Beinscheiben von der Hesse oder Fleisch vom Kamm (siehe Seite 18).
			1000	**g Kalbshaxen-Knochen** in Stücken
			1	**Suppenhuhn**
			100	**g Karotten**
			225	**g Sellerieknolle** oder Staudensellerie
			225	**g Porree** (nur das Weiße)
			100	**g Petersilienwurzel**
			100	**g Champignons**
			75	**g Schalotten**
			2	**Knochblauchzehen**
			200	**g Fleischtomaten**
			3	**EL Butterschmalz**
			¼	**l trockener Weißwein**
			2	**l Wasser**
			3	**TL frisch gehackter Thymian** oder ⅓ der Menge getrocknet
			3	**TL frisch gehackte Petersilie**
			2	**Lorbeerblätter**
			6	**Umdrehungen Pfeffermischung**
			1	**TL Salz**
			5.00	**Zeitaufwand am 1. Tag**
			0.15	**Zeitaufwand am 2. Tag**

Zubereitung

Am Tag vorher: Rindfleisch in nicht zu kleine Würfel schneiden.

Suppenhuhn in 12 Stücke teilen. (Bürzel, Rückgrat und Innereien werden nicht verwendet.)

Gemüse putzen, waschen und kleinschneiden. Beiseite stellen.

Butterschmalz in einer großen Pfanne bis zum Rauchpunkt erhitzen.

Fleisch, Knochen und Hühnerteile je 5 Minuten im heißen Schmalz rundum anbraten. Alles in einen ausreichend großen Topf (5 l) schichten.

Gemüse in der Pfanne 5 Minuten dünsten lassen, wenn nötig, noch Fett zugeben; dabei öfter umrühren, damit nichts anbrennt. Gemüse zum Fleisch in den Topf geben.

Bratfond mit dem Wein in der Pfanne aufkochen lassen, Bratensatz mit einem Holzlöffel vom Boden und den Seiten lösen, in den Topf gießen.

Mit so viel kaltem Wasser auffüllen (ca. 2 l), daß alles gut bedeckt ist. Zum Kochen bringen.

Kräuter und Gewürze in den Topf geben, Deckel aufsetzen und alles bei schwacher Hitze 4 Stunden köcheln lassen.

Topf vom Herd nehmen und die Brühe durch ein Sieb gießen. Fleisch und Gemüse gut ausdrücken und mit den Knochen wegwerfen. Brühe abkühlen lassen und über Nacht in den Kühlschrank stellen.

Am Tag der Zubereitung: Die Fettschicht vom gelierten Fleischjus entfernen. Jus nochmals erhitzen, heiß in Twist-Off-Gläser füllen *(Tip)* und verschließen. Abkühlen lassen und im Kühlschrank aufbewahren.

Tip

Jus wird nur eßlöffelweise, vor allem als Soßengrundlage, verwendet. Am zweckmäßigsten bewahren Sie ihn in Twist-Off-Gläsern auf, das sind z. B. alte Marmeladengläser mit Schraubdeckel. Sie werden mit dem heißen Jus nicht ganz bis zum Rand gefüllt und sofort verschlossen. Sie können den Jus auch einfach mit etwas Wein begießen, müssen ihn dann aber rasch verbrauchen.

Sie sollten Fleischjus immer vorrätig haben, er wird zu vielen Gerichten in diesem Kochbuch benötigt.

Hühnerbrühe *(Tip 2)*

Personen 2	4	6	8	Zutaten
30	60	90	120	**g Karotten**
75	150	225	300	**g Sellerie**
75	150	225	300	**g Porree** (nur das Weiße)
30	60	90	120	**g Petersilienwurzel**
30	60	90	120	**g Champignons**
25	50	75	100	**g Schalotten**
1	1	2	2	**Knoblauchzehe(n)**
100	150	200	250	**g Fleischtomaten**
2	2	3	3	**EL Butter**
800	1200	1600	2000	**g schweres Hähnchen,** Poularde oder Suppenhuhn
1	1½	2	3	**TL frisch gehackter Thymian** oder ⅓ der Menge getrocknet
1	2	3	4	**TL frisch gehackte Petersilie**
¾	1¼	1¾	2	**l Wasser**
⅛	²⁄₁₀	¼	⅜	**l trockener Weißwein**
1	1	2	2	**Blatt Lorbeer**
¼	½	⅜	1	**gestrichener TL Salz**
3	6	9	12	**Umdrehungen Pfeffermischung**
2.30	2.40	2.50	3.00	**Zeitaufwand**

Zubereitung

Gemüse putzen, waschen und kleinschneiden.

Butter in einem großen Topf erhitzen, Gemüse darin 5 Minuten andünsten.

Huhn waschen und in 12 Teile zerlegen, zu den Gemüsen geben.

Wasser und Wein angießen. Lorbeer, Salz, Pfeffer, Thymian und Petersilie zugeben. 2 Stunden kochen lassen.

Hühnerteile aus der Brühe nehmen und aufbewahren *(Tip 1)*. Brühe durchseihen. Gemüse gut ausdrücken und wegwerfen.

Brühe abkühlen lassen und entfetten, oder über Nacht in den Kühlschrank stellen und am nächsten Tag die Fettschicht entfernen. Hühnerbrühe nach Rezept weiterverarbeiten.

Sie erhalten fertige Brühe:
bei 2 Personen etwa ¾ l, bei 4 Personen etwa 1¼ l,
bei 6 Personen etwa 1¾ l, bei 8 Personen etwa 2¼ l.

Tips

1. Aus dem Hühnerfleisch können Sie noch einen Salat zubereiten. Beachten Sie aber, daß das Fleisch ausgekocht und trocken ist.

2. Diese Brühe ist Grundlage für viele Suppen. Sie können sie u. a. mit Gemüsen oder Champignons anreichern. Lassen Sie das Gemüse aber nur kurz darin kochen, damit es knackig bleibt.

Fleischbrühe *(Tip)*

Personen 2	4	6	8	Zutaten	Zubereitung
30	60	90	120	g **Karotten**	Gemüse putzen, waschen und kleinschneiden.
75	150	225	300	g **Sellerie**	Fleisch und Knochen waschen. Fleisch in Würfel schneiden. Alles mit den Gewürzen in einen Topf geben. Wasser und Wein angießen, zum Kochen bringen. 2 Stunden kochen lassen.
75	150	225	300	g **Porree** (nur das Weiße)	
30	60	90	120	g **Petersilienwurzel**	
30	60	90	120	g **Champignons**	
25	50	75	100	g **Schalotten**	
1	1	2	2	**Knoblauchzehe(n)**	Brühe durchseihen, Gemüse und Fleisch gut ausdrücken und mit den Knochen wegwerfen.
100	150	200	250	g **Fleischtomaten**	
250	500	750	1000	g **Rindfleisch zum Kochen** (z. B. Brust oder Beinscheiben, siehe Seite 18).	Brühe abkühlen lassen und entfetten oder über Nacht in den Kühlschrank stellen und am nächsten Tag die Fettschicht entfernen. Fleischbrühe nach Rezept weiterverarbeiten.
200	400	600	800	g **Rindsknochen**	
1	1	2	2	**Markknochen**	
1	1½	2	3	**TL frisch gehackter Thymian,** Salbei oder Rosmarin, oder ⅓ der Menge getrocknet	
1	2	3	4	**TL frisch gehackte Petersilie**	Sie erhalten fertige Brühe: bei 2 Personen etwa ¾ l, bei 4 Personen etwa 1¼ l, bei 6 Personen etwa 1¾ l, bei 8 Personen etwa 2¼ l.
1	1	2	2	**Blatt Lorbeer**	
¼	½	¾	1	**TL Salz**	
3	6	9	12	**Umdrehungen Pfeffermischung**	
¾	1¼	1¾	2	**l Wasser**	
⅛	²⁄₁₀	¼	⅜	**l trockener Weißwein**	
2.20	2.30	2.40	2.50	**Zeitaufwand**	

Tip

Diese Brühe ist Grundlage für viele Suppen. Sie läßt sich u. a. mit Gemüsen oder Champignons anreichern. Lassen Sie Gemüse aber nur kurz darin kochen, damit es knackig bleibt.

Leichte Mayonnaise

2	4	6	8	Zutaten	Zubereitung
½	1	1½	2	**TL frisch gehackte** (gemischte) **Kräuter**	Alle Zutaten auf Zimmertemperatur bringen, damit die Mayonnaise nicht gerinnt.
1	2	3	4	**Eigelb**	Eier trennen. Eigelb in einer hohen Rührschüssel mit dem Handrührer zu einer dicken Masse schlagen. Senf, Salz, Pfeffermischung und Zitronensaft unterrühren.
1	2	3	4	**TL Dijon-Senf**	
2	4	6	8	**Prisen Salz**	
3	6	9	12	**Umdrehungen Pfeffermischung**	
½	1	1½	2	**TL Zitronensaft**	Öl eßlöffelweise zugeben. Es muß immer völlig verarbeitet sein, bevor neues zugegossen wird.
2	4	6	8	**EL bestes Olivenöl**	
2	4	6	8	**gehäufte EL Magerquark**	Abwechselnd Quark und warmes Wasser unterrühren. Kräuter zugeben und Mayonnaise abschmecken.
1	2	3	4	**EL warmes Wasser**	
0.40	0.40	0.40	0.40	**Zeitaufwand**	

Knoblauchmayonnaise

Personen 2	4	6	8	Zutaten
3	6	9	12	**Knoblauchzehen**
1	2	3	4	**Eigelb**
1	2	3	4	**Prise(n) Salz**
2	4	6	8	**Umdrehungen Pfeffermischung**
1	2	3	4	**TL Zitronensaft**
2	4	6	8	**EL bestes Olivenöl**
2	4	6	8	**EL Magerquark**
1	2	3	4	**EL heißes Wasser**
0.40	0.45	0.50	0.55	**Zeitaufwand**

Zubereitung

Alle Zutaten auf Zimmertemperatur bringen, damit die Mayonnaise nicht gerinnt.

Knoblauchzehen schälen, zerdrücken und in einen hohen Rührtopf geben.

Eigelb zum Knoblauch geben und mit dem Handrührer zu einer dicken Masse schlagen. Salz, Pfeffer und Zitronensaft unterrühren.

Das Öl eßlöffelweise zugeben. Es muß immer völlig verarbeitet sein, bevor neues zugegossen wird.

Abwechselnd Quark und heißes Wasser unterrühren.

Knoblauchmayonnaise abschmecken.

Tip

Diese Knoblauchmayonnaise können Sie zu Fischsuppe, aber auch zu gekochtem Gemüse wie Artischocken oder zu hartgekochten Eiern servieren.

Weiße Buttersauce

2	4	6	8	Zutaten
30	60	90	120	**g Sellerie**
75	150	225	300	**g Porree** (nur das Weiße)
30	60	90	120	**g Champignons**
30	60	90	120	**g Schalotten**
50	100	150	200	**g Fleischtomaten**
1	1	2	2	**EL Butter**
500	1000	1500	2000	**g Fischabfälle** (Köpfe, Schwänze und Gräten), von Edelfischen oder Fischfilet, z. B. vom Seelachs
¼	⅜	½	¾	**l trockener Weißwein,** z. B. Sancerre oder Muscadet
⅛	⅛	¼	¼	**l Wasser**
1	1	2	2	**Nelke(n)**
1	1	2	2	**Blatt Lorbeer**
50	100	150	200	**g Schalotten**
⅛	⅛	¼	¼	**l trockener Weißwein** (Sancerre oder Muscadet)
1	2	3	4	**TL frisch gehackter Estragon**
				Salz und Pfeffermischung
50	100	150	200	**g frische, eiskalte Butter**
1.45	2.05	2.15	2.30	**Zeitaufwand**

Gemüse putzen, waschen und in feine Würfel schneiden.

Butter erhitzen. Fischabfälle 5 Minuten darin andünsten. Dann das Gemüse zugeben und nochmals 5 Minuten dünsten. Wein und Wasser zugießen, mit Nelke(n) und Lorbeer würzen. 30 Minuten bei schwacher Hitze kochen lassen.

Brühe durch ein Sieb gießen, Gemüse und Fischabfälle ausdrücken und wegwerfen. Brühe ca. 10 bis 15 Minuten abkühlen lassen, dann die Fettschicht entfernen. Den Fond wieder erhitzen und auf ein Viertel der Menge reduzieren lassen.

In der Zwischenzeit die Schalotten fein hacken, mit dem Wein zum Fond geben und weiter reduzieren lassen, pro Person sollen nur 2 Eßlöffel übrigbleiben.

Estragon zugeben und mit Salz und Pfeffermischung abschmecken. Butter mit dem Schneebesen eßlöffelweise unterrühren. Die Sauce darf nicht mehr aufkochen, sonst gerinnt sie.

Leichte weiße Sauce

Personen				Zutaten
2	4	6	8	
1	2	3	4	**Schalotten**
1	2	3	4	**TL Butter**
1/10	1/8	2/10	1/4	**l Weißwein**
3	5	7	9	**EL Fleischjus** (siehe Seite 64).
1	2	3	4	**EL Crème fraîche** oder süße Sahne
				Salz, weißer Pfeffer, Muskat
				evtl. frisch gehackte oder getrocknete Kräuter (Tip)
2	4	6	8	**EL Magerquark**
1	2	3	4	**TL eiskalte Butter**
0.25	0.30	0.35	0.40	**Zeitaufwand**

Zubereitung

Schalotten fein hacken. Butter erhitzen. Schalotten darin bei schwacher Hitze 5 Minuten dünsten. Weißwein zugießen und um die Hälfte einkochen lassen.

Fleischjus und Crème fraîche zur Sauce geben und nochmals 5 Minuten einkochen lassen. Mit Salz, Pfeffer und geriebenem Muskat abschmecken. Evtl. mit Kräutern würzen.

Quark mit einem Schneebesen unterrühren. Sauce wieder erhitzen, aber nicht mehr kochen lassen. Jetzt abseits vom Herd die Butter einrühren und sofort servieren.

Tip

Diese Sauce können Sie mit frischen oder getrockneten Kräutern verfeinern: z. B. Petersilie, Schnittlauch, Zitronenmelisse, Estragon oder Thymian.

Leichte holländische Sauce

1	1	1	1	**l Wasser**
50	100	150	200	**ccm Fleischjus** (siehe Seite 64).
1	2	3	4	**Eigelb**
1	2	3	4	**EL trockener Weißwein**
1	2	3	4	**TL Zitronensaft**
1	2	3	4	**EL Butter**
1	2	3	4	**EL Crème fraîche** oder süße Sahne
				Salz und Pfeffermischung
0.10	0.10	0.15	0.15	**Zeitaufwand**

Wasser zum Kochen bringen.

In der Zwischenzeit: Den Fleischjus erwärmen.

Eine Schüssel in das kochende Wasser setzen, Eigelb mit dem Wein zugeben und im Wasserbad so lange mit dem Handrührer schlagen, bis die Masse dick wird. Zitronensaft und Jus unterrühren. Die eiskalte Butter zugeben und rühren, bis sie sich aufgelöst hat. Zum Schluß die Crème fraîche unterziehen und mit Salz und Pfeffermischung abschmecken.

Leichte Sauce Béarnaise

Personen				Zutaten	Zubereitung
2	4	6	8		
				Als Grundlage dient eine holländische Sauce, siehe Rezept Seite 68.	Eine holländische Sauce entsprechend der Personenzahl zubereiten, jedoch ohne Zitronensaft. Beiseite stellen.
2	4	6	8	**EL Estragon-Essig**	Essig, Wein, Schalotten und Estragon erhitzen, und die Flüssigkeit um die Hälfte einkochen lassen. Durchseihen, dabei die Kräuter gut ausdrücken. Sud in die holländische Sauce rühren, mit Salz und Pfeffermischung würzen und mit Estragon garnieren.
2	4	6	8	**EL trockener Weißwein**	
1	2	3	4	**EL gehackte Schalotten**	
1	2	3	4	**TL frisch gehackter Estragon**	
				Salz und Pfeffermischung	
1	2	3	4	**TL frisch gehackter Estragon** zum Garnieren	
0.20	0.20	0.30	0.30	**Zeitaufwand**	

Cumberland-Sauce

	1		2	**unbehandelte Orange(n)**	Orange(n) und Zitrone(n) waschen und abtrocknen. Mit einem scharfen Messer hauchdünn schälen, ohne die weiße Haut mit abzuschneiden. Schalen in ca. 4 cm lange, ganz feine Streifchen schneiden.
	1		2	**unbehandelte Zitrone(n)**	
	1		1	**Tasse Wasser**	Wasser zum Kochen bringen. Schalenstreifen zugeben und im offenen Topf 5 Minuten kochen lassen.
	1		2	**TL Zucker**	
	1		2	**TL scharfer Senf**	
	2		4	**EL rotes Johannisbeergelee**	
	⅛		¼	**l Portwein**	*In der Zwischenzeit:* Orange(n) und Zitrone(n) auspressen. Saft in einen Topf gießen. Zucker, Senf, Johannisbeergelee und Portwein dazugeben.
	1		2	**TL Speisestärke**	
	3		5	**EL Portwein**	Orangenstreifchen in ein Sieb gießen und kalt abschrecken. Beiseite stellen.
	1.30		1.50	**Zeitaufwand**	

Saftgemisch unter Rühren erhitzen und im offenen Topf kochen lassen. Öfter umrühren, damit es nicht anbrennt oder überläuft – die Mischung schäumt stark!

Speisestärke mit Portwein anrühren und unter Rühren in die kochende Sauce geben. Aufkochen lassen und weiter rühren, bis die Sauce dickt. Vom Feuer nehmen, Schalenstreifen untermischen. Cumberlandsauce abkühlen, dann im Kühlschrank erkalten lassen.

Tip

Cumberland-Sauce wird gerne zu Terrinen und kaltem Wildfleisch gereicht. Verwenden Sie sie aber nicht zu großzügig, da die Süße der Sauce manch zarten Pasteten-Geschmack zudeckt!

Blätterteig

Personen				Zutaten
2	4	6	8	
				Zutaten für 450/900 Gramm
		200	400	**g Mehl**
		½	1	**gestrichener TL Salz**
		½	1	**TL Zitronensaft**
		⅒	²⁄₁₀	**l Wasser**
		20	40	**g Butter**
				Mehl zum Bestäuben
		125	250	**g gekühlte Butter**
		2.50	3.00	**Zeitaufwand.**

Tip

Diesen Blätterteig können Sie 3 bis 4 Tage eingepackt in Folie im Kühlschrank aufbewahren oder mehrere Monate lang in der Tiefkühltruhe.

Zubereitung

Das Mehl in eine Rührschüssel sieben, in die Mitte eine Vertiefung drücken. Salz, Zitronensaft, kaltes Wasser und 20 bzw. 40 g Butter in Flocken hineingeben. Aus diesen Zutaten einen Teig rühren und 5 Minuten lang gut durchkneten. Aus dem Teig eine Kugel formen, in Folie wickeln und für 30 Minuten in den Kühlschrank legen.

Nach Ablauf der Zeit den Teig herausnehmen und zu einem Rechteck von ½ cm Stärke auswellen. Immer wieder Mehl anstäuben, damit er nicht festklebt. Die Butter der Länge nach in so viele Scheiben schneiden, bis sich eine Hälfte des Teiges belegen läßt, dabei einen daumenbreiten Rand frei lassen. Die andere Teighälfte über die Butter klappen und die Ränder gut festdrücken. Den Teig nochmals auswellen, bis er wieder die Stärke von ½ cm erreicht hat. Dann zweimal übereinanderfalten, so daß er nur noch ein Drittel so groß ist wie vorher. Mit einem Pinsel das anhaftende Mehl auf der Teigoberseite sorgfältig entfernen. Jetzt den Teig noch einmal zusammenklappen, so daß er nur noch halb so groß ist wie vorher, in Folie packen und für 30 Minuten in den Kühlschrank legen.

Teig herausnehmen, wieder auf einen ½ cm Stärke auswellen, auf ein Drittel und dann nochmals um die Hälfte zusammenfalten. Das Mehl auf der Oberfläche wieder gut abbürsten.

Diesen Vorgang gleich nochmals wiederholen, dann den Teig in Folie packen und für 30 Minuten in den Kühlschrank legen.

Nach Ablauf der Zeit herausnehmen und den Vorgang des Ausrollens und Zusammenklappens wieder zweimal wiederholen. Den Teig nochmals für 30 Minuten in den Kühlschrank legen, dann nach Rezept weiterverarbeiten. *(Tip)*

Blätterteig

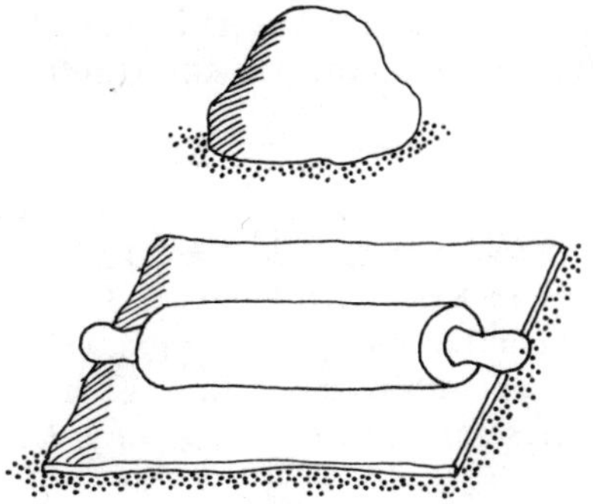

Blätterteig zu einem 5 mm dicken Rechteck auswellen.

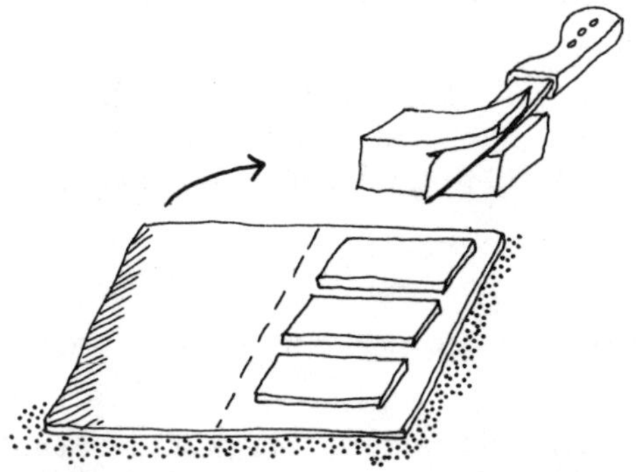

Butter der Länge nach in so viele Scheiben schneiden, bis eine Hälfte des Teigs damit belegt ist.

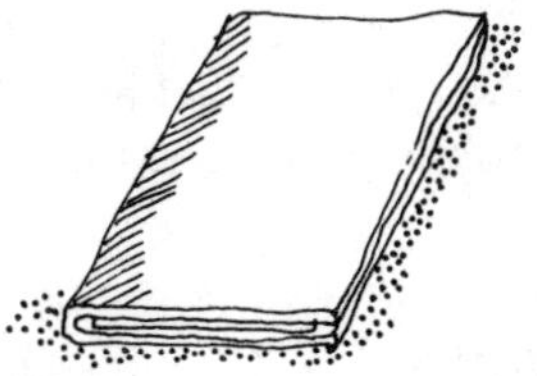

Die andere Hälfte darüberklappen. Ränder festdrücken.

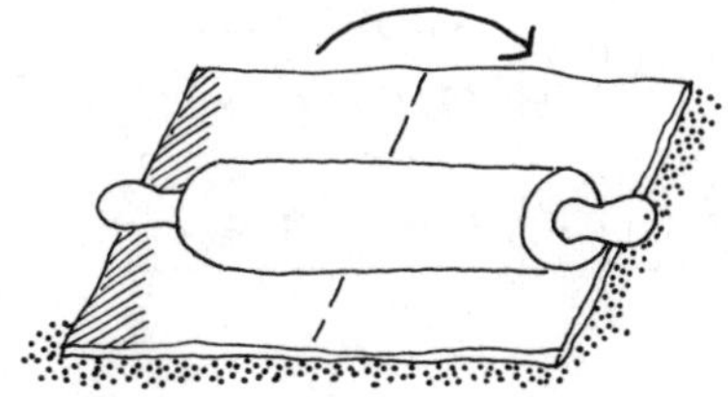

Teig wieder zu einem 5 mm dicken Rechteck auswellen.

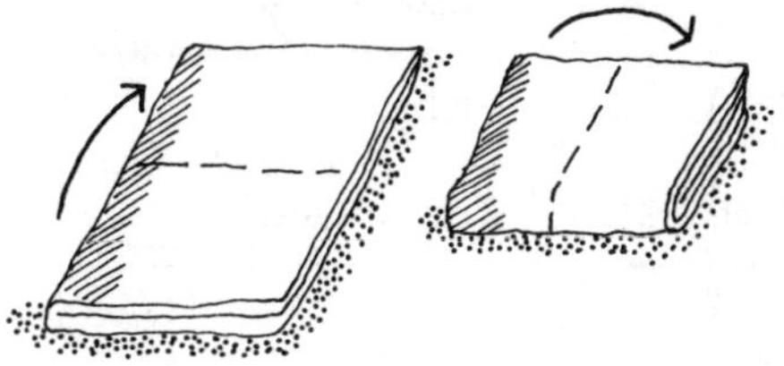

Teig zweimal zusammenfalten, so daß er nur noch ein Drittel seiner ursprünglichen Größe hat. Anhaftendes Mehl entfernen.

Teig nochmals zusammenfalten. In Folie packen und 30 Minuten in den Kühlschrank legen.

Sherry-Essig

Personen				Zutaten	Zubereitung
2	4	6	8		
				Zutaten für ½ l Sherry-Essig	Sherry und Essigessenz gut mischen. In eine Flasche füllen, verschließen und ca. eine Woche ruhen lassen.
			½	**l trockener Sherry** (Manzanilla, Fino oder Amontillado)	
			5	**TL Essigessenz**	
			0.15	**Zeitaufwand**	

Tip

Sherry-Essig (französisch: vinaigre de Xérès) wird zu vielen Gerichten in diesem Kochbuch benötigt. Falls Sie ihn in guten Feinkostgeschäften nicht bekommen, können Sie ihn nach diesem Rezept selbst zubereiten. Er hat jedoch nicht den würzigen Geschmack wie ein gekaufter Essig.

Kerbelbutter

50	100	150	200	**g Butter**
2	4	6	8	**El frisch gehackter Kerbel** (Tip 1)
1	2	3	4	**kleine Schalotte(n)**
1	2	3	4	**Prise(n) Salz**
2	4	6	8	**Umdrehungen weißer Pfeffer**
0.10	0.10	0.15	0.15	**Zeitaufwand**

Butter in ein Schüsselchen geben.

Kerbel waschen, gut trocknen und fein hacken. Schalotte(n) schälen und fein hacken, Knoblauch zerdrücken. Mit dem Salz und Pfeffer zur Butter geben, mit einer Gabel sorgfältig untermischen. *(Tip 2)*

Tips

1. Statt Kerbel können Sie auch Kresse oder Zitronenmelisse verwenden.

2. Diese Butter schmeckt zu kurzgebratenem Fleisch, Pellkartoffeln, gekochten Eiern und zu getoastetem Schwarz- oder Weißbrot.

Vanillezucker

			1	**Vanilleschote**
			200	**g feiner Zucker** (kein Puderzucker)
			0.10	**Zeitaufwand**

Tip

Selbst hergestellter Vanillezucker hat ein feineres Aroma als Vanillinzucker, dessen Aroma künstlich ist. Ein gestrichener Eßlöffel entspricht einem Päckchen Vanillinzucker.

Vanilleschote in 1 cm große Stücke schneiden. In einen Mörser geben, ⅓ des Zuckers zuschütten und kräftig durchstoßen. Wenn der Zucker braun geworden ist, alles in ein grobes Sieb schütten und durchsieben.

Die Vanillerückstände wieder in den Mörser zurückgeben. Das zweite Drittel des Zuckers zugeben und das Ganze nochmal wiederholen. Mit dem restlichen Zucker genauso verfahren.

Vanillezucker in einem gut verschließbaren Glas aufbewahren.

Hähnchen entbeinen

Viele Hähnchenrezepte in diesem Kochbuch beginnen mit dem Satz: »Frisch geschlachtetes Hähnchen entbeinen und in 4 Portionsteile zerlegen«. – So wird es gemacht:

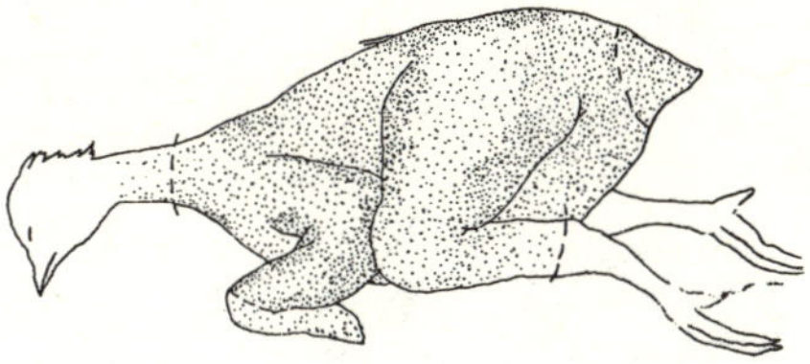

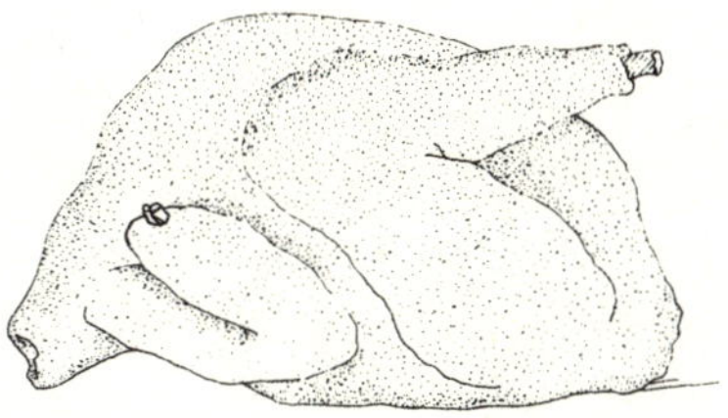

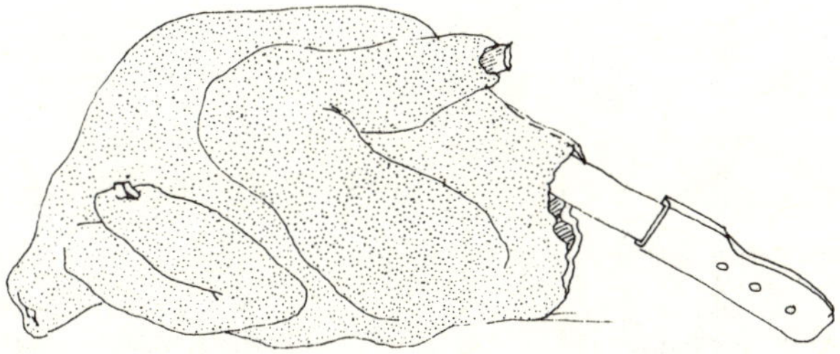

Den Kopf und die Füße des Hähnchens über dem Gelenk abschneiden (falls noch dran), außerdem die Flügelenden und den Bürzel. Flügelenden für den Fond zur Seite legen. Alles andere wegwerfen.

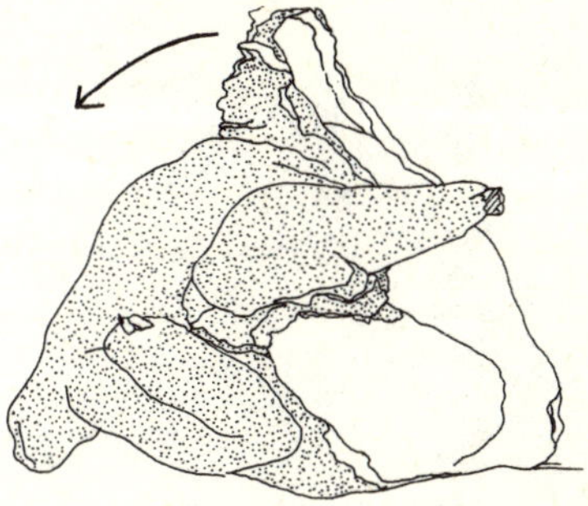

Vom Hähnchen die gesamte Haut abziehen und zum Fond geben.

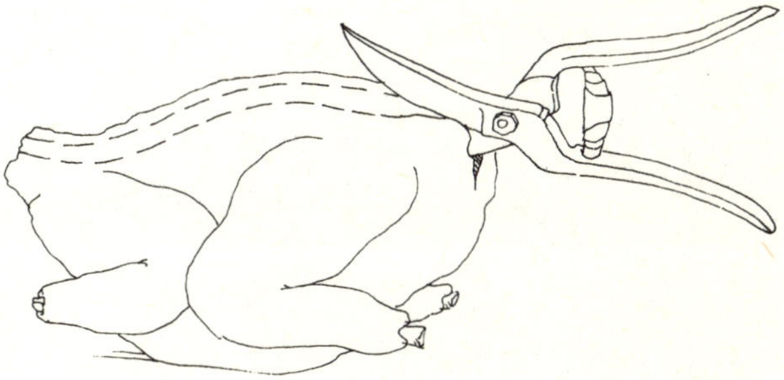

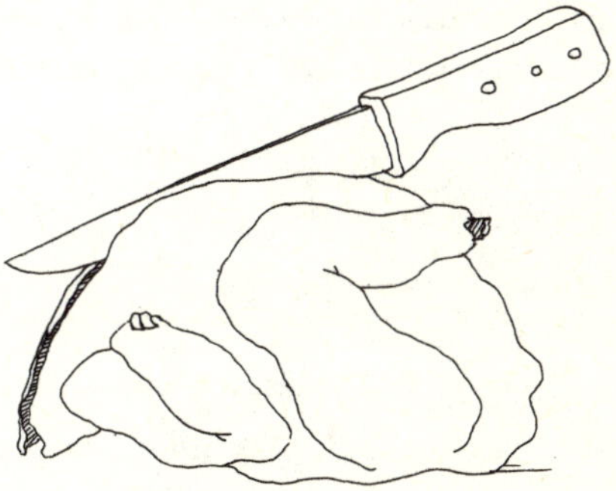

Mit der Geflügelschere rechts und links vom Rückgrat im Abstand von 2 cm die Knochen durchschneiden. Hähnchen umdrehen. Brustbein längs durchtrennen, so daß zwei Hälften entstehen. Das Rückgrat wegwerfen, es macht den Fond bitter. Fett aus dem Bauch zum Fond geben; die Innereien werden nicht benötigt.

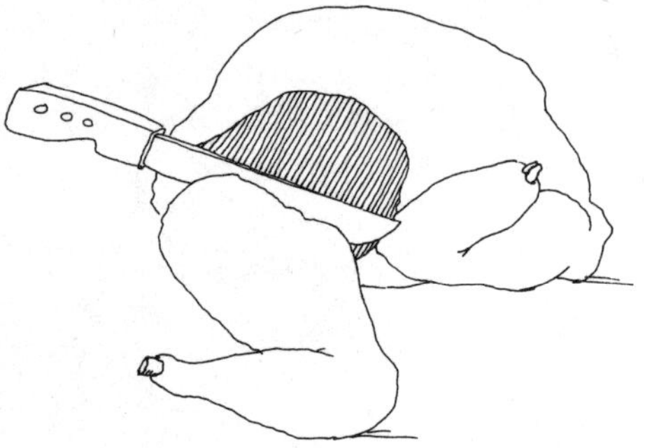

Die Hähnchenhälften zwischen Keule und Brust durchschneiden, so daß 4 Teile entstehen.

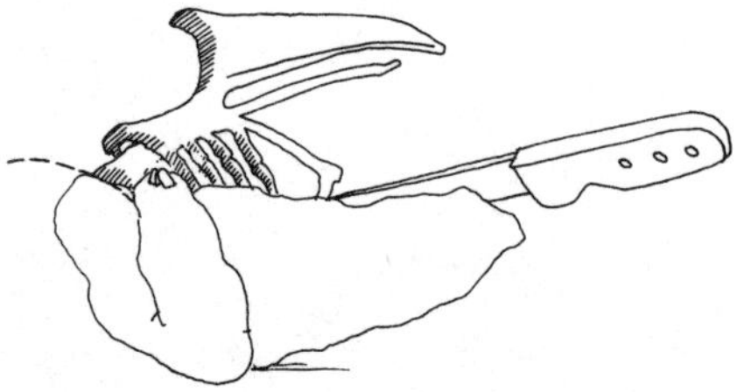

Die Brustfilets sorgfältig von den Rippenknochen lösen. Knochen am Flügelgelenk durchschneiden.

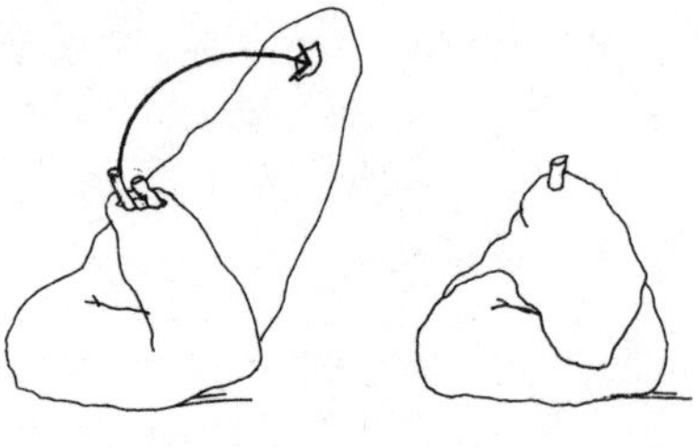

Die beiden Flügelknochen durchtrennen und auseinanderziehen. Den dünneren Knochen durch das Brustfilet stecken (vorher einritzen), so daß ein kompaktes Paket entsteht. Mit dem zweiten Filet ebenso verfahren.

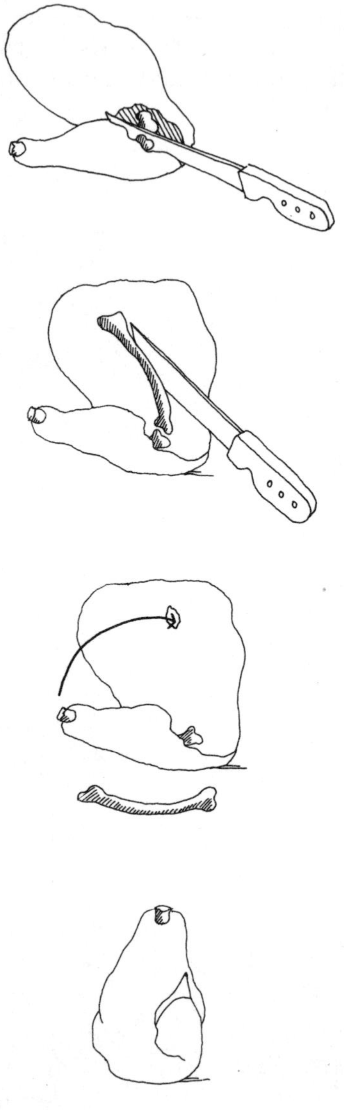

Die Keulen am Gelenk zwischen Unter- und Oberschenkel einschneiden. Alle Knochen bis auf den Unterschenkel entfernen, das heißt, das Fleisch von den Knochen lösen. Den Unterschenkelknochen durch das Fleisch stecken, so daß ein kompaktes Paket entsteht. Alle Knochen zum Fond geben.

Hähnchen nach Rezept weiterverarbeiten.
Zubereitungszeit (pro Hähnchen) 25 Minuten.

Vorspeisen

Der große französische Koch Raymond Oliver hat einmal gesagt:
»Wein ist Anmut, Kochkunst ist Freude, Eßlust ist Glück.«

Und weiter:
»Jemand zu Gast haben, heißt ihn glücklich machen«.

Ich meine, das ist ein gutes Motto für den ersten Gang unseres Menüs – die Vorspeise. Sie eröffnet das Essen mit unseren Freunden, sie soll aufgeschlossen machen für die folgenden Genüsse.

Wenn wir im Geschichtsbuch der Tafelfreuden einmal zurückblättern, dann stellen wir fest, daß sich eigentlich gar nicht so viel geändert hat. Schon bei den Römern war es üblich, die Speisen in ähnlicher Reihenfolge wie heute zu servieren. Auch die Zubereitungsmethoden haben sich seither nicht wesentlich verändert. Es gab eine interessante Regel, die bei Mahlzeiten die Zahl der Gäste begrenzte: *Nicht mehr als die Musen, nicht weniger als die Grazien.* Das heißt, nicht mehr als neun und nicht weniger als drei. Heute ist es nicht mehr üblich, eine ungerade Anzahl von Freunden an seinen Tisch zu bitten – aber wer wollte es uns verbieten? In diesem Buch finden Sie Rezepte von 2 bis 8 Personen. (Was darüber hinausgeht, ist ohne Küchenhilfe und entsprechende Geräte so gut wie nicht mehr zu bewältigen.) Wir befinden uns demnach im Einklang mit uralten Traditionen.

Doch kommen wir zurück zu den Vorspeisen. Es ist nicht nur eine Frage des Geldbeutels, wie Sie die Vorspeise gestalten; es gibt viele Möglichkeiten, Teuerstes und Exklusivstes zu servieren – denken Sie an Caviar oder getrüffelte Gänseleberpastete –, nein, es ist auch eine Frage der gesamten Menüabstimmung, der Phantasie. Aber darüber können Sie an anderer Stelle in diesem Buch lesen.

Klassische Vorspeisen sind neben Caviar die Austern und Terrinen. Der große Feinschmecker Anthelme Brillat-Savarin berichtet von einem Freund namens Labert, der als Vorspeise in einer Stunde 32 Dutzend Austern verspeiste. Nun, ich meine, es genügt heute ein Dutzend dieser köstlichen Tierchen. Austern waren schon im alten Rom sehr beliebt. Man brachte sie aus der Gegend von Neapel in die Hauptstadt, aber vor allem auch aus der Bretagne und aus England. Vermutlich schaffte man sie mit Schiffen in Schleppnetzen nach Ostia.

Terrinen sind ebenfalls keine Erfindung unserer Zeit. Schon vor Jahrhunderten kannte man die Möglichkeit, kleingehacktes Fleisch in Schweinefett zu konservieren. Es gibt unzählige Rezepte für Terrinen. Die Palette reicht von der einfachen, kräftigen Terrine à la maison bis zur Gänseleberpastete mit Trüffeln.

In diesem Buch stelle ich Ihnen drei Rezepte für besonders schmackhafte und auch raffinierte Terrinen vor. Denken Sie bei der Herstellung daran, daß Terrinen 2 bis 3 Tage brauchen, bis sich die Gewürze etc. gut miteinander verbunden haben und die Pastete richtig schmeckt. Terrinen können Sie ca. 8 Tage im Kühlschrank aufbewahren.

Terrinen werden immer im Wasserbad gegart; um sie herzustellen, brauchen Sie also eine feuerfeste Schüssel (Terrine!) oder eine Blechform und einen Topf, der so groß ist, daß Sie die Terrine hineinstellen können, und zwar so, daß sie mehr als zur Hälfte im Wasser steht.

Terrinen werden im allgemeinen in der Form serviert. Jeder sticht sich so viel davon ab, wie er möchte. Man ißt dazu Weißbrot; wer mag, kann auch zu den rustikaleren Terrinen ein dunkles Bauernbrot reichen. Sie eignen sich natürlich auch als kleines Abendessen, mit Salat als Beilage.

Darüber hinaus finden Sie eine Reihe von ungewöhnlichen, zum Teil etwas schwierigen Rezepten für Vorspeisen, mit denen Sie Ihre Freunde überraschen können. Ich habe auch einige Salate ausprobiert, die mit der leichten Küche aufgekommen sind.

Mit der Vorspeise werden Sie auch den ersten Wein einschenken. Sie sollten Ihr Menü so auswählen, daß auch beim begleitenden Wein eine Steigerung stattfindet.

Geflügelleber-Terrine

Personen				Zutaten
2	4	6	8	
				2 bis 3 Tage vorher beginnen!
			750	**g mageres Schweinefleisch**
			250	**g mageres Kalbfleisch**
			250	**g frischer magerer geräucherter Schweinespeck**
			250	**g Kalbsleber** Fleisch, Speck und Leber möglichst schon vom Metzger durchdrehen lassen!
			100	**g Pistazienkerne** (siehe Vorarbeiten b)
			3	**l Wasser** (für das Wasserbad und zum Brühen der Leber)
			1	**EL Butter**
			2	**Schalotten**
			2	**große Knoblauchzehen**
			1	**Ei**
			5	**EL Crème fraîche** oder süße Sahne
			3	**TL frisch gehackte Petersilie**
			3	**TL frisch gehackter Salbei** oder ⅓ der Menge getrocknet
			3	**TL frisch gehackter Thymian** oder ⅓ der Menge getrocknet
			3	**gestrichene TL Salz**
			16	**Umdrehungen Pfeffermischung**
			1	**TL Butter**
			1	**EL Butter**
			250	**g Gänse-,** Enten- oder aber Hühnerleber
			125	**g gepökelte Zunge** im Stück
			50	**g frische Trüffeln** oder aus der Dose (mit dem Wasser) oder
			25	**g getrocknete Morcheln**
			4	cl Cognac
			1/10	**l trockener Portwein** oder Sherry

Zubereitung

Vorarbeiten:

a) Wenn Ihnen der Metzger Fleisch, Speck und Kalbsleber nicht durch den Fleischwolf gedreht hat, schneiden Sie das Fleisch und den Speck in ca. 5 cm große Stücke und drehen beides abwechselnd mit der Kalbsleber durch.
Zusätzlicher Zeitaufwand ca. 15 Minuten.

b) Wenn Sie keine geschälten Pistazienkerne bekommen, nehmen Sie gesalzene mit Schale. Die Schalen müssen Sie allerdings entfernen.
Zusätzlicher Zeitaufwand ca. 10 Minuten.

c) Wenn Sie getrocknete Morcheln verwenden, waschen Sie diese gründlich unter fließendem Wasser und weichen sie in lauwarmem Wasser ein.
Zusätzlicher Zeitaufwand ca. 2 Stunden.

Zubereitung:

Wasser zum Kochen aufsetzen.

1 EL Butter in einer kleinen Pfanne erhitzen.

In der Zwischenzeit: Schalotten fein hacken, Knoblauchzehen zerdrücken.

Schalotten und Knoblauch in die Pfanne geben und unter Rühren bei mittlerer Hitze dünsten.

Ei und Crème fraîche mit einem Schneebesen leicht verschlagen.

Fleisch-Leber-Farce in einer großen Schüssel mit den Pistazienkernen, der Sahne-Ei-Mischung, den gedünsteten Schalotten und Knochlauchzehen, Salz, gehackten Kräutern und der Pfeffermischung gut verrühren.

Ein TL Butter in einer kleinen Pfanne erhitzen. Etwas von der Farce hineingeben und zum Abschmecken anbraten.

Nochmals 1 EL Butter in der kleinen Pfanne erhitzen.

In der Zwischenzeit: Geflügelleber mit ½ l des kochenden Wassers überbrühen, kalt abschrecken und abtrocknen. Leber in die Pfanne geben und von beiden Seiten insgesamt 5 Minuten braten. Salzen und pfeffern. Herausnehmen, große Stücke in Scheiben schneiden und beiseite stellen.

Cognac, Portwein, grünen Pfeffer und das durchge-

Personen				Zutaten	Zubereitung
2	4	6	8		
			1	**EL grüner Pfeffer**	seihte Trüffel-(Morchel-)Wasser in die Pfanne geben. Alles gut mischen und 10 Minuten kochen lassen.
			8	**Scheiben frischer Speck,** in ca. 10 cm breiten, dünnen, Scheiben (Tip 1)	*In der Zwischenzeit:* Zunge in kleine Würfel, Trüffeln oder Morcheln in Scheiben schneiden. Alles beiseite stellen. Backröhre vorheizen: E-Herd: 225° C, Gas: Stufe 5.
			4	**kleine Lorbeerblätter**	
			4	**Wacholderbeeren**	
				Alufolie, Bindfaden	Feuerfeste Form oder Terrine von ca. 2–2,5 l Inhalt mit Speckscheiben auslegen. Die Hälfte der Farce hineingeben. Leber-, Trüffel-(Morchel-)Scheiben und Zungenwürfel darauf verteilen. Mit der restlichen Farce auffüllen. Mit Speckscheiben abdecken und mit Lorbeerblättern und Wacholder garnieren. Alufolie über die Terrine decken und festbinden.
			2.30	**Zeitaufwand (ohne Vorarbeiten)**	
				Beilage: Stangenweißbrot (Tip 2)	
				Wein: trockener deutscher, österreichischer oder Schweizer Rotwein, ein St. Emilion oder Côte de Nuits aus Frankreich	Terrine in einen großen Topf stellen und so viel kochendes Wasser angießen, daß sie bis zur Hälfte im Wasserbad steht. Wasser auf dem Herd wieder zum Kochen bringen. Topf auf mittlerer Schiene in den Backofen schieben und die Terrine 1½ Stunden garen lassen.

Tips

1. Die Terrine gelingt auch, wenn Sie statt der Speckhülle Wände und Boden der Terrinenform dick mit Butter oder Schweineschmalz ausstreichen. Nehmen Sie auf keinen Fall geräucherten Speck. Der Rauchgeschmack würde den feinen Geschmack der Leber zerstören.

2. Die Menge reicht als Vorspeise für ca. 16 Personen, als Hauptgericht für 8 Personen.

Terrine aus dem Wasserbad nehmen und ins Spülbecken stellen. Folie losbinden, aber darübergedeckt lassen. Ein Brettchen darauflegen und beschweren. Überschüssiges Fett ablaufen lassen bzw. abgießen. 10 Minuten ruhen lassen.

Terrine mit frischer Alufolie abdecken und abkühlen lassen, dann zwei bis drei Tage im Kühlschrank durchziehen lassen.

Wild-Terrine *(Tip)*

			1½	**kg Rehschlegel**	*3 Tage vorher beginnen.*
			250	**g Wildleber** oder frische Hühnerleber	Rehschlegel waschen, abtrocknen und häuten. Das Fleisch auslösen und in Stücke schneiden.
			1	**TL Butterschmalz**	Leber waschen, häuten und abtrocknen.
			1	**TL frisch gehackter Salbei** oder ⅓ der Menge getrocknet	1 TL Butterschmalz in einer Pfanne erhitzen.
			2	**TL frisch gehackter Rosmarin** oder ⅓ der Menge getrocknet	Rehschnitzel und Leber von beiden Seiten je 1 Minute anbraten. Gehackte Kräuter, Lorbeer und Wacholderbeeren in die Pfanne geben. Cognac darübergießen. Ebenso jeweils die Hälfte des Weißweins und der Sahne. Nach 5 Minuten die Fleischstücke aus der Pfanne nehmen und zur Seite stellen. Den Rest der
			10	**Wacholderbeeren**	
			3	**Blatt Lorbeer**	

Personen 2	4	6	8	Zutaten
			6	**Rehschnitzel** oder Filetstücke
			4	**cl Cognac**
			⅛	**l trockener Rotwein**
			¼	**l Crème fraîche** oder süße Sahne
			150	**g frische Pfifferlinge** oder Champignons
			2	**Schalotten**
			1	**Knoblauchzehe**
			250	**g mageres Schweinefleisch**
			150	**g frisches Bauchfleisch vom Schwein**
			150	**g frischer Schweinespeck**
			2	**l Wasser**
			10	**Umdrehungen Pfeffermischung**
			1	**TL Salz**
			½	**TL Butterschmalz**
			8	**Scheiben frischer Speck,** dünn und ca. 10 cm breit geschnitten, zum Auslegen der Terrine
			4	**Blatt Lorbeer**
			4	**Wacholderbeeren**
				Alufolie, Bindfaden
				Beilage: Stangenweißbrot, Cumberland-Sauce (siehe Seite 69).
				Wein: körperreicher trockener deutscher, österreichischer oder Schweizer Rotwein; französischer Rotwein, z. B. ein Châteauneuf-du-Pape, Hermitage oder von der Côte d'Or
			3.10	**Zeitaufwand**

Zubereitung

Sahne und des Weins zugießen. Bei kleiner Flamme ca. 20 Minuten einkochen.

In der Zwischenzeit: Pilze säubern und blättrig schneiden. Beiseite stellen. Schalotten und Knoblauch schälen. Mit den Fleischstücken vom Rehschlegel, dem Schweine- und Bauchfleisch und dem Speck durch die feine Scheibe des Fleischwolfs drehen. Wasser in einem großen Topf erhitzen, in dem später die Terrine Platz hat.

Backröhre vorheizen: E-Herd: 225° C, Gas: Stufe 4.

Fond aus der Pfanne zur Fleischfarce geben. Mit Pfeffermischung und Salz würzen. Gut durchmischen.

In der Pfanne ½ TL Butterschmalz erhitzen. 1 TL Fleischfarce zum Abschmecken darin anbraten. Eventuell nachwürzen.

Blättrig geschnittene Pilze zur Farce geben und untermischen.

Feuerfeste Terrine oder Form von ca. 1¾–2 l Inhalt mit Speckscheiben auslegen. Die Hälfte der Farce einfüllen. Rehschnitzel und Leber darauf verteilen. Restliche Farce auffüllen und mit Speckscheiben belegen, mit Lorbeerblättern und Wacholderbeeren garnieren. Alufolie über die Terrine decken und rundum festbinden. Terrine in den großen Topf stellen und so viel kochendes Wasser angießen, daß sie zur Hälfte im Wasser steht. Wasser im Topf wieder zum Kochen bringen. Dann auf mittlerer Schiene in den Backofen schieben und die Terrine 1½ Stunden garen lassen.

Terrine aus dem Wasserbad nehmen und ins Spülbecken stellen. Folie losbinden, aber über die Terrine gedeckt lassen. Ein Brettchen auf die Farce legen und beschweren. Alles überschüssige Fett ablaufen lassen bzw. abgießen. Terrine 10 Min. ruhen lassen.

Terrine mit frischer Alufolie abdecken, abkühlen lassen und drei Tage im Kühlschrank durchziehen lassen.

Tip

Beachten Sie vor der Zubereitung das jeweils aktuelle Marktangebot an Wild. Eine Übersicht finden Sie auf Seite 24.

Sie können diese Terrine statt mit Rehfleisch ebensogut mit anderem Wild, z. B. Hirsch, Kaninchen, Hase oder Wildschwein zubereiten. Der Knochenanteil ist dabei unterschiedlich. Es sollten etwa 750 g Fleischanteil sein.

Enten-Terrine mit Orangen

Personen				Zutaten
2	4	6	8	
				4 Tage vorher beginnen! (Tip 3)
			1	**Ente,** frisch geschlachtet, 1,5-2 kg mit der Leber
			¼	**l Wasser**
			¼	**l Madeira**
			1	**kleine Karotte**
			½	**Porreestange** (nur das Weiße)
			1	**Schalotte**
			10	**weiße Pfefferkörner**
			¼	**TL Salz**
			2	**unbehandelte Orangen** (Tip 1)
			1	**TL frisch gehackte Petersilie**
			1	**TL frisch gehackter Thymian** oder ⅓ der Menge getrocknet
			1	**TL frisch gehacktes Bohnenkraut** oder ⅓ der Menge getrocknet
			1	**kleine Schalotte**
			7	**Umdrehungen Pfeffermischung**
			½	**TL Salz**
			1	**Blatt Lorbeer**
			4	**cl Grand Marnier**
			⅛	**l trockener französischer Wermut**
			150	**g Kalbfleisch,** mager und ohne Knochen
			150	**g Schweinefleisch,** mager und ohne Knochen
			125	**g Geflügelleber**
			150	**g frischer ungeräucherter Speck**
			1	**Ei**
			1	**TL Butter**
			2	**l Wasser**
			1	**TL Butter**
			1	**Prise Salz**
			2	**Umdrehungen weißer Pfeffer**

Zubereitung **Oktober – März**

Am Tag vorher: Ente innen und außen gut waschen, abtrocknen. Häuten und entbeinen. Brustfilets und Leber in eine Schüssel zum Marinieren legen. Das restliche Entenfleisch gut verpackt in den Kühlschrank geben.

Sülze vorbereiten: Gerippe zerkleinern, mit der Haut in einen Topf geben. Wasser und Madeira zugießen. Karotte, Lauch, Schalotte putzen, waschen und zerkleinern. Mit Pfefferkörnern und Salz in den Topf geben. Orange halbieren. Eine Hälfte auspressen und den Saft in den Topf geben. Die andere Hälfte mit Folie bedecken und in den Kühlschrank legen. Alles zum Kochen bringen. Brühe zwei Stunden kochen lassen, dann durchseihen und gut zugedeckt in den Kühlschrank stellen.

In der Zwischenzeit: Die Marinade zubereiten: Zweite Orange waschen und abtrocknen. Schale abreiben, den Saft auspressen. Beides in die Schüssel zu den Entenfilets geben. Schalotte fein hacken und mit Petersilie, Thymian und Bohnenkraut in die Marinade geben. Pfeffermischung, Salz, Lorbeerblatt, Grand Marnier und Wermut zugeben. Alles gut vermischen, abdecken und in den Kühlschrank stellen.

Am Tag der Zubereitung: Kalb-, Schwein- und Entenfleisch (ohne die Brustfilets), Geflügelleber und frischen Speck durch den Fleischwolf drehen. In eine große Schüssel geben. Entenfilets und Leber aus der Marinade nehmen, abtrocknen und beiseite stellen. Lorbeerblatt entfernen und die Marinade in die Schüssel zur Farce geben. Ein Ei zugeben und alles gut vermischen.

1 TL Butter in einer kleinen Pfanne erhitzen.

In der Zwischenzeit: Wasser in einem großen Topf zum Kochen bringen.
Backröhre vorheizen: E-Herd: 225° C, Gas: Stufe 4.

1 TL Fleischfarce in der Pfanne zum Abschmecken anbraten. Eventuell nachwürzen.

Wieder 1 TL Butter in der Pfanne erhitzen. Entenfilets und Leber darin von beiden Seiten je eine Minute anbraten, dann herausnehmen und in Streifen schneiden. Mit Salz und weißem Pfeffer würzen.

Terrine mit Speckscheiben auslegen. Die Hälfte der Farce einfüllen. Filets und die Leber darauf verteilen. Restliche Farce auffüllen und mit Speck belegen. Terrine mit Alufolie abdecken und zubinden. In ei-

Personen				Zutaten	Zubereitung
2	4	6	8		
			8	**Scheiben frischer, ungeräucherter Speck,** in dünne, 10 cm breite Streifen geschnitten (Tip 2)	nen großen Topf stellen. So viel kochendes Wasser angießen, daß sie zur Hälfte im Wasser steht. Wasser auf dem Herd wieder zum Kochen bringen. Topf auf mittlerer Schiene in den Backofen schieben und 1½ Stunden garen lassen.
				Alufolie, Bindfaden	
			3	**Blatt weiße Gelatine**	*In der Zwischenzeit:* Fond für die Sülze aus dem Kühlschrank nehmen und entfetten. Gelatine in wenig kaltem Wasser einweichen.
				Beilage: Stangenweißbrot	
				Wein: deutscher oder Elsässer Gewürztraminer; guter Beaujolais oder Burgunder	Terrine aus dem Wasserbad nehmen und ins Spülbecken stellen. Folie losbinden, aber über die Terrine gedeckt lassen. Ein Brettchen auf die Farce legen und beschweren. Alles überschüssige Fett ablaufen lassen bzw. abgießen. Terrine 10 Minuten ruhen lassen.
			3.15	**Zeitaufwand am 1. Tag**	
			2.30	**Zeitaufwand am 2. Tag**	

In der Zwischenzeit: Sülzefond erhitzen. Gelatine ausdrücken und im heißen Fond auflösen, aber nicht kochen lassen.

Zurückgelegte Orangenhälfte in dünne Scheiben schneiden und die Terrine damit garnieren. Heiße Sülze darübergießen; die Orangenscheiben sollen bedeckt sein. Ententerrine zwei bis drei Tage im Kühlschrank durchziehen lassen.

Tips

1. Zu gewissen Zeiten ist es schwierig, unbehandelte Orangen zu bekommen. Fragen Sie deshalb Ihren Händler ausdrücklich danach.

2. Es geht auch ohne Speckscheiben, wenn Sie die Terrine dick mit Butter oder Schweineschmalz ausstreichen.

3. Die Terrine reicht als Vorspeise für ca. 16 Personen, als Hauptgericht für 8 Personen.

Austern

Personen 2	4	6	8	Zutaten
				Kleingeschlagene **Eiswürfel** (Tip 1)
12	24	36	48	**Austern** (Tip 2) – Anmerkungen zum Einkauf auf Seite 29.
1	2	3	4	**Zitronen**
				Beilage: Stangenweißbrot mit Butter, Graubrot oder Pumpernickel mit Chesterkäse (britische Art)
				Wein: weißer Burgunder (Meursault, Montrachet, Pouilly-Fuissé, Chablis); weißer Hermitage (Côtes du Rhône); Champagner brut oder trockener Sekt
0.20	0.30	0.40	0.50	**Zeitaufwand**

Zubereitung **Oktober – April**

Kleingeschlagenes Eis auf Teller verteilen.

Austern öffnen: Die Hand entweder mit einem dicken Lederhandschuh oder einem Handtuch schützen. Die Auster mit der flachen Seite nach oben in die geschützte Hand nehmen, so daß das spitze Ende mit dem Gelenk nach außen zeigt.

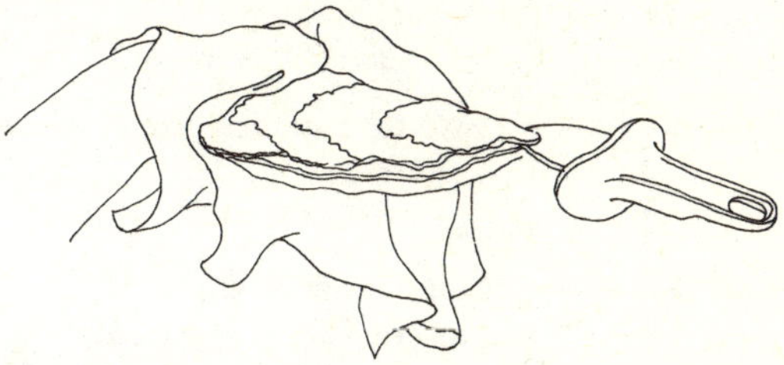

Am Gelenk mit dem Austernbrecher einstechen, die Schalen mit einer Drehbewegung auseinanderdrücken und den Schließmuskel der Auster durchtrennen.

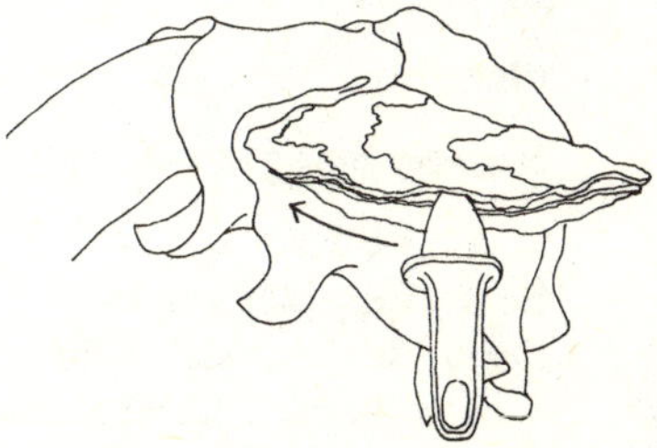

Dabei sollte das Wasser in der Schale nicht verlorengehen. Austern auf dem Eis anrichten.

Zitrone(n) vierteln und alle Kerne entfernen. Die Austern damit garnieren. *(Tip 3)*

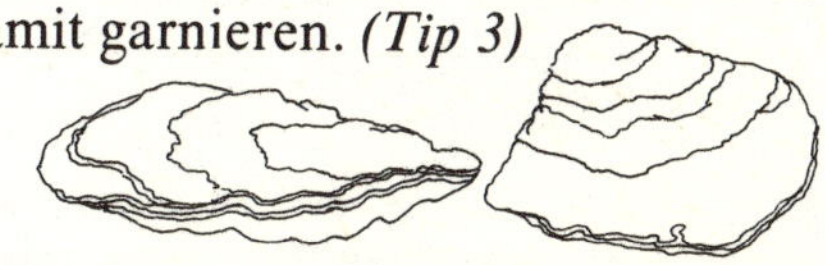

Tips

1. Kleingeschlagenes Eis erhalten Sie entweder mit einem Eisbrecher oder wenn Sie die Eiswürfel in ein sauberes Geschirrtuch wickeln und mit einem Hammer oder Wellholz darauf klopfen.

2. Als Vorspeise kann man pro Person ein Dutzend Austern rechnen, 6 Stück reichen aber auch.

3. *Wie man Austern ißt:* Mit einem kleinen Gäbelchen (Austerngabel, zur Not mit einer Kuchengabel) lösen Sie das Fleisch von der Schale und schlürfen es mit dem Wasser direkt daraus. Kauen Sie es bitte gut durch und spülen Sie es mit einem Schluck Wein hinunter. Dazu essen Sie ein Stückchen Weiß- oder Graubrot, eventuell mit Butter bestrichen. Austern vertragen sich nicht mit harten Schnäpsen. Verzichten Sie also lieber darauf.

Entenleber-Mousse getrüffelt

Personen 2	4	6	8	Zutaten
				1–2 Tage vorher zubereiten!
	300	450	600	**g Entenleber** (Tip 1)
	200	300	400	**g Kalbsleber**
	2	3	4	**cl Armagnac oder Cognac**
	6	8	12	**Umdrehungen Pfeffermischung**
	½	¾	1	**gestrichener TL Salz**
	50	100	150	**g Trüffeln,** evtl. aus der Dose (Tip 2)
	1	2	3	**Eigelb**
	200	300	400	**g Crème fraîche** oder süße und saure Sahne gemischt
	2	3	4	**Eiweiß**
	1	1	1	**l Wasser**
	1	1	2	**TL Butter**
				Alufolie
				Beilage: Stangenweißbrot
				Wein: Rotwein aus dem Beaujolais oder von der Loire; Sauternes, Gewürztraminer oder Champagner brut
	1.15	1.25	1.40	**Zeitaufwand**

Zubereitung **November – April**

Entenleber von Sehnen und Fett befreien. Mit der Kalbsleber durch den Fleischwolf drehen (feine Scheibe). Armagnac zugeben und mit Pfeffer und Salz würzen.

Trüffeln kleinhacken, mit dem Wasser aus der Dose unter die Leberfarce mischen.

Eigelb schaumig schlagen und ebenfalls unterziehen. Leberfarce und auch die Crème fraîche in das Eisfach des Kühlschranks stellen.

Eiweiß steif schlagen und in den Kühlschrank stellen.

Wasser zum Kochen bringen.
Backröhre vorheizen: E-Herd: 225° C, Gas: Stufe 4.

Eine Soufflé- oder andere feuerfeste Form, in der die Masse gerade Platz hat, mit Butter ausstreichen. Leberfarce und Crème fraîche aus dem Kühlschrank nehmen und gut mischen. Eiweiß mit dem Schneebesen unterheben. Masse abschmecken und sofort in die Souffléform füllen, mit Alufolie abdecken. Form in eine Reine stellen und ca. 2 Finger hoch kochendes Wasser angießen. Reine sofort in die Röhre schieben und die Mousse garen lassen: Für 2 oder 4 Personen 25 Minuten, für 6 Personen 30 und für 8 Personen 35 Minuten.

Form aus dem Wasserbad nehmen und abkühlen lassen. Zugedeckt im Kühlschrank ein bis zwei Tage ruhen lassen.

Tips

1. Entenleber ist schwer zu bekommen. Am besten, Sie bestellen sie rechtzeitig beim Geflügelhändler. Sie können statt der Entenleber auch Puten- oder Hühnerleber verwenden. Dann geht jedoch der besondere Geschmack dieses Gerichts weitgehend verloren. Den Anteil an Kalbsleber dagegen können Sie leicht erhöhen.

2. Wenn Sie keine frischen Trüffeln bekommen, nehmen Sie getrocknete Morcheln, die wesentlich aromatischer sind als Dosentrüffeln. Siehe Seite 12.

Rehschaum getrüffelt

Personen				Zutaten	Zubereitung	Mai – Januar
2	4	6	8			
				1–2 Tage vorher zubereiten!	Rehfleisch in Stücke schneiden und zweimal durch den Fleischwolf drehen (feine Scheibe). Cognac angießen, Pfeffer und Salz zugeben und alles gut mischen. Farce in das Eisfach des Kühlschranks stellen.	
	500	750	1000	g **Rehfleisch** ohne Knochen		
	2	2	4	**cl Cognac**		
	6	8	12	**Umdrehungen weißer Pfeffer**		
	½	¾	1	**gestrichener TL Salz**	*In der Zwischenzeit:* Eiweiß steif schlagen. Crème fraîche luftig aufschlagen. Beides in den Kühlschrank stellen. Trüffeln fein hacken. Beiseite stellen. Trüffelwasser aus der Dose über die Farce gießen. 1 l Wasser zum Kochen bringen. Backröhre vorheizen: E-Herd: 225° C, Gas: Stufe 4	
	2	3	4	**Eiweiß**		
	200	300	400	**g Crème fraîche** oder süße Sahne		
	50	50	75	**g Trüffeln** evtl. aus der Dose (Tip)		
	1	1	1	**l Wasser**		
	1	1	1	**TL Butter** **Alufolie**	Farce, Sahne und Eiweiß aus dem Kühlschrank nehmen. Sahne und Eiweiß miteinander vermischen, nicht rühren. Farce und Trüffeln vorsichtig unterziehen, abschmecken. Eine Soufflé- oder andere feuerfeste Form buttern und mit der Masse füllen, mit Alufolie abdecken. Form in eine Reine stellen. Ca. 2 Finger hoch kochendes Wasser angießen. Sofort in die Röhre schieben und den Rehschaum garen lassen: Bei 4 Personen 25 Minuten, bei 6 Personen 35 und bei 8 Personen 45 Minuten.	
				Beilage: Stangenweißbrot		
				Wein: trockener deutscher Silvaner; französischer Rotwein, am besten ein Beaujolais der besseren Klassen oder ein roter Hermitage	Form aus dem Wasserbad nehmen und abkühlen lassen. Zugedeckt in den Kühlschrank stellen. 1–2 Tage ruhen lassen.	
	1.20	1.30	1.45	**Zeitaufwand**		

Tip

Wenn Sie keine frischen Trüffeln bekommen, nehmen Sie getrocknete Morcheln, die wesentlich aromatischer sind als Dosentrüffeln. Siehe Seite 12.

Entenleber mit Traubensauce

Personen 2	4	6	8	Zutaten	Zubereitung — August – Dezember
1	2	3	4	**kg weiße Trauben**	Weintrauben von den Stielen streifen, im offenen Topf bei Mittelhitze einkochen lassen: 1 kg 30 Minuten, 2 kg 40 Minuten, 3 kg 50 Minuten, 4 kg 60 Minuten.
250	500	750	1000	**g Entenleber** **Salz, Pfeffermischung**	Nach Ende der Garzeit die Trauben durch ein Sieb passieren. Den Saft weiter einkochen lassen, bis pro Person 3 EL Sauce übrigbleiben.
2	4	6	8	**cl Cognac**	*In der Zwischenzeit:* Von der Leber alle Sehnen etc. entfernen.
				Wein: Gewürztraminer aus Deutschland oder dem Elsaß, ein Sauternes oder Barsac aus Frankreich	Wenn der Saft eingekocht ist, die Butter erhitzen und die Leber darin auf beiden Seiten je 3 Minuten bei schwacher Hitze braten. Herausnehmen und mit Salz und Pfeffermischung bestreuen.
1.00	1.15	1.30	1.40	**Zubereitungszeit**	Das Fett abgießen, die Leber wieder in die Pfanne geben und mit Cognac flambieren.
					Die Leber auf Teller verteilen, zuerst mit dem Cognac aus der Pfanne, dann mit dem Traubensaft begießen. Sofort servieren.

Entenleber auf Spinat-Salat

2	4	6	8	Zutaten
50	100	150	200	**g Spinat**
1	2	3	4	**kleine(r) Kopf (Köpfe) Radiccio**
½	½	½	½	**l Wasser**
1	2	2	3	**Ei(er)**
100	200	300	400	**g Entenleber**
1	2	3	4	**TL Zitronensaft**
¼	½	¾	1	**gestrichener TL Salz**
3	6	9	12	**Umdrehungen Pfeffermischung**
¼	½	¾	1	**TL Dijon-Senf**
1	2	3	4	**EL Olivenöl**
1	2	3	4	**TL Butter**
				Küchenkrepp
2	2	4	4	**cl Cognac**
				Beilage: Stangenweißbrot
				Wein: Rotwein aus dem Beaujolais oder ein trockener Weißwein
0.45	0.45	0.50	0.50	**Zubereitungszeit**

Spinat putzen und die Stiele entfernen. Radiccio zerpflücken, die Mittelrippen entfernen und in mundgerechte Stücke zupfen. Spinat und Radiccio waschen, trocken schleudern und beiseite stellen.

Wasser erhitzen, Ei(er) 10 Minuten kochen lassen. Dann kalt abschrecken und schälen.

Die Leber von Sehnen etc. befreien und in dünne Scheiben schneiden. Beiseite stellen.

Eigelb zerdrücken, mit Zitronensaft, Salz und Pfeffermischung verrühren, dann das Olivenöl unterschlagen. Beiseite stellen.

Butter in einer Pfanne erhitzen, die Leberscheiben von beiden Seiten je eine Minute anbraten. Herausnehmen und auf Küchenkrepp entfetten. Butter aus der Pfanne abgießen. Leber wieder hineingeben, pfeffern, salzen und mit Cognac flambieren. Herausnehmen und beiseite stellen.

Bratensatz zur Eigelb-Masse geben, unterrühren und über den Salat gießen. Salat durchmischen und auf die Teller verteilen. Die Leberscheiben darüberlegen und sofort servieren.

Crêpes mit Champignon-Duxelles

Personen 2	4	6	8	Zutaten
1	2	3	4	**Ei(er)**
50	100	150	200	**g Mehl**
1/10	2/10	3/10	4/10	**l Milch**
½	1	1½	2	**TL Öl**
1	2	3	4	**Prise(n) Salz**
2	4	6	8	**Umdrehungen Pfeffermischung**
250	500	750	1000	**g Champignons**
2	4	6	8	**große Schalotten** (für die Pilze)
1	1	2	2	**Schalotte(n)** (für die Sauce)
1	2	3	4	**Knochlauchzehe(n)**
1	2	3	4	**TL Butter** (zum Ausbacken der Crêpes)
½	1	1½	2	**TL Butter** (für die Sauce)
1	2	3	4	**EL Butter** (für die Pilz(e)
5	100	150	200	**ccm Madeira,** Portwein oder Sherry
1	2	3	4	**EL Kalbsjus**
				das Pilzwasser der ausgedrückten Pilze
				Salz und Pfeffer nach Geschmack
2	4	6	8	**Prisen Salz**
4	8	12	16	**Umdrehungen Pfeffermischung**
½	1	1½	2	**EL Zitronensaft**
5	10	15	20	**cm Tomatenmark** aus der Tube
1	2	3	4	**EL Crème fraîche** oder saure Sahne
2	3	3	4	**EL frisch gehackte Petersilie**
				Wein: trockener Weißwein, z. B. Entre-deux-Mers aus Frankreich oder badischer Gutedel, Silvaner aus Rheinhessen und Franken; ein Beaujolais bzw. leichter Burgunder, oder ein Rotwein von der Loire
1.10	1.15	1.20	1.25	**Zubereitungszeit**

Zubereitung

Eier trennen, Eiweiß beiseite stellen.

Aus gesiebtem Mehl, Milch, Öl, Eigelb, Salz und Pfeffer einen sehr flüssigen Teig zubereiten. Ca. 30 Minuten ruhen lassen.

In der Zwischenzeit: Champignons waschen und putzen. Mit dem Rührstab des elektrischen Handmixers pürieren oder durch den Fleischwolf drehen. In die Mitte eines sauberen Geschirrtuchs geben, so viel Flüssigkeit wie möglich herauspressen und auffangen. Pilzmus und Flüssigkeit beiseite stellen. Schalotten für die Pilze und die Sauce hacken, Knoblauch zerdrücken, beiseite stellen. Eiweiß zu steifem Schnee schlagen.

Backröhre vorheizen: E-Herd: 100° C, Gas: Stufe 1–2.

Eiweiß unter den Teig heben. In einer Pfanne, bei mehr als zwei Personen in zwei Pfannen (möglichst beschichtet) (je) ½ TL Butter erhitzen. Pfannenboden und -wände gut auspinseln.

Butter für die Sauce und für das Pilzmus in getrennten Töpfen erhitzen.

So viel Teig in die Pfanne(n) gießen (pro Person wird eine Crêpe gebacken), daß er sich hauchdünn über den Boden verteilt. Pfanne(n) dabei schräg halten und drehen.

Crêpes von beiden Seiten goldbraun backen. Zugedeckt in der Röhre heiß halten.

Gleichzeitig Schalotten in den Saucentopf und Schalotten und Knoblauch in den Pilztopf geben. Unter Rühren bei schwacher Hitze glasig werden lassen.

Madeira, Jus und Pilzwasser in den Saucentopf gießen. Mit Salz und Pfeffer abschmecken. Auf etwa 2 EL pro Person einkochen lassen. Pilzmus in den Pilztopf geben. Mit Salz, Pfeffer, Zitronensaft und Tomatenmark würzen und gut durchrühren. Falls die Pilze zu trocken sind, noch Butter zugeben. Bei mittlerer Hitze fünf Minuten dünsten lassen. Abschmecken.

Crème fraîche zur Sauce geben und gut untermischen. Sauce erhitzen, aber nicht mehr kochen lassen. Petersilie unter das Pilzmus mischen und auf die Crêpes verteilen, zusammenrollen, Crêpes in der Mitte durchschneiden.

Auf Vorspeisentellern anrichten. Sauce separat dazu reichen.

Crêpes, gefüllt mit Räucherlachs

Personen 2	4	6	8	Zutaten
1	2	3	4	**Ei(er)**
50	100	150	200	**g Mehl**
1/10	2/10	3/10	4/10	**l Milch**
½	1	1½	2	**TL Öl**
1	2	3	4	**Prise(n) Salz**
2	4	6	8	**Umdrehungen Pfeffermischung**
				Zutaten zur Garnierung I: (Tip)
1/10	1/8	2/10	1/4	**l süße Sahne**
1	1½	2	3	**EL Magerquark**
1	2	3	4	**EL frischer, gehackter Dill**
2	4	6	8	**Umdrehungen Pfeffermischung**
2	4	6	8	**Prisen Salz**
				Zutaten zur Garnierung II:
¼	½	¾	1	**Apfel**
1	2	3	4	**TL grüner Pfeffer**
1/10	1/8	2/10	1/4	**l süße Sahne oder Crème fraîche**
1	2	3	4	**Prise(n) Salz**
				Zutaten z. Garnierung III:
1/10	1/8	2/10	1/4	**l süße Sahne**
4	8	12	16	**Wacholderbeeren**
1	1	2	2	**EL Wacholderschnaps**
2	4	6	8	**Umdrehungen weißer Pfeffer**
1	2	3	4	**Prise(n) Salz**
1	2	3	4	**TL Butter** zum Ausbacken der Crêpes
4	8	12	16	**dünne Scheiben Räucherlachs**
				Wein: trockener Weißwein, z. B. Sancerre, Pouilly-Fuissé, Meursault oder Elsässer Riesling, Rheingau-Riesling, ein fränkischer Ruländer oder ein Schweizer Fendant
1.00	1.05	1.10	1.15	**Zeitaufwand** (Tip)

Zubereitung

Eier trennen. Eiweiß beiseite stellen.

Aus gesiebtem Mehl, Milch, Öl, Eigelb, Salz und Pfeffer einen sehr flüssigen Teig zubereiten. Ruhen lassen.

In der Zwischenzeit: Garnierung I zubereiten:
Sahne steif schlagen. Magerquark, Dill, Pfeffer und Salz unterheben. Abschmecken. In den Kühlschrank stellen.

Oder Garnierung II zubereiten:
Äpfel schälen, ganz fein reiben. Grünen Pfeffer im Mörser zerstoßen. Sahne steif schlagen. Alles unterheben und mit Salz abschmecken. In den Kühlschrank stellen.

Oder Garnierung III zubereiten:
Sahne steif schlagen. Wacholderbeeren im Mörser fein zerstoßen und unterheben. Mit Wacholderschnaps, weißem Pfeffer und Salz abschmecken. In den Kühlschrank stellen.

Eiweiß zu steifem Schnee schlagen und unter den Teig heben.

Backröhre vorheizen: E-Herd: 100° C, Gas: Stufe 1–2.

In einer Pfanne, bei mehr als 2 Personen in zwei möglichst beschichteten Pfannen (je) ½ TL Butter erhitzen, gut auspinseln (pro Person wird eine Crêpe gebacken).

So viel Teig eingießen, daß er sich hauchdünn über den Boden verteilt. Pfanne(n) dabei schräg halten und drehen. Crêpes von beiden Seiten goldbraun backen. In der Röhre zugedeckt heiß halten.

Alle weiteren Crêpes auf diese Weise backen. Pro Pfannkuchen ½ TL Butter in der Pfanne zerlassen. 2 Scheiben Räucherlachs auf jeden Pfannkuchen legen und zusammenklappen. 1 EL der Garnierung danebensetzen.

Tip

Sie können natürlich auch zwei oder alle drei Garnierungen zubereiten. Beachten Sie, daß der Zeitaufwand dann entsprechend größer ist.

Seeteufel-Salat

Personen 2	4	6	8	Zutaten	Zubereitung
				Leichte Mayonnaise (siehe Seite 66)	Zuerst eine leichte Mayonnaise zubereiten und das Tomatenmark untermischen. Beiseite stellen.
	1		2	**TL Tomatenmark**	Wasser salzen und mit dem Essig zum Kochen bringen. Estragon zugeben.
	1		1½	**l Wasser**	
	1		2	**gestrichene(r) TL Salz**	*In der Zwischenzeit:* Fisch(e) waschen.
	⅒		2⁄10	**l Essig**	
	1		2	**TL frisch gehackter Estragon** oder die Hälfte getrocknet	Fisch(e) ins kochende Wasser legen und 10 Minuten ziehen, nicht kochen lassen. *In der Zwischenzeit:* Die Salatblätter waschen und trocken schleudern.
	1		2	**kleine(r) Seeteufel** (Tip)	
	1		1	**Kopfsalat**	Fisch(e) herausnehmen und kurz abkühlen lassen, häuten und das Fleisch von den Gräten lösen. In mundgerechte Stücke zupfen.
				Kerbel oder Petersilie	
				Beilage: Toast oder Stangenweißbrot	Die Salatblätter auf Teller verteilen. Die Fischstücke darauf geben und mit der Mayonnaise überziehen. Mit frischem Kerbel garnieren.
				Wein: trockener Sekt oder Champagner brut; trockener Weißwein, z. B. Hermitage, Burgunder oder Graves aus Frankreich; aus Deutschland Pfälzer Riesling	*Tip:* Meist kommt der Seeteufel (franz. Lotte, ital. Rana) schon ohne Kopf in den Handel.
	1.10		1.20	**Zubereitungszeit**	

Räucherlachs mit Apfel-Meerrettich

2	4	6	8	Zutaten	Zubereitung
¼	½	¾	1	**säuerlicher Apfel**	Apfel und Meerrettich schälen, ganz fein reiben und vermischen.
30	50	80	100	**g Meerrettich-Wurzel**	
⅒	⅛	2⁄10	¼	**l süße Sahne**	Sahne steif schlagen. Zunächst nur die Hälfte des Apfelmeerrettichs unterheben. Mit Salz und Zitronensaft würzen, abschmecken. Nach Geschmack restlichen Apfelmeerrettich zur Sahne geben *(Tip).*
1	1	2	2	**Prise(n) Salz**	
½	1	1½	2	**TL Zitronensaft**	
6	12	18	24	**dünne Scheiben Räucherlachs**	Räucherlachs auf Tellern anrichten. Mit der Apfel-Meerrettich-Sahne und Zitronenachteln garnieren.
1	1	2	2	**Zitrone(n)** zum Garnieren	
				Beilage: Stangenweißbrot	
				Wein: Chablis, Pouilly-Fuissé, Elsässer Gewürztraminer, Fendant, Champagner brut oder trockenen Sekt	*Tip:* Die frische Meerrettich-Wurzel ist im Spätherbst am würzigsten, gegen Frühjahr nimmt ihre Schärfe ab. Deshalb ist sorgfältiges Abschmecken wichtig. Machen Sie die Sahne nicht zu scharf, sonst wird der Lachsgeschmack überdeckt.
0.20	0.20	0.25	0.25	**Zeitaufwand**	

Gebeizte Forellenfilets

Personen 2	4	6	8	Zutaten
1	2	3	4	**frisch geschlachtete Forelle(n)**
				Küchenkrepp
2	4	6	8	**Bogen Butterbrotpapier,** ca. 30×21 cm
8	16	24	32	**Umdrehungen Pfeffermischung**
2	4	6	8	**Prisen Zucker**
4	8	12	16	**Prisen Salz**
2	4	6	8	**TL frisch gehackter Dill**
2	4	6	8	**große Salatblätter**
½	½	1	1	**Zitrone**
				Salz
				weißer Pfeffer
				Beilage: Stangenweißbrot mit Butter
				Wein: ein trockener Mosel-, Saar- oder Rheinwein
0.25	0.40	0.50	1.00	**Zubereitungszeit am 1. Tag**
0.10	0.10	0.15	0.15	**Zubereitungszeit am 2. Tag**

Zubereitung

Am Tag vorher: Ausgenommene Forelle(n) gut waschen und mit Küchenkrepp trocken tupfen. Schwanz, Kopf und Flossen abschneiden (Abb. links). An Bauch und Rücken längs aufschneiden. Mit dem Daumen an der Mittelgräte entlang die beiden Hälften auseinanderbrechen (Abb. Mitte). Die Mittelgräte am Schwanzende lösen und ganz entfernen, ohne daß etwas vom Fleisch daran hängenbleibt. Mit einer Pinzette die im Fleisch steckengebliebenen Gräten herausziehen. Alle Filets nochmals mit Küchenkrepp trocken tupfen.

Jedes Filet mit der Hautseite nach unten auf einen Bogen Butterbrotpapier legen und mit 4 Umdrehungen Pfeffermischung, 2 Prisen Zucker, 4 Prisen Salz und 1 EL Dill bestreuen.

Die Längsseiten der Butterbrotpapiere über die Filets klappen, dann vom Schwanzende her zusammenrollen und über Nacht in den Kühlschrank legen (Abb. rechts).

Am Tag der Zubereitung: Salatblätter waschen, gut trocken schleudern und auf Teller verteilen. Mit Zitronensaft beträufeln, mit Salz und weißem Pfeffer würzen.

Filets aus dem Kühlschrank nehmen und auseinanderrollen. Das Fischfleisch in hauchdünne Scheiben flach von der Haut abschneiden und auf den Salatblättern anrichten.

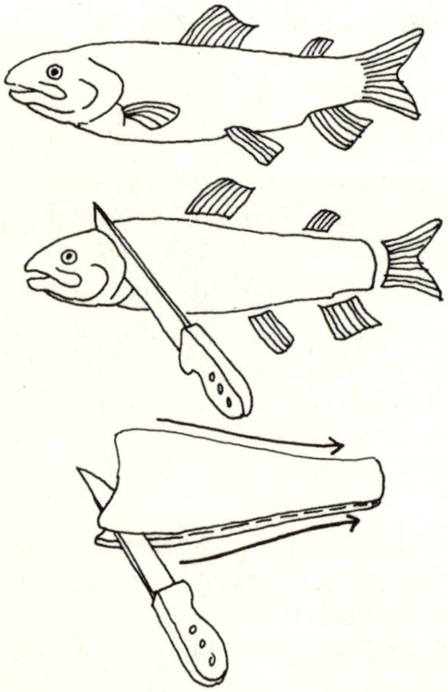

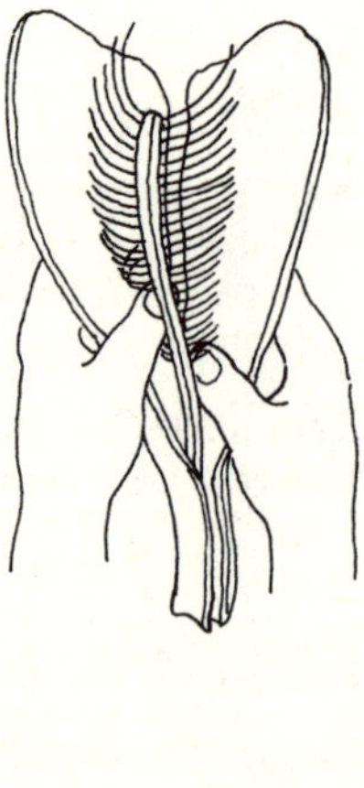

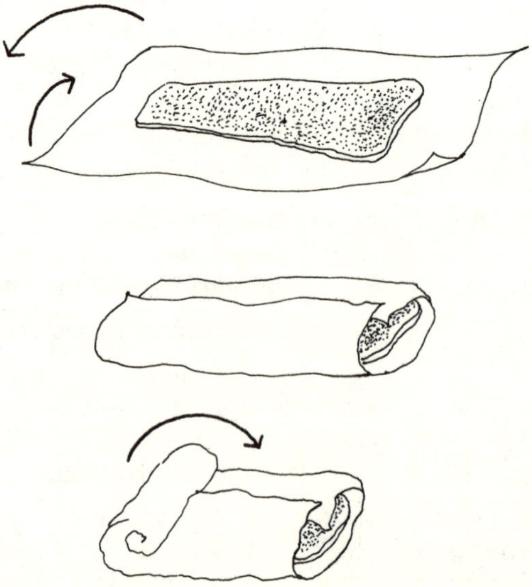

Bohnensalat mit Krabben

Personen				Zutaten
2	4	6	8	
250	500	750	1000	**g grüne Bohnen,** möglichst ganz dünne (Tip)
½	1	1	2	**l Wasser**
1	2	2	3	**TL Salz**
1	2	3	4	**Kopf (Köpfe) Radicchio**
50	100	150	200	**g frische Champignons**
100	200	300	400	**g frische, gekochte Krabben** (Garnelen)
2	3	3	4	**EL Sherry- oder Himbeer-Essig**
¼	½	¾	1	**TL Salz**
4	8	12	16	**Umdrehungen Pfeffermischung**
3	5	5	7	**EL Nußöl** oder kaltgepreßtes Olivenöl
				Beilage: Stangenweißbrot
				Wein: trockener Weißwein, z. B. Burgunder, Bordeaux, Chardonnay oder Riesling; ein Beaujolais besserer Lagen
0.45	0.50	1.00	1.05	**Zubereitungszeit**

Zubereitung

Bohnen putzen und waschen.

Wasser salzen und zum Kochen bringen.

In der Zwischenzeit: Radicchio putzen, die Mittelrippen entfernen, Blätter waschen und trocken schleudern.

Bohnen ins sprudelnd kochende Wasser geben und 10 bis 15 Minuten kochen lassen. *(Tip)*

In der Zwischenzeit: Champignons waschen und in dünne Scheiben schneiden.

Bohnen in ein Sieb schütten und mit eiskaltem Wasser abschrecken. Abkühlen und abtropfen lassen.

Bohnen, Radicchio, Krabben und die rohen Champignons in eine Schüssel geben. Essig darüberträufeln. Mit Salz und Pfeffermischung würzen, vorsichtig mischen. Mit Öl beträufeln und nochmals mischen.

Tip:

Die besten ganz dünnen Bohnen kommen aus Kenia und sind meist das ganze Jahr über zu haben. Aber auch aus Frankreich kommen ähnliche Sorten auf den Markt. Wenn Sie diese dünnen Bohnen nicht bekommen, müssen Sie notgedrungen die dickeren Bohnen nehmen. Die Kochzeit verlängert sich dann um 5 Minuten.

Feigen in Parma-Schinken

Mai – November

2	4	6	8	Zutaten
6	12	18	24	**Feigen**
6	12	18	24	**dünne große Scheiben Parma-Schinken**
				Zum Garnieren pro Person **1 Ahorn-,** notfalls auch ein Salatblatt
				Wein: ein halbtrockener Weißwein, ein Sauternes oder Barsac oder ein Gewürztraminer
0.10	0.15	0.20	0.25	**Zubereitungszeit**

Ahorn- oder Salatblätter waschen, abtrocknen und auf die Teller verteilen.

Feigen waschen und abtrocknen, den Stielansatz abschneiden. Die Früchte in den Parma-Schinken wickeln und je 3 Stück auf einem Teller anrichten. *(Tip)*

Tip:

Beim Essen werden die Feigen aus dem Parmaschinken gewickelt und mit dem Messer einmal durchgeschnitten. Man ißt dann das Fruchtmark zum Schinken. Die Schalen werden nicht verzehrt.

Bohnensalat mit Gänseleber und Trüffeln

Oktober – März

Personen 2	4	6	8	Zutaten
250	500			**g dünne grüne Bohnen** (Tip)
½	1			**l kaltes Wasser**
1	2			**TL Salz**
1	2			**kleine(r) Kopf (Köpfe) Radicchio**
25	50			**g Trüffeln,** am besten frische
50	100			**g frische Gänseleberpastete** oder „bloc de foie gras“
¼	½			**gestrichener TL Salz**
4	5			**Umdrehungen Pfeffermischung**
1	2			**EL Sherry-** oder Himbeer-Essig
3	6			**EL Nußöl** oder kaltgepreßtes Olivenöl
				Beilage: Stangenweißbrot
				Wein: ein Sauternes oder Gewürztraminer; eine Spätlese oder Auslese aus dem Rheingau oder Rheinhessen; ein trockener Sekt oder Champagner brut
0.40	0.50			**Zubereitungszeit**

Zubereitung

Bohnen putzen, das heißt Stielansatz und Blüte abschneiden, und waschen.

Wasser mit dem Salz zum Kochen bringen.

In der Zwischenzeit: Radicchio putzen, die Mittelrippen entfernen, Blätter waschen und trocken schleudern.

Bohnen ins sprudelnd kochende Wasser geben und 10 bis 15 Minuten kochen lassen. *(Tip)*

In der Zwischenzeit: Trüffeln in dünne Scheiben schneiden oder hobeln. Zur Seite stellen.

Bohnen aus dem Topf nehmen und mit eiskaltem Wasser abschrecken. Abkühlen und abtropfen lassen. Mit dem Radicchio in eine Schüssel geben, mit Salz und Pfeffermischung würzen, Essig darüberträufeln und durchmischen. Öl zugießen und nochmals mischen. Auf Teller verteilen. Mit den Gänseleberpastete- und Trüffelscheiben garnieren.

Tip:

Die besten ganz dünnen Bohnen kommen aus Kenia und sind meist das ganze Jahr über zu haben, aber auch aus Frankreich kommen gute Sorten auf den Markt. Wenn Sie diese dünnen Bohnen nicht bekommen, müssen Sie notgedrungen die dickeren Bohnen nehmen. Die Kochzeit verlängert sich dann um 5 Minuten.

Melone, gefüllt mit Portwein

Mai – Oktober

2	4	6	8	Zutaten
1	2	3	4	**kleine Netzmelone(n)** oder Honig-, Ogen-, oder Kantalup-(Charentais-)Melone(n) (Tip 1)
¼	½	¾	1	**l trockener, weißer Portwein**
2.30	2.35	2.40	2.45	**Zeitaufwand**

Melone(n) und Portwein im Kühlschrank 2 Stunden gut durchkühlen lassen.

Herausnehmen, Melone(n) quer halbieren, Kerne mit einem Löffel herausschaben. Eventuell noch etwas Melonenfleisch entfernen, um die Vertiefung größer zu machen.

Portwein gleichmäßig auf die Hälften verteilen *(Tip 2)* und eine ½ Std. im Kühlschrank durchziehen lassen.

Tips

1. Am würzigsten schmecken Kantalup- oder Charentais-Melonen, die es im Sommer gibt.

2. Sie können die Melonenhälften auch zickzackartig einschneiden.

Avocado, gefüllt mit Krabben

Personen 2	4	6	8	Zutaten
1	2	3	4	**reife Avocado(s)** (Tip)
½	½	1	1	**Zitrone**
1	2	3	4	**TL frisch gehackter Dill**
1	2	3	4	**TL frisch gehackte Petersilie**
50	100	150	200	**g frische gekochte Krabben** (Garnelen, siehe Seite 28)
1	2	3	4	**Prise(n) Salz**
2	4	6	8	**Umdrehungen Pfeffermischung**
2	4	6	8	**Dillstengel** zum Garnieren
				Beilage: Stangenweißbrot und Butter
				Wein: ein französischer Graves oder Elsässer Riesling; ein kräftiger deutscher Riesling – bis zur trockenen Spätlese, ein fränkischer Ruländer; ein Neuenburger Riesling aus der Schweiz oder ein spritziger österreichischer grüner Veltliner.
0.40	0.45	0.50	0.55	**Zeitaufwand**

Zubereitung

Avocado(s) mit einem Messer der Länge nach um den Kern herum einschneiden und beide Hälften gegeneinander drehen. Eine Hälfte abheben, den Kern entfernen. Mit einem Teelöffel das Fruchtfleisch in Stückchen herausstechen, ohne die Schale zu beschädigen.

Fruchtfleisch in eine Schüssel geben und sofort mit Zitronensaft beträufeln, damit es sich nicht verfärbt.

Krabbenfleisch und Fruchtfleisch mit Salz, Pfeffer, Dill und Petersilie würzen und vorsichtig durchmischen. Zugedeckt im Kühlschrank eine halbe Stunde ziehen lassen.

Mischung in die Avocadohälften füllen und mit Dill garnieren.

Tip

Avocados sind reif und haben das beste Aroma, wenn sie auf Druck am Stielansatz leicht nachgeben.

Pfifferlinge unter der Blätterteighaube

Personen				Zutaten
2	**4**	**6**	**8**	
120	240	360	480	**g Blätterteig** (Tip 1)
150	300	450	600	**g frische Pfifferlinge**
2	4	6	8	**Schalotten**
1	2	3	4	**TL Butter**
⅛	¼	½	1	**TL Salz**
3	6	9	12	**Umdrehungen weißer Pfeffer**
1	2	3	4	**TL Zitronensaft**
⅛	2/10	3/10	¼	**l trockener Weißwein**
2	4	6	8	**TL frisch gehackte Petersilie**
1	2	3	4	**TL frisch gehackter Dill**
1/10	⅛	3/10	¼	**l Crème fraîche** oder süße und saure Sahne gemischt
2	4	6	8	**feuerfeste Formen,** Schüsselchen oder Suppentassen, oberer Durchmesser nicht mehr als 10–12 cm
1	1	2	2	**Eigelb**
1	1	2	2	**EL süße Sahne**
				Wein: trockener Silvaner aus Rheinhessen, Franken oder aus dem Elsaß
0.55	1.00	1.10	1.20	**Zeitaufwand**

Zubereitung **Juni – Oktober**

Tiefgekühlten Blätterteig auf einer bemehlten Fläche auslegen, mit Mehl bestäuben und auftauen lassen.

Pfifferlinge putzen, waschen und gut abtropfen lassen. Große Pilze kleiner schneiden.

Backröhre vorheizen: E-Herd: 225° C, Gas: Stufe 4.

Schalotten schälen und feinhacken.

Butter in einer Pfanne erhitzen. Schalotten darin 5 Minuten dünsten. Pfifferlinge zugeben, umrühren. Mit Salz, Pfeffer und Zitronensaft würzen, Wein angießen, umrühren und dünsten lassen.

In der Zwischenzeit: Blätterteig dünn ausrollen. Runde Deckel für die Formen ausschneiden oder ausstechen, mindestens 3 cm größer als die Schüsselöffnung.

Crème fraîche und Petersilie unter die Pilze mischen. Pfanneninhalt in die feuerfesten Schüsseln füllen. Gehackten Dill über die Pilze streuen.

Den Rand der Schüsseln mit Wasser bestreichen und die Blätterteigdeckel darüberlegen. Vorsichtig die Ränder nach unten und festdrücken. Eigelb mit Sahne vermischen und damit die Deckel bestreichen *(Tip 2).* 15 Minuten in der Röhre überbacken. Sofort servieren. Beim Essen mit der Gabel zuerst durch den Deckel stoßen.

Tips:

1. Beachten Sie bitte beim Einkauf: Eine Packung Tiefkühlblätterteig enthält normalerweise 5 Scheiben, andere Hersteller packen nur 3 Scheiben ein, das Gewicht ist jedoch immer 300 g. Sie können sich auch die entsprechende Menge frisch beim Bäcker besorgen oder den Blätterteig nach Rezept auf Seite 70 selbst zubereiten.

2. Blätterteig erst unmittelbar vor dem Backen mit der Eigelb-Sahne-Mischung bestreichen, sonst geht er nicht auf.

Suppen

Bis ins 16. Jahrhundert hinein, der Regierungszeit Heinrichs IV., war die Suppe in Europa das eigentliche Hauptgericht. Man gab alles in den Topf, was greifbar war, gleichzeitig Fleisch und Fisch, schüttete Wasser und Gewürze dazu und kochte alles gründlich auf. Wenn Gäste kamen, wurde einfach daraus geschöpft. Nicht überall waren Eßgeschirre üblich. In einigen Gegenden hatte man Vertiefungen in die Tischplatte geschnitzt und da hinein kam die Suppe.

Heute sind Suppen aus der Mode gekommen, sie sind als Dickmacher verpönt. Doch das gilt eigentlich nur für die gebundenen Suppen mit kalorienreichen Einlagen, wie Erbsen und Kartoffeln. Dabei kann eine Suppe eine delikate, leichte und sehr schmackhafte Speise sein, die den Magen nicht füllt. In diesem Kapitel finden Sie Suppenrezepte, die den obigen Kriterien entsprechen. Ich habe bewußt nur wenige, dafür aber ungewöhnliche Rezepte ausgewählt. Ich meine, gerade beim Kochen geht nichts über Qualität.

Es hat sich eingebürgert, daß man heute entweder eine Vorspeise oder eine Suppe reicht und dann zum Fisch- oder Fleischgang übergeht. Aber das hat nichts zu sagen. Richten Sie sich ganz nach Ihrem Geschmack.

Doppelte Rinderkraftbrühe

Personen 2	4	6	8	Zutaten	Zubereitung
30	60	90	120	**g Karotten**	*Am Tag vorher:* Fleischbrühe zubereiten. Siehe dazu Seite 66.
75	150	225	300	**g Sellerie**	
75	150	225	300	**g Porree** (nur das Weiße)	*Am Tag der Zubereitung:* Rinderbrühe entfetten und zum Kochen bringen. Beefsteakhack in die Brühe geben und 10 Minuten darin ziehen, aber nicht kochen lassen.
30	60	90	120	**g Petersilienwurzel**	
30	60	90	120	**g Champignons**	
25	50	75	100	**g Schalotten**	
1	1	2	2	**Knoblauchzehe(n)**	
100	150	200	250	**g Fleischtomaten**	Brühe abseihen, Hackfleisch wegwerfen. Brühe mit Salz, Pfeffer und Muskat abschmecken, mit den Kräutern bestreuen und servieren.
250	500	750	1000	**g Rindfleisch zum Kochen** (z. B. von der Brust oder Beinscheiben, siehe Seite 18)	
200	400	600	800	**g Rinderknochen**	
1	1	2	2	**Markknochen**	
1	1½	2	3	**TL frisch gehackter Thymian,** Salbei oder Rosmarin oder ⅓ der Menge getrocknet	
1	2	3	4	**TL frisch gehackte Petersilie**	
1	1	2	2	**Blatt Lorbeer**	
¼	½	¾	1	**gestrichener TL Salz**	
3	6	9	12	**Umdrehungen Pfeffermischung**	
¾	1¼	1¾	2	**l Wasser**	
⅛	⅛	¼	⅜	**l Weißwein**	
50	100	150	200	**g Beefsteakhack** (siehe Seite 18 unter B 1)	
½	1	1½	2	**TL frisch gehackter Thymian,** Salbei oder Rosmarin oder ⅓ der Menge getrocknet	
				Salz, Pfeffermischung und Muskat zum Abschmecken	
2.20	2.30	2.40	2.50	**Zubereitungszeit am 1. Tag**	
0.15	0.15	0.20	0.20	**Zubereitungszeit am 2. Tag**	

Doppelte Hühnerkraftbrühe

Personen				Zutaten
2	**4**	**6**	**8**	
30	60	90	120	**g Karotten**
75	150	225	300	**g Sellerie**
75	150	225	300	**g Porree** (nur das Weiße)
30	60	90	120	**g Petersilienwurzel**
30	60	90	120	**g Champignons**
25	50	75	100	**g Schalotten**
1	1	2	2	**Knoblauchzehe(n)**
100	150	200	250	**g Fleischtomaten**
2	2	3	3	**EL Butter**
800	1200	1600	2000	**g schweres Hähnchen,** Poularde oder Suppenhuhn
1	1½	2	3	**TL frische gehackter Thymian** oder ⅓ der Menge getrocknet
1	2	3	4	**TL frisch gehackte Petersilie**
¾	1¼	1¾	2	**l Wasser**
⅛	⅛	¼	⅜	**l trockener Weißwein**
1	1	2	2	**Blatt Lorbeer**
¼	½	¾	1	**gestrichener TL Salz**
3	6	9	12	**Umdrehungen Pfeffermischung**
50	100	150	200	**g Beefsteakhack** (siehe Seite 18 unter B 1)
½	1	1½	2	**TL frisch gehackte Petersilie**
				Salz und Pfeffermischung zum Abschmecken
2.30	2.40	2.50	3.00	**Zeitaufwand am 1. Tag**
0.20	0.20	0.25	0.25	**Zeitaufwand am 2. Tag**

Zubereitung

Am Tag vorher: Hühnerbrühe zubereiten. Siehe dazu Seite 65. Brustfleisch nach dem Kochen zurückbehalten.

Am Tag der Zubereitung: Hühnerbrühe entfetten. Erhitzen. Beefsteakhack in die entfettete Brühe geben. 10 Minuten darin ziehen, nicht kochen lassen.

In der Zwischenzeit: Brustfleisch des Hähnchens kleinschneiden und beiseite stellen.

Brühe durchseihen, Hack wegwerfen. Brühe wieder erhitzen. Brustfleisch zugeben, nicht mehr kochen lassen. Mit Salz und Pfeffer abschmecken. Mit Petersilie bestreut servieren.

Zwiebelsuppe

Personen				Zutaten
2	4	6	8	
400	800	1200	1600	**g Schalotten,** rote oder weiße Zwiebeln
2	3	3	4	**EL Butter**
¼	½	¾	1	**l Fleischbrühe**
4	8	12	16	**dünne Scheiben Stangenweißbrot**
1	2	3	4	**Knoblauchzehe(n)**
50	100	150	200	**g Schweizer Emmentaler** oder Greyerzer
4	8	12	16	**Umdrehungen Pfeffermischung**
2	4	6	8	**Prisen Salz**
2	4	6	8	**kleine Stückchen brauner Kandiszucker**
⅛	¼	⅜	½	**l trockener Weißwein,** am besten ein kräftiger Riesling
				Wein: der gleiche, der zum Kochen verwendet wurde, z. B. ein trockener Riesling aus der Pfalz, aus Rheinhessen oder dem Elsaß (Tip)
0.50	1.00	1.10	1.20	**Zubereitungszeit**

Zubereitung **Oktober – März**

Am Tag vorher: Fleischbrühe zubereiten! (Siehe dazu Seite 66)

Zwiebeln schälen und fein hacken.

Butter in einem großen Topf erhitzen, aber nicht braun werden lassen.

In der Zwischenzeit: Fleischbrühe zum Kochen aufsetzen.

Gehackte Zwiebeln in die heiße Butter geben, unter Rühren goldbraun dünsten, nicht anbrennen lassen!

Backröhre vorheizen: E-Herd: 225° C, Gas: Stufe 4.

Zwiebeln mit der kochenden Brühe aufgießen, Topf zudecken und bei schwacher Hitze 10 Minuten kochen lassen.

In der Zwischenzeit: Weißbrot in Scheiben schneiden, in der Röhre oder im Toaster bräunen und mit geschälter Knoblauchzehe abreiben. Käse hobeln.

Suppe mit Pfeffer, Salz, Kandiszucker und Wein würzen, umrühren und abschmecken. In eine feuerfeste Terrine füllen oder auf Suppenteller bzw. Suppentassen verteilen. Mit Weißbrotscheiben belegen, dick mit Käse bestreuen und in der heißen Röhre überbacken. Sofort servieren.

Tip:

Im Gegensatz zu anderen Suppen können Sie zur Zwiebelsuppe einen trockenen Wein reichen, am besten den, der auch zum Kochen verwendet wurde.

Feigensuppe,
Rezept Seite 102

Austern, Rezept
Seite 81

Feigen in Parma-
schinken, Rezept
Seite 89

Ententerrine mit
Orangen, Rezept
Seite 79

Getrüffelte Entenleber-Mousse Seite 82

Avocado, gefüllt mit Krabben, Rezept Seite 91

Bohnensalat mit Gänseleber und Trüffeln, Rezept Seite 90

Fischsuppe mit roter Pfeffersauce

Personen 2	4	6	8	Zutaten
	500	750	1000	**g Seefisch,** möglichst verschiedene Sorten, wie Scholle, Flunder, Seelachs etc.
	500	750	1000	**g Abfälle von Seefischen** wie Kopf, Gräten etc., aber nicht von Hering und Makrele (Tip 1)
	1	1½	2	**l Wasser**
	50	75	100	**g Schalotten**
	150	225	300	**g Porree** (nur das Weiße)
	150	225	300	**g Sellerie**
	150	225	300	**g Fenchel**
	100	150	200	**g Champignons**
	1	1½	2	**TL Salz**
	6	9	12	**Umdrehungen Pfeffermischung**
	2	3	4	**Lorbeerblätter**
	2	3	4	**TL frisch gehackte Petersilie**
	1	2	3	**EL Paniermehl**
	2	3	4	**EL warmes Wasser**
	4	6	8	**Zehen Knoblauch**
	1	2	3	**frische rote Chili-Pfefferschote(n)** oder
	½	1	1½	TL getrocknete Schoten (in ganz wenig Wasser eingeweicht)
	½	¾	1	**Tasse Olivenöl**
	12	18	24	**Scheiben Stangenweißbrot,** ca. 1 cm dick
	½	½	½	**l Wasser**
	2	3	4	**Tomaten** (möglichst Fleischtomaten oder italienische Eiertomaten)
	¼	⅜	½	**l trockener Weißwein,** evtl. mehr
	½	1	1½	**TL Safran**
	2	3	4	**TL Tomatenmark**
	2	4	6	**Knoblauchzehen**
	1.40	1.50	2.00	**Zubereitungszeit**

Zubereitung **November – Juni**

Fische waschen, mit Gräten und Haut in ca. 10 cm große Stücke schneiden. Mit den Fischabfällen in einen Topf geben und mit kaltem Wasser aufgießen. Bei schwacher Hitze 10 bis 15 Minuten kochen lassen.

Gemüse putzen und in Würfel schneiden, mit den Gewürzen und Kräutern in den Topf geben. Bei schwacher Hitze 40 Minuten kochen lassen.

In der Zwischenzeit: Die Pfeffersauce oder Knoblauch-Mayonnaise zubereiten:
Paniermehl in warmem Wasser quellen lassen. Knoblauch zerdrücken, Pfefferschote(n) fein hacken. Alles zu einer Paste mischen. Öl erst tropfenweise, dann in dünnem Strahl zugießen und unterrühren. Pfeffersauce in ein Schälchen gießen und mit einem Teelöffel zu Tisch geben.

Weißbrotscheiben toasten.

½ l Wasser zum Tomatenbrühen zum Kochen bringen.

Fischsud durch ein Sieb gießen, Fisch und Gemüse ausdrücken, dann wegwerfen. Den Sud wieder zum Kochen bringen.

Tomaten überbrühen und mit kaltem Wasser abschrecken. Die Haut abziehen, eventuell die Kerne herausdrücken. Tomaten in kleine Würfel schneiden oder durch ein grobes Sieb passieren und mit dem Wein in den kochenden Sud geben. Mit Safran und Tomatenmark würzen. Zugedeckt bei schwacher Hitze nochmals 20 Minuten kochen lassen. (Vorsicht, kocht leicht über!)

In der Zwischenzeit: Weißbrotscheiben mit Knoblauch abreiben.

Fischsuppe abschmecken, in eine Terrine füllen und servieren *(Tip 2).*

Tips:

1. Wenn Ihr Fischhändler keine Fischabfälle hat, kaufen Sie statt dessen entsprechend mehr Seefisch.

2. Legen Sie ein oder zwei Scheiben Weißbrot in den Teller, gießen Sie die Suppe darüber und würzen Sie sie ganz individuell mit der roten Pfeffersauce. Aber vorsichtig, sie ist sehr scharf.

Sauerampfer-Suppe

Personen 2	4	6	8	Zutaten
				Am Tag vorher beginnen!
½	1	1½	2	**l Fleischbrühe** (siehe Seite 66)
100	200	300	400	**g Sauerampfer**
1	2	3	4	**Schalotten**
1	2	3	4	**kleine Zehe(n) Knoblauch**
1	2	3	4	**EL Butter**
1	2	3	4	**Eigelb**
2	3	4	5	**EL Crème fraîche**
2.20	2.30	2.40	2.50	**Zubereitungszeit am 1. Tag**
0.45	0.55	1.00	1.10	**Zubereitungszeit am 2. Tag**

Zubereitung **März – Juli**

Am Tag vorher: Fleischbrühe zubereiten (siehe Seite 66).

Am Tag der Zubereitung: Sauerampfer putzen, die Stiele entfernen, Blätter waschen und trocken schleudern. Beiseite stellen.

Schalotten hacken, Knoblauch zerdrücken. Butter in einem Topf erhitzen. Schalotten und Knoblauch darin 5 Minuten dünsten.

In der Zwischenzeit: Den Sauerampfer mit einem Messer grob hacken, pro Person 1 EL voll zum Garnieren zurückbehalten, den Rest im Topf 5 Minuten dünsten. Dann Fleischbrühe angießen und 15 Minuten bei schwacher Hitze kochen lassen.

In der Zwischenzeit Eigelb mit Crème fraîche verrühren.

Sauerampfer in der Brühe mit dem Handmixer pürieren, dann die Eigelb-Mischung mit einem Schneebesen unterrühren. Suppe wieder erhitzen, aber nicht mehr kochen lassen. Abschmecken und mit gehacktem Sauerampfer garnieren.

Champagner-Suppe

2	4	6	8	Zutaten
				Am Tag vorher beginnen!
	¼	⅜	½	**l doppelte Rinderkraftbrühe** (siehe Seite 94)
	100	150	200	**ccm Crème fraîche** oder süße Sahne
	¼	⅜	½	**l Champagner** (Tip)
	½	¾	1	**Zimtstange**
	1	2	3	**Nelke(n)**
	100	150	200	**ccm Crème fraîche** oder süße Sahne
	1	1	2	**Eigelb**
	⅛	¼	⅜	**l Champagner**
				Salz, Pfeffermischung, Zimt
	2.20	2.20	2.20	**Zubereitungszeit am 1. Tag**
	0.40	0.50	1.00	**Zubereitungszeit am 2. Tag**

Am Tag vorher: Fleischbrühe zubereiten (siehe Seite 66).

Am Tag der Zubereitung: Brühe, Crème fraîche und Champagner mit Zimtstange und Nelke(n) bei starker Hitze um ein Drittel einkochen lassen.

In der Zwischenzeit die Crème fraîche steif schlagen und mit Eigelb vermischen.

Zwei Drittel der Mischung mit dem Schneebesen unter die Suppe heben. Champagner zugeben, mit Salz, Pfeffer und Zimt abschmecken. Wieder erhitzen, aber nicht mehr kochen lassen.

Die Suppe auf Tassen verteilen, mit der Sahne garnieren und mit Zimt überstäuben.

Tip

Statt Champagner können Sie einen stillen Champagner-Wein verwenden, da beim Kochen die Kohlensäure sowieso entweicht.

Trüffelsuppe unter der Teighaube

Personen 2	4	6	8	Zutaten
60	60			**g Karotten**
150	150			**g Sellerie**
150	150			**g Porree** (nur das Weiße)
60	60			**g Petersilienwurzel**
60	60			**g Champignons**
50	50			**g Schalotten**
1	1			**Knoblauchzehe**
100	100			**g Fleischtomaten**
2	2			**EL Butter**
1	1			**Suppenhuhn** (ca. 1500 g schwer)
1½	1½			**TL frisch gehackter Thymian** oder ⅓ der Menge getrocknet
2	2			**TL frisch gehackte Petersilie**
1¼	1¼			**l Wasser**
¼	¼			**l trockener Weißwein**
1	1			**Blatt Lorbeer**
½	½			**TL Salz**
6	6			**Umdrehungen Pfeffermischung**
60	125			**ccm Milch**
10	20			**g frische Hefe** oder entsprechend Trockenhefe
125	250			**g Mehl**
¼	½			**TL Salz**
2	4			**Prisen Zucker**
1	2			**Ei(er)**
65	130			**g Butter**
100	100			**g Beefsteakhack** (siehe Seite 19 uter B 1)
25	50			**g Sellerie**
25	50			**g Karotten**
25	50			**g Champignons**
1	2			**Stück Hühnerleber**
50	100			**g frische, rohe Trüffeln,** (Tip 1)
1	2			**TL Butter**
25	50			**g Schalotten**
2	4			**cl Cognac**
1	2			**Eigelb**
2.50	2.50			**Zeitaufwand am 1. Tag**
1.10	1.25			**Zeitaufwand am 2. Tag**

Zubereitung **Oktober – März**

Am Tag vorher: Gemüse putzen, waschen und kleinschneiden.

Butter in einem großen Topf erhitzen. Gemüse darin andünsten.

In der Zwischenzeit: Huhn waschen und in 12 Teile zerlegen, in den Topf geben.

Wasser und Wein angießen. Lorbeer, Salz, Pfeffer, Thymian und Petersilie zugeben. Zum Kochen bringen und 2 Stunden kochen lassen.

In der Zwischenzeit den Teig vorbereiten: Milch lauwarm werden lassen. Milch und Hefe gut verrühren. Etwas weniger als die Hälfte des Mehls in eine Schüssel sieben. Eine Mulde eindrücken und die Hefemischung hineinschütten. Mit den Händen einen Teig kneten, zu einem Kloß formen und kreuzweise einschneiden. Schüssel abdecken und den Teig an einem warmen Ort (24° C) 45 Minuten gehen lassen.

Das restliche Mehl in eine zweite Schüssel sieben. Salz, Zucker und Eier zugeben. Butter in Stücke schneiden und zugeben. Mit dem Handrührer (Knethaken) alles zu einem Teig verarbeiten. Ruhen lassen.

Nach 45 Minuten beide Teige gründlich zu einem Teig verkneten. Hände dabei öfter in Mehl tauchen. Mehrmals die Teigkugel mit Schwung auf den bemehlten Tisch schlagen. Der Teig darf nicht mehr kleben.

Nochmals 45 Minuten zugedeckt gehen lassen, dann durchkneten und wieder mehrmals kräftig auf den Tisch schlagen.

Teig über Nacht kühl stellen, aber nicht in den Kühlschrank.

Die Hühnerteile aus der Brühe heben. Beiseite stellen. Brühe etwas abkühlen lassen, dann durchseihen. Gemüse gut ausdrücken und wegwerfen.

Beefsteakhack in die Brühe geben. 10 Minuten ziehen, nicht kochen lassen.

In der Zwischenzeit: Die beiden Bruststücke von den Knochen lösen und enthäuten. In den Kühlschrank legen. Das restliche Fleisch wird für die Trüffelsuppe nicht benötigt.

Brühe durchseihen, Hack wegwerfen. Brühe über Nacht in den Kühlschrank stellen.

Personen				Zutaten	Zubereitung
2	4	6	8		

Tips

1. Trüffeln sind sehr teuer. 100 g kosten ca. 50 DM. Diese Suppe wird deshalb nur etwas für besondere Tage sein (siehe auch die Anmerkungen zum Einkauf von Trüffeln Seite 12).

2. Beim Essen bricht man mit dem Löffel durch die gebackene Teighaube und läßt die Krümel in die Tasse fallen.

3. Die Menge der Brühe richtet sich natürlich nach dem Fassungsvermögen Ihrer Suppentassen.

Am Tag der Zubereitung: Die Hühnerbrühe aus dem Kühlschrank nehmen. Fettschicht entfernen. Pro Person $\frac{3}{10}$ l Brühe abmessen und beiseite stellen. *(Tip 3)*

Aus der restlichen Brühe und dem Hühnerfleisch können Sie eine Hühnersuppe bereiten.

Den Teig auf einer bemehlten Fläche auswellen (etwa 1 cm dick). Feuerfeste Suppentassen mit der Öffnung nach unten auf den Teig setzen und runde Scheiben ausschneiden, und zwar 1 cm größer als die Tassen. Beiseite legen.

Sellerie, Karotten, Champignons für die Suppeneinlage putzen und waschen. Sellerie und Karotten in dünne, rechteckige, ca. 3 cm lange Streifchen, Champignons in dünne Scheiben schneiden.

Für 2 Personen eines der Bruststücke, für 4 Personen beide in feine Streifchen schneiden. Ebenso die Hühnerleber. Zur Seite stellen.

Die Trüffeln schälen und in feine Scheibchen schneiden oder hobeln, beiseite stellen.

Butter in einer Pfanne erhitzen.

In der Zwischenzeit: Schalotten hacken.

Gemüse und Schalotten in der Butter dünsten.

In der Zwischenzeit: Backröhre vorheizen: E-Herd: 225° C, Gas: Stufe 4.

Gemüse und Schalotten aus der Pfanne nehmen, auf die Suppentassen verteilen.

Leberstreifchen in die Pfanne geben. 1 Minute dünsten. Cognac angießen und flambieren. Sofort auf die Tassen verteilen.

Die Hühnerbrühe in die Pfanne gießen. Alle Rückstände lösen und zum Kochen bringen.

In der Zwischenzeit: Trüffelscheibchen und das Hühnerfleisch auf die Tassen verteilen.

Die Brühe aus der Pfanne auf die Tassen verteilen.

Eigelb gut verrühren. Jede der runden Teigplatten damit einpinseln. Mit der bestrichenen Seite nach unten über die Tassen stülpen und gut an den Rändern festdrücken. Dann die Oberseite einpinseln.

Tassen auf den Rost in den Ofen schieben. 15 Minuten überbacken lassen. *(Tip 2)*

Estragon-Suppe

Personen				Zutaten
2	4	6	8	
3/10	6/10			**l Hühnerbrühe** (siehe Seite 65)
2	4			**Kokosnüsse** (Tip)
1/8	1/4			**l Kokosmilch**
1	2			**EL frisch gehackter Estragon** oder die Hälfte der Menge getrocknet
				Cayennepfeffer
				Alufolie
1	2			**Ei(er)**
				gehackter Estragon zum Garnieren
2.30	2.30			**Zeitaufwand am 1. Tag**
0.45	1.00			**Zeitaufwand am 2. Tag**
				Beilage: Geröstetes Stangenweißbrot, das mit Knoblauch abgerieben wurde

Tip:

Das Aufsägen einer Kokosnuß ist Schwerarbeit, darum sollten Sie dieses Rezept nur für maximal 4 Personen zubereiten. Achten Sie beim Einkauf der Kokosnüsse darauf, daß sie Milch enthalten. Sie merken dies, wenn Sie die Kokosnuß schütteln.

Zubereitung **Oktober – Februar**

Am Tag vorher: Hühnerbrühe zubereiten (siehe Seite 65).

Am Tag der Zubereitung: Hühnerbrühe entfetten und die entsprechende Menge abmessen, beiseite stellen.

Von den Kokosnüssen jeweils eines der Keimlöcher aufbohren und die Kokosmilch auffangen, durchseihen, entsprechende Menge abmessen und zur Brühe geben.

Von jeder Kokosnuß mit einer Säge einen Deckel abschneiden.

Das Kokosfleisch aus den Deckeln lösen, raspeln und mit dem Estragon zur Brühe geben. Mit Cayennepfeffer abschmecken und 15 Minuten kochen lassen.

In der Zwischenzeit aus Alufolie Reifen formen, in denen die Kokosnüsse stehen können. Ei(er) schaumig schlagen.

Ei(er) mit dem Schneebesen unter die fertige Suppe rühren. Nicht mehr kochen lassen, abschmecken, sofort in die Kokosnüsse füllen und mit Estragon bestreut servieren.

Austernsuppe

Personen				Zutaten
2	4	6	8	
½	1	1½	2	**l doppelte Rinderkraftbrühe** (siehe Seite 94)
6	12	18	24	**Austern**
1	2	3	4	**Eigelb**
2	4	6	8	**EL Crème fraîche**
				Sherry, Salz, Pfeffermischung, Muskat
1	2	3	4	**TL frisch gehackte Petersilie**
2.20	2.30	2.40	2.50	**Zubereitungszeit am 1. Tag**
0.40	0.50	1.00	1.10	**Zubereitungszeit am 2. Tag**

Zubereitung **Oktober – März**

Am Tag vorher: Doppelte Rinderkraftbrühe zubereiten (siehe Seite 94).

Am Tag der Zubereitung: Austern öffnen und herausnehmen (siehe Seite 81), den Saft auffangen und zur Brühe geben. Die Austern auf Suppentassen verteilen.

Brühe erhitzen.

In der Zwischenzeit Eigelb mit Crème fraîche mischen. Die Mischung in die kochende Brühe rühren. Wieder erhitzen, aber nicht mehr kochen lassen. Mit Sherry, Salz, Pfeffermischung und Muskat abschmecken.

Die Suppe auf Tassen verteilen und mit Petersilie garnieren.

Feigensuppe (Foto nach S. 96)

Mai – November

½	1	1½	2	**l Fleischbrühe** (siehe Seite 66)
4	8	12	16	**Feigen**
1	2	3	4	**TL grüner Pfeffer**
1	2	3	4	**Schalotte(n)**
1	2	3	4	**TL Butter**
1	2	3	4	**Feige(n)** zum Garnieren
1/10	2/10	3/10	4/10	**l Portwein**
2	2	4	4	**cl Cognac**
1	2	3	4	**Eigelb**
2	4	6	8	**EL Crème fraîche**
				Salz, Pfeffermischung, Muskat, Zitronensaft
2.20	2.30	2.40	2.50	**Zubereitungszeit am 1. Tag**
0.45	0.50	0.50	0.55	**Zubereitungszeit am 2. Tag**

Am Tag vorher: Fleischbrühe zubereiten.

Am Tag der Zubereitung: Die Haut der Feigen entfernen. Fruchtfleisch mit dem grünen Pfeffer pürieren. Schalotten fein hacken.

Butter in einem Topf erhitzen. Die Schalotten darin 5 Minuten dünsten. Das Feigenpüree zugeben und unter Rühren 5 Minuten dünsten. Fleischbrühe aufgießen und 15 Minuten kochen lassen.

In der Zwischenzeit die Feigen für die Garnierung schälen, vierteln und auf Teller verteilen.

Portwein und Cognac zur Suppe geben. Weitere 5 Minuten kochen lassen.

Dann Eigelb mit Crème fraîche verrühren und unter die Suppe heben. Wieder erhitzen, aber nicht mehr kochen lassen. Mit Salz, Pfeffermischung, Muskat und Zitronensaft abschmecken.

Feigensuppe auf die Teller verteilen und sofort servieren.

Fische

Es ist merkwürdig und sonst so gut wie nie zu beobachten: Fisch spaltet das Lager unserer Freunde in begeisterte Fischesser und solche, die lieber darauf verzichten. Fragt man nach dem »Warum« der Ablehnung, so erhält man zumeist keine klare Antwort. Es liegt oftmals daran, so habe ich bemerkt, daß unsere Fischabstinenzler noch nie einen richtig zubereiteten Fisch gegessen haben. Probieren sie Hechtklößchen mit Krebssauce oder Seewolf in der Salzkruste mit weißer Buttersauce, merken sie erst, wie gut ein frischer Fisch schmecken kann. Und sie vergessen schnell alle die vielen Fischfilets mit Senfsauce oder die panierten, viereckigen Fische, schwimmend in undefinierbarem Öl gebacken, serviert mit Remouladensauce, die sie zeit ihres Lebens widerwillig am Freitag hinuntergegessen haben.

Trotzdem sollten Sie sich bei der Einladung erkundigen, ob Ihre Freunde Fisch mögen oder grundsätzlich ablehnen. Vor allem, wenn Sie beabsichtigen, Krebse, Austern oder Hummer zu servieren. Es wäre schade um diese köstlichen Tiere und Ihre Mühe, wenn Ihre Freunde eine Abneigung dagegen haben. Ein weiser Koch sagte einmal, es wäre von vornherein zum Scheitern verurteilt, würde man versuchen, die Eßgewohnheiten eines Menschen von Grund auf zu ändern.

Fisch war von jeher, vor allem beim Adel, sehr beliebt. Der Haushofmeister des Prinzen von Condé, Vattel, nahm sich das Leben, als anläßlich eines Banketts für Ludwig XIV. der bestellte Seefisch, vor allem Steinbutt, nicht rechtzeitig eintraf.

Gerade der Steinbutt und mit ihm die Seezunge waren seit Jahrhunderten die besonders geschätzten Fische. Bereits die Griechen und Römer kannten und aßen sie. So ist eine Geschichte von Kaiser Domitian überliefert, der extra einen Kessel anfertigen ließ, um einen besonders großen Steinbutt im Ganzen kochen lassen zu können, da keines der vorhandenen Geräte ausgereicht hätte.

Am Fisch und seiner Zubereitung haben sich durch die Jahrhunderte bis heute die großen Köche versucht und bewiesen. Ihnen ist es zu danken, daß aus der kärglichen Fastenspeise exzellente und schmackhafte Gerichte wurden. Ich meine darum, wir sollten viel öfter Fisch essen, denn er hat außer seinem feinen Geschmack noch mehr zu bieten. Er ist reich an Eiweiß, Vitaminen und Mineralien.

Der Wein spielt beim Fisch eine große Rolle. Fisch muß schwimmen, sagt man in Deutschland – die Franzosen meinen, Fisch ohne Wein sei Gift. Dem habe ich nichts hinzuzufügen.

Hechtklößchen in Krebssauce

Personen				Zutaten
2	4	6	8	
	375	500	750	**g Hechtfleisch** (Tip)
	60	90	120	**g Karotten**
	150	225	300	**g Porree** (nur das Weiße)
	2	2	3	**Schalotten**
	1	2	3	**kleine Knoblauchzehe(n)**
	6	9	12	**kleine Champignonköpfe**
	2	3	3	**EL Butter**
	1	1	1	**Hechtkopf** oder ein kleines Seelachsfilet
	¼	½	½	**TL Salz**
	6	8	10	**Umdrehungen Pfeffermischung**
	2	3	4	**dl trockener Riesling**
	4	5	6	**dl kaltes Wasser**
	1	2	3	**EL frisch gehackter Dill,** am besten mit Blüten
	6	9	12	**Krebse**
	¼	½	½	**TL Salz**
	8	12	12	**Umdrehungen weißer Pfeffer**
	½	1	1	**Eiweiß**
	1	2	3	**EL süße Sahne**
				Alufolie
	⅛	¼	¼	**l vom Fischsud**
	1	1	2	**Schuß Cognac**
	50	100	150	**g Crème fraîche**
	1	1½	2	**EL eiskalte Butter**
	1	2	3	**EL frisch gehackter Dill**
				Beilage: Stangenweißbrot oder Reis
				Wein: Chablis, Meursault, Pouilly Fumé, Sancerre, trockener Reingauer oder Pfälzer Riesling
	1.45	2.00	2.15	**Zeitaufwand**

Tip:

Dieses Gericht ist als Vorspeise gedacht, pro Person wurden 2 Klößchen gerechnet! Wollen Sie Hechtklößchen als kleines Hauptgericht servieren, dann nehmen Sie die anderthalbfache bis doppelte Menge. Als Beilagen eignen sich dann besonders Reis und Blattspinat.

Zubereitung **Juni – September**

Hecht waschen und abtrocknen. Fleisch aus der Haut und von den Gräten lösen. Alles beiseite stellen.

Gemüse putzen, waschen und kleinschneiden.

Butter in einem großen Topf erhitzen. Gemüse, Hechtkopf oder Seelachsfilet, Gräten und Haut zugeben. 10 Minuten auf mittlerer Flamme dünsten, nicht anbrennen lassen. Mit Salz und Pfeffer würzen. Riesling und kaltes Wasser zugießen und zum Kochen bringen. Sud 30 Minuten kochen lassen.

Sud durchseihen und mit dem Dill wieder in den Topf geben und zum Kochen bringen. Jeweils 6 Krebse auf einmal in den sprudelnd kochenden Sud geben. Jede Portion 10 Minuten kochen lassen. Krebse herausnehmen und beiseite stellen. Sud bei großer Hitze 20 Minuten einkochen lassen. Er wird als Saucengrundlage benötigt.

In der Zwischenzeit: Backröhre vorheizen: E-Herd: 100° C, Gas: Stufe 1–2.

Hechtfleisch durch den Fleischwolf drehen (feine Scheibe) oder im Mixer pürieren. Mit Salz und Pfeffer würzen. Eiweiß steif schlagen. Mit der Sahne unter das Fleisch heben.

Aus der Hechtmasse mit 2 Eßlöffeln Klößchen abstechen. (Pro Person 2 Stück.) In den heißen Sud geben und ca. 5 Minuten ziehen, nicht kochen lassen.

Klößchen herausheben und auf einen Servierteller oder in eine Schüssel legen. Mit Alufolie abdecken und in die heiße Röhre stellen.

Vom Fischsud die der Zahl der Gäste entsprechende Menge abmessen und weiter einkochen lassen.

In der Zwischenzeit: Fleisch aus Schwanz und Scheren der Krebse lösen. Fleisch an der Schwanzoberseite leicht einschneiden und den Darm entfernen. Fleisch kleinschneiden. Zur Seite stellen.

Krebsfleisch in den kochenden Sud geben. Cognac angießen. Crème fraîche zugeben und aufkochen lassen. Eiskalte Butter unterschlagen. Dill zugeben und abschmecken.

Klößchen aus dem Ofen nehmen und mit etwas Sauce überziehen. Restliche Sauce separat servieren.

Überbackene Hechtklößchen auf Blattspinat

Personen 2	4	6	8	Zutaten	Zubereitung Juli – April
250	500	750	1000	**g Blattspinat** (Tip 1)	Spinat putzen, die harten Stiele entfernen, gründlich waschen und abtropfen lassen.
250	375	500	750	**g Hechtfleisch** (Tip 2)	Hecht waschen und trocknen. Fleisch von den Gräten und der Haut lösen. Beides zur Seite stellen.
1	1	1	1	**Hechtkopf extra** (muß nicht unbedingt sein)	
½	½	¾	¾	**l Wasser**	Haut, Gräten und Hechtkopf für den Sud in einen Topf geben. Wasser aufgießen, mit Salz, Zitronensaft, Wein, Rosmarin und Pfeffer würzen. 30 Minuten bei schwacher Hitze kochen lassen.
1	2	3	4	**Prise(n) Salz**	
2	3	4	5	**EL Zitronensaft**	
2	4	6	8	**EL Weißwein**	
½	1	1½	2	**TL frisch gehackter Rosmarin** oder ⅓ der Menge getrocknet	
2	4	6	8	**Umdrehungen weißer Pfeffer**	*In der Zwischenzeit:* Hechtfleisch durch den Fleischwolf (feine Scheibe) drehen. Mit Salz und Pfeffer würzen.
¼	¼	½	½	**gestrichener TL Salz**	
½	½	1	1	**Eiweiß**	Eiweiß steif schlagen, mit der Sahne unter das Hechtfleisch heben, Masse kühl stellen.
1	1	2	3	**EL süße Sahne**	
1	1	2	2	**Schalotte(n)**	Schalotte(n) hacken, Knoblauch zerdrücken.
½	½	1	1	**kleine Zehe Knoblauch**	Backröhre vorheizen: E-Herd: 225° C, Gas: Stufe 4.
1	1	2	2	**EL Butter**	Butter in einem großen Topf erhitzen. Schalotte(n) und Knoblauch andünsten. Spinat zugeben, mit Salz, Pfeffer und Muskat würzen, umrühren und 5 Minuten dünsten lassen.
2	3	4	5	**Prisen Salz**	
2	3	4	5	**Umdrehungen weißer Pfeffer**	
1	2	3	4	**Prise(n) Muskat**	
1/16	1/16	⅛	⅛	**l vom Fischsud**	*In der Zwischenzeit:* Den Fischsud durch ein Sieb in einen flachen, breiten Topf gießen, in dem die Klößchen später Platz finden. Fischteile gut ausdrücken, dann wegwerfen. Sud wieder zum Kochen bringen.
50	100	150	200	**g Crème fraîche** oder süße und saure Sahne gemischt	*In der Zwischenzeit:* Den Spinat in eine feuerfeste Form füllen, die so groß ist, daß alle Hechtklößchen hineinpassen, eventuell auf 2 Formen verteilen.
1	1	2	2	**EL Butter**	
				Beilage: Stangenweißbrot	Aus der Hechtmasse mit 2 Eßlöffeln Klößchen abstechen. (Pro Person 2 Stück.) In dem heißen, nicht kochenden Sud 5 bis 7 Minuten ziehen lassen.
				Wein: Chablis, Meursault, Pouilly-Fuissé, Muscadet, Entre-deux-Mers, Rheingauer oder Pfälzer Riesling	Hechtklößchen auf den Spinat setzen. Form beiseite stellen.
1.45	1.55	2.05	2.15	**Zeitaufwand**	Die entsprechende Menge Fischsud abmessen und um die Hälfte einkochen lassen. Crème fraîche zugießen. Nochmals 5 Minuten einkochen lassen, dann die Butter unterrühren und die Sauce über die Klößchen gießen. Im Backofen 15 Minuten überkrusten.

Tips:

1. Sie können die Hälfte des Spinates und mehr durch Sauerampfer ersetzen.
2. Dieses Gericht ist als Vorspeise gedacht; pro Person wurden 2 Klößchen gerechnet; für ein Hauptgericht nehmen Sie die 1½- bis 2fache Menge, u. U. von Forellen.

Getrüffelte Hecht-Mousseline mit Krebsen auf Blattspinat

(Foto nach S. 108)

Personen 2	4	6	8	Zutaten
				Eiswürfel
	500		1000	**g Hecht**
				Küchenkrepp
				Haut, Gräten, Flossen und Kopf vom Hecht
	60		120	**g Karotten**
	150		300	**g Porree** (nur das Weiße)
	150		300	**g Sellerie**
	60		125	**g Champignons**
	60		125	**g Tomaten**
	2		3	**EL Butter**
	2		4	**Schalotten**
	1		1	**Knoblauchzehe**
	200		400	**g Blätterteig** (Tip)
				etwas Mehl
	¼		¼	**l trockener Riesling**
	¾		¾	**l Wasser**
	¼		½	**TL Salz**
	8		8	**Umdrehungen Pfeffermischung**
	500		1000	**g Spinat** oder Sauerampfer oder beides gemischt
	6		12	**lebende Krebse**
	1		2	**Souffléförmchen** oder andere(s) feuerfeste(s) Schüsselchen mit je ca. 1 l Inhalt
	2		4	**Eier**
	1		2	**TL süße Sahne**
	25		50	**g Trüffeln,** am besten frische
	1		2	**TL Butter**
	200		400	**g Crème fraîche** oder süße und saure Sahne gemischt
	¼		½	**TL Salz**
	6		12	**Umdrehungen Pfeffermischung**
	¼		½	**TL Muskat**
	1		1	**l Wasser**
	1		2	**Eigelb**
	1		1	**Reine,** in die die Soufflé-form(en) hineinpassen
				Alufolie

Zubereitung — **Juni – September**

Falls keine Eiswürfel vorhanden, die Eisschale ins Gefrierfach stellen.

Hecht waschen und mit Küchenkrepp trocken tupfen. Flossen, Schwanz und Kopf abschneiden und beiseite legen. Hecht an Bauch und Rücken aufschneiden. Die Haut vom Schwanzende her abziehen, mit einem Messer nachhelfen. Mit dem Daumen entlang der Mittelgräte das Fleisch lösen. Die restlichen Gräten mit einer Pinzette entfernen und zu den Fischabfällen geben. Das Fischfleisch in den Kühlschrank stellen.

Karotten, Porree, Sellerie, Champignons, Tomaten waschen und in Würfel schneiden. Beiseite stellen.

Butter in einem großen Topf erhitzen.

In der Zwischenzeit: Schalotten hacken, Knoblauch zerdrücken. Blätterteig-Platten auf eine bemehlte Fläche zum Auftauen legen, mit Mehl bestäuben.

Gemüse, Schalotten, Knoblauch und Hechtabfälle für den Krebssud in den Topf geben, unter Rühren bei Mittelhitze ca. 10 Minuten dünsten. Riesling und Wasser angießen. Mit Salz und Pfeffer würzen. Zum Kochen bringen und 35 Minuten bei schwacher Hitze kochen lassen.

In der Zwischenzeit: Spinat verlesen, Stiele entfernen. Gründlich waschen und abtropfen lassen.

Die Fisch-Gemüse-Brühe sprudelnd kochen lassen. Nach und nach die Krebse, nicht mehr als 6 Stück auf einmal, in die kochende Brühe gleiten lassen und (je) 10 Minuten kochen.

In der Zwischenzeit: Den Blätterteig hauchdünn auswellen.

Die Krebse aus dem Sud nehmen und kalt abspülen. Brühe bei schwacher Hitze weiterkochen lassen.

Krebsfleisch aus den Schwänzen lösen. Fleisch an der Oberseite leicht einschneiden und den Darm entfernen. Krebsschwänze beiseite stellen.

Fisch-Gemüse-Brühe durchseihen. Gemüse gut ausdrücken, dann wegwerfen. Brühe in einem großen Topf zum Kochen bringen und bei großer Hitze auf eine bzw. zwei Tassen einkochen. Sie wird als Saucen-Grundlage benötigt.

Personen				Zutaten	Zubereitung
2	4	6	8		
	2		3	**EL Butter** für die Sauce	Backröhre vorheizen: E-Herd: 225° C, Gas: Stufe 4.
	5		8	**Schalotten**	
	⅛		¼	**l trockener Riesling,** evtl. mehr	
	50		75	**g Crème fraîche** oder süße Sahne	
	1		2	**TL Butter**	
	1		1½	**EL Butter** für den Spinat	
	2		4	**Schalotten**	
	2		4	**Prisen Salz**	
	4		8	**Umdrehungen Pfeffermischung**	
	2		4	**Prisen Muskat**	
	1		2	**EL frisch gehacktes Basilikum** oder ⅓ der Menge getrocknet	
	2		3	**gehäufte EL Quark**	
				Wein: Chablis, Meursault, Pouilly Fumé, Sancerre, Rheingauer oder Pfälzer Riesling	
	3.00		3.40	**Zeitaufwand**	

In der Zwischenzeit: Soufflé-Förmchen mit der Öffnung nach unten vorsichtig auf den Blätterteig legen. Den Teig mit einem Messer in 2 cm Abstand von der Form rundum ausschneiden. Blätterteig-Deckel beiseite legen.

Eigelb vom Eiweiß trennen. Eigelb mit der Sahne vermischen.

Trüffeln in feine Scheiben schneiden oder hobeln.

Förmchen buttern und mit Mehl ausklopfen, mit dem restlichen Blätterteig auslegen, und zwar so, daß der Blätterteig 2 cm über den Rand hinaus hängt, so kann er beim Backen nicht in die Förmchen rutschen. Nahtstellen mit wenig Eiweiß bestreichen und den Teig festkleben. Restliches Eiweiß beiseite stellen.

Förmchen in den heißen Ofen schieben und die Blätterteighüllen 10 Minuten backen.

In der Zwischenzeit: Das Hechtfleisch aus dem Kühlschrank nehmen, durch den Fleischwolf drehen oder im Mixer pürieren.

Eiswürfel und etwas kaltes Wasser in einen großen Topf geben. Eine Schüssel hineinstellen und das Hechtfleisch hineingeben. Löffelweise die Crème fraîche, restliches Eiweiß, Trüffeln und Trüffelsaft aus der Dose unterrühren. Mit Salz, Pfeffer und Muskat würzen, abschmecken. Hechtfleisch wieder in den Kühlschrank stellen.

Wasser zum Kochen aufsetzen.

Förmchen aus der Röhre nehmen, Röhre eingeschaltet lassen. Blätterteig in den Förmchen belassen und mit der Fischfarce zu ⅔ füllen. In der Mitte einen Kegel aussparen, das Krebsfleisch hineingeben und mit dem Rest der Masse abdecken. Mit Blätterteig-Deckel abdecken, die Ränder dabei mit Eigelb verkleben. Oberfläche mit Eigelb bestreichen und mit einer Gabel viermal einstechen.

Förmchen in die Reine stellen. Kochendes Wasser zwei Finger hoch angießen. Sofort in die Röhre stellen und 30 Minuten garen lassen. Falls der Blätterteig zu dunkel wird, mit Alufolie abdecken.

Tip:

Beachten Sie bitte beim Einkauf: 1 Packung Tiefkühlblätterteig enthält normalerweise 5 Scheiben, andere Hersteller packen nur 3 Scheiben ein, das Gewicht ist jedoch immer 300 g. Sie können auch die entsprechende Menge frisch beim Bäcker besorgen oder selbst zubereiten (Rezept Seite 70).

Personen				Zutaten	Zubereitung
2	4	6	8		

In der Zwischenzeit: Butter für die Sauce in einer Pfanne erhitzen. Schalotten schälen und fein hacken. In der heißen Butter 5 Minuten dünsten. Mit Wein ablöschen. Die eingekochte Fisch-Brühe angießen. Crème fraîche und Butter zugeben. Bei schwacher Hitze kochen lassen. Falls die Sauce zu sehr einkocht, etwas Wein angießen.

Butter für den Spinat in einem großen Topf erhitzen. Schalotten hacken. In der heißen Butter 5 Minuten dünsten. Spinat zugeben. Mit Salz, Pfeffer und Muskat würzen. Alles gut durchmischen und 10 Minuten zugedeckt bei schwacher Hitze dünsten lassen.

Die Mousseline aus dem Ofen nehmen und aus den Förmchen stürzen. Mit dem Blätterteigdeckel nach oben auf eine Servierplatte setzen.

Den Quark zur Sauce geben und mit dem Schneebesen gut unterschlagen. Nochmals erhitzen, aber nicht mehr kochen lassen. Sauce durch ein feines Haarsieb in eine Sauciere gießen. Die Basilikumblätter unter die Sauce rühren.

Den Spinat in ein Sieb schütten und gut ausdrücken. Spinat um die Mousseline garnieren.

Renke in Hechtmus

März – Juli

2	4	6	8	Zutaten
	20		40	**g Morcheln**
	1		1,5	**kg Hecht,** jeweils ein ganzer Fisch mit Kopf
	1		2	**Renke(n),** (je) ca. 350 g schwer
	1		2	**TL Zitronensaft**
	60		90	**g Karotten**
	150		225	**g Sellerie**
	150		225	**g Porree** (nur das Weiße)
	60		90	**g Petersilienwurzel**
	60		90	**g Champignons**
	60		90	**g Schalotten**
	1		2	**Knoblauchzehe(n)**
	150		200	**g Fleischtomaten**
	3		4	**dl Wasser**
	2		3	**dl trockener Weißwein**
	1		2	**Blatt Lorbeer**

Morcheln gründlich abspülen und in wenig Wasser einweichen.

Kopf und Schwanz vom Hecht abschneiden, Fisch häuten und entgräten. Das Fleisch in den Kühlschrank, die Abfälle beiseite stellen.

Kopf, Schwanz und Flossen der Renke(n) entfernen, an Bauch und Rücken aufschneiden, die Filets vorsichtig von den Gräten lösen, die Filets häuten. Steckengebliebene Gräten mit einer Pinzette sorgfältig entfernen. Die Filets mit Zitronensaft beträufeln und in den Kühlschrank, die Abfälle beiseite stellen.

Gemüse putzen, waschen und in kleine Würfel schneiden. Mit Fischabfällen, Wasser, Wein, Kräutern und Gewürzen bei schwacher Hitze zu Saucenfond auskochen lassen.

Das Hechtfleisch zweimal durch den Fleischwolf (feine Scheibe) drehen. Crème fraîche nach und nach

Zander in Traubensauce, Rezept Seite 114

Krebse in Riesling, Rezept Seite 123

Seewolf in der Salzkruste, Rezept Seite 120

Getrüffelte Hecht-Mousseline mit Krebsen, Rezept Seite 106

Steinbutt in Champagner, Rezept Seite 119

Hummer in kalter Avocado-Sauce, Rezept Seite 124

Personen				Zutaten
2	4	6	8	
	1		2	**Nelke(n)**
	½		1	**gestrichener TL Salz**
	4		6	**Umdrehungen Pfeffermischung**
	300		600	**g Crème fraîche**
	1		2	**gestrichene TL Salz**
	50		100	**g Sauerampfer**
	1		1	**l Wasser für den Sauerampfer**
	2		4	**Eiweiß**
	2		2	**l Wasser für das Wasserbad**
	1		2	**TL Butter**
				Kresse und Petersilie zum Garnieren
	2		3	**EL Crème fraîche**
				Zitronensaft, Salz und Pfeffer
				Beilage: Stangenweißbrot
				Wein: ein trockener Weißwein aus Frankreich, z. B. Chablis oder Meursault; aus Deutschland ein Riesling von der Mosel, der Saar oder dem Mittelrhein
	1.40		2.10	**Zeitaufwand**

Zubereitung

unter das Fleisch rühren. Mit Salz und Pfeffermischung abschmecken. Wieder in den Kühlschrank stellen.

Sauerampfer waschen und die Stiele entfernen, beiseite stellen.

Wasser zum Kochen bringen.

In der Zwischenzeit: Eiweiß zu steifem Schnee schlagen und unter das Hechtfleisch heben. Wieder in den Kühlschrank stellen.

Sauerampfer in kochendem Wasser 3 Minuten blanchieren, herausnehmen und mit eiskaltem Wasser abschrecken. Vorsichtig, ohne die Blätter zu zerstören, abtrocknen.

Backröhre vorheizen: E-Herd: 225° C, Gas: Stufe 4.

Wasser für das Wasserbad zum Kochen aufsetzen.

Morcheln aus dem Wasser nehmen, Wasser durchseihen und beiseite stellen. Pilze in feine Scheiben schneiden.

Eine, bei mehr als 4 Personen zwei kleine Auflaufformen mit Butter ausstreichen. Auf den Boden der Form(en) knapp die Hälfte der Hechtmasse streichen, die Hälfte der Sauerampferblätter in die Mitte setzen, und zwar in der Größe eines Renkenfilets, dann ein Filet darauf legen, auf das Filet die Pilze schichten, darauf das zweite Filet setzen und mit einer Schicht Sauerampfer bedecken. Mit der restlichen Hechtmasse umgeben und abdecken, Masse glatt streichen.

Die Form(en) in die Fettpfanne des Backofens stellen, so viel heißes Wasser angießen, daß die Form(en) etwa zur Hälfte bedeckt ist (sind). 15 Minuten garen lassen.

In der Zwischenzeit: Die Sauce zubereiten: Fond durch ein Sieb gießen, Gemüse und Fischabfälle gründlich ausdrücken, Fond entfetten. Das Morchelwasser zum Fond geben und bei starker Hitze einkochen lassen.

Hechtmus aus dem Ofen nehmen und auf einen (zwei) Teller stürzen. Mit der Kresse oder Petersilie garnieren.

Crème fraîche zur Sauce geben und unterrühren. Sauce mit Zitronensaft, Salz und Pfeffer abschmecken und getrennt reichen.

Tip:

Renken werden in bayerischen Seen gefangen, in anderen Gegenden heißen sie Blaufelchen oder Maränen. Renken haben Schonzeit von November bis Februar. Sie können das Gericht auch mit frischen Forellen zubereiten.

Forellen-Mousse mit frischen Krabben

Personen 2	4	6	8	Zutaten
	2	3	4	**frisch geschlachtete Forellen,** je ca. 350 g
	200	300	400	**g Crème fraîche** oder süße und saure Sahne gemischt
	60	120	180	**g Blätterteig** (Tip)
	60	90	120	**g Karotten**
	150	225	300	**g Sellerie**
	150	225	300	**g Porree** (nur das Weiße)
	60	90	120	**g Champignons**
	50	75	100	**g Schalotten**
	1	1	2	**Knoblauchzehe(n)**
	150	200	250	**g Fleischtomaten**
	1	1½	2	**TL Butter**
	¼	⅜	½	**l trockener Riesling**
	1	2	3	**Blatt Lorbeer**
	2	3	4	**TL Pfeffermischung,** ganze Körner
	¼	½	¾	**gestrichener TL Salz**
	1	1	1	**EL Butter**
	1	1	1	**Eigelb**
	1	1	1	**EL süße Sahne**
	100	150	200	**g frisch gekochte Krabben** (Garnelen)
	1	1½	2	**TL Zitronensaft**
	2	3	4	**Umdrehungen Pfeffermischung**
	2	3	4	**TL frisch gehackter Dill**
	2	3	4	**Eiweiß**
	1	1	1	**l Wasser**
	1	1	2	**TL Butter**
	2	2	2	**TL frisch gehackte Petersilie**
	½	1	1½	**gestrichener TL Salz**
	4	8	12	**Umdrehungen Pfeffermischung**
				Alufolie
	2	3	4	**cl Cognac**
	50	100	150	**g Crème fraîche**
	1	1	1	**Kopfsalat**
	1	2	3	**TL frisch gehackter Dill**
	1.55	2.15	2.25	**Zeitaufwand**

Zubereitung **März – September**

Ausgenommene Forellen unter fließendem Wasser gut waschen. Köpfe, Schwänze und Rückenflossen abschneiden, zur Seite legen. Bauch und Rücken aufschneiden. Am Rücken, entlang der Mittelgräte, mit dem Daumen das Fischfleisch vorsichtig von den Mittelgräten lösen. Forellen enthäuten. Haut und Gräten zu den Abfällen geben. Zur Seite stellen.

Fischfleisch zweimal durch den Fleischwolf (feine Scheibe) drehen oder im Mixer pürieren. Mit der Crème fraîche in das Kühlfach des Kühlschranks stellen.

In der Zwischenzeit: Backröhre vorheizen: E-Herd: 225° C, Gas: Stufe 4.

Tiefgekühlten Blätterteig auf einer mit Mehl bestäubten Fläche auftauen lassen.

Gemüse putzen, waschen und in kleine Würfel schneiden. Schalotte(n) hacken, Knoblauch zerdrücken.

Butter in einem Topf erhitzen. Die Gemüse und Fischabfälle 10 Minuten darin dünsten. Wein, Lorbeer, Pfeffermischung und Salz zugeben. Bei schwacher Hitze ca. eine Stunde zu Fischsud auskochen lassen.

Blätterteig 2 mm dünn auswellen und 8 bis 10 cm lange Fische ausstechen oder mit dem Messer ausschneiden. Backblech buttern, mit Mehl bestäuben und die Blätterteig-Fische darauflegen. Eigelb und Sahne vermischen und die Fische damit bestreichen. 15 Minuten in der Röhre backen lassen.

In der Zwischenzeit: Krabben mit Zitronensaft beträufeln, mit Pfeffermischung und Dill würzen. In den Kühlschrank stellen.

Eiweiß steif schlagen. In den Kühlschrank stellen.

Wasser zum Kochen bringen.

Soufflé- oder andere feuerfeste Form buttern. Den Boden kreuzförmig mit vier schönen Petersilienblättern belegen.

Die Blätterteig-Fische aus dem Ofen nehmen und sofort vom Blech heben. Röhre eingeschaltet lassen.

Personen				Zutaten	Zubereitung
2	4	6	8		
				Wein: der gleiche, der zum Kochen verwendet wurde, z. B. ein trockener Elsässer Riesling, österreichischer Rheinriesling oder ein deutscher aus dem Rheingau, von der Mosel oder aus Franken	Fischfleisch, Crème fraîche und Eischnee aus dem Kühlschrank nehmen. Mit dem Handrührer die Crème fraîche unter das Fischfleisch schlagen, mit Pfeffer und Salz würzen, abschmecken. Eischnee unterheben. Masse zu ⅔ in die Form füllen, dabei in der Mitte einen Kegel aussparen. Die Krabben hineinfüllen, mit dem Rest der Masse auffüllen und mit Alufolie abdecken. Die Form in eine Reine stellen. Kochendes Wasser zwei fingerhoch angießen und die Mousse im Ofen garen lassen: Die Menge für 4 Personen 25 Minuten, 6 Personen 30 Minuten, 8 Personen 35 Minuten.

In der Zwischenzeit: Fischsud durchseihen. Abfälle und Gemüse gut ausdrücken, dann wegwerfen. Cognac und Crème fraîche angießen. Bei schwacher Hitze einkochen lassen. Falls zuviel Flüssigkeit verdunstet, etwas Wein angießen. Salat waschen und trocken schleudern. Schöne Salatblätter auf einer runden Servierplatte anrichten.

Forellen-Mousse aus dem Wasserbad heben und ca. drei Minuten ruhen lassen. Dann die Masse mit einem Messer von den Wänden lösen. Vorsichtig auf die vorbereitete Platte stürzen und mit den Blätterteig-Fischen umlegen.

Dill in die Sauce rühren und abschmecken. Sauce separat reichen.

Tip:
Beachten Sie bitte beim Einkauf: 1 Packung Tiefkühlblätterteig enthält normalerweise 5 Scheiben, andere Hersteller packen nur 3 Scheiben ein, das Gewicht ist jedoch immer 300 g. Sie können auch die entsprechende Menge frisch beim Bäcker besorgen oder selbst zubereiten (Rezept Seite 70).

Forellen in Kräuter-Sahnesauce

Personen 2	4	6	8	Zutaten
30	60	90	120	**g Karotten**
75	150	225	300	**g Sellerie**
75	150	225	300	**g Porree** (nur das Weiße)
30	60	90	120	**g Petersilienwurzel**
30	60	90	120	**g Champignons**
25	50	75	100	**g Schalotten**
1	1	2	2	**Knoblauchzehe(n)**
100	150	200	250	**g Fleischtomaten**
2	4	6	8	**Forellen,** je ca. 350 g schwer (Tip)
½	1	1½	2	**gestrichene(n) TL Salz**
4	6	8	12	**Umdrehungen Pfeffermischung**
1	1	2	2	**Blatt Lorbeer**
1	1	2	2	**Nelke(n)**
2	3	4	5	**dl Weißwein**
1	1	2	2	**Zitrone(n)**
100	200	300	400	**g Champignons**
2	4	6	8	**große Schalotten**
1	2	3	4	**kleine Knoblauchzehe(n)**
2	2	3	3	**EL Butter**
1	2	3	4	**EL frisch gehackte Kresse** oder Petersilie
1	2	3	4	**TL frisch gehackter Estragon** oder ⅓ der Menge getrocknet
1	2	3	4	**TL frisch gehackter Thymian** oder ⅓ der Menge getrocknet
1	2	3	4	**TL frisch gehackte Zitronenmelisse** (kann notfalls entfallen)
				Alufolie
50	100	150	200	**g Crème fraîche** oder süße Sahne
				Beilage: Stangenweißbrot, Crêpes, gefüllt mit Blattspinat; Pfifferlinge in Blätterteig; Grüne Nudeln und Birnenpüree mit Spinat
				Wein: Chablis, Mosel-, Saar-, Mittelrhein- oder Franken-Riesling
1.40	1.55	2.10	2.25	**Zeitaufwand**

Zubereitung **Februar – November**

Gemüse putzen, waschen und in kleine Würfel schneiden. In einen Topf geben.

Forellen unter fließendem Wasser waschen, Köpfe, Schwänze und Rückenflossen abschneiden. Bauch und Rücken längs aufschneiden, vorsichtig die Mittelgräte entfernen. Die Filets häuten. Alle Fischabfälle und die Gewürze zum Gemüse geben, Wein angießen und den Fond 30 Minuten bei schwacher Hitze kochen lassen.

In der Zwischenzeit: Die steckengebliebenen Gräten mit einer Pinzette aus den Filets so gut es geht entfernen. Dann den Fisch mit Zitronensaft beträufeln und mit Folie abgedeckt ziehen lassen.

Pilze waschen und blättrig schneiden. Schalotten hacken, Knoblauch zerdrücken. Alles beiseite stellen.

Backröhre vorheizen: E-Herd: 200° C, Gas: Stufe 3.

Butter in einer Pfanne erhitzen, Pilze, Schalotten, Knoblauch und gehackte Kräuter unter Rühren 5 Minuten dünsten. Fond zugeben und 15 Minuten kochen lassen.

Die Filets in eine Reine oder einen Schmortopf legen und den Fond darübergießen, im Backofen 12 bis 15 Minuten dünsten lassen.

Fische vorsichtig herausheben und auf eine Servierplatte legen. Mit Alufolie abdecken und in der ausgeschalteten Röhre warm halten.

Den Fond in einem Topf bei großer Hitze 10 Minuten, bei mehr als 4 Personen 15 Minuten einkochen lassen.

Crème fraîche zugießen und untermischen. Abschmecken und nochmals erhitzen.

Fische aus dem Ofen nehmen und mit der Sauce überziehen.

Tip:

Wenn Sie die Forellen als Hauptgericht servieren wollen, rechnen Sie einen Fisch pro Person, als Zwischengericht in der Menüfolge genügt eine halbe Forelle pro Person.

Lachs mit Sauerampfersauce

Personen 2	4	6	8	Zutaten
30	60	90	120	**g Karotten**
75	150	225	300	**g Sellerie**
75	150	225	300	**g Porree** (nur das Weiße)
2	4	6	8	**kleine Champignons**
1	2	3	4	**Schalotte(n)**
1	1	2	2	**Knoblauchzehe(n)**
100	150	200	250	**g Fleischtomaten**
500	1000	1500	2000	**g Lachs**
2	3	3	4	**EL Butter**
1	1	1	1	**Lachskopf** (Tip 2) oder
500	500	500	500	**g Seelachsfilet**
2	4	6	8	**Umdrehungen Pfeffermischung**
1/16	⅛	3/16	¼	**l trockener Weißwein**
2	4	6	8	**EL französischer Wermut**
1	1½	2	3	**TL frisch gehackter Thymian** oder ⅓ der Menge getrocknet
1	2	3	4	**TL frisch gehackte Petersilie**
1	1	2	2	**Blatt Lorbeer**
¼	½	¾	1	**TL Salz**
2	4	6	8	**Umdrehungen Pfeffermischung**
½	½	¾	¾	**l Wasser**
⅛	⅛	¼	¼	**l Weißwein**
50	100	150	200	**g Sauerampfer** (50 g = eine Handvoll – Tip 1)
				Küchenkrepp
1	1	2	2	**EL Butter**
2	2	4	4	**EL Olivenöl**
½	½	1	1	**gestrichener TL Salz**
50	100	150	200	**g Crème fraîche** oder süße Sahne
				Alufolie
1	2	3	4	**EL Magerquark**
				Zitronensaft
1.10	1.15	1.20	1.25	**Zeitaufwand am 1. Tag**
0.50	1.00	1.10	1.20	**Zeitaufwand am 2. Tag**
				Beilage: in der Menüfolge keine Beilage außer Stangenweißbrot, sonst Reis, Nudeln oder Spätzle

Zubereitung **März – Mai**

Am Tag vorher: Für den Fond Gemüse waschen und in Würfel schneiden. Schalotte(n) hacken, Knoblauch zerdrücken. Beiseite stellen.

Lachs gut waschen. Flossen, Schwanz und, falls vorhanden, den Kopf abschneiden. Fisch enthäuten. Alle Abfälle (und eventuell das Fischfilet) zum Gemüse geben.

Parallel zur Mittelgräte, nicht wie gewohnt quer, so viele gleich große Schnitzel schneiden, wie Personen am Tisch sind, das heißt, für jede Person ein Schnitzel von etwa 200 g. Gräten zum Gemüse geben.

In einem großen Topf die Butter erhitzen. Gemüse und Fischabfälle hineingeben. 10 Minuten dünsten, öfter umrühren, damit nichts anbrennt.

In der Zwischenzeit: Lachsschnitzel in eine Schüssel legen und pfeffern. Wein und Wermut zugießen, Schüssel abdecken und in den Kühlschrank stellen.

Thymian, Petersilie, Lorbeer, Salz und Pfeffermischung zum Fond in den Topf geben, Wein und Wasser angießen. Zugedeckt bei schwacher Hitze 30 Minuten kochen lassen. Fond durch ein Sieb gießen, Gemüse ausdrücken und wegwerfen. Brühe über Nacht in den Kühlschrank stellen.

Am Tag der Zubereitung: Fond aus dem Kühlschrank nehmen, das Fett von der Oberfläche entfernen. Fond in einem großen Topf zum Kochen bringen. Bei Mittelhitze um ⅔ einkochen lassen.

In der Zwischenzeit: Sauerampfer verlesen. Die harten Stiele entfernen. Blätter gründlich waschen und abtropfen lassen, einige zum Garnieren zurückbehalten, die anderen in feine Streifen schneiden, beiseite stellen.

Lachsschnitzel aus der Schüssel nehmen und mit Küchenkrepp abtrocknen. Die Wein-Wermut-Beize in den Topf zur Brühe gießen, nochmals um die Hälfte einkochen lassen.

In der Zwischenzeit: Backröhre vorheizen: E- Herd: 100° C, Gas: Stufe 1–2.

Flache Teller vorwärmen.

In einer Pfanne, bei mehr als 4 Personen in 2 Pfannen Butter und Öl erhitzen. Die Schnitzel von jeder Seite eine Minute anbraten, salzen, dann auf jeder Seite bei schwacher Hitze weitere drei Minuten braten lassen.

Personen 2	4	6	8	Zutaten	Zubereitung
				Wein: der gleiche, der auch zum Kochen verwendet wurde, z. B. weißer Burgunder oder Hermitage (Côtes du Rhône), Rheingauer Riesling	

Tips:

1. Wenn Sie keinen Sauerampfer bekommen, nehmen Sie frischen Blattspinat.

2. Falls am Fisch kein Kopf ist, verlangen Sie einen von Ihrem Händler oder kaufen Sie die angegebene Menge Seelachsfilet.

Crème fraîche zum Fond in den Topf geben und weiter einkochen lassen.

Schnitzel aus der (den) Pfanne(n) nehmen, auf eine Platte geben, mit Alufolie abdecken und in die Röhre stellen.

Quark zum Fond geben und gut unterrühren. Wieder erhitzen, aber nicht mehr kochen lassen. Mit Zitronensaft, Salz und Pfeffer abschmecken. Den Sauerampfer unter die Soße rühren und nochmals erhitzen.

Soße auf die vorgewärmten Teller verteilen. Die Schnitzel darauflegen und mit den Sauerampfer-Blättern garnieren.

Zander in Trauben-Sauce (Foto)

Juli – November

1000	1300	1700	2000	**g Zander,** als ganzer Fisch mit Kopf, geschuppt und ausgenommen
½	½	¾	¾	**gestrichener TL Salz**
4	5	6	7	**Umdrehungen Pfeffermischung**
1	1½	2	2½	**kg säuerliche Weintrauben**
¼	3/8	½	6/8	**l Weißwein**
2	3	4	5	**EL Sherry-Essig**
				Alufolie
1	2	2	3	**Eigelb**
2	3	4	5	**EL Crème fraîche**
50	100	150	200	**g Fleischtomaten**
1	2	3	4	**TL Butter**
				Zitronensaft, Zucker
				Beilage: Kartoffelpüree mit Mandeln; Kräuter-Kartoffeln; gebackene Kartoffeln; Kartoffelpüree souffliert
				Wein: ein trockener Weißwein aus Frankreich, z. B. Chablis oder Meursault; aus Deutschland ein Riesling von der Mosel, der Saar oder dem Mittelrhein
0.50	1.00	1.10	1.20	**Zeitaufwand**

Zander waschen, trocknen und innen mit Pfeffer und Salz würzen. In einen Topf legen.

Trauben entsaften, mit Wein und Essig über den Fisch gießen. Langsam erhitzen, aber nicht kochen lassen:
Die Menge für 2 Personen 20 Minuten,
4 Personen 30 Minuten,
6 Personen 35 Minuten,
8 Personen 40 Minuten.

15 Minuten vor Ende der Garzeit die Backröhre vorheizen: E-Herd: 100° C, Gas: Stufe 1–2.

Nach Ende der Garzeit den Fisch vorsichtig aus dem Sud heben und auf eine Servierplatte legen. Mit Alufolie abdecken und in den Ofen stellen.

Sud bei starker Hitze einkochen lassen, pro Person sollen 3 EL Sauce übrigbleiben.

In der Zwischenzeit: Eigelb mit Crème fraîche verrühren. Tomaten entkernen und fein hacken, beiseite stellen.

Eigelb und Crème fraîche unter die Sauce schlagen, ebenso flöckchenweise die Butter. Nicht mehr kochen lassen. Mit Zitronensaft und Zucker abschmecken. Die Tomaten zur Sauce geben. Fisch aus dem Ofen nehmen. Sauce getrennt reichen.

Zander im Teig *(Tip)*

2	4	6	8	Zutaten
30	30	60	60	g **Karotten**
75	75	150	150	g **Sellerie**
75	75	150	150	g **Porree** (nur das Weiße)
30	30	60	60	g **Petersilienwurzel**
30	30	60	60	g **Champignons**
30	30	60	60	g **Schalotten**
1	1	1	1	**Knochblauchzehe**
100	100	150	150	g **Fleischtomaten**
1000	1300	1700	2000	g **Zander,** als ganzer Fisch mit Kopf, geschuppt, aber nicht ausgenommen
1	1½	2	2½	**EL frisch gehackter Kerbel** oder Petersilie
1	1	2	2	**TL frisch gehackter Estragon** oder die Hälfte der Menge getrocknet
½	¾	1	1	**gestrichener TL Salz**
4	6	8	8	**Umdrehungen Pfeffermischung**
2	2	3	3	**cl Cognac**
300	450	600	600	g **Blätterteig,** selbstgemacht (siehe Seite 70), tiefgekühlt oder vom Bäcker
				Mehl
200	250	300	300	g **Hummerkrabbenschwänze**
1	1	2	2	**Schalotte(n)**
				Eiswürfel
1	1	2	2	**Eiweiß**
150	200	250	300	g **Crème fraîche,** eiskalt
				Salz, Pfeffermischung, Muskat
				Butter zum Fetten des Bleches
½	½	1	1	**gestrichener TL Salz**
3	5	7	9	**Umdrehungen Pfeffermischung**
1	1	2	2	**Blatt Lorbeer**
1	1	2	2	**Nelke(n)**
2	2	3	3	**dl Wasser**
1	2	3	3	**dl Wein**
2	2	3	3	**TL frisch gehackte Petersilie**
2	2	3	3	**Eigelb**
1	1	2	2	**TL Butter**
1	1	2	2	**Schalotte(n)**

(Personen: 2, 4, 6, 8)

Zubereitung

Für die Saucengrundlage: Gemüse putzen, waschen und in kleine Würfel schneiden, beiseite stellen.

Vom Zander nur die Flossen abschneiden. Die Kiemen entfernen und wegwerfen.

Links und rechts entlang dem Rückgrat ca. 5 mm voneinander entfernt zwei parallele Schnitte machen, um die Mittelgräte freizulegen. Gräte mit einer Schere dicht an Kopf und Schwanz durchschneiden und das Grätengerüst herausheben. Zum Schluß den Fisch vorsichtig enthäuten. Abfälle beiseite legen.

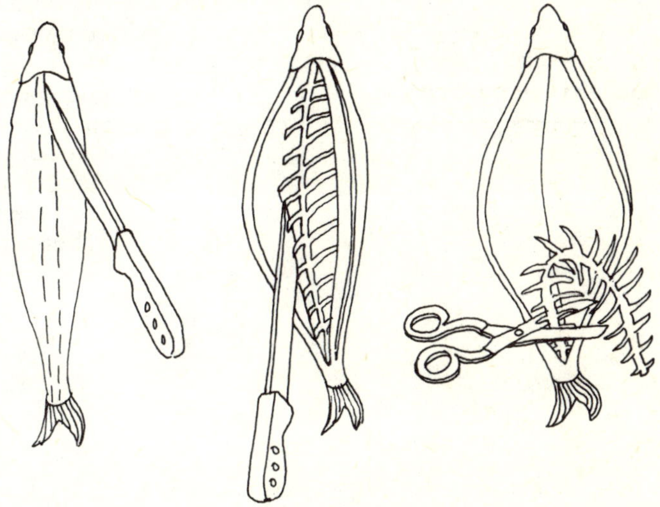

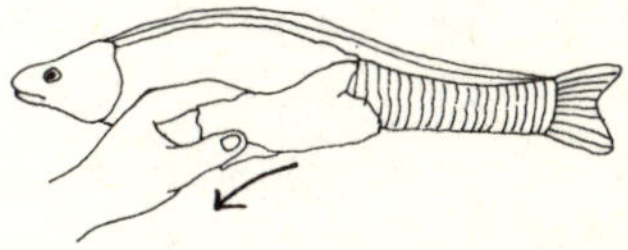

Fisch innen mit Estragon, Kerbel, Salz und Pfeffermischung würzen und mit Cognac ausstreichen. In Folie gewickelt in den Kühlschrank legen.

Tiefkühl-Blätterteig auf eine bemehlte Fläche legen, mit Mehl bestäuben und auftauen lassen.

Hummerkrabbenschwänze aus den Schalen lösen und mit der Schalotte pürieren. Schalen zu den Fischabfällen geben.

Krabbenfleisch in eine Schüssel geben, diese in ein Gefäß mit Wasser und Eiswürfeln stellen. Krabben-

Personen				Zutaten	Zubereitung
2	4	6	8		
2	3	4	4	**EL Crème fraîche**	fleisch mit Salz, Pfeffermischung und Muskat abschmecken. Erst das Eiweiß, dann die Crème Fraîche nach und nach sorgfältig unterrühren. Für 20 Minuten in den Kühlschrank stellen.
2	2	4	4	**cl Cognac**	
1	2	3	4	**TL Butter**	
				Beilage: Blattspinat, gedünstete Champignons, Austernpilze oder Broccoli	
				Wein: ein Meursault oder Pouilly Fumé aus Frankreich; aus Deutschland ein Riesling von der Mosel, der Saar, dem Mittelrhein oder aus Franken	
1.50	1.55	2.05	2.10	**Zeitaufwand**	

Tip:

Dieses Gericht können Sie auch mit einem Seewolf (Loup) zubereiten.

In der Zwischenzeit: Den Blätterteig ca. 3 mm dick zu 2 Platten in der Länge des Fisches auswellen.

Backröhre vorheizen: E-Herd: 250° C, Gas: Stufe 5–6.

Backblech fetten und mehlen. Eine Blätterteig-Platte darauflegen.

Fischabfälle, Gemüse, Gewürze, Wein und Wasser in einen Topf geben und bei schwacher Hitze kochen lassen.

Fisch aus dem Kühlschrank nehmen, mit der Krabbenfleisch-Mischung füllen und auf die Blätterteig-Platte legen. Die Ränder mit Wasser einstreichen und die zweite Teigplatte darüberdecken. Den Teig ca. 2 cm vom Fisch entfernt abschneiden, dabei für Rücken- und Bauchflossen Teig stehen lassen, die Ränder fest andrücken. Aus den Teigresten Augen und Kiemen aufsetzen. Mit einem Löffelstiel die Schuppen nachbilden.

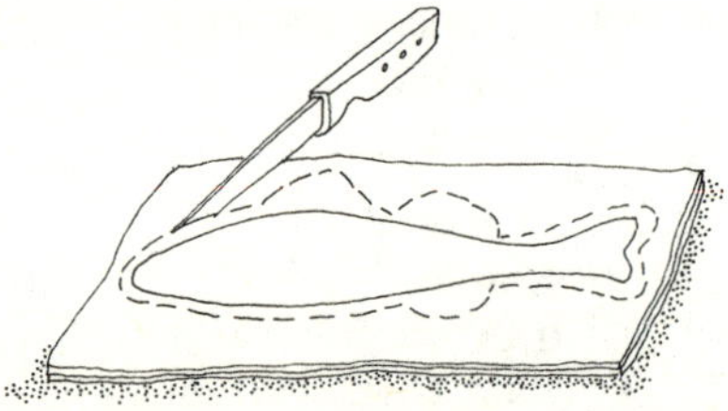

Teigfisch mit Eigelb bepinseln und sofort in den Ofen schieben. Nach 5 Minuten die Röhre beim E-Herd auf 225° C, bei Gas auf Stufe 4 zurückschalten und weitere 35–40 Minuten backen lassen.

In der Zwischenzeit: die Sauce zubereiten: Fond durch ein Sieb gießen, Gemüse und Fischabfälle ausdrücken und wegwerfen. Den Fond um die Hälfte einkochen lassen. Dann die Butter erhitzen und die Schalotten 5 Minuten dünsten lassen. Fond angießen, wieder erhitzen und nach und nach Crème fraîche zugeben. Mit Cognac, Zitronensaft, Salz und Pfeffer abschmecken. Butter in Flöckchen mit dem Schneebesen unterschlagen.

Sauce separat reichen. Der Fisch wird vor den Gästen in dicke Querscheiben geschnitten.

Scholle in Riesling

Personen				Zutaten
2	4	6	8	
1	2	3	4	**Scholle(n)**
1	2	3	4	**Schalotte(n)**
1	2	3	4	**TL frisch gehackte Petersilie**
1	2	3	4	**TL frisch gehackte Zitronenmelisse**
½	1	1½	2	**TL frisch gehackter Estragon**
4	6	8	10	**Umdrehungen Pfeffermischung**
2	3	4	4	**dl trockener Weißwein**
30	60	90	120	**g Karotten**
75	150	225	300	**g Porree** (nur das Weiße)
30	60	90	120	**g Petersilienwurzel**
2	2	3	3	**Schalotten**
1	1	2	2	**Knoblauchzehe(n)**
100	150	200	250	**g Fleischtomaten**
2	2	3	3	**EL Butter**
3	3	4	4	**dl Wasser**
2	2	3	3	**dl trockener Riesling**
½	½	¾	¾	**gestrichener TL Salz**
3	4	5	6	**Umdrehungen Pfeffermischung**
1	1	2	2	**Blatt Lorbeer**
100	150	200	250	**g Champignons**
¼	¼	½	½	**TL Salz**
				Alufolie
1	2	3	4	**EL Crème fraîche** oder süße Sahne
1	2	3	4	**TL eiskalte Butter**
				Beilage: Stangenweißbrot; Crêpes mit Blattspinat; Kartoffelpüree mit Mandeln und Rhabarber; grüne Nudeln mit Blumenkohlpüree; souffliertes Kartoffelpüree mit Blattspinat
				Wein: der gleiche Riesling, der zum Kochen verwendet wurde, z. B. ein Elsässer, ein Mosel-, oder Frankenwein
1.40	2.00	2.20	2.40	**Zeitaufwand am 1. Tag**
0.50	0.55	1.00	1.05	**Zeitaufwand am 2. Tag**

Zubereitung **April – November**

Am Tag vorher: Scholle(n) waschen. Flossen, Schwanz und Kopf abschneiden, beiseite legen. In der Mitte der Scholle, auf beiden Seiten am Rückgrat entlang, mit zwei parallelen Schnitten die Haut durchtrennen und vom Schwanzende her abziehen. Jetzt mit dem Daumen am Rückgrat entlang fahren und mit einem großen Messer das Fleisch von den Gräten lösen, so daß von jeder Scholle vier Filets übrigbleiben. Haut und Gräten zu den Fischabfällen geben.

Schalotte(n) hacken und mit den Kräutern mischen. Eine Schicht der Mischung in eine Schüssel geben, Fischfilets darauflegen, pfeffern. Weiter so verfahren, bis alle Filets so eingelegt sind. Wein angießen und die Schollen zugedeckt über Nacht in den Kühlschrank stellen.

Für den Sud Gemüse putzen, waschen und in Würfel schneiden, Schalotten hacken, Knoblauch zerdrücken, Tomaten in Scheiben schneiden.

Butter in einem großen Topf erhitzen. Gemüse und Schollenabfälle 10 Minuten andünsten. Wasser und Wein angießen, mit Salz, Pfeffer und Lorbeer würzen. 30 Minuten bei schwacher Hitze kochen lassen.

Fischsud durchseihen, Gemüse dabei gut ausdrücken und wegwerfen. Fischsud zugedeckt über Nacht in den Kühlschrank stellen.

Am Tag der Zubereitung: Fischsud aus dem Kühlschrank nehmen. Das Fett von der Oberfläche entfernen. Sud bei schwacher Hitze einkochen lassen.

In der Zwischenzeit: Champignons putzen, waschen und blättrig schneiden.

Backröhre vorheizen: E-Herd: 100° C, Gas: Stufe 1–2.

Fischfilets aus der Marinade nehmen. Champignons und Marinade in einem großen Topf erhitzen. Die Filets, nicht mehr als acht auf einmal, 3 Minuten im Wein ziehen, nicht kochen lassen. Die fertigen Filets mit Alufolie abdecken und in die Röhre stellen.

Den Wein mit den Champignons und Kräutern zum Fischsud geben. Auf großer Hitze weiter einkochen lassen, pro Person sollen etwa 2 bis 4 EL Sauce übrigbleiben.

Sud durchseihen und erneut zum Kochen bringen. Crème fraîche zugeben, aufkochen lassen und die Butter nach und nach mit dem Schneebesen unterschlagen. Filets und Sauce getrennt reichen.

Seezunge in Wermut

Personen 2	4	6	8	Zutaten
1	2	3	4	**frische Seezunge(n),** (je) ca. 600 g schwer
1	2	2	3	**dl trockener, französischer Wermut**
30	30	60	60	**g Karotten**
75	75	150	150	**g Sellerie**
75	75	150	150	**g Porree** (nur das Weiße)
30	30	60	60	**g Petersilienwurzel**
30	30	60	60	**g Champignons**
30	30	60	60	**g Schalotten**
1	1	1	1	**Knoblauchzehe**
100	100	150	150	**g Fleischtomaten**
½	½	1	1	**gestrichener TL Salz**
4	4	8	8	**Umdrehungen weißer Pfeffer**
1	1	2	2	**Blatt Lorbeer**
1	1	2	2	**Nelke(n)**
2	3	3	4	**dl trockener, französischer Wermut**
1	1	1	1	**dl Wasser**
				Salz und weißer Pfeffer
				Kerbel zum Garnieren
				Beilage: Kartoffelpüree und Zuckerschoten; Kräuterkartoffeln und Gemüseflan; Pistazienkartoffeln und gedünsteter Rhabarber
				Wein: weißer Burgunder, Pouilly Fumé oder Sancerre aus Frankreich; ein Rheingauer Riesling aus Deutschland.
1.10	1.15	1.25	1.30	**Zeitaufwand am 1. Tag**
0.25	0.30	0.35	0.45	**Zeitaufwand am 2. Tag**

Zubereitung

Am Tag vorher: Seezunge(n) waschen und trocknen. Die Haut am Schwanz mit einem scharfen Messer einschneiden, Seezunge mit einem Tuch am Schwanz festhalten und die Haut mit einem Ruck zum Kopf hin abziehen, beiseite legen. Die Filets vom Rückgrat her (in der Mitte des Fisches) von den Gräten lösen und zur Haut legen.

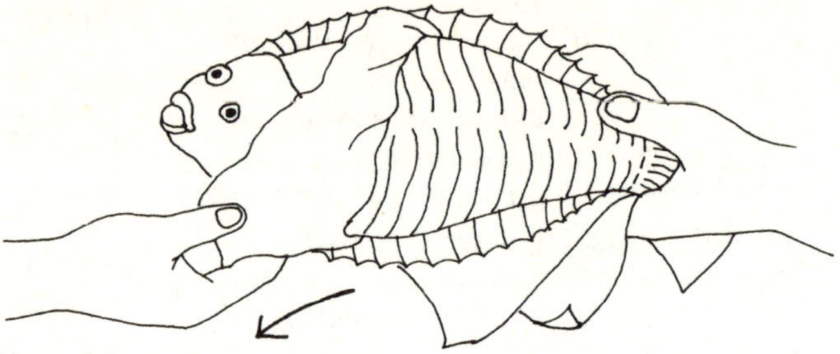

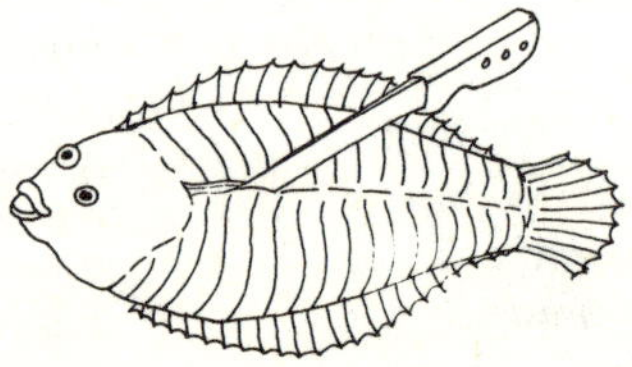

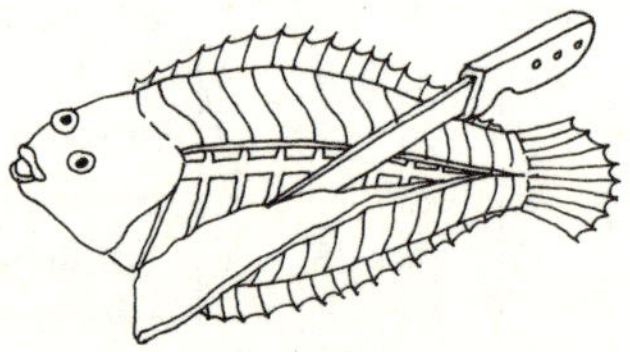

Filets in eine Schüssel legen, mit Wermut übergießen und zugedeckt über Nacht im Kühlschrank ziehen lassen.

Für den Fond Gemüse putzen, waschen und in kleine Würfel schneiden. Mit den Fischabfällen, Gewürzen, Wermut und Wasser eine halbe Stunde im offenen Topf kochen lassen. Abgießen, Gemüse ausdrücken und wegwerfen. Fond abkühlen lassen und über Nacht im Kühlschrank aufbewahren.

Am Tag der Zubereitung: Wermut von den Filets abgießen, zum Fond geben und auf ein Drittel einkochen lassen. Mit Salz und Pfeffermischung abschmecken.

Filets in die Sauce legen und 5 Minuten ziehen, nicht kochen lassen. Mit Kerbel garniert, die Filets in der Sauce servieren.

Steinbutt in Champagner

(Foto nach S. 108)

Personen 2	4	6	8	Zutaten
	100		200	**g Sellerie**
	100		200	**g Porree** (nur das Weiße)
	50		100	**g Champignons**
	50		100	**g Schalotten**
	100		200	**g Fleischtomaten**
	1		2	**Steinbutt,** (je) 1500 g schwer
	1		2	**EL Zitronensaft**
	1		2	**El frisch gehackte Petersilie**
	½		1	**gestrichener TL Salz**
	5		10	**Umdrehungen Pfeffermischung**
	1		2	**Blatt Lorbeer**
	1		2	**Nelke(n)**
	3		5	**dl Wein aus der Champagne** für den Sud (Tip)
	1		2	**dl Wein aus der Champagne**
				Alufolie
	50		100	**g Crème fraîche** evtl. **Kräuter** (z. B. Kerbel) zum Garnieren
				Beilage: grüne Nudeln und Broccoli; Spätzle und Broccoli-Flan; Kartoffelpüree mit Mandeln und Blattspinat
				Wein: der gleiche, der zum Kochen verwendet wurde, oder Champagner brut
	1.30		2.00	**Zeitaufwand**

Tip:

Da Champagner beim Erhitzen seine Kohlensäure verliert, ist es zweckmäßiger, einen stillen Champagnerwein (Coteaux Champenois) zu verwenden.

Zubereitung **Oktober – März**

Für den Sud Gemüse putzen, waschen und in kleine Würfel schneiden. In einen Topf geben.

Steinbutt waschen und abtrocknen. Die Filets von den Gräten lösen, dazu die Haut rund um den Kopf und an den Flossen einschneiden, dann in der Mitte des Fisches vom Kopf bis zum Schwanz auf beiden Seiten entlang des Rückgrats. Mit dem Messer die Filets von der Mittelgräte lösen und mit der Hautseite nach unten auf ein Brett legen. Mit dem Messer zwischen Haut und Fleisch durchfahren und beides voneinander trennen.

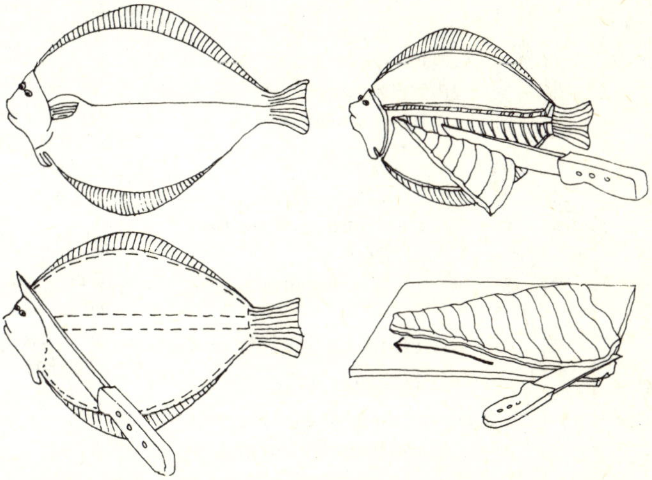

Filets mit Zitronensaft beträufeln und beiseite stellen. Für den Sud Fischabfälle mit den Kräutern und Gewürzen in den Topf zum Gemüse geben, Wein angießen und 30 Minuten kochen lassen.

Fond abseihen und um die Hälfte einkochen lassen.

Weißwein angießen, Filets sofort zugeben und bei schwacher Hitze 10 bis 12 Minuten ziehen, auf keinen Fall kochen lassen.

Backröhre vorheizen: E-Herd: 100° C, Gas: Stufe 1–2.

Filets vorsichtig aus dem Sud nehmen, auf einer Platte anrichten und mit Alufolie abgedeckt im Ofen warmhalten.

In der Zwischenzeit: Die Sauce einkochen lassen, bis pro Person nur 2 EL übrigbleiben. Dann die Crème fraîche zugeben und nochmals erhitzen. Abschmecken. Steinbuttfilets auf Tellern anrichten, mit Kräutern garnieren und mit der Sauce überziehen.

Seewolf in der Salzkruste mit Buttersauce

Mai – Oktober

Personen 2	4	6	8	Zutaten
30	60	90	120	**g Sellerie**
75	150	225	300	**g Porree** (nur das Weiße)
30	60	90	120	**g Champignons**
30	60	90	120	**g Schalotten**
50	100	150	200	**g Fleischtomaten**
1	1	2	2	**EL Butter**
500	1000	1500	2000	**g Fischabfälle** mit Köpfen, Schwänzen, Gräten. Nur von Edelfischen oder Fischfilet (Seelachs)
¼	⅜	½	¾	**l trockener Weißwein,** z. B. Sancerre oder Muscadet
⅛	⅛	¼	¼	**l Wasser**
1	1	2	2	**Nelke(n)**
1	1	2	2	**Blatt Lorbeer**
700	1000	1300	1600	**g Seewolf**
1	1	2	2	**EL Zitronensaft**
3	6	9	12	**Umdrehungen weißer Pfeffer**
1	2	3	4	**TL frisch gehackter Estragon**
2	4	6	8	**TL frisch gehackter Kerbel**
				Alufolie
1500	1500	2000	2000	**g nur grobes Meersalz** aus dem Reformhaus
50	100	200	250	**g Schalotten**
⅛	⅛	¼	¼	**l trockener Weißwein** (Sancerre oder Muscadet)
1	2	3	4	**TL frisch gehackter Estragon**
				Salz
				Pfeffermischung
50	100	150	200	**g frische eiskalte Butter**
				Beilage: Stangenweißbrot; Elsässer oder Grüne Nudeln und Artischockenpüree; Reis mit Mandeln und Blattspinat
				Wein: Chablis, Meursault, Pouilly Fumé, Sancerre, trockener Rheingauer oder Pfälzer Riesling
1.50	2.05	2.20	2.35	**Zeitaufwand**

Zubereitung (Foto nach S. 108)

Zuerst die weiße Buttersauce vorbereiten: Gemüse putzen, waschen und in kleine Würfel schneiden. Butter erhitzen. Fischabfälle 5 Minuten darin andünsten. Dann das Gemüse zugeben und nochmals 5 Minuten dünsten. Mit Wein und Wasser auffüllen, mit Nelke(n) und Lorbeer würzen, 30 Minuten bei schwacher Hitze kochen lassen.

Fond durch ein Sieb gießen, Gemüse und Fischabfälle ausdrücken und wegwerfen. Fond ca. 10 Minuten abkühlen lassen, dann das abgesetzte Fett entfernen. Den Fond wieder erhitzen und auf ein Viertel der Menge reduzieren lassen.

In der Zwischenzeit: den ausgenommenen Fisch waschen und abtrocknen. Flossen und Kiemen entfernen. Innen und außen mit Zitronensaft beträufeln, innen pfeffern, dann mit den Kräutern füllen. Beiseite stellen.

Backröhre vorheizen: E-Herd: 225° C, Gas: Stufe 4.

2 Alufolienstreifen (etwa dreimal die Fischlänge) an den Rändern zusammenkniffen und über eine Reine oder auf ein Backblech legen. Etwa 2 fingerhoch Salz der Länge und Breite des Fisches entsprechend auf die Folie streuen und leicht mit Wasser befeuchten. Den Fisch darauflegen und ganz mit Salz einpacken. Die obere Seite ebenso mit Wasser befeuchten. Den Fisch luftdicht mit der Folie umschließen. Zur Seite stellen.

Schalotten fein hacken und mit dem Wein zum Fond geben. Weiter reduzieren lassen, bis pro Person 2 EL übrigbleiben.

In der Zwischenzeit: Den Fisch in den vorgeheizten Ofen schieben und garen lassen.
Bei einer Menge für 2 Personen 20 Minuten, 4 Personen 25 Minuten, 6 Personen 30 Minuten, 8 Personen 35 Minuten.

Den Fisch aus dem Ofen nehmen, Folie aufreißen und wieder in die Röhre stellen, die Tür offen lassen.

In der Zwischenzeit: Die Sauce fertigstellen: Estragon zum Fond geben und mit Salz und Pfeffer abschmecken. Die Butter eßlöffelweise mit dem Schneebesen einrühren. Die Sauce erhitzen, aber nicht mehr kochen lassen.

Fisch aus dem Ofen nehmen. Erst bei Tisch die Salzkruste aufklopfen und den Fisch filetieren. Die Sauce separat reichen.

Goldbrasse mit Sauerampfer

Personen 2	4	6	8	Zutaten
400	600	800	1000	**g Goldbrasse,** ganzer Fisch, evtl. auch zwei Fische, geschuppt, aber nicht ausgenommen
¼	½	¾	1	**gestrichener TL Salz**
3	6	9	12	**Umdrehungen Pfeffermischung**
2	2	3	3	**l Wasser**
1	1	2	2	**TL Salz**
300	500	700	900	**g Sauerampfer**
2	3	4	5	**Schalotten**
1	1	2	2	**Zehe(n) Knoblauch**
1	2	3	4	**TL Butter**
1	2	3	4	**dl trockener Weißwein**
2	3	4	4	**EL Crème fraîche**
				Salz, Pfeffermischung
				Butter zum Einfetten
1	2	3	4	**TL Butter in Flöckchen**
				Beilage: Kartoffelpüree mit Mandeln
				Wein: Weißer Burgunder, Pouilly Fumé oder Sancerre aus Frankreich; ein Rheingauer Riesling aus Deutschland
1.10	1.20	1.30	1.45	**Zeitaufwand**

Zubereitung **März – Juli**

Flossen der Goldbrasse(n) (außer Schwanzflosse) und die Kiemen entfernen. Fisch von Kopf bis Schwanz beiderseits des Rückgrats einschneiden und an den Seiten entlang die Gräten freilegen. Direkt hinter dem Kopf und vor dem Schwanz die Mittelgräte durchtrennen und vorsichtig herausheben, ebenso die Innereien. Fisch gründlich ausspülen, dann trocken tupfen. Mit Salz und Pfeffer würzen.

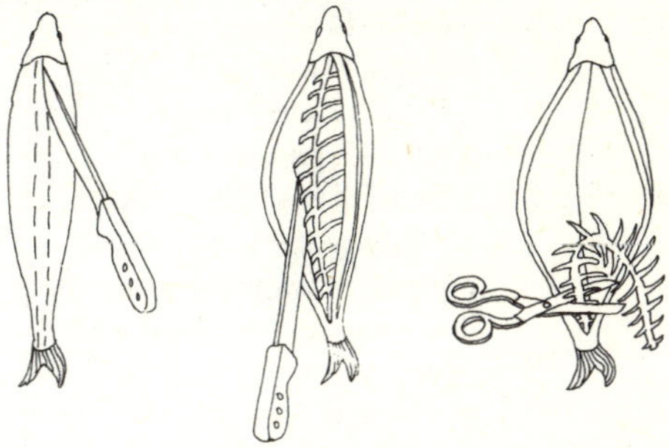

Wasser für den Sauerampfer salzen und erhitzen.

In der Zwischenzeit: Den Sauerampfer putzen, Stiele entfernen und die Blätter gründlich waschen. Im kochenden Wasser 2 Minuten blanchieren, herausnehmen und mit eiskaltem Wasser abschrecken. Abtropfen lassen und in einer Schüssel beiseite stellen.

Backröhre vorheizen: E-Herd: 200° C, Gas: Stufe 3.

Für die Sauce Schalotten hacken, Knoblauch zerdrücken. Butter in einer Pfanne erhitzen und beides darin 5 Minuten dünsten. Wein angießen und um die Hälfte einkochen lassen, Crème fraîche zugeben und wieder erhitzen. Kräftig mit Salz und Pfeffer abschmecken.

Den Sauerampfer in den (die) Fisch(e) füllen, in einen gebutterten Topf oder eine Reine legen. Die Sauce über den Sauerampfer gießen und Butterflöckchen aufsetzen. Im Ofen 20 Minuten garen.

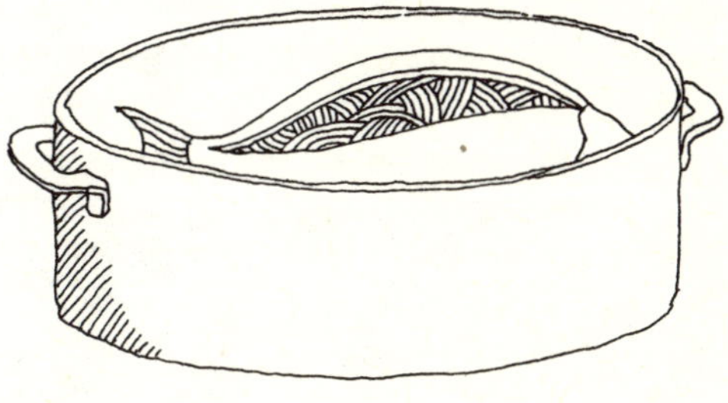

In der Sauce servieren.

Sankt-Peter-Fisch mit Schnittlauch-Sauce

Personen 2	4	6	8	Zutaten
	1		2	**Sankt-Peter-Fisch(e)** (Tip)
				Butter, für die Form
	3		4	**Schalotten**
	8		16	**Umdrehungen Pfeffermischung**
	1		2	**dl trockener Weißwein**
	60		90	**g Karotten**
	150		225	**g Sellerie**
	150		225	**g Porree** (nur das Weiße)
	60		90	**g Petersilienwurzel**
	60		90	**g Champignons**
	60		90	**g Schalotten**
	1		2	**Knoblauchzehe(n)**
	150		200	**g Fleischtomaten**
	3		4	**dl trockener Weißwein** für den Fond
	2		2	**dl Wasser**
	1		2	**Blatt Lorbeer**
	1		2	**Nelke(n)**
	½		1	**gestrichener TL Salz**
	4		6	**Umdrehungen Pfeffermischung**
	2		4	**gehäufte EL frisch gehackter Schnittlauch**
				Salz und Pfeffermischung
				Schnittlauch zum Garnieren
				Beilage: Kräuter-Kartoffeln
				Wein: Chablis, Mosel-, Saar-, Mittelrhein- oder Franken-Riesling
	1.45		2.10	**Zeitaufwand**

Zubereitung

Fisch(e) waschen und abtrocknen. Fischhaut rundum einschneiden und die Filets von den Gräten abheben. Dann mit einem Messer zwischen Haut und Fleisch durchfahren und die Haut ablösen (Abb. s. unten).

Eine Auflaufform mit Butter ausstreichen, Schalotten hacken und hineinstreuen. Die Filets darauflegen, pfeffern und den Wein angießen. Zugedeckt in den Kühlschrank stellen.

Die Kiemen vom Fisch entfernen und mit den eventuell vorhandenen Innereien wegwerfen. Alle übrigen Fischabfälle beiseite stellen.

Für den Fond: Gemüse putzen, waschen und in kleine Würfel schneiden. Mit Wein, Wasser und den Gewürzen eine halbe Stunde im offenen Topf bei schwacher Hitze kochen lassen.

Nach Ablauf der Zeit Gemüse ausdrücken und wegwerfen. Fond wieder erhitzen und auf ⅛ bzw. ¼ l einkochen lassen.

Backröhre vorheizen: E-Herd: 200° C, Gas: Stufe 3.

Den Fond über die eingelegten Filets gießen, Filets salzen und ca. 15 Minuten im Ofen dünsten lassen.

Wenn die Filets gar sind, Sauce in einen Topf abgießen und die Filets zugedeckt im offenen Ofen warmhalten.

Schnittlauch zur Sauce geben, mit Salz und Pfeffer abschmecken und 5 Minuten kochen lassen.

Fischfilets auf Teller verteilen und mit der Sauce überziehen, mit frisch gehacktem Schnittlauch bestreuen.

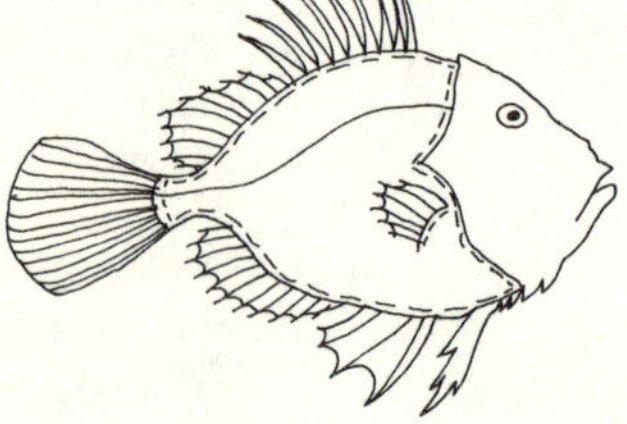

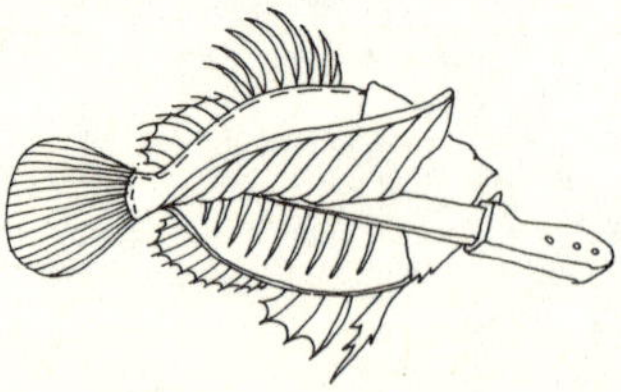

Tip:

Beachten Sie, daß mindestens 60 Prozent vom Sankt-Peter-Fisch Abfall sind und er in der Regel etwa 2 kg wiegt. Die französische Bezeichnung dafür lautet: Saint Pierre, die italienische: San Pietro.

Krebse in Riesling

(Foto nach S. 108)

Personen				Zutaten
2	4	6	8	
30	60	90	120	**g Karotten**
75	150	225	300	**g Sellerie**
75	150	225	300	**g Porree** (nur das Weiße)
30	60	90	120	**g Petersilienwurzeln**
30	60	90	120	**g Champignons**
25	50	75	100	**g Schalotten**
1	1	2	2	**Knoblauchzehe(n)**
1	1	2	2	**kleine(s) Seelachsfilet(s)**
1	1½	2	2	**EL Butter**
½	½	¾	¾	**l trockener Riesling**
½	½	¾	¾	**l Wasser**
¼	¼	½	½	**TL Salz**
6	6	12	12	**Umdrehungen Pfeffermischung**
¼	¼	¼	¼	**l Wasser**
1	2	3	4	**Tomate(n)**
1	1	2	2	**TL Butter**
3	6	9	12	**große Stengel Dill,** am besten mit Blüten
3	6	9	12	**Stengel Petersilie**
6	12	18	24	**Krebse**
⅛	⅛	⅛	⅛	**l trockener Riesling**
2	4	6	8	**cl Cognac**
2	4	6	8	**große Stengel Dill,** am besten mit Blüten
50	100	150	200	**g Crème fraîche** oder süße Sahne
				Beilage: Stangenweißbrot und Butter
				Wein: der gleiche, der zum Kochen verwendet wurde, z. B. Elsässer Riesling, österreichischer Rheinriesling oder deutscher trockener Riesling
1.50	2.00	2.20	2.30	**Zeitaufwand**

Zubereitung **Juni – September**

Für den Sud: Gemüse putzen, waschen und in kleine Würfel schneiden. Schalotte(n) hacken, Knoblauch zerdrücken. Seelachs in Streifen schneiden.

Butter in einem großen Topf erhitzen. Gemüse und Fischstreifen auf Mittelhitze unter Rühren 10 Minuten dünsten.

Riesling und Wasser angießen, mit Salz und Pfeffermischung würzen, 30 Minuten bei schwacher Hitze kochen lassen.

In der Zwischenzeit: ¼ l Wasser zum Kochen bringen, Tomate(n) überbrühen, häuten und in Scheiben schneiden. Butter in einer Pfanne erhitzen. Tomate(n) 10 Minuten darin dünsten. Durch ein Sieb passieren und beiseite stellen.
Dill und Petersilie grob hacken, zum Sud geben.

Mehr Hitze geben, damit der Sud sprudelnd kocht. Krebse einen nach dem anderen mit dem Kopf zuerst in den Sud geben, nicht mehr als 6 auf einmal, und jeweils 10 Minuten kochen lassen. Dann herausnehmen und beiseite stellen. Sud durch ein Sieb gießen und wieder erhitzen, 10 bis 15 Minuten einkochen lassen.

Tomatenpüree in den Sud geben. Riesling und Cognac angießen. Zum Kochen bringen, abschmecken.

Alle Krebse wieder in den Sud geben und 5 Minuten bei schwacher Hitze kochen lassen.

In der Zwischenzeit: Dill fein hacken.

Krebse in einer großen Schüssel oder Suppenterrine anrichten.

Crème fraîche in den Sud gießen, Dill zugeben, aufkochen lassen und über die Krebse gießen *(Tip).*

Tip:

Zum Essen einen Suppenteller, eine kleine Gabel oder ein Krebsbesteck und einen Suppenlöffel aufdecken.

Hummer mit kalter Avocado-Sauce

Personen 2	4	6	8	Zutaten
1	1			**l Wasser**
30	60			**g Karotten**
50	100			**g Sellerie**
75	150			**g Porree** (nur das Weiße)
30	60			**g Petersilienwurzel**
30	60			**g Champignons**
30	60			**g Schalotten**
1	1			**Knoblauchzehe**
100	150			**g Fleischtomaten**
50	100			**g Sauerampfer** (Tip)
½	1			**Avocado**
50	100			**g Tomaten**
1	2			**Ei(er)**
2	4			**Blatt Lorbeer**
1	1			**Nelke**
1	2			**gestrichene(r) TL Salz**
6	10			**Umdrehungen Pfeffermischung**
1½	1½			**l Wasser**
¼	¼			**l Wein**
2	4			**Stengel Petersilie**
2	4			**EL Joghurt**
2	4			**EL Quark**
1	2			**TL Tomatenmark**
2	4			**EL Crème fraîche**
				Salz, Pfeffermischung, Zitronensaft
1	2			**Hummer,** je ca. 600 g schwer
1	1			**Kopfsalat**
				Zitronensaft
				Beilage: Stangenweißbrot
				Wein: Champagner brut oder trockener Sekt; Elsässer oder trockener deutscher Riesling
1.10	1.20			**Zeitaufwand**

Zubereitung (Foto nach S. 108) **Juni – September**

Wasser zum Kochen bringen.

In der Zwischenzeit: Für den Sud Gemüse putzen, waschen und in kleine Würfel schneiden, beiseite stellen.

Sauerampfer putzen, entstielen und waschen. Avocado quer durchschneiden, Kern entfernen und das Fruchtfleisch aus der Schale lösen. Beiseite stellen.

Tomaten mit dem kochenden Wasser überbrühen, kalt abschrecken und die Häute abziehen, beiseite legen. Sauerampfer im Wasser 2 Minuten blanchieren, herausheben, kalt abschrecken und gründlich abtropfen lassen.

Ei(er) in heißem Wasser 10 Minuten kochen lassen.

Gemüse mit den Gewürzen, Wasser und Wein zum Kochen bringen und ca. 15 Minuten bei Mittelhitze kochen lassen.

Ei(er) mit kaltem Wasser abschrecken und schälen. Eigelb mit Sauerampfer, Avocadofleisch, Tomaten und Petersilie pürieren. Joghurt, Quark, Tomatenmark und Crème fraîche unterrühren. Mit Salz, Pfeffermischung und Zitronensaft abschmecken, Sauce beiseite stellen.

Hummersud sprudelnd kochen lassen. Dann den Hummer mit dem Kopf zuerst hineingleiten lassen, sofort die Hitze so weit reduzieren, daß das Wasser nicht mehr kocht. Hummer 10 Minuten ziehen lassen.

In der Zwischenzeit: Salat waschen und trocken schleudern. Große Blätter auf die Teller verteilen und mit wenig Zitronensaft beträufeln.

Hummer aus dem Wasser heben und kalt abschrecken. Der Länge nach aufbrechen, das Fleisch aus dem Schwanz lösen, in Scheiben schneiden und auf den Salatblättern anrichten, die Scheren dazulegen.

Falls die Sauce zu dick ist, mit etwas Hummer-Kochbrühe verdünnen.

Sauce über die noch warmen Hummerscheiben gießen, sofort servieren.

Tip:

Falls Sie keinen Sauerampfer bekommen, ersetzen Sie ihn durch Spinat und 1 bzw. 2 TL Zitronensaft.

Hummer in Champagner-Sauce

Personen 2	4	6	8	Zutaten
30	60			**g Karotten**
50	100			**g Sellerie**
75	150			**g Porree** (nur das Weiße)
30	60			**g Petersilienwurzel**
30	60			**g Champignons**
30	60			**g Schalotten**
1	1			**Knoblauchzehe**
100	150			**g Fleischtomaten**
1	1			**Blatt Lorbeer**
1	2			**gehäufte(r) TL Salz**
6	10			**Umdrehungen Pfeffer-mischung**
¾	¾			**l Wasser**
¼	¼			**l Wein, am besten aus der Champagne**
500	750			**g Fischabfälle,** möglichst Gräten von der Seezunge, oder Seelachsfilet
1	2			**Hummer,** je ca. 600 g schwer
1	1			**EL Butter**
2	4			**cl Cognac**
¼	⅜			**l Wein,** am besten aus der Champagne
2	3			**EL Butter**
⅛	¼			**l Champagner brut**
				Salz, Pfeffermischung, Zitronensaft
				Kerbel zum Garnieren
				Beilage: Stangenweißbrot
				Wein: Champagner brut
1.20	1.40			**Zeitaufwand**

Zubereitung — **April – September**

Für den Sud: Gemüse putzen, waschen und in kleine Würfel schneiden. Mit Gewürzen, Wasser, Wein und Fischabfällen 30 Minuten kochen lassen.

Brühe durch ein Sieb in einen zweiten Topf gießen, Gemüse und Abfälle gut ausdrücken. Wieder zum Kochen bringen und den (die) Hummer mit dem Kopf zuerst hineingleiten lassen. 10 Minuten ziehen, nicht kochen lassen. Dann den Hummer herausnehmen und die Brühe bei starker Hitze einkochen lassen.

In der Zwischenzeit: Hummer der Länge nach aufschneiden, Fleisch aus dem Schwanz lösen, mit den ganzen Scheren zugedeckt zur Seite stellen.

Schwanzschalen und Brustpanzer im Mixer, mit dem Hammer im Geschirrtuch oder im Mörser möglichst fein zerstoßen.

Butter erhitzen und die Schalen 10 Minuten bei schwacher Hitze rösten, dann mit Cognac flambieren. Wein angießen und auf 2 bzw. 3 EL einkochen lassen. Abkühlen lassen und mit der Butter verrühren. Im Kühlfach fest werden lassen.

Wenn von der Brühe pro Person nur noch 3 EL übrig sind, den Champagner angießen, wieder erhitzen, aber nicht mehr kochen lassen. Die Hummerbutter aus dem Kühlfach nehmen und mit dem Schneebesen unterrühren. Die Sauce durch ein Sieb gießen und wieder in einen Topf geben. Die Hummerschwänze in Scheiben schneiden, in der Sauce kurz erhitzen, aber nicht mehr kochen lassen. Auf Teller verteilen, die Scheren dazugeben, mit Kerbel garnieren und sofort servieren.

Austern in Champagnersauce

Personen 2	4	6	8	Zutaten
30	60			**g Karotten**
75	150			**g Sellerie**
75	150			**g Porree** (nur das Weiße)
30	60			**g Champignons**
25	50			**g Schalotten**
¼	⅜			**l Weißwein aus der Champagne** (Tip)
500	750			**g Fischabfälle,** am besten von Seezungen oder Seelachsfilet
1	2			**EL frisch gehackte Petersilie**
1	2			**Blatt Lorbeer**
1	1			**Nelke**
½	¾			**TL Salz**
4	8			**Umdrehungen Pfeffermischung**
12	24			**Austern** (siehe Seite 29)
⅛	⅛			**l Weißwein aus der Champagne**
				Alufolie
				evtl. Kerbel zum Garnieren
				Beilage: Stangenweißbrot
				Wein: Champagner brut
1.25	1.50			**Zeitaufwand**

Zubereitung — **Oktober – März**

Gemüse putzen, waschen und in kleine Würfel schneiden. Mit Wein, Fischabfällen, Petersilie, Lorbeer, Nelke, Salz und Pfeffermischung ½ Stunde kochen lassen. Dann abseihen und den Fond bei schwacher Hitze um die Hälfte einkochen lassen.

Backröhre vorheizen: E-Herd: 100° C, Gas: Stufe 1.

In der Zwischenzeit: Die Austern öffnen (siehe Seite 81), das Wasser aus den Schalen auffangen, abseihen und zum Fond geben. Austern beiseite stellen. Fond nochmals um die Hälfte einkochen lassen.

In der Zwischenzeit: Die Austern und den Wein in einen Topf geben, ca. 3 Minuten erhitzen, aber nicht kochen lassen. Austern mit Alufolie abdecken und im Herd warm halten.

Den Wein zum Fond geben und weiter bei starker Hitze einkochen lassen, bis pro Person nur 2 EL Fond übrigbleiben. Dann abschmecken.

Austern auf Teller verteilen, mit der Sauce überziehen und mit frischem Kerbel garnieren.

Tip:

Da Champagner beim Erhitzen seine Kohlensäure verliert, ist es zweckmäßiger, gleich einen sogenannten stillen Wein aus der Champagne zu verwenden (Coteaux Champenois).

Hauptgerichte

Ich weiß nicht, woran es lag, aber im Gegensatz zu heute waren früher *»Frauen bei Tisch nichts wert«*. Diesen Ausspruch tat ein Bischof – da mag man es noch verstehen. Aber auch im alten Griechenland war es üblich, nur seine Freunde zum Abendessen zu bitten, das dann zum Symposion ausartete – einem reinen Trinkgelage. Bei den Römern lockerten sich die Sitten bei Tisch – die Damen des Hauses nahmen Platz, wenn Gäste kamen, zogen sich jedoch nach dem Essen zurück. Oftmals nahmen dann Kurtisanen ihre Plätze ein – es war so üblich und niemand dachte sich etwas dabei. Später lockerten sich die Sitten noch mehr.

Noch der Spötter und Schriftsteller Grimod de la Reynière war der Ansicht, *»bei einem guten Diner ist die dümmste Gans immer noch besser als die liebenswerteste Frau. Erst nach dem Mokka sollte man das schöne Geschlecht wieder in seine Rechte einsetzen.«* Nun, wie auch immer, entweder hat sich die Einstellung der Männer den Frauen gegenüber oder die Frauen selbst haben sich geändert. Wer möchte heute noch die Frauen von seiner Tafel verdrängen?

Gerade eine Frau war es, die entscheidend dazu beigetragen hat, daß die barbarischen Sitten und Gebräuche beim Kochen und bei Tisch in den nördlicheren Breiten wesentlich verfeinert wurden und bis heute ihre »Handschrift« tragen. In Italien standen die Tafelfreuden schon in höchster Blüte, als im Jahre 1533 Katharina von Medici den französischen Herrscher Heinrich II. heiratete. Sie führte beim französischen Hof so ungewöhnliche Geräte wie Bestecke ein und ließ Servietten verteilen. Auch Melonen, weiße Trüffeln, verschiedene Gemüse, Fruchteis, feines Gebäck und die Nudel brachte sie mit. Außerdem natürlich ihre Köche aus Florenz. Es war der Beginn der französischen Vorherrschaft im kulinarischen Bereich, der auch heute noch anhält.

Von Frankreich aus begann in unseren Tagen auch die Wiederentdeckung der natürlichen Küche, die unter dem Begriff »Nouvelle Cuisine« viel Verwirrung stiftete. Dabei sind ihre Grundforderungen – frische Zutaten, produktgerechte Verarbeitung, geringe Garzeiten – gar nicht so neu. *»Einen Hasen kann man auf viele Arten zubereiten. Doch am besten brät man ihn am Spieß und nimmt ihn ab, wenn er noch nicht ganz gar ist, würzt ihn und serviert ihn seinen Freunden. Sie sollten keine Abneigung vor dem noch leicht blutigen Fleisch haben, sondern ihn sofort essen. Eine andere Zubereitungsart ist unnatürlich . . .«* Das schrieb der Grieche Archestratos, der mit einem der Söhne des Perikles befreundet war, in seinen Gedichten, die sich überwiegend mit der Kochkunst beschäftigten. Sie enthalten eine Fülle von Wissen und Kochvorschriften, die auch heute noch gültig sind. In diesem, zugegebenermaßen modern übersetzten Ausschnitt steckt eine »Grillanweisung«, die erst heute wieder praktiziert wird, nämlich Fleisch nicht völlig durchzubraten. Es wird sonst trocken und zäh. Es sollte vielmehr saftig sein, weil es dann besser schmeckt. Die in meinem Kochbuch angegebenen Garzeiten sind darum so berechnet, daß das Fleisch »à point«, also auf den Punkt genau, gegart wird. Manchem wird es dann noch zu »blutig«, sprich saftig sein, anderen schon zu durch. Das kann aber auch an Ihrem Backofen liegen. Neue Herde heizen stärker als alte. Verändern Sie also die Zeiten ganz nach Ihrem persönlichen Geschmack.

Das Hauptgericht bildet, wie schon der Name sagt, immer den Höhepunkt Ihres Menüs. Sie sollten darum bei der Menüzusammenstellung zuerst das Hauptgericht auswählen und alle anderen Menübestandteile drumherum bauen. Wie ein Menü komponiert wird, habe ich Ihnen auf Seite 221 eingehend erläutert.

Filetstreifen in Whiskycreme

Personen 2	4	6	8	Zutaten
300	600	900	1200	**g Rinderfilet** (A = Lungenbraten)
2	4	6	8	**Schalotten**
1	1	1½	2	**EL Butter**
2	3	4	5	**gestrichene EL grüner Pfeffer**
1/16	⅛	3/16	¼	**l schottischer Whisky**
4	6	8	10	**EL Fleischjus** (s. Seite 64)
50	75	100	125	**g Crème fraîche** oder süße Sahne
2	3	4	5	**Prisen Salz**
1	2	3	4	**EL Öl**
½	1	1½	2	**gestrichene(r) TL Salz**
2	4	6	8	**cl Whisky**
				Beilagen: Rösti und Maronen (Eßkastanien) oder Champignons mit Knoblauch; Kartoffel-Apfel-Auflauf und Broccoli; Spätzle und Rosenkohlpüree
				Wein: ein Burgunder, bis zu den besten Lagen
0.45	0.55	1.10	1.20	**Zeitaufwand**

Zubereitung

Filet längs der Faser in 1 cm dicke Scheiben schneiden, dann quer zur Faser in hauchdünne Streifchen.

Für die Sauce Schalotten hacken, beiseite stellen.

Butter in einem großen Topf erhitzen.

In der Zwischenzeit: Grünen Pfeffer zerdrücken, am besten in einem Mörser.

Schalotten und grünen Pfeffer in der Butter bei schwacher Hitze 5 Minuten dünsten. Whisky, Jus und Sahne zugeben. Mit Salz abschmecken und zum Kochen bringen. Kochen lassen, bis die Sauce um die Hälfte reduziert ist.

In einer Pfanne, bei mehr als 2 Personen in 2 Pfannen, (je) 1 EL Öl bis zum Rauchpunkt erhitzen. Höchstens 300 g Filetstreifen auf einmal in eine Pfanne geben und 2 Minuten unter Wenden braten. Salzen. Mit (je) 2 cl Whisky flambieren. Die Sauce darübergießen, durchmischen, abschmecken und sofort servieren.

Ente mit Feigen, Rezept Seite 161

Kaninchen in Estragon, Rezept Seite 151

Tafelspitz mit Apfelkren, Rezept Seite 134

Tauben, gefüllt mit Hähnchen-Mousse, Rezept Seite 167

Wachteln, gefüllt mit Gänseleber, Rezept Seite 166

Lammkeule, Rezept Seite 148

Rinderfilet mit Austern

Personen 2	4	6	8	Zutaten
2	4	6		**Scheiben Rinderfilet,** je etwa 150–200 g (A = Lungenbraten)
4	8	12		**Umdrehungen Pfeffermischung**
12	24	36		**Austern** (siehe Seite 29)
2	4	6		**Umdrehungen weißer Pfeffer**
1	2	3		**kleine Schalotte(n)**
4	8	12		**EL Champagner**
1	2	3		**EL Butter**
2	3	4		**EL Öl**
50	100	150		**g Butter** für die Sauce
100	200	300		**g Crème fraîche** oder süße Sahne
1	2	3		**Spritzer Zitrone**
				Küchenkrepp
4	8	12		**Prisen Salz**
1	2	3		**Prise(n) Zucker**
				Beilage: Crêpes, gefüllt mit Blattspinat; Pfifferlinge in Blätterteig; Kartoffel-Apfelauflauf mit gedünstetem Blattspinat; Elsässer Nudeln mit gedünstetem Rhabarber
				Wein: Champagner brut
0.40	0.50	1.15		**Zeitaufwand**

Zubereitung — **Oktober – März**

Von den Filetscheiben alle Häute und Sehnen entfernen. Pfeffern und beiseite legen.

Austern öffnen (siehe Seite 81) und auslösen. Saft auffangen, in einen Topf seihen und die Austern zugeben. Mit weißem Pfeffer würzen. Langsam erhitzen.

In der Zwischenzeit: Schalotte(n) hacken.

Sobald die Austern zu kochen beginnen, herausheben und beiseite stellen. Champagner und Schalotte(n) zugeben. Sauce bei schwacher Hitze kochen lassen.

In der Zwischenzeit: Backröhre vorheizen: E-Herd: 225° C, Gas: Stufe 4.

Butter und Öl in einer Pfanne erhitzen, in der alle Steaks Platz haben, evtl. 2 Pfannen verwenden.
Butter in Flöckchen und Crème fraîche langsam in die Sauce einrühren. Zitronensaft zugeben. Bei schwacher Hitze weiterkochen lassen.

Steaks auf jeder Seite drei Minuten braten. Herausnehmen, auf Küchenkrepp entfetten, salzen.

Steaks auf einer feuerfesten Platte anordnen. 6 Austern auf jedes Steak verteilen und die Platte in die Röhre schieben. 3 Minuten überbacken lassen.

In der Zwischenzeit: Sauce mit Zucker abschmecken. Evtl. mit Salz und Pfeffer nachwürzen.

Platte aus dem Ofen nehmen. Austern mit der Sauce überziehen.

Zwischenrippenstück in Rotwein-Sauce

Personen				Zutaten
2	**4**	**6**	**8**	
	60		120	**g Karotten**
	150		300	**g Sellerie**
	150		300	**g Porree** (nur das Weiße)
	60		120	**g Petersilienwurzel**
	60		120	**g Champignons**
	50		100	**g Schalotten**
	1		2	**Knoblauchzehe(n)**
	250		250	**g Fleischtomaten**
	1		2	**EL Butter**
	2		3	**Markknochen**
	1½		3	**TL frisch gehackter Thymian** oder ⅓ der Menge getrocknet
	¼		½	**gestrichener TL Salz**
	6		12	**Umdrehungen Pfeffermischung**
	¼		⅜	**l guter Rotwein**
	⅛		⅛	**l Wasser**
	1		2	**hohe Rippe(n)** vom Rind, gut abgehangen, ca. 3–4 cm dick (A = Rieddeckel; CH = Hohrücken)
	1		2	**EL Olivenöl**
				Alufolie
	2		4	**EL Fleischjus** (siehe Seite 64)
	2		3	**cl Cognac**
	1		1½	**EL Quark**
				Beilage: Kartoffel-Apfelauflauf und Maronen mit Knoblauch. Kartoffelcrêpes mit Ingwer und Blattspinat; Semmelknödel und Rotkohl
				Wein: die besten Lagen Rotwein aus Burgund oder Bordeaux, Österreich, der Schweiz oder Deutschland
	2.05		2.10	**Zeitaufwand**

Zubereitung

Für den Sud Gemüse putzen, waschen und in kleine Würfel schneiden. Schalotten hacken, Knoblauch zerdrücken, beiseite stellen.

Butter in einem Topf erhitzen.

Knochen und Gemüse darin anbraten, unter Rühren 5 Minuten dünsten lassen. Kräuter, Gewürze, Rotwein und Wasser zugeben. Sud bei schwacher Hitze eine Stunde kochen lassen.

In der Zwischenzeit: Die äußere Schwarte vom Fleisch, ohne das Fett, wegschneiden. Fleisch waschen und abtrocknen. Beiseite stellen.

Wenn der Sud fertig gekocht ist, in einer bzw. zwei Pfanne(n) mit Deckel (je) 1 EL Öl bis zum Rauchpunkt erhitzen. Fleisch von jeder Seite 3 Minuten anbraten.

In der Zwischenzeit: Den Sud durch ein Sieb gießen, Gemüse ausdrücken und wegwerfen, Markknochen aushöhlen, Sud entfetten, das Mark in den Sud geben.

Backröhre vorheizen: E-Herd: 100° C, Gas: Stufe 1.

Das Fett aus der (den) Pfanne(n) abgießen. Fleisch wieder in die Pfanne(n) geben. Mit der Brühe begießen und zugedeckt von jeder Seite 10 Minuten dünsten lassen.

Fleisch herausnehmen und auf eine feuerfeste Platte legen. Mit Alufolie abdecken und in die heiße Röhre stellen.

Jus und Cognac zur Sauce geben. Auf großer Hitze (in einer Pfanne) ca. 10 Minuten einkochen lassen. Dann den Quark zugeben und mit dem Schneebesen unterschlagen. Sauce erhitzen, aber nicht mehr kochen lassen. Abschmecken.

Fleisch parallel zum Knochen in ca. 3 cm breite Streifen schneiden, das Fett entfernen. Die Sauce separat dazu servieren.

Sauerbraten mit Kartoffelpuffer

Personen 2	4	6	8	Zutaten
	60	90	120	**g Karotten**
	150	225	300	**g Sellerie**
	150	225	300	**g Porree** (nur das Weiße)
	60	90	120	**g Petersilienwurzel**
	60	90	120	**g Champignons**
	50	75	100	**g Schalotten**
	1	2	2	**Knoblauchzehe(n)**
	150	200	250	**g Fleischtomaten**
	½	½	¾	**l Rotwein**
	⅛	⅛	3/16	**l bester Wein-,** Sherry- oder Himbeeressig
	2	3	3	**Blatt Lorbeer**
	4	6	8	**gestoßene Wacholderbeeren**
	6	8	10	**Umdrehungen Pfeffermischung**
	2	2	2	**Fichtenzweige** (je ca. 15 cm lang)
	800	1200	1600	**g Rindfleisch** ohne Knochen (D = Dickes Bugstück oder Schwanzstück A = Dicke Schulter oder Tafelstück CH = Dicke Schulter oder Unterspälte)
				Küchenkrepp
				Klarsichtfolie
	1	1	1	**EL Butter**
	3	3	3	**EL Öl**
	¾	1	1¼	**gestrichener TL Salz**
	500	750	1000	**g mehlig-festkochende Kartoffeln**
	2	3	4	**Schalotten**
	1	2	3	**Knoblauchzehe(n)**
	1	2	3	**Ei(er)**
	½	1	1½	**TL Salz**
	4	6	8	**Umdrehungen Pfeffermischung**
	½	1	1½	**TL geriebene Muskatnuß**
				Semmelbrösel
				Öl zum Ausbacken
				Alufolie
	2	3	4	**EL Fleischjus** (s. Seite 64)
	1	2	3	**TL Butter**

Zubereitung

2–3 Tage vorher: Gemüse putzen, waschen und in kleine Würfel schneiden, mit Rotwein, Essig, Lorbeer, Wacholderbeeren und Pfeffermischung in einer großen Schüssel zu einer Marinade verrühren.

Fichtenzweige waschen, zwischen zwei Lagen Küchenkrepp legen und mit dem Hammer leicht klopfen. Einen Fichtenzweig unter, einen auf das Fleisch geben und in die Marinade legen. Mit Klarsichtfolie abdecken und für 2–3 Tage in den Kühlschrank stellen.

Am Tag der Zubereitung: Das Fleisch aus der Beize nehmen und abtrocknen. Butter und Öl in einem Schmortopf erhitzen, das Fleisch von allen Seiten je 5 Minuten anbraten, dann salzen und aus der Pfanne heben. Beize vom Gemüse abgießen, Fichtenzweige wegwerfen. Gemüse in dem Topf 5–10 Minuten dünsten. Die Beize angießen und zum Kochen bringen, dann das Fleisch zugeben. Zugedeckt bei schwacher Hitze schmoren lassen: Bei einer Menge für: 4 Personen 1 Stunde, 6 Personen 1¼ Stunden, 8 Personen 1½ Stunden.

In der Zwischenzeit: Den Teig für die Puffer zubereiten: Rohe Kartoffeln schälen, waschen und reiben. Den Teig in ein Geschirrtuch geben und die Flüssigkeit so gut es geht ausdrücken. Der Teig sollte relativ trocken sein.

Schalotten hacken, Knoblauch zerdrücken, mit Ei(ern), Salz, Pfeffermischung und Muskat zu den Kartoffeln geben und unterrühren. Falls der Teig zu feucht ist, Semmelbrösel zugeben.

Ca. 30 Minuten vor Ende der Garzeit des Fleisches Backröhre vorheizen: E-Herd: 100° C, Gas: Stufe 1–2.

Dann eine, bei mehr als 4 Personen zwei Pfanne(n) auf den Herd stellen. Ca. ein fingerbreit Öl hineingießen und erhitzen. Jetzt den Kartoffelteig so einteilen, daß pro Person 3 Puffer gebacken werden können.

Je eine Teigportion in die Pfanne geben, flachdrücken und ca. 3–4 Minuten auf jeder Seite backen. Herausnehmen und auf Küchenkrepp entfetten. Puffer in der Röhre heiß halten. Eventuell neues Öl in die Pfanne gießen, wieder erhitzen und weitere Puffer backen, bis der Teig verbraucht ist.

Das Fleisch aus dem Schmortopf nehmen, mit Alufolie abdecken und in die Röhre schieben.

Personen				Zutaten
2	4	6	8	
				Beilage: Rote Beete; Rhabarber gedünstet; Rotkohl; Rosenkohl; Sellerie-Püree
				Wein: Rotwein, z. B. Burgunder, Côtes du Rhône, Barbera, Lambrusco oder Dôle
	0.15	0.20	0.25	**Zeitaufwand am 1. Tag**
	1.40	2.00	2.10	**Zeitaufwand am Tag der Zubereitung**

Zubereitung

Jetzt die Sauce fertigstellen: Die Beize durch ein Sieb gießen, das Gemüse so gut es geht ausdrücken und die Sauce entfetten. Jus zugeben und die Sauce etwa 10 Minuten einkochen lassen. Nach Geschmack noch Essig oder Zucker zugeben, eventuell Salz und Pfeffermischung.

Mit dem Schneebesen die eiskalte Butter in die Sauce einrühren.

Braten in Scheiben schneiden, mit den Kartoffelpuffern umlegen, die Sauce separat reichen.

Filet Wellington *(Tip 1 + 2)*

(Foto nach S. 136)

2	4	6	8	Zutaten
250	500	750	1000	**g Champignons**
50	75	125	150	**g Butter,** evtl. mehr
2	4	6	8	**große Schalotten** oder Frühlingszwiebeln
1	2	3	4	**kleine Knoblauchzehe(n)**
¼	½	¾	1	**TL Salz**
4	8	12	16	**Umdrehungen weißer Pfeffer**
1	2	3	4	**EL Zitronensaft**
5	10	15	20	**cm Tomatenmark** aus der Tube
1	1	2	2	**EL Butterschmalz**
400	750	1200	1500	**g Rinderfilet,** möglichst aus dem Mittelstück geschnitten (A = Lungenbraten)
½	1	1½	2	**TL Salz**
8	12	16	20	**Umdrehungen Pfeffermischung**
300	400	500	600	**g Blätterteig** (Tip 4)
				Mehl zum Bestäuben
50	100	150	200	**g frische Gänseleberpastete** (Tip 3)
1	1	2	2	**Eigelb**
				Für die Madeira-Sahne-Sauce
⅛	¼	⅜	½	**l Madeira**
2	4	6	8	**EL Fleischjus** (siehe Seite 64)

Champignons-Duxelles zubereiten, beiseite stellen (siehe Seite 190).

Butterschmalz in einer Pfanne bis zum Rauchpunkt erhitzen.

In der Zwischenzeit: Das Fleisch häuten, Sehnen und sichtbares Fett entfernen. Mit Salz und Pfeffermischung rundum bestreuen, gut einmassieren. Auf einer bemehlten Fläche Tiefkühlblätterteig zum Auftauen auslegen und mit Mehl bestäuben.

Das Filet auf allen vier Seiten bei schwacher Hitze je 5 Minuten anbraten.

In der Zwischenzeit: Den Blätterteig auf einer bemehlten Fläche 2–3 mm dick rechteckig ausrollen. Die Ränder gut mit Wasser bestreichen und die Teigstücke zusammenkleben, so daß das Fleisch darin eingepackt werden kann. Einen Teigstreifen von ca. 4–5 cm Breite abschneiden und daraus Verzierungen ausstechen oder ausschneiden.

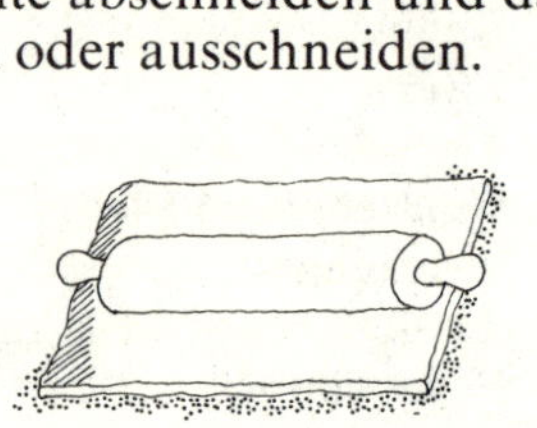

Backröhre vorheizen: E-Herd: 225° C, Gas: Stufe 4.

Filet aus der Pfanne nehmen. Pfanne beiseite stellen, der Bratenfond wird noch für die Sauce benötigt.

Personen				Zutaten
2	4	6	8	
⅛	⅛	¼	¼	l **Crème fraîche** oder süße Sahne
1	1	2	2	**Eigelb**
				Für die Sauce Périgord
1	1	2	2	**TL Butter**
1	2	3	4	**EL Schalotten**
¼	⅜	½	⅝	**l Madeira**
3	6	9	12	**EL Fleischjus** (siehe Seite 64)
25	25	50	50	**g Trüffeln,** Salz und Pfeffer nach Geschmack
				Beilage: feines Gemüse wie: Spargel; Karotten mit Weintrauben; grüne Bohnen; Broccoli; Blattspinat und Austernpilze
				Wein: einer der großen Rotweine aus Burgund oder Bordeaux oder ein Hermitage; ein Barolo aus Italien oder ein trockener Ahr-Rotwein aus Deutschland
1.30	1.35	1.40	1.45	**Zeitaufwand**

Zubereitung

Backblech mit Mehl bestäuben und den Blätterteig darauflegen. In die Mitte des Blätterteigs etwa die Hälfte der Champignons-Duxelles häufen und auf einer Fläche verteilen, die etwa um ⅓ größer ist als das Filet.

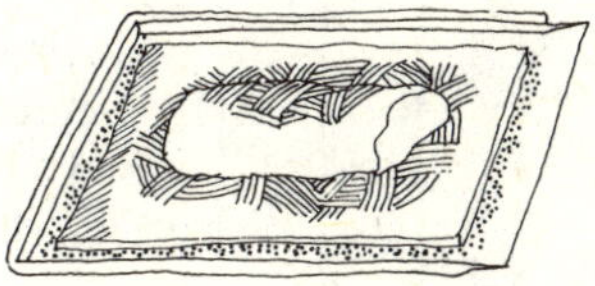

Filet rundum mit der Gänseleberpastete bestreichen, dann auf die Duxelles setzen und mit dem restlichen Champignon-Püree bedecken. Den Teig darüber zusammenfalten, die Ränder mit Wasser bestreichen und gut festkleben, überstehenden Teig abschneiden.

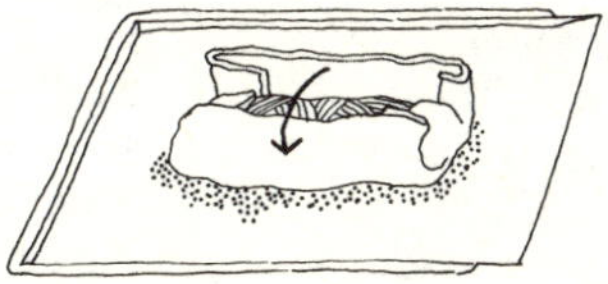

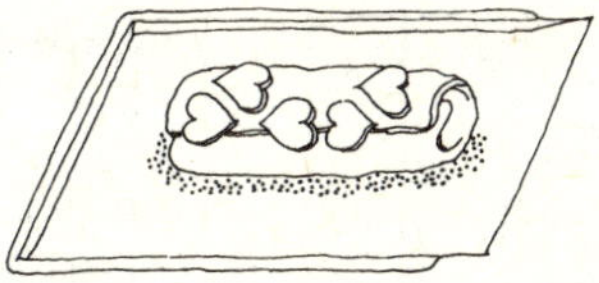

Die ausgestochenen Verzierungen mit Wasser aufkleben. Den Teig mit Eigelb bestreichen, sofort in den Ofen schieben und 25 Minuten backen.

In der Zwischenzeit: Eine oder beide der Saucen zubereiten: Für die Madeira-Sahne-Sauce das Fett aus der Pfanne abgießen, Pfanne wieder erhitzen und Madeira zugeben. Den Bratensatz mit einem Holzlöffel vom Boden lösen, Fleischjus zugeben und 5–10 Minuten kochen lassen. Sahne mit Eigelb verquirlen, in die Pfanne schütten und unter Rühren erhitzen, aber nicht mehr kochen lassen.

Für die Sauce Périgord das Fett aus der Pfanne abgießen. Butter darin erhitzen und die Schalotten 5 Minuten dünsten. Madeira und Kalbsjus zugeben und 5–10 Minuten kochen lassen. Trüffeln fein hacken und (mit dem Dosensaft) in die Pfanne geben. Fond noch einige Minuten einkochen lassen.

Ofen ausschalten und öffnen. Das Fleisch noch 5–10 Minuten ruhen lassen, damit sich der Fleischsaft gut verteilen kann. Filet und Sauce getrennt reichen.

Tips:

1. Das Filet ist nach Arthur Wellexley, Herzog von Wellington (1769–1852) benannt, dem Sieger von Waterloo. Er beauftragte seinen Küchenchef, dessen Name nicht überliefert ist, das englische Roastbeef einmal anders zuzubereiten. So entstand dieses Gericht.

2. In diesem Rezept finden Sie zwei Saucen, die Sie wahlweise zubereiten können.

3. Gänseleberpastete können Sie in Feinkostgeschäften frisch kaufen. In Kaufhäusern finden Sie auch Halb- oder Ganzkonserven, die aber nicht den Geschmack der frischen Gänseleberpastete erreichen.

4. Blätterteig können Sie tiefgekühlt oder frisch beim Bäcker (vorbestellen!) kaufen oder selbst zubereiten. Das Rezept finden Sie auf Seite 70.

Tafelspitz mit Apfelkren und Schnittlauchsauce

(Foto nach S. 128)

Personen 2	4	6	8	Zutaten
		2	3	**große Schalotten**
		90	120	**g Karotten**
		225	300	**g Sellerie**
		225	300	**g Porree** (nur das Weiße)
		90	120	**g Petersilienwurzel**
		90	120	**g Champignons**
		2	3	**Knoblauchzehen**
		200	250	**g Fleischtomaten**
		500	750	**g Fleisch- und Markknochen**
		2	3	**EL Pfeffermischung** (Körner)
		2	3	**TL Salz**
		2	3	**TL frisch gehackter** oder getrockneter Liebstöckel
		2	3	**l kaltes Wasser,** evtl. etwas mehr
		1200	1600	**g Tafelspitz** (Tip 1)
		3	4	**säuerliche Äpfel**
		2	3	**EL Weinessig,** am besten Sherry-Essig
		4	6	**EL Wasser**
		½	1	**TL Zucker**
		2	3	**Nelken**
		½	1	**Zimtstange**
				frisch geriebener Meerrettich nach Geschmack
		3	5	**EL Mandeln** (Tip 2)
		⅛	⅛	**l Wasser**
		3	4	**Eigelb**
		1	1½	**EL Öl**
		2	3	**Prisen Salz**
		4	6	**Umdrehungen Pfeffermischung**
		2	3	**TL Zitronensaft**
		1	2	**Prise(n) Zucker**
		100	150	**g Quark**
		100	150	**g Crème fraîche** oder saure Sahne
		1	2	**EL frisch gehackter Borretsch** (kann entfallen)
		1	2	**EL frisch gehackte Petersilie**
		2	3	**EL frisch gehackter Schnittlauch**

Zubereitung

Eine Elektroplatte erhitzen, beim Gasherd eine Pfanne auf die Flamme stellen.

In der Zwischenzeit: Die Schalotten längs durchschneiden. Die Schalotten auf die Platte oder in die Pfanne legen und die Schnittflächen bei Mittelhitze sehr dunkel rösten. Nicht verbrennen lassen.

Gemüse putzen, waschen und in kleine Würfel schneiden. Knoblauch zerdrücken. Mit den Schalotten und den Knochen in einen großen Topf geben, in dem auch das Fleisch Platz hat. Kräuter und Gewürze zugeben. Wasser angießen und zum Kochen bringen.

Sobald das Wasser stark sprudelt, das Fleisch in den Topf geben, auf schwache Hitze zurückschalten. Bei einer Menge für:
6 Personen 2½ Stunden,
8 Personen 3 Stunden kochen lassen.

In der Zwischenzeit: Apfelkren und Schnittlauchsauce zubereiten: Äpfel schälen und entkernen, in einen Topf geben. Essig, Wasser, Zucker, Nelken und Zimt zugeben. Bei schwacher Hitze 10 Minuten dünsten lassen.

Gewürze entfernen und die Äpfel durch ein Sieb passieren. Erkalten lassen.

Den Meerrettich reiben und teelöffelweise unter das Apfelmus ziehen. Dabei immer wieder abschmecken, damit der Apfelkren nicht zu scharf wird.

¼ l Wasser zum Kochen bringen, die Mandeln kurz darin ziehen lassen, dann die Häutchen entfernen. Mandeln reiben und unter den Apfelkren mischen, beiseite stellen.

Eigelb mit dem Handrührer 1 Minute lang schlagen. Das Öl tropfenweise zugeben, dann Salz, Pfeffermischung, Zitronensaft, Zucker, Quark und Crème fraîche unterschlagen. Die Kräuter unterheben, vom Schnittlauch 1 Eßlöffel zurückbehalten. Vor dem Servieren die Sauce mit dem Schnittlauch bestreuen.

Nach Ablauf der Garzeit Fleisch aus dem Sud nehmen und 5 Minuten ruhen lassen. Sud als Suppengrundlage aufbewahren.

Tafelspitz mit einem scharfen Messer quer zur Faser in ca. 1 cm dicke Scheiben schneiden.

Personen				Zutaten	Zubereitung
2	4	6	8		
				Beilage: Rösti und Blattspinat	*Tips:*
				Wein: ein trockener Riesling oder Gewürztraminer oder ein leichter, trockener Rotwein	1. Tafelspitz ist eines der berühmtesten Gerichte der österreichischen Küche. In Österreich wird das Rind in wesentlich mehr Einzelteile zerlegt als in Deutschland oder in der Schweiz. Tafelspitz ist in Deutschland das Ende des Schwanzstücks (Unterschale), in der Schweiz wird es Unterspalte genannt. Fragen Sie deshalb Ihren Metzger einige Tage vorher danach und bestellen Sie es rechtzeitig vor. Fragen Sie außerdem, ob es abgehangen ist (mind. 14 Tage), sonst wird das Fleisch zäh.
		3.15	3.50	**Zeitaufwand**	2. Sie können die Mandeln auch gerne weglassen; Kaiser Franz Josephs Leibkoch Prskopal allerdings bereitete Apfelkren nur mit Mandeln.

Kalbsragout im Blätterteighaus (Foto nach S. 136)

	1		2	**Kalbsbries** (Tip 1)	*Am Tag vorher beginnen:* Das Bries 3 Stunden wässern, Wasser öfters erneuern.
	½		1	**frisch geschlachtetes Hähnchen**	*In der Zwischenzeit:* Das Hähnchen enthäuten und das Fleisch von den Knochen lösen. Bürzel, Rückgrat, Kopf und Füße wegwerfen.
	1		2	**cl Madeira**	
	3		6	**Umdrehungen Pfeffermischung**	Das Hähnchenfleisch mit Pfeffermischung bestreuen, mit Madeira begießen und zugedeckt über Nacht im Kühlschrank durchziehen lassen.
	½		¾	**l Fleischbrühe** (siehe Seite 66)	
	2		3	**l Wasser**	Knochen und Haut zu den Zutaten für die Fleischbrühe geben und nach Rezept (siehe Seite 66) zubereiten.
	2		2	**gehäufte TL Salz**	
	750		1500	**g Blätterteig** (Tip 2) Mehl zum Bestäuben	Bries in kaltem Salzwasser erhitzen, kurz aufkochen und 10 Minuten ziehen lassen. Mit kaltem Wasser abschrecken und gut häuten, ohne daß das Paket zerfällt.
	2,5		5	**m Alufolie**	
	2		3	**Eiweiß**	
	1		2	**Eigelb**	Bries auf eine flache Platte legen, mit einem Brett beschweren und über Nacht im Kühlschrank ruhen lassen.
	300		600	**g gepökelte Zunge**	
	300		600	**g Kalbfleisch** (D = Kugel, A = Kalbsnuß, CH = Nuß)	*Am Tag der Zubereitung:* Für 4 Personen ein Blätterteighaus, für 8 Personen 2 Häuser zubereiten: Tiefkühl-Blätterteig auf eine mit Mehl bestäubte Fläche legen und auftauen lassen.
	150		300	**g Champignons** oder Austernpilze	Backröhre vorheizen: E-Herd: 225° C, Gas: Stufe 4.

Personen 2	4	6	8	Zutaten
	2		3	**Schalotten**
	1		2	**Knoblauchzehe(n)**
	1		2	**TL Butter**
	¼		½	**TL Salz**
	2		4	**Umdrehungen Pfeffermischung**
	1		2	**TL Zitronensaft**
	1		2	**TL frisch gehackter Thymian** oder ⅓ der Menge getrocknet
				Salz und Pfeffermischung
	3		6	**EL Crème fraîche**
	1		2	**Eigelb**
	1		2	**EL frisch gehackte Petersilie**
				Wein: junger trockener Rotwein, z. B. aus Bordeaux, Burgund oder dem Beaujolais; von der Ahr aus Deutschland; ein Dôle oder Viti aus der Schweiz; ein Barbera oder Dolcetto aus Italien; ein Blaufränkisch oder Blauer Portugieser aus Österreich
	4.00		4.00	**Zeitaufwand am 1. Tag**
	2.00		2.30	**Zeitaufwand am 2. Tag**

Zubereitung

Pro Haus 2 Blätterteigflächen auf 40×40 cm ca. 2–3 mm dick ausrollen.

Aus Alufolie eine oder zwei Kugel(n) von ca. 15 cm Durchmesser formen. Alukugel(n) einfetten und mehlen, in die Mitte einer Teigplatte setzen. Teigplatte rundum mit Eiweiß einpinseln, die zweite Platte über den Ball legen und ganz dicht an die Alukugel heranziehen, Teigrand auf der unteren Platte festdrücken. Den Teig um die Kugel herum einige Male mit einer Gabel einstechen, damit er nur wenig aufgeht.

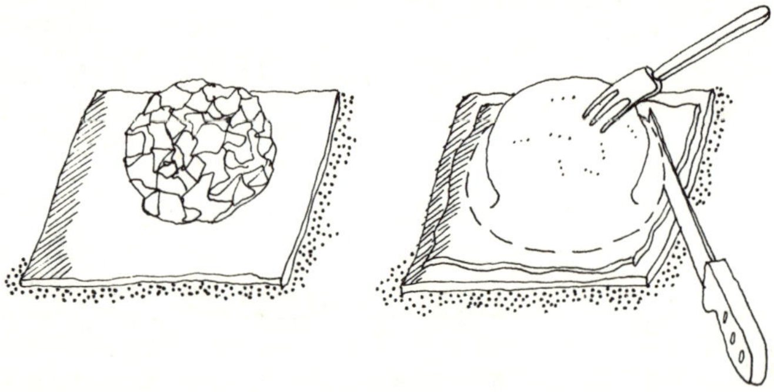

Jetzt den Teigrand in ca. 5 cm Abstand von der Kugel abschneiden.

Aus den Teigresten vier 1 cm breite Streifen schneiden, kreuzweise über die Kugel legen und mit Eiweiß festkleben. Einen Streifen waagrecht, etwa in ⅔ der Höhe, um die Kugel legen, etwas überlappen lassen und festkleben. Aus dem restlichen Teig Verzierungen (Blätter, Herzen etc.) schneiden und rundum auf das Blätterteighaus kleben. Rand zackenförmig einschneiden.

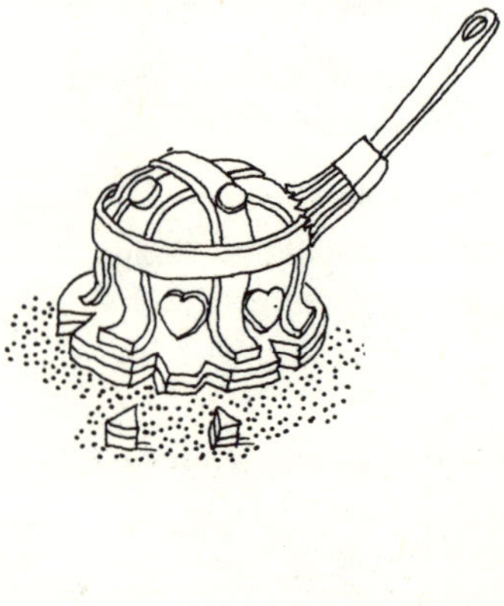

Tips:

1. Kalbsbries sollten Sie beim Metzger vorbestellen, es muß ganz frisch sein. Bestehen Sie auf dem sogenannten Nußstück, das ca. 200 bis 250 Gramm wiegt. Das Bries wird auch Milcher, Milken oder Schweser genannt.

2. Blätterteig finden Sie in der Tiefkühltruhe Ihres Kaufmanns, Sie können ihn beim Bäcker kaufen (vorbestellen!) oder selbst zubereiten (Rezept Seite 70).

Kalbsleber mit Basilikum, Rezept Seite 138

Kalbsragout im Blätterteighaus, Rezept Seite 135

Fasan, Rezept Seite 164

Rebhuhn in
Traubensauce,
Rezept Seite 165

Filet Wellington,
Rezept Seite 132

Rehrücken. Rezept Seite 149

Zubereitung

Blech fetten und mehlen. Blätterteighaus bzw. -häuser daraufsetzen und mit Eigelb bepinseln. Sofort in den Ofen schieben und 30 bis 35 Minuten backen.

In der Zwischenzeit: Die Fleischbrühe entfetten und die entsprechende Menge abmessen, zum Kochen bringen.

Hähnchenfleisch aus dem Kühlschrank nehmen. Madeira zur Fleischbrühe geben.

Zunge häuten, Fett und Knorpel, falls vorhanden, entfernen. Zunge, Kalbfleisch und Bries in 1 cm breite Würfel schneiden, getrennt beiseite stellen.

Champignons in Scheiben schneiden, beiseite stellen.

Das Kalbfleisch 10 Minuten in der Brühe bei schwacher Hitze kochen. Dann das Hähnchenfleisch zugeben und alles weitere 10 Minuten kochen lassen.

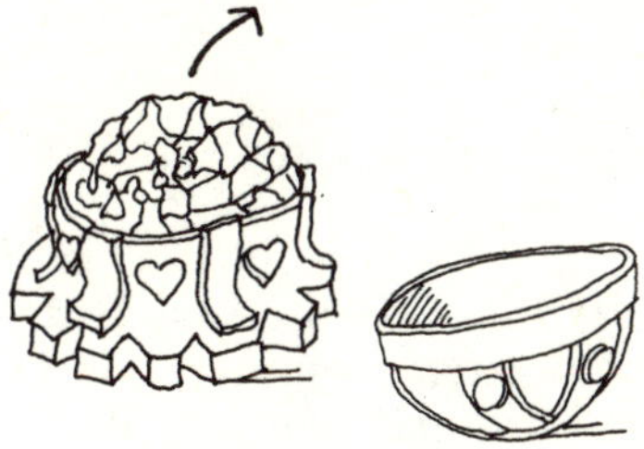

Fleisch herausnehmen und zugedeckt beiseite stellen. Die Brühe um ⅔ einkochen lassen.

Blätterteighaus(häuser) aus dem Ofen nehmen und sofort unterhalb des waagrechten Streifens einen Deckel abschneiden und abnehmen. Pastete etwas abkühlen lassen, dann den Aluball vorsichtig herausziehen.

Schalotten hacken, Knoblauch zerdrücken. Butter erhitzen und beides darin 5 Minuten dünsten lassen. Dann die Pilze, Salz, Pfeffermischung, Zitronensaft und Thymian zugeben. Nochmals 10 Minuten dünsten.

Nach Ablauf der Zeit Kalb- und Hühnerfleisch, Zunge und Bries und die Brühe zu den Champignons geben, gut durchmischen und bei reduzierter Hitze heiß werden lassen. Mit Salz und Pfeffermischung abschmecken.

Crème fraîche und Eigelb mischen und mit der Petersilie unter die Sauce rühren. Wieder erhitzen, aber nicht mehr kochen lassen.

Ragout sofort in das (die) Blätterteighaus(häuser) füllen und servieren.

Kalbsleber mit Basilikum

(Foto nach S. 136)

Personen 2	4	6	8	Zutaten
1	1	2	2	**l Wasser**
200	400	600	800	**g Tomaten**
300	600	900	1200	**g Kalbsleber** im Stück (Tip)
4	6	8	10	**Umdrehungen Pfeffermischung**
1	2	3	4	**TL frisch gehacktes Basilikum**
				Alufolie
1	2	3	4	**TL Butter**
2	4	6	8	**Schalotten**
1	2	3	4	**TL frisch gehacktes Basilikum** für die Sauce
1	2	3	4	**TL Olivenöl**
				Salz und Pfeffermischung
				Beilage: Stangenweißbrot; Kartoffelpüree mit Mandeln; Kartoffel-Apfel-Auflauf; Rösti
				Wein: leichter trockener Rotwein, z. B. ein Beaujolais-Villages aus Frankreich; ein Merlot aus Italien; ein Blauer Portugieser aus Österreich oder ein roter Neuchâtel aus der Schweiz
0.50	0.55	1.00	1.05	**Zeitaufwand**

Zubereitung — **April – November**

Wasser zum Kochen bringen. Die Tomaten darin 3 Minuten blanchieren, herausnehmen, kalt abschrecken und häuten, Wasser nicht wegschütten! Tomaten ganz fein hacken und beiseite stellen.

Leber häuten, Sehnen und Äderchen vorsichtig herausschneiden. Mit Pfeffermischung bestreuen, die Hälfte der gehackten Basilikumblätter auf die Alufolie geben. Leber darauflegen und mit dem Rest des Basilikums bestreuen, dann luftdicht verschließen und im sehr heißen, aber nicht kochenden Wasser bei einer Menge für:

2 Personen 15 Minuten,
4 Personen 20 Minuten,
6 Personen 20 Minuten,
8 Personen 25 Minuten ziehen lassen.

In der Zwischenzeit: Die Butter erhitzen, Schalotten hacken, Knoblauch zerdrücken und in der Butter mit dem Basilikum kurz dünsten. Tomaten und Öl zugeben und zum Kochen bringen. Mit Salz und Pfeffermischung abschmecken.

Leber aus dem Wasser nehmen, den Saft aus der Folie zur Sauce geben. Die Leber in dünne Scheiben schneiden. Die Sauce separat reichen.

Tip:

Wenn Sie dieses Gericht für mehr als 4 Personen zubereiten, kaufen Sie zwei gleich große Stücke Leber.

Kalbsnieren mit Steinpilzen *(Tip)*

Personen 2	4	6	8	Zutaten
1	2			**Kalbsnieren,** je ca. 300 g schwer
200	400			**g Steinpilze**
1	2			**EL Butter**
2	4			**Schalotten**
½	1			**TL Salz**
4	8			**Umdrehungen Pfeffermischung**
1	2			**TL Zitronensaft**
2	3			**dl Madeira**
2	4			**EL Öl**
¼	½			**TL Salz**
4	8			**Umdrehungen Pfeffermischung**
½	1			**TL frisch gehackter Rosmarin** oder die Hälfte getrocknet
2	4			**cl Cognac**
1	2			**EL Fleischjus** (siehe Seite 64)
1	2			**EL Crème fraîche**
				Salz und Pfeffermischung
1	2			**EL gehackte Petersilie**
				Beilage: Spätzle, Kartoffel-Apfel-Auflauf; Kartoffelpüree
				Wein: ein Rotwein bester Lagen
2.00	2.15			**Zeitaufwand**

Zubereitung **Juli – Oktober**

Nieren waschen, dann der Länge nach aufschneiden und möglichst alle Sehnen und alles Fett entfernen. Eine Stunde wässern.

In der Zwischenzeit: Die Pilze putzen und in mundgerechte Stücke schneiden, beiseite stellen.

Die Nieren aus dem Wasser nehmen und abtrocknen. Jede Hälfte nochmals der Länge nach durchtrennen und in 3 mm dicke Scheiben schneiden, beiseite stellen.

Backröhre vorheizen: E-Herd: 100° C, Gas: Stufe 1–2.

In einer, bei 4 Personen in zwei Pfannen Butter erhitzen, die Schalotten darin 5 Minuten dünsten. Pilze zugeben und bei reduzierter Hitze 5 Minuten braten ohne zu rühren, dann wenden und wieder 5 Minuten braten. Mit Salz, Pfeffermischung und Zitronensaft würzen. Herausnehmen, Madeira in die Pfanne(n) gießen, Bratensatz lösen und in einen Topf geben, beiseite stellen. Pilze zugedeckt im Ofen warmhalten.

Die Pfanne(n) auswaschen und Öl darin rauchheiß werden lassen. Die Nierenstücke hineingeben, im Öl wenden und 3 Minuten braten lassen ohne zu rühren. Dann die Fleischstücke umdrehen und nochmals 3 Minuten braten. Mit Salz, Pfeffermischung und Rosmarin würzen, mit Cognac flambieren. Herausnehmen und zu den Pilzen in den Ofen geben. Madeira wieder in die Pfanne gießen, Jus zugeben und bei großer Hitze um die Hälfte einkochen lassen. Crème fraîche zugeben, unterrühren und mit Salz und Pfeffermischung abschmecken.

Die Sauce über die Nieren und Pilze gießen und untermischen. Mit Petersilie bestreuen.

Tip:

Dieses Rezept können Sie ganz nach Wunsch abwandeln: mit Pfifferlingen, Champignons, Austernpilzen etc. Sie können die Pilze auch weglassen. Beachten Sie jedoch, daß die Nieren den Alkohol brauchen: Statt Cognac können Sie auch Gin, Slibowitz, Armagnac u. ä. nehmen.

Kalbsbries in würziger Sahne-Sauce

Personen 2	4	6	8	Zutaten
2	4			**Kalbsbries** (Tip)
2	3			**l Wasser**
2	3			**gehäufte TL Salz**
10	20			**g getrocknete Morcheln**
2	4			**Schalotten**
1	1			**kleine Zehe Knoblauch**
2	3			**TL Butter**
2	4			**EL Butterschmalz**
½	1			**TL Salz**
4	8			**Umdrehungen Pfeffermischung**
2	4			**cl Armagnac**
1	2			**Prise(n) Salz**
2	4			**Umdrehungen Pfeffermischung**
4	8			**EL Crème fraîche**
				Dijon-Senf und Armagnac zum Abschmecken
				Kerbel zum Garnieren
				Beilage: Reis mit Mandeln, Safran-Reis und Spinat; Crêpes gefüllt mit Blattspinat
				Wein: ein leichter Rotwein aus Burgund, Bordeaux oder ein Beaujolais
3.35	3.45			**Zeitaufwand am 1. Tag**
3.35	3.40			**Zeitaufwand am 2. Tag**

Zubereitung

Am Tag vorher: Das Bries 3 Stunden wässern, Wasser öfters erneuern. Dann in kaltem Salzwasser erhitzen, kurz aufkochen und 10 Minuten ziehen lassen.

Mit kaltem Wasser abschrecken und gut häuten, ohne daß das Paket zerfällt.

Bries auf eine flache Platte legen, mit einem Brett beschweren und über Nacht in den Kühlschrank stellen.

Am Tag der Zubereitung: Morcheln gründlich waschen und in lauwarmem Wasser 1½ Stunden einweichen.

15 Minuten vor Ablauf der Einweichzeit Schalotten hacken, Knoblauch zerdrücken und in einem Topf mit heißer Butter 5 Minuten dünsten.

Morcheln aus dem Wasser nehmen, große Pilze halbieren. Morchelwasser durch einen Filter gießen, beiseite stellen. Morcheln in der Butter 10 Minuten braten lassen.

In der Zwischenzeit: Butterschmalz in einer, bei vier Personen in zwei Pfannen erhitzen. Bries in der (den) Pfanne(n) von beiden Seiten 5 Minuten anbraten, salzen, pfeffern, dann auf jeder Seite noch 10 Minuten braten.

In der Zwischenzeit: Armagnac und Zitronensaft zu den Morcheln geben, mit Salz und Pfeffer würzen. Die Hälfte der Crème fraîche und des Morchelwassers dazugeben, um die Hälfte einkochen lassen. Restliche Crème fraîche und Morchelwasser zugeben und wieder um die Hälfte reduzieren lassen.

Sauce nicht zu scharf mit Dijon-Senf und Armagnac abschmecken.

Bries aus der (den) Pfanne(n) nehmen, auf Küchenkrepp entfetten und auf Teller verteilen.

Das Fett aus der (den) Pfanne(n) abgießen und den Bratensatz mit der Sauce lösen. Bries mit der Sauce übergießen, mit Kerbel garnieren und servieren.

Tip:

Kalbsbries sollten Sie beim Metzger vorbestellen, es muß ganz frisch sein. Bestehen Sie auf dem sogenannten Nußstück, das ca. 200 bis 250 Gramm wiegt. Das Bries wird auch Milcher, Milken oder Schweser genannt.

Schweinefleisch mit Gin

2	4	6	8	Zutaten
	60	90	120	**g Karotten**
	150	225	300	**g Sellerie**
	150	225	300	**g Porree** (nur das Weiße)
	60	90	120	**g Petersilienwurzel**

Eine Woche vorher: Für die Beize das Gemüse putzen, waschen und in kleine Würfel, die Zitrone in Scheiben schneiden, Schalotten hacken, Knoblauch und Wacholderbeeren zerdrücken.

Personen 2	4	6	8	Zutaten
	60	90	120	**g Champignons**
	1	1	1	**Zitrone**
	50	75	100	**g Schalotten**
	1	2	2	**Knoblauchzehe(n)**
	150	200	250	**g Fleischtomaten**
	1	2	3	**EL gehackte Petersilie**
	1	2	3	**EL frisch gehackter Salbei** oder ⅓ der Menge getrocknet
	1	2	3	**TL Wacholderbeeren**
	750	1200	1500	**g Schweinefleisch** von der Keule
	2	3	4	**Blatt Lorbeer**
	1	1½	2	**EL Pfeffermischung** (ganze Körner)
	½	½	¾	**l trockener Weißwein**
	¼	¼	⅜	**l Gin**
	¼	¼	⅜	**l guter Weinessig,** am besten Sherry-Essig
	¼	¼	½	**l Wasser**
				Klarsichtfolie
	2	3	3	**EL Butter**
	2	4	4	**EL Öl**
	2	3	4	**große Fleischtomaten**
	1	½	2	**gestrichene(r) TL Salz**
				Alufolie
	3	3	4	**TL Tomatenmark**
				Salz, Pfeffer, Zucker zum Abschmecken
	2	4	6	**cl Gin**
	50	100	150	**g Crème fraîche** oder saure Sahne
	2	2	3	**EL Quark**
	0.25	0.25	0.30	**Zeitaufwand am Tag der Vorbereitung**
	1.05	1.20	1.35	**Zeitaufwand am Tag der Zubereitung**

Zubereitung

Fleisch waschen und abtrocknen (falls es eine Schwarte hat, diese kreuzweise einschneiden). Mit dem Gemüse, den Gewürzen und gehackten Kräutern in einen Steintopf geben. Weißwein, Gin, Essig und Wasser angießen, mit Klarsichtfolie abdecken, in den Kühlschrank stellen. Fleisch täglich wenden.

Am Tag der Zubereitung: Butter und Öl in einer Pfanne erhitzen.

In der Zwischenzeit: Das Fleisch aus der Marinade nehmen und abtrocknen. Marinade durchseihen und mit den Gemüsen beiseite stellen. Tomaten in Scheiben schneiden.

Das Fleisch von allen Seiten je 3 Minuten anbraten, dann salzen und in einen Schmortopf legen.

Die Hälfte des Gemüses (ohne die Zitronen) und die Tomaten in der Pfanne 5 Minuten dünsten, zum Fleisch in den Schmortopf geben.

Ein Drittel der Marinade in die Pfanne gießen und erhitzen. Reste vom Pfannenboden lösen und die Brühe zum Fleisch geben, zudecken.

Bei einer Menge für:
4 Personen 30 Minuten,
6 Personen 45 Minuten,
8 Personen 60 Minuten schmoren lassen.

In der Zwischenzeit: Restliche Marinade um zwei Drittel einkochen lassen, beiseite stellen.

Backröhre vorheizen: E-Herd: 100° C, Gas: Stufe 1–2.

Fleisch aus dem Schmortopf nehmen, auf einer Servierplatte anrichten, mit Alufolie abdecken und in die Röhre stellen. Fond in einen Topf seihen, Gemüse gut ausdrücken. Tomatenmark und die reduzierte Marinade zugeben, auf starker Hitze 10–15 Minuten einkochen lassen. Mit Salz, Pfeffer, Zucker und Gin abschmecken. Crème fraîche und Quark zur Sauce geben, unterrühren und weitere 5 Minuten kochen lassen. Sauce getrennt reichen.

Beilage: Gefüllte Kartoffeln und Broccoli; Servietten- oder Semmelknödel und Birnenpüree mit Spinat; Spätzle und gedünstete Champignons

Wein: der gleiche, der auch zum Kochen verwendet wurde, z. B. ein leichter Riesling oder Silvaner aus Deutschland; ein Grüner Veltliner aus Österreich; ein Dorin oder Fendant aus der Schweiz; ein Edelzwicker aus dem Elsaß

Schweinefilet mit Estragonsauce

Personen				Zutaten
2	4	6	8	
				3 Tage vorher beginnen!
¼	¼	4/10	4/10	**l Weißwein**
50	50	75	75	**ccm Sherry- oder Himbeer-Essig**
1	2	3	4	**TL frisch gehackter Estragon**
4	8	12	16	**Umdrehungen Pfeffermischung**
1	2	3	4	**Stück Schweinefilet,** je ca. 300 g schwer (A = Lungenbraten)
2	3	4	4	**EL Öl**
				Küchenkrepp
½	1	1½	2	**gestrichene(r) TL Salz**
				Alufolie
2	3	4	4	**EL Jus**
1	2	3	4	**TL frisch gehackter Estragon**
1	2	3	4	**EL Crème fraîche**
				Beilage: Spätzle und Blattspinat; Pistazien-Kartoffeln und Karotten mit Weintrauben; Grüne Nudeln und Gemüse-Flan
				Wein: ein junger, trockener, spritziger Weißwein
0.10	0.10	0.15	0.15	**Zeitaufwand am Tag der Vorbereitung**
0.40	0.40	0.50	0.50	**Zeitaufwand am Tag der Zubereitung**

Zubereitung — **Mai – Oktober**

3 Tage vorher: Für die Marinade Weißwein, Essig, Estragon und Pfeffermischung in einer Schüssel mischen.

Das Filet enthäuten, eventuell vorhandene Sehnen etc. entfernen. In der Schüssel zugedeckt 3 Tage im Kühlschrank marinieren lassen. Öfter wenden.

Am Tag der Zubereitung: Öl in einer Pfanne oder einem Schmortopf erhitzen.

In der Zwischenzeit: Die Filets aus der Marinade nehmen und mit Küchenkrepp trocknen.

Filets von vier Seiten je 3 Minuten anbraten, dann herausnehmen und das Fett abgießen. Fleisch wieder in die Pfanne legen, salzen und flambieren. Sofort mit der Marinade löschen, zudecken, zum Kochen bringen und 10–12 Minuten schmoren lassen.

In der Zwischenzeit: Backröhre vorheizen: E-Herd: 100° C, Gas: Stufe 1–2.

Filet aus der Pfanne nehmen, auf eine Servierplatte legen, mit Alufolie abdecken und in den Ofen stellen.

Jetzt die Sauce zubereiten: Jus und Estragon zum Fond geben und einkochen lassen, pro Person sollen 2–3 EL übrig bleiben.

Crème fraîche unterrühren und nochmals aufkochen lassen. Sauce getrennt zum Fleisch servieren.

Gebeizter Schweinebraten

Personen				Zutaten
2	**4**	**6**	**8**	
½	¾	¾	¾	**l Wasser**
½	¾	¾	¾	**l Rotwein**
¼	⅜	⅜	⅜	**l guter Weinessig,** am besten Sherry-Essig
1	1	2	2	**Zitrone(n),** unbehandelt
30	60	90	120	**g Karotten**
75	150	225	300	**g Sellerie**
75	150	225	300	**g Porree** (nur das Weiße)
30	60	90	120	**g Petersilienwurzel**
30	60	90	120	**g Champignons**
25	50	75	100	**g Schalotten**
1	1	2	2	**Knoblauchzehe(n)**
100	150	200	250	**g Fleischtomaten**
1	2	3	4	**Blatt Lorbeer**
1	2	3	4	**TL Salz**
1	2	3	4	**EL grob gestoßene Pfeffermischung**
3	6	8	10	**gehäufte EL Senfkörner**
5	7	10	12	**ganze Nelken**
10	12	14	16	**Wacholderbeeren**
2	3	4	5	**TL frisch gehackter Thymian** oder ⅓ der Menge getrocknet
2	3	4	5	**TL frisch gehackter Rosmarin** oder ⅓ der Menge getrocknet
2	3	4	4	**kleine Fichtenzweige,** frisch vom Baum geschnitten, je ca. 15 cm lang
½	1	1½	2	**kg Schweinefleisch** (D = Kamm/Nacken), A = Schopfbraten, CH = Hals) (Knochen vom Metzger auslösen lassen)
1	1	2	2	**EL Butterschmalz**
¼	¼	½	½	**l von der Beize**
⅛	⅛	¼	¼	**l Wasser**
⅛	⅛	¼	¼	**l Weißwein**
⅛	⅛	¼	¼	**l Wasser**
1	2	3	4	**Birne(n)**
2	4	6	8	**TL Preiselbeeren** oder -kompott
				Alufolie

Zubereitung

Eine Woche vorher: Wasser, Rotwein und Weinessig in einer großen Schüssel oder einem Steintopf mischen.

Unbehandelte Zitrone(n) hauchdünn schälen, die Schale(n) in den Topf geben.

Gemüse putzen, waschen und in kleine Würfel schneiden. Schalotten hacken, Knoblauch zerdrücken. Mit Lorbeer, Salz, Pfeffermischung, Senfkörnern, Nelken, Wacholderbeeren, Thymian, Rosmarin und den gewaschenen Fichtenzweigen in den Topf geben.

Fleisch waschen und in die Beize legen. Sie muß das Fleisch gut bedecken. Eine Woche zugedeckt im Kühlschrank ziehen lassen.

Am Tag der Zubereitung: Butterschmalz in einer Pfanne erhitzen.

In der Zwischenzeit: Das Fleisch aus dem Topf nehmen und mit Küchenkrepp abtrocknen.

Backröhre vorheizen: E-Herd: 225° C, Gas: Stufe 4.

Das Fleisch in der Pfanne rundum insgesamt 10 Minuten anbraten.

In der Zwischenzeit: Die Beize durch ein Sieb in einen Topf gießen. Das Gemüse beiseite stellen, Kräuter, Gewürze und Fichtenzweige wegwerfen.

Fleisch aus der Pfanne nehmen und in einen Schmortopf oder eine Bratreine legen. Das Gemüse in der Pfanne bei Mittelhitze 5 Minuten dünsten. Dann zum Fleisch geben. Die entsprechende Menge Beize und das Wasser in die Pfanne geben und erhitzen. Allen Bratensatz mit einem Holzlöffel vom Boden und den Seiten lösen, kochend über das Fleisch gießen.

Reine in den Backofen schieben und den Braten bei einer Menge für

2 Personen 40 Minuten,
4 Personen 50 Minuten,
6 Personen 60 Minuten,
8 Personen 70 Minuten schmoren lassen.
Öfter begießen und umdrehen.

In der Zwischenzeit: Weißwein und Wasser in einem Topf zum Kochen bringen. Birne(n) längs halbieren, vorsichtig mit einem Teelöffel das Kerngehäuse und den Stiel entfernen. In den Topf legen und 5 Mi-

Personen				Zutaten	Zubereitung
2	**4**	**6**	**8**		
⅛	⅛	¼	¼	**l Crème fraîche** oder süße Sahne	nuten dünsten lassen. Herausnehmen und abkühlen lassen. Jede Birnenhälfte mit Preiselbeerkompott füllen. Beiseite stellen.
2	4	6	8	**El Fleischjus** (siehe Seite 64)	Nach Ablauf der Garzeit Fleisch aus dem Ofen nehmen, Röhre ausschalten. Fleisch auf einer Servierplatte anrichten, mit Alufolie abdecken und zurück in den Backofen schieben.
2	3	4	5	**EL Preiselbeeren** oder -kompott	
				Beilage: Elsässer Nudeln und Austernpilze; Semmelknödel oder Serviettenknödel und Rotkohl; Spätzle und Maronenpüree	Bratenfond durch ein Sieb in einen Topf gießen. Das Gemüse ausdrücken und wegwerfen. Den Fond entfetten, Sahne und Jus zugießen und 10 Minuten bei Mittelhitze einkochen lassen.
				Wein: der gleiche, der zum Kochen verwendet wurde, z. B. ein einfacher Bordeaux oder Burgunder aus Frankreich; ein Barbera oder Lambrusco aus Italien; ein Dôle aus der Schweiz; ein Blauer Portugieser aus Österreich	Preiselbeeren zur Sauce geben, abschmecken. Braten aus dem Ofen nehmen und mit den Birnenhälften garnieren. Die Sauce separat reichen.
0.30	0.30	0.35	0.45	**Zeitaufwand am Tag der Vorbereitung**	
1.20	1.35	1.50	2.05	**Zeitaufwand am Tag der Zubereitung**	

Dallmayr
TEAU DE MEURSAULT
PROPRIETAIRE

Aus dem Frühlings-Menü I Seite 223

Austern, Rezept Seite 81
Hähnchen in der Salzkruste, Rezept Seite 160
Kräuterkartoffeln, Austernpilze, Rezepte Seite 169 und Seite 194
Radicchio mit Sauce Vinaigrette, Rezept Seite 200
Mousse au chocolat, Rezept Seite 212

1971

Aus dem Frühlings-Menü II Seite 223

Räucherlachs mit Apfel-Meerrettichsahne, Rezept Seite 87
Lammkeule, Rezept Seite 148
Kartoffelcrêpes mit frischem Ingwer, Rezept Seite 173
Gedünstete Champignons, Rezept Seite 189
Eisbergsalat mit Zitronen-Vinaigrette, Rezept Seite 200

Salbei-Schnitzel

Personen				Zutaten
2	4	6	8	
4	8	12	16	**kleine, dünne Schweineschnitzel,** aus dem Nußschinken geschnitten (A = Schlegel)
8	16	24	36	**Umdrehungen Pfeffermischung**
4	4	6	6	**EL Olivenöl**
2	2	3	3	**EL Butter**
8	16	24	36	**große frische Salbeiblätter** **Küchenkrepp**
8	16	24	36	**Prisen Salz** **Alufolie**
2	4	6	8	**große Scheiben mild gesalzener roher Schinken,** am besten Parma oder San Daniele
½	1	1½	2	**Glas trockener, junger Weißwein**
1	2	3	4	**TL Tomatenmark**
1	2	3	4	**TL eiskalte Butter**
1	2	3	4	**EL Crème fraîche** oder süße und saure Sahne gemischt
				Salbeiblätter zum Garnieren
				Beilage: Grüne Nudeln und Birnenpüree mit Spinat; Rösti und Austernpilze; Pistazien-Kartoffeln und Gemüse-Flan
				Wein: der gleiche, der zum Kochen verwendet wurde
0.40	0.50	1.00	1.10	**Zeitaufwand**

Zubereitung **Mai – November**

Backröhre vorheizen: E-Herd: 100° C, Gas: Stufe 1.

Schnitzel von beiden Seiten leicht klopfen und mit einer Umdrehung Pfeffermischung würzen.

Öl und Butter in einer Pfanne, bei 4 Personen in zwei großen Pfannen erhitzen.

In der Zwischenzeit: Salbeiblätter waschen. Zum Trocknen auf Küchenkrepp legen.

Schnitzel von beiden Seiten je 2½ Minuten braten, aber höchstens 4 Stück auf einmal pro Pfanne. Dann herausnehmen und auf Küchenkrepp entfetten. Jede Seite mit einer Prise Salz bestreuen und die Schnitzel auf einer Platte anordnen, mit Alufolie abdecken und in die heiße Röhre stellen.

Salbeiblätter 2 Minuten in der (den) Pfanne(n) anbraten. Herausnehmen. Auf Küchenkrepp entfetten. Blätter auf die Schnitzel verteilen.

Schinkenscheiben halbieren, von jeder Seite 1 Minute braten. Herausnehmen, auf Küchenkrepp entfetten. Auf jedes Schnitzel eine Schinkenscheibe legen.

Fett aus der (den) Pfanne(n) abgießen, Wein angießen und zum Kochen bringen. (Bei zwei Pfannen den Wein aufteilen, Bratensatz loslösen und in eine Pfanne gießen.) Tomatenmark unterrühren, einkochen lassen.

Die eiskalte Butter nach und nach unterschlagen. Wieder erhitzen und Crème fraîche zugeben, nicht mehr kochen lassen. Abschmecken.

Sauce über die Schnitzel verteilen. Mit den Salbeispitzen garnieren.

Lammgeschnetzeltes auf Kräuterpfannkuchen

Personen 2	4	6	8	Zutaten
3	6	9	12	**gehäufte EL Mehl**
1	2	3	4	**Ei(er)**
1	2	3	4	**Prise(n) Salz**
⅛	¼	⅜	½	**l Mineralwasser**
1	2	3	4	**kleine Knoblauchzehe(n)**
½	1	1½	2	**TL frisch gehackter Thymian** oder ⅓ der Menge getrocknet
½	1	1½	2	**TL frisch gehackter Rosmarin** oder ⅓ der Menge getrocknet
½	1	1½	2	**TL frisch gehackte Zitronenmelisse** (kann entfallen)
400	800	1200	1600	**g Lammkeule** ohne Knochen (A + CH = Schlegel)
				Für die Sauce:
125	250	375	500	**g frische Champignons**
1	2	3	4	**TL Butter**
1	2	3	4	**Schalotte(n)**
1	1	2	2	**kleine Knoblauchzehe(n)**
2	3	4	5	**dl leichter Rotwein**
1	2	3	4	**TL Butter**
				Für die Pilze:
1	2	3	4	**Schalotte(n)**
1	2	3	4	**kleine Knoblauchzehe(n)**
				Öl zum Ausbacken der Pfannkuchen
¼	½	¾	1	**gestrichener TL Salz**
2	4	6	8	**Umdrehungen Pfeffermischung**
2	2	3	3	**EL Crème fraîche** oder Sahne
¼	½	¾	1	**TL frisch gehackter Rosmarin** oder ⅓ der Menge getrocknet
¼	½	¾	1	**TL frisch gehackter Thymian** oder ⅓ der Menge getrocknet
2	4	6	8	**EL Öl**
2	4	6	8	**Prisen Salz**

Zubereitung **März – Juni**

Aus gesiebtem Mehl, Eiern, Salz und Mineralwasser einen dünnen Teig rühren, beiseite stellen.

Knoblauch zerdrücken, mit den Kräutern mischen und unter den Teig rühren.

Keule waschen, Schwarten, Sehnen und Fett entfernen. Fleisch längs der Faser in 1 cm dicke Scheiben, dann quer zur Faser in millimeterdünne Streifchen schneiden, beiseite stellen.

Champignons waschen, putzen und in Scheiben schneiden, beiseite stellen.

Für die Sauce Butter in einem Topf erhitzen.

In der Zwischenzeit: Schalotte(n) hacken. Knoblauch zerdrücken.

Schalotten und Knoblauch in der heißen Butter dünsten. Rotwein und Jus zugießen. Bei schwacher Hitze stark reduzieren lassen. Pro Person soll 1 EL Sauce übrigbleiben.

Backröhre vorheizen: E-Herd: 100° C, Gas: Stufe 1–2.

Für die Pilze Butter in einem Topf erhitzen.

Für die Pfannkuchen zwei beschichtete Pfannen von 28 cm Durchmesser mit Öl ausstreichen. Bis zum Rauchpunkt erhitzen (bei 2 Personen genügt eine Pfanne).

In der Zwischenzeit: Schalotten hacken. Knoblauch zerdrücken.

Schalotten und Knoblauch in der heißen Butter dünsten.

In der Zwischenzeit: Teig gut durchrühren. So viel Teig in die Pfanne(n) gießen, daß er sich hauchdünn über den Boden und einen Teil des Pfannenrandes verteilt. Pfanne dabei schräg halten und drehen. Pfannkuchen auf jeder Seite 2½ Minuten backen. In der Röhre zugedeckt heißhalten. Den Teig so einteilen, daß pro Person ein Pfannkuchen ausgebacken werden kann.

Pilze in die heiße Schalotten-Knoblauch-Butter geben. Gut durchrühren und dünsten lassen. Evtl. einen Schuß Rotwein zugeben. Mit Salz und Pfeffer würzen.

Personen				Zutaten	Zubereitung
2	**4**	**6**	**8**		
4	8	12	16	**Umdrehungen Pfeffermischung**	Sahne zur Sauce geben.
2	4	4	4	**cl Cognac**	
				Beilage: Blattspinat; gedünsteter Rhabarber; Gemüsepüree	
				Wein: spritziger, trockener Weißwein oder leichter Rotwein	
1.20	1.35	2.00	2.15	**Zeitaufwand**	

Pfanne(n) mit Küchenkrepp säubern. Je 2 EL Öl hineingießen und bis zum Rauchpunkt erhitzen. (Jeweils) 400 g Fleisch hineingeben und unter Rühren 2 Minuten braten lassen. Fleisch mit Salz, Pfeffermischung, Rosmarin und Thymian würzen. Durchrühren und sofort aus der Pfanne nehmen.

In die Pfanne(n) jeweils 2 cl Cognac geben und erhitzen. Alle Bratrückstände dabei lösen. Zur Sauce geben. Sauce abschmecken, nicht zu scharf würzen.

Sauce über das Geschnetzelte gießen und gut durchrühren. Champignons abschmecken und unter das Fleisch mischen, auf die Kräuterpfannkuchen verteilen. Pfannkuchen einschlagen oder rollen, heiß servieren.

Lammkeule

(Foto nach S. 128)

Personen				Zutaten
2	4	6	8	
		1		**Lammkeule,** ca. 1½–2 kg (A + CH = Schlegel)
		5		**Knoblauchzehen**
		1		**EL Pfeffermischung,** ganze Körner
		3		**TL frisch gehackter Thymian** oder ⅓ der Menge getrocknet
		2		**TL frisch gehackter Rosmarin** oder ⅓ der Menge getrocknet
		5		**Blatt Lorbeer**
		1		**Tasse Olivenöl**
				Klarsichtfolie
				etwas Wasser
		2		**gestrichene TL Salz**
		¼		**Tasse Olivenöl**
		1		**EL Butter**
		2		**Schalotten**
		1		**Knoblauchzehe**
		⅜		**l Rotwein** (Bordeaux oder Burgunder)
		4		**cl Cognac**
		2		**EL FLeischjus** (siehe S. 64)
		1		**TL frisch gehackter Thymian** oder ⅓ der Menge getrocknet
		½		**Blatt Lorbeer**
		2		**Prisen Salz**
		6		**Umdrehungen Pfeffermischung**
		100		**g Crème fraîche** oder süße Sahne
				Beilage: Kartoffelpüree mit grünen Bohnen oder Austernpilze; Kartoffelcrêpes mit frischem Ingwer und gedünstete Champignons
				Wein: der gleiche, der zum Kochen verwendet wurde
		0.25		**Zeitaufwand am 1. Tag**
		1.35		**Zeitaufwand am Tag der Zubereitung**

Zubereitung **März – Juni**

Eine Woche vorher: Keule waschen und gut abtrocknen. Die äußere Schwarte (falls vorhanden) wegschneiden, Fettschicht darunter mit einem Messer rautenförmig einschneiden.

Knoblauchzehen schälen und halbieren. Die Keule damit entlang dem Knochen und den Sehnen spicken, ohne das Fleisch zu verletzen.

Ein EL Pfeffermischung im Mörser grob zerkleinern, mit den Kräutern und dem geriebenen Lorbeer mischen und die Keule damit einreiben. Keule in eine Schüssel legen und mit dem Olivenöl begießen. Mit Folie abdecken und in den Kühlschrank stellen. Eine Woche durchziehen lassen.

Am Tag der Zubereitung: Backröhre vorheizen: E-Herd: 250° C, Gas: Stufe 5–6.

Keule aus dem Kühlschrank nehmen und auf den Rost des Ofens legen. Fettpfanne unterschieben und etwas Wasser hineingießen. Keule 75 Minuten braten lassen.

Nach ca. 15 Minuten die Keule mit einem gestrichenen Teelöffel Salz bestreuen und wenden.

Nach weiteren 15 Minuten die andere Seite salzen.

Nach weiteren 10 Minuten die Keule mit Olivenöl einpinseln, wenden und die andere Seite bestreichen. Diesen Vorgang können Sie alle 10 Minuten wiederholen.

In der Zwischenzeit die Sauce zubereiten: Butter erhitzen. Schalotten und Knoblauch schälen, Schalotten hacken, Knoblauch zerdrücken. In der Butter dünsten, aber nicht schwarz werden lassen. Wein, Cognac und Jus angießen. Thymian, Lorbeer, Salz und Pfeffer zugeben. Bei großer Hitze 10 Minuten kochen lassen.

Röhre ausschalten und Ofen öffnen. Keule noch 5 Minuten ruhen lassen.

In der Zwischenzeit: Sauce vom Feuer nehmen und durchseihen. Wieder in den Topf geben. Crème fraîche unterrühren und die Sauce wieder zum Kochen bringen, einige Minuten einkochen lassen. Sauce getrennt reichen.

Rehrücken *(Tip)*

(Foto nach S. 136)

Personen 2	4	6	8	Zutaten
		1	1	**EL Olivenöl**
		500	750	**g Rehfleisch** zum Kochen, vom Hals oder Bauch
		2	3	**cl Cognac**
		¼	½	**l Rotwein**
		⅛	⅛	**l Wasser**
		4	6	**Schalotten**
		1	1	**Knoblauchzehe**
		6	10	**Wacholderbeeren**
		1	1	**EL Pfeffermischung,** ganze Körner
		1	1	**Bund Petersilie**
		½	¾	**gestrichener TL Salz**
				einige Nadeln Rosmarin
		125	150	**g Butter**
		2	3	**kg Rehrücken**
				Küchenkrepp
		50	100	**g Crème fraîche** oder süße Sahne
		2	3	**EL Magerquark**
				Beilage: Spätzle mit Pfifferlingen und Maronenpüree
				Wein: der gleiche, der zum Kochen verwendet wurde, z. B. Côtes du Rhône, Burgunder oder Bordeaux; badischer Spätburgunder oder Schweizer Blauburgunder
		2.40	3.10	**Zeitaufwand**

Zubereitung — **Juni – Januar**

Zuerst den Saucenfond zubereiten: Öl in einem großen Topf erhitzen.

In der Zwischenzeit: Rehfleisch in Stücke schneiden.

Fleisch im heißen Öl anbraten. Herausnehmen. Öl bis auf einen dünnen Film abgießen. Fleisch wieder in den Topf geben. Cognac angießen und flambieren, sofort mit dem Rotwein ablöschen. Wasser angießen und zum Kochen bringen.

Schalotten grob hacken. Knoblauch und Wacholderbeeren zerdrücken. Pfeffer im Mörser zerstampfen. Petersilie grob hacken. Alles in den Topf geben. Mit Salz und Rosmarin würzen. Alles 2 Stunden bei schwacher Hitze kochen lassen.

Für den Braten etwa ½ Stunde vor Ablauf der Kochzeit Butter in einer schweren Pfanne erhitzen, nicht braun werden lassen. Pfanne vom Herd nehmen, 1 Minute ruhen lassen. Dann den Schaum abschöpfen und wegschütten. Pfanne kippen und die Butter in ein Schüsselchen löffeln, damit die weißen Rückstände (Molke) in der Pfanne bleiben. (Man nennt diesen Vorgang: Butter klären.) Zur Seite stellen.

Backröhre vorheizen: E-Herd: 250°, Gas: Stufe 5–6.

Brühe durchsieben. Wieder auf den Herd stellen und bei schwacher Hitze einkochen lassen.

Rehrücken waschen und mit Küchenkrepp abtrocknen. In eine Reine legen. Mit der geklärten Butter bepinseln. In die Röhre schieben und 20–25 Minuten braten lassen.

In der Zwischenzeit: Crème fraîche zur Sauce geben. Weiter einkochen lassen.

Rehrücken aus der Röhre nehmen. 5 Minuten ruhen lassen. Filets von den Knochen lösen und in ca. 2 cm dicke Scheiben schneiden. Wieder auf den Rückenknochen setzen.

Sauce abschmecken. Quark zugeben, erhitzen, aber nicht mehr kochen lassen. Rehrücken und Sauce separat reichen.

Tip:

Lesen Sie bitte dazu die Bemerkungen zum Einkauf von Wild auf Seite 23.

Kaninchen in Rotwein

Personen 2	4	6	8	Zutaten
	1		2	**Wildkaninchen,** je ca. 1000 bis 1200 g schwer (jedes vom Händler in 8 Teile hacken lassen)
				Küchenkrepp
	80		120	**g Karotten**
	150		300	**g Sellerie**
	150		300	**g Porree** (nur das Weiße)
	60		120	**g Petersilienwurzel**
	60		120	**g Champignons**
	50		100	**g Schalotten**
	1		2	**Knoblauchzehe(n)**
	150		250	**g Fleischtomaten**
	1		2	**TL frisch gehackter Thymian** oder ⅓ der Menge getrocknet
	2		4	**TL frisch gehackte Petersilie**
	2		3	**Blatt Lorbeer**
	6		12	**Umdrehungen Pfeffermischung**
	½		¾	**l Rotwein**
	2		4	**EL Wein-** oder Sherry-Essig
				Klarsichtfolie
	3		4	**EL Butter**
	4		5	**EL Olivenöl**
	1		2	**TL Salz**
				Alufolie
	3		4	**EL Crème fraîche** oder süße Sahne
	2		3	**EL Quark**
	2		3	**cl Cognac**
				Beilage: Elsässer Nudeln und Champignons mit Knoblauch; Serviettenknödel mit gedünstetem Rhabarber; Spätzle und Broccoli
				Wein: junger Beaujolais; ein junger, trockener Rotwein aus Deutschland, Österreich oder der Schweiz (z. B. Merlot)
	0.20		0.30	**Zeitaufwand am Tag der Vorbereitung**
	1.35		2.00	**Zeitaufwand am Tag der Zubereitung**

Zubereitung

Zwei Tage vorher: Kaninchenstücke waschen und mit Küchenkrepp abtrocknen.

Marinade zubereiten: Gemüse putzen, waschen und in kleine Würfel schneiden. Mit Lorbeer, den Gewürzen und Kaninchenstücken in eine Schüssel geben.

Rotwein und Essig darübergießen. Mit Folie abgedeckt zwei Tage im Kühlschrank ziehen lassen. Fleisch öfter wenden.

Am Tag der Zubereitung: Butter und Öl in einer Pfanne erhitzen.

In der Zwischenzeit: Das Fleisch aus der Marinade nehmen und mit Küchenkrepp abtrocknen. Marinade durchseihen, Gemüse und Marinade getrennt beiseite stellen.

Kaninchenteile portionsweise im heißen Fett rundum goldbraun braten. Herausnehmen, salzen und in einen Schmortopf legen.

Gemüse 5 Minuten in der Pfanne dünsten, dann zum Fleisch geben.

Marinade in die Pfanne gießen und erhitzen. Den Bratensatz lösen und kochend über das Fleisch gießen. Zugedeckt 35 Minuten schmoren lassen.

In der Zwischenzeit: Backröhre vorheizen: E-Herd: 100° C, Gas: Stufe 1–2.

Fleisch aus dem Topf nehmen und auf einer Servierplatte anrichten. Mit Alufolie abedecken und im Ofen warmhalten.

Fond durchseihen und in einem Topf ca. 15 Minuten einkochen lassen.

In der Zwischenzeit: Sahne und Quark mischen.

Fond entfetten, Cognac angießen und Quark-Sahne-Mischung zugeben. Unter Rühren wieder erhitzen, nicht mehr kochen lassen, abschmecken. Sauce getrennt zum Fleisch servieren.

Kaninchen in Estragon

(Foto nach S. 128)

Personen 2	4	6	8	Zutaten
	60		90	**g Karotten**
	150		225	**g Sellerie**
	150		225	**g Porree** (nur das Weiße)
	60		90	**g Petersilienwurzel**
	60		90	**g Champignons**
	60		90	**g Schalotten**
	1		2	**Knoblauchzehe(n)**
	150		200	**g Fleischtomaten**
	1		2	**Kaninchen,** je ca. 1000 g schwer
	2		3	**EL Öl**
	1		1	**EL Butter**
	1		2	**gestrichene TL Salz**
	6		12	**Umdrehungen Pfeffermischung**
	2		4	**cl Cognac**
	3		4	**dl Weißwein**
	1		2	**EL frisch gehackter Estragon** oder die Hälfte getrocknet
	½			**Alufolie**
	2		4	**EL Fleischjus** (siehe Seite 64)
	1		2	**TL frisch gehackter Estragon** oder die Hälfte getrocknet
	1		2	**Eigelb**
	1		2	**EL Quark**
				Beilage: Spätzle und rote Bete; Elsässer Nudeln und Blattspinat; Kartoffel-Apfel-Auflauf und gedünstete Champignons
				Wein: ein junger Rotwein, z. B. aus dem Beaujolais oder aus Bordeaux; ein Spätburgunder von der Ahr oder ein Merlot aus der Schweiz
	1.15		1.25	**Zeitaufwand**

Zubereitung

Gemüse putzen, waschen und in kleine Würfel schneiden, beiseite stellen.

Kaninchen in Stücke teilen: Zuerst die 4 Läufe abtrennen, dann den Rücken in 4 Teile schneiden.

Öl und Butter in einem Schmortopf erhitzen. Die Kaninchenstücke auf beiden Seiten bei Mittelhitze je 3 Minuten anbraten. Herausnehmen, pfeffern und salzen. Zur Seite stellen.

Das Gemüse in den Schmortopf geben und unter öfterem Rühren 5 Minuten dünsten. Herausnehmen und beiseite stellen.

Das Fleisch wieder in den Schmortopf legen und mit Cognac flambieren. Mit dem Weißwein ablöschen und die Kräuter zugeben. Unter Verschluß 20–25 Minuten schmoren lassen.

10 Minuten vor Ablauf der Zeit die Backröhre vorheizen: E-Herd: 100° C, Gas: Stufe 1–2.

Kaninchenstücke aus der Pfanne nehmen, auf einer Servierplatte anrichten, mit Alufolie abdecken und im Ofen warmhalten.

Den Fond durch ein Sieb in einen Topf gießen, das Gemüse ausdrücken und wegwerfen. Jus und Estragon zum Fond geben und bis auf 2–3 EL pro Person einkochen lassen.

In der Zwischenzeit Eigelb mit dem Quark verrühren.

Die Mischung mit dem Schneebesen unter den Fond schlagen und abschmecken.

Sauce separat reichen.

Hähnchen in Essig

Personen 2	4	6	8	Zutaten
	1		2	**große(s), frisch geschlachtete(s) Hähnchen**
				Für den Fond:
	60		120	**g Mohrrüben**
	50		100	**g Schalotten**
	2		3	**Knoblauchzehen**
	150		300	**g Sellerie**
	150		300	**g Porree** (nur das Weiße)
	1		2	**EL Butter**
	2		3	**EL Olivenöl**
	250		500	**g Hühnerklein** (Hälse, Flügel)
				kaltes Wasser
				Für das Hähnchen:
	2		4	**EL Butter**
	2		4	**EL Olivenöl**
	3		5	**Schalotten**
	1		2	**Koblauchzehe(n)**
	¼		⅜	**l Weinessig,** am besten Sherry-Essig
	¼		⅜	**l Rotwein,** am besten ein Beaujolais Grand Cru
	2		4	**EL Cognac**
	1½		3	**TL frisch gehackter Thymian** oder ⅓ der Menge getrocknet
	1		2	**Blatt Lorbeer**
	5		10	**cm langer Strang Tomatenmark** aus der Tube
				Pfeffer, Salz und Zucker zum Abschmecken
				Beilage: Elsässer Nudeln und Rosenkohlpüree; Grüne Nudeln und gedünsteter Rhabarber; Spätzle und Wirsingpüree oder Karotten mit Weintrauben
				Wein: der gleiche, der auch zum Kochen verwendet wird, z. B. ein Beaujolais Primeur, Grand Cru, Villages oder ein Beaujolais aus einem der 9 Dörfer
	3.30		4.15	**Zeitaufwand am 1. Tag**
	1.00		1.20	**Zeitaufwand am 2. Tag**

Zubereitung

Am Tag vorher: Hähnchen entbeinen (siehe Seite 73), Abfälle ohne Rückgrat, Bürzel und Innereien zur Seite stellen.

Gemüse für den Fond putzen, waschen und grob zerkleinern, beiseite stellen.

Butter und Öl in einem 3-l-Topf erhitzen. Hähnchen-Abfälle und das Hühnerklein darin goldbraun braten. Gemüse zugeben. Mitdünsten lassen.

So viel kaltes Wasser aufgießen, daß alles bedeckt ist, und zum Kochen bringen. 2 Stunden köcheln lassen.

Brühe durch ein Sieb in einen anderen Topf gießen. Fleisch und Gemüse gut ausdrücken und wegwerfen. Die Brühe abkühlen lassen und über Nacht im Kühlschrank ruhen lassen.

Am Tag der Zubereitung: In einem Schmortopf oder einer Kasserolle Butter und Öl erhitzen.

In der Zwischenzeit: Backröhre vorheizen: E-Herd: 200° C, Gas: Stufe 3.
Schalotten und Knoblauch grob zerkleinern.

Hähnchenteile portionsweise im heißen Fett anbraten, pfeffern und salzen.

In der Zwischenzeit: Essig und Rotwein bereitstellen.

Hähnchenteile aus dem Topf nehmen, Fett abgießen. Fleisch wieder in den Topf geben. Mit Cognac flambieren, sofort mit Essig und dem Rotwein löschen. Zum Kochen bringen. Schalotten, Knoblauch, Thymian, Lorbeer und Tomatenmark zugeben.

Topf in den Ofen stellen. Hähnchen 30 Minuten garen lassen.

In der Zwischenzeit: Hühnerfond aus dem Kühlschrank nehmen, Fettschicht entfernen. Die Hälfte des Fonds zum Kochen bringen. Auf eine, bei 8 Personen auf zwei Tassen einkochen lassen, beiseite stellen.

Hähnchtenteile aus dem Ofen nehmen und auf einer Platte anrichten. Mit Alufolie abdecken. Röhre ausschalten und die Hähnchenteile wieder hineinstellen.

Sud aus dem Schmortopf durch ein Sieb zum Fond gießen. 15 Minuten bei starker Hitze einkochen.

Sauce mit Pfeffer, Salz und Zucker abschmecken.

Die Hähnchenteile mit etwas Sauce überziehen. Restliche Sauce in einer Sauciere reichen.

1976

Aus dem Frühlings-Menü III Seite 223

Lachs mit Sauerampfersauce, Rezept Seite 113
Tauben, gefüllt mit Hähnchen-Mousse, Rezept Seite 167
Spargel, Rezept Seite 185
Erdbeeren Romanoff, Rezept Seite 210

MOET
1971
FRAIS

Aus dem Frühlings-Menü IV Seite 223

Entenleber auf Spinatsalat, Rezept Seite 84
Seewolf in der Salzkruste mit weißer Buttersauce, Rezepte Seite 120 und Seite 67
Tafelspitz mit Apfelkren und Schnittlauchsauce, Rezept Seite 134
Rösti, Rezept Seite 171
Erdbeeren in Madeira, Rezept Seite 209

Hähnchen mit Calvados

Personen 2	4	6	8	Zutaten
	1		2	**Hähnchen (Poularde),** (je) ca. 1300–1500 g schwer
	2		4	**cl Calvados**
	2		3	**dl herber Cidre** für die Marinade
	1		1	**TL frisch gehackter Thymian** oder ⅓ der Menge getrocknet
	30		60	**g Karotten**
	75		150	**g Sellerie**
	75		150	**g Porree** (nur das Weiße)
	30		60	**g Petersilienwurzel**
	30		60	**g Champignons**
	25		50	**g Schalotten**
	1		1	**Knoblauchzehe**
	1		2	**EL Butter**
	2		3	**EL Öl**
	½		¾	**l herber Cidre** für den Fond
	1		2	**EL frisch gehackter Thymian** oder ⅓ der Menge getrocknet
	½		1	**gestrichener TL Salz**
	4		8	**Umdrehungen Pfeffermischung**
	2		3	**Schalotten**
	200		300	**g Sellerie**
	300		500	**g säuerliche Äpfel**
	1		2	**EL Butter**
	2		3	**EL Öl**
				Küchenkrepp
				Salz und Pfeffermischung
	4		4	**cl Calvados**
				Alufolie
	50		100	**g Crème fraîche**
				Thymian zum Garnieren
				Beilage: Kartoffel-Apfel-Auflauf und Selleriepüree
				Wein: halbtrockener Silvaner aus Rheinhessen, Baden, dem Rheingau oder der Pfalz; ein Gewürztraminer aus dem Elsaß
	2.30		3.15	**Zeitaufwand am 1. Tag**
	1.00		1.30	**Zeitaufwand am 2. Tag**

Zubereitung

Am Tag vorher: Hähnchen entbeinen (siehe Seite 73), Abfälle ohne Rückrat, Bürzel und Innereien beiseite stellen. Die Hähnchenteile mit Calvados und Cidre in eine Schüssel geben, Thymian darüberstreuen und zugedeckt über Nacht im Kühlschrank marinieren.

Für die Sauce Gemüse putzen, waschen und in kleine Würfel schneiden.
Butter und Öl in einer Pfanne erhitzen, zuerst die Hühnerabfälle und Knochen, dann das Gemüse je 5 Minuten darin dünsten. Beides in einen Topf geben. Cidre in die Pfanne gießen und zum Kochen bringen. Allen Bratensatz vom Boden lösen.

In der Zwischenzeit: Kräuter und Gewürze in den Topf geben. Den heißen Cidre darübergießen und 1½ Stunden bei schwacher Hitze kochen lassen.
Brühe abseihen, Gemüse und Abfälle ausdrücken, wegwerfen. Brühe abkühlen lassen und über Nacht in den Kühlschrank stellen.

Am Tag der Zubereitung: Schalotten hacken, Sellerie putzen, mit den entkernten Äpfeln in kleine Würfel schneiden, beiseite stellen.
Butter und Öl in einer Pfanne erhitzen.

In der Zwischenzeit: Die Brühe entfetten, die Hähnchenteile mit Küchenkrepp abtrocknen, die Marinade zur Brühe geben.
Die Hähnchenteile auf beiden Seiten je 5 Minuten bei reduzierter Hitze in der Pfanne anbraten. Herausnehmen, mit Küchenkrepp entfetten, pfeffern, salzen.
Schalotten, Sellerie und Äpfel mit dem Thymian 10 Minuten in der Pfanne andünsten, herausnehmen und beiseite stellen.
Hähnchenteile wieder in die Pfanne geben und mit Calvados flambieren, dann mit der Brühe ablöschen. Gemüse darüber verteilen und 15–20 Minuten bei schwacher Hitze dünsten. Öfter begießen.
Backröhre vorheizen: E-Herd: 100° C, Gas: Stufe 1–2. Hähnchenteile aus der Pfanne nehmen, auf einer Servierplatte anrichten und mit Alufolie abgedeckt in den Ofen stellen.

Fond durchseihen, Gemüse gut ausdrücken und wegwerfen. Fond wieder erhitzen und so lange einkochen lassen, bis pro Person 2–3 EL übrigbleiben.
Crème fraîche zur Sauce geben und unterrühren.
Hähnchenteile mit frischem Thymian garnieren, die Sauce separat reichen.

Hähnchen mit Limonen-Sauce

Personen 2	4	6	8	Zutaten
	1		2	**Hähnchen** (Poularde) je ca. 1300–1500 g schwer
	1		2	**Limone(n)** (Tip)
	30		60	**g Karotten**
	75		150	**g Sellerie**
	75		150	**g Porree** (nur das Weiße)
	30		60	**g Petersilienwurzel**
	30		60	**g Champignons**
	30		60	**g Schalotten**
	1		2	**Knoblauchzehe(n)**
	100		150	**g Fleischtomaten**
	1		2	**Blatt Lorbeer**
	1		1	**Nelke**
	½		1	**gestrichener TL Salz**
	4		8	**Umdrehungen Pfeffermischung**
	1		2	**EL gehackte Petersilie**
	1		2	**EL frisch gehackte Minze** oder ⅓ der Menge getrockneter Pfefferminztee
	½		½	**l Wasser**
	¼		½	**l Wein**
	1		2	**EL Butter**
	2		3	**EL Öl**
				Küchenkrepp
				Salz und Pfeffermischung
	8		16	**Blätter frische Minze** oder
	1		2	gestrichene(r) TL getrocknete Minze
				Alufolie
	50		100	**g Crème fraîche**
				Minze zum Garnieren.
				Beilage: Kartoffelcrêpes und Rosenkohlpüree; Kartoffelkroketten und rote Bete.
				Wein: ein trockener deutscher Riesling; ein Pouilly-Fuissé oder ein Meursault aus Frankreich; ein Rheinriesling aus Österreich; oder Fendant Dorin aus der Schweiz
	2.20		3.00	**Zeitaufwand am 1. Tag**
	0.45		1.10	**Zeitaufwand am 2. Tag**

Zubereitung **September–Mai**

Am Tag vorher: Hähnchen entbeinen (siehe Seite 73). Abfälle ohne Rückgrat, Bürzel und Innereien beiseite stellen.

Limone(n) waschen und hauchdünn schälen. Den Saft auspressen, die Hähnchenteile damit übergießen und zugedeckt über Nacht im Kühlschrank marinieren.

Für die Sauce: Gemüse putzen, waschen und in kleine Würfel schneiden. Mit den Hühnerabfällen, Gewürzen, Kräutern, Limonenschale, Wasser und Wein 1½ Stunden bei schwacher Hitze kochen.

Brühe abseihen, Gemüse ausdrücken und wegwerfen. Brühe abkühlen lassen und über Nacht in den Kühlschrank stellen.

Am Tag der Zubereitung: Butter und Öl in einer Pfanne erhitzen.

In der Zwischenzeit: Die Hähnchenteile mit Küchenkrepp abtrocknen, den Limonensaft aufheben. Die Brühe entfetten.

Hähnchenteile auf beiden Seiten je 5 Minuten bei reduzierter Hitze anbraten. Dann herausnehmen, mit Küchenkrepp entfetten, pfeffern und salzen. Alles Öl aus der Pfanne abgießen, die Brühe und den Saft zugeben und zum Kochen bringen. Die Hähnchenteile wieder in die Pfanne geben, mit den Pfefferminzblättern belegen und bei schwacher Hitze 15–20 Minuten dünsten. Öfter begießen.

Backröhre vorheizen: E-Herd: 100° C, Gas: Stufe 1–2.

Hähnchenteile aus der Pfanne nehmen, auf einer Servierplatte anrichten und mit Alufolie abgedeckt in den Ofen stellen.

Den Fond durchseihen, dann einkochen lassen, bis pro Person 2–3 EL übrigbleiben. Crème fraîche zugeben und unterrühren. Mit Salz, Pfeffer, Limonensaft und Zucker abschmecken.
Die Hähnchen mit frischer Minze garnieren, die Sauce separat reichen.

Tip:

Limonen, die richtiger eigentlich Limetten heißen, schmecken würziger und pikanter als Zitronen. Falls Sie keine Limonen bekommen, können Sie sie jedoch durch Zitronen ersetzen.

Getrüffeltes Hähnchen

Personen 2	4	6	8	Zutaten
		20		**g getrocknete Morcheln** (Tip) oder
		50		g frische Trüffeln, evtl. auch aus der Dose
		2		**frische Hähnchen** (Poularden), je ca. 1500 g schwer
		4		**cl Portwein**
		120		**g Karotten**
		300		**g Sellerie**
		300		**g Porree** (nur das Weiße)
		120		**g Petersilienwurzel**
		120		**g Champignons**
		120		**g Schalotten**
		2		**Knoblauchzehen**
		150		**g Fleischtomaten**
		2		**Blatt Lorbeer**
		2		**Nelken**
		1		**gestrichener TL Salz**
		8		**Umdrehungen Pfeffermischung**
		1		**TL frisch gehackter Thymian** oder ⅓ der Menge getrocknet
		1		**l Wasser**
		½		**l trockener Weißwein**
		4		**cl Portwein**
				Alufolie
		2		**Schalotten**
		3		**Eiweiß**
		200		**g Créme fraîche** oder süße Sahne
		½		**gestrichener TL Salz**
		6		**Umdrehungen Pfeffermischung**
		1		**EL Butter**
		3		**Schalotten**
		50		**g Crème fraîche** oder süße Sahne für die Sauce
				Salz, Pfeffer und Portwein
		3.30		**Zeitaufwand am 1. Tag**
		1.30		**Zeitaufwand am 2. Tag**

Zubereitung **November – März**

Am Tag vorher: Falls Morcheln verwendet werden, diese zuerst gut waschen und dann in 1 dl Wasser einweichen.

Das eine Hähnchen entbeinen, und zwar so: Zuerst Füße, Bürzel und Hals entfernen und wegwerfen. Jetzt das Huhn auf die Brust legen und auf beiden Seiten vom Rückgrat mit 2 cm Abstand die Haut einschneiden, dann mit der Geflügelschere durchschneiden, das ganze Rückgrat entfernen und wegwerfen. Die Innereien herausnehmen, nur die Leber zurückbehalten. Jetzt links und rechts vom Rückgrat das Fleisch mit dem Messer vom Knochen lösen, ohne jedoch die Haut zu verletzen. Dann die Schenkelknochen am Rumpf vorsichtig durchtrennen, ebenso die Flügelknochen an der Brust. Jetzt das Knochengerüst ganz herausnehmen und zur Seite legen. Zum Schluß das Brustbein vorsichtig entfernen, die Bein- und Flügelknochen freilegen und herausnehmen. Sollte trotz vorsichtigem Arbeiten die Haut durchstoßen worden sein, werden die Löcher jetzt zugenäht. Die Knochen zur Seite stellen.

Das entbeinte Hähnchen und die Abfälle, die noch benötigt werden, zur Seite legen.

Jetzt das andere Hähnchen, das für die Fülle benötigt wird, folgendermaßen entbeinen: Hals, Bürzel und Füße abschneiden und wegwerfen. Das Hähnchen enthäuten, Haut zu den Knochen legen. Das Rückgrat wie vorher beschrieben entfernen und wegwerfen. Ebenso die Innereien bis auf die Leber.
Das Hähnchen in mehrere Teile zerschneiden, sämtliche Knochen entfernen und zu den Abfällen legen.

Das Fleisch und die Leber der beiden Hähnchen mit 4 cl Portwein beträufeln und zugedeckt in den Kühlschrank stellen.

Für die Sauce Gemüse putzen, waschen und in kleine Würfel schneiden. Mit Knochen, Kräutern, Gewürzen, Wein und Wasser zum Kochen bringen. 2 Stunden kochen lassen.

In der Zwischenzeit: Die frischen Trüffeln unter fließendem Wasser waschen bzw. bürsten bzw. Dosentrüffeln aus dem Sud nehmen, Sud aufheben, bzw. Morcheln aus dem Wasser nehmen, das Wasser aufheben. ⅔ der Trüffeln oder Morcheln in Scheiben schneiden und an möglichst vielen Stellen unter die Haut des entbeinten Hähnchens schieben, ohne die Haut dabei zu verletzen.

Personen				Zutaten	Zubereitung
2	4	6	8		
				Beilage: Spätzle oder Nudeln und Broccoli; Kartoffel-Apfel-Auflauf und Wirsingpüree **Wein:** ein trockener Riesling aus Franken, vom Rheingau, von der Nahe oder aus Rheinhessen; ein Pouilly-Fuissé oder ein Meursault aus Frankreich; ein Rheinriesling aus Österreich; ein Fendant, Dorin oder Perlan aus der Schweiz	Hähnchen auf der Innenseite mit 4 cl Portwein beträufeln, zusammenlegen, in Alufolie luftdicht einschlagen und über Nacht in den Kühlschrank stellen. Ebenso die restlichen Trüffeln oder Morcheln mit ihrem Wasser. Nach Ablauf der Zeit die Brühe abgießen, Gemüse ausdrücken und mit den Knochen wegwerfen. Brühe über Nacht im Kühlschrank ruhen lassen. *Am Tag der Zubereitung:* Hähnchenfleisch mit der Leber und 2 Schalotten pürieren oder durch den Fleischwolf (feine Scheibe) drehen. In den Kühlschrank stellen. 3 Eiweiß steif schlagen und 10 Minuten in den Kühlschrank stellen. Hühnerbrühe entfetten und in einem 5-l-Topf zum Kochen bringen. *In der Zwischenzeit:* Crème fraîche unter das Fleisch rühren, mit Salz und Pfeffermischung würzen. Eiweiß unterheben. Die Mischung in das Hähnchen füllen, in Form drücken, die Haut an der Schnittstelle überlappen lassen und zunähen. Hähnchen auf einen Einsatz in den Topf geben und eine Stunde garen lassen. Die Brühe muß zwar sehr heiß sein, darf aber auf keinen Fall kochen. Nach 40 Minuten Garzeit die Sauce zubereiten: Butter erhitzen. In der Zwischenzeit Schalotten und den Rest der Trüffeln bzw. Morcheln fein hacken. Dann in der Butter 5 Minuten dünsten. Die Trüffelbrühe oder das durchgesiebte Morchelwasser und den Portwein dazugießen, außerdem 2 dl Hühnerbrühe aus dem Topf. 15 Minuten bei schwacher Hitze einkochen lassen, Crème fraîche zugeben und wieder erhitzen. Mit Salz und Pfeffer abschmecken, eventuell noch etwas Portwein angießen. Das Hähnchen aus dem Topf heben und auf Küchenkrepp etwas abtropfen lassen. Mit dem Rücken nach unten auf eine Servierplatte legen und bei Tisch quer in Scheiben schneiden. Die Sauce separat dazu servieren.

Tip:

Trüffeln in Dosen haben beinahe ihren gesamten typischen Geschmack verloren, frische Trüffeln sind sehr teuer, darum möchte ich Ihnen getrocknete Morcheln empfehlen, siehe dazu Seite 12.

Hähnchen getrüffelt

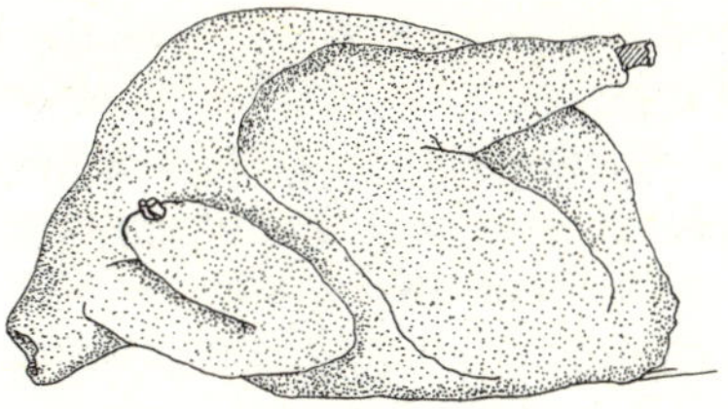

Füße, Bürzel und Hals entfernen, wegwerfen.

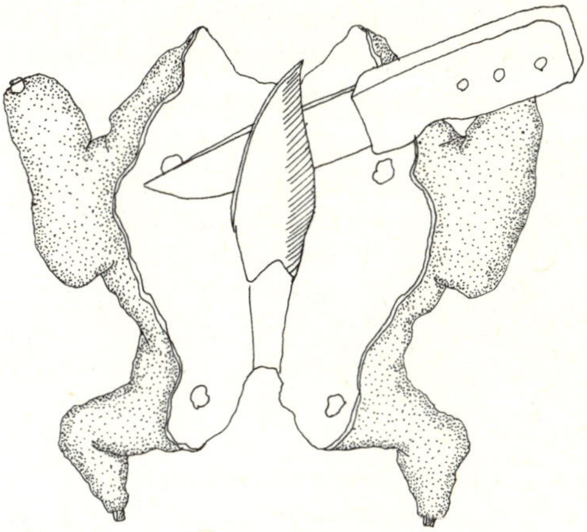

Brustbein vorsichtig entfernen.

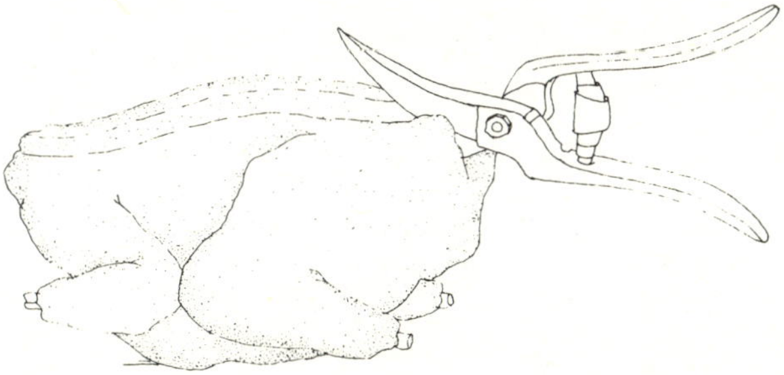

Rechts und links vom Rückgrat einschneiden, Rückgrat entfernen, wegwerfen.

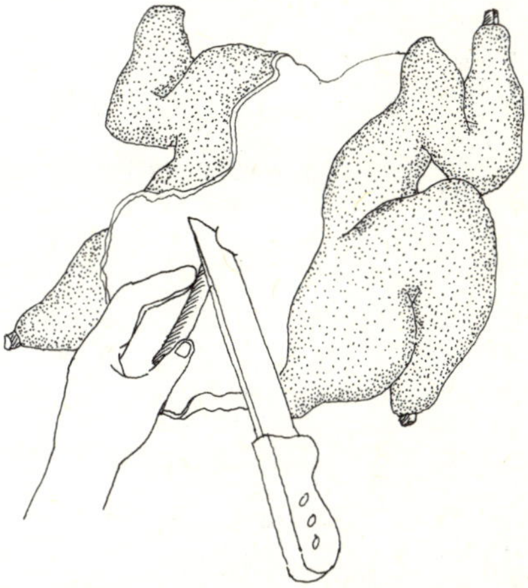

Bein- und Flügelknochen freilegen und herausheben.

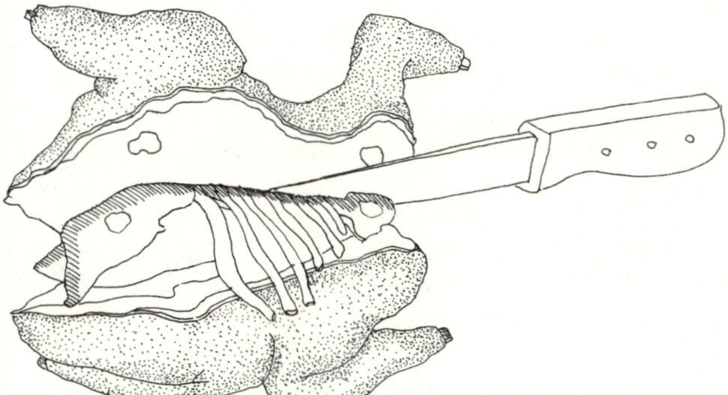

Rechts und links vom Rückgrat das Fleisch mit dem Messer von den Knochen lösen. Schenkel- und Flügelknochen am Rumpf vorsichtig durchtrennen. Knochengerüst herausheben.

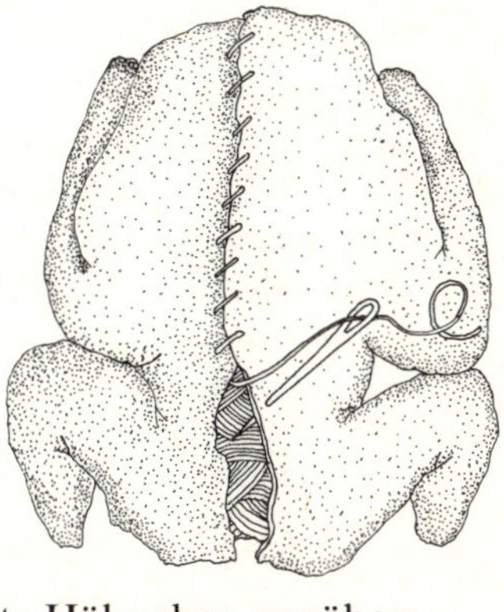

Das gefüllte Hähnchen zunähen.

Hähnchen in Weißwein

Personen 2	4	6	8	Zutaten
	1		2	**Poularde(n),** frisch geschlachtet, je ca. 1500 g schwer
	2		4	**Schalotten** für die Marinade
	2		3	**Knoblauchzehen**
	1		2	**TL frisch gehackter Thymian** oder ⅓ der Menge getrocknet
	1½		3	**TL gehackte Petersilie**
	1		2	**Blatt Lorbeer**
	½		1	**TL Salz**
	4		8	**Umdrehungen Pfeffermischung**
	2		4	**EL Zitronensaft**
	½		¾	**l trockener Weißwein**
	5		8	**EL Olivenöl**
	200		300	**g Champignons**
	¼		¼	**l Wasser**
	150		250	**g geräucherter Bauchspeck** im Stück
	300		500	**g kleine Frühlingszwiebeln**
	1		1	**TL Butter** für den Räucherspeck
	1		2	**Schalotte(n)**
	2		3	**Knoblauchzehen**
	2		3	**EL Butter** für die Champignons
	3		6	**Umdrehungen weißer Pfeffer**
				Salz
	1		2	**EL Butter**
	⅛		⅛	**l Fleischjus** (siehe Seite 64)
				Alufolie
				evtl. Salz und weißer Pfeffer zum Abschmecken
	1		2	**Spritzer flüssiger Süßstoff** oder
	½		1	gestrichener TL Zucker
	2		4	**cl Cognac**
	0.35		1.00	**Zeitaufwand am 1. Tag**
	1.35		1.50	**Zeitaufwand am 2. Tag**

Zubereitung — **März – September**

Am Tag vorher: Hähnchen entbeinen (siehe Seite 73),

Marinade zubereiten: Schalotten fein hacken. Knoblauch zerdrücken. In eine Schüssel geben, in der auch die Hähnchenteile Platz haben. Thymian und Petersilie, Lorbeer, Salz, Pfeffer, Zitronensaft und Weißwein dazugeben, gut durchrühren. Öl zugießen und gut untermischen.

Hähnchenteile in die Marinade legen und 24 Stunden marinieren lassen, dabei öfter wenden.

Am Tag der Zubereitung: Champignons putzen, waschen und blättrig schneiden, beiseite stellen.

Wasser zum Kochen bringen.

In der Zwischenzeit: Räucherspeck in 1 cm große Würfel schneiden.
Im Wasser 5 Minuten leise kochen lassen.

In der Zwischenzeit: Zwiebelrohr von den Frühlingszwiebeln entfernen. Zwiebeln waschen, wenn nötig schälen. Gut abtrocknen.

Butter in einer Pfanne erhitzen. Das Wasser vom Räucherspeck abgießen. Speck in die Pfanne geben und bei Mittelhitze ausbraten lassen, dabei öfter umrühren.

In der Zwischenzeit: Backröhre vorheizen: E-Herd: 200° C, Gas: Stufe 3.
Schalotte(n) hacken. Knoblauch zerdrücken. Zur Seite stellen.

Die ausgelassenen Speckwürfel aus der Pfanne nehmen, abtropfen lassen und beiseite stellen. Frühlingszwiebeln in der Pfanne bei starker Hitze 15 Minuten dünsten, nicht anbrennen lassen. Hitze eventuell reduzieren.

In der Zwischenzeit: Butter für die Champignons in einer Pfanne erhitzen. Gehackte Schalotte(n) und Knoblauch kurz vor dem Braunwerden der Butter zugeben. Kurz andünsten, dann die Champignons zugeben. Unter gelegentlichem Umrühren bei Mittelhitze garen. Mit Salz und weißem Pfeffer würzen.

Zwiebeln herausnehmen, beiseite stellen. Butter für das Hähnchen in der Pfanne langsam bis kurz vor dem Braunwerden erhitzen.

In der Zwischenzeit: Hähnchenteile aus der Marinade nehmen und mit Küchenkrepp gut abtrocknen. Champignons vom Feuer heben, zu den Zwiebeln geben, zudecken.

Personen				Zutaten	Zubereitung
2	4	6	8		
				Beilage: Stangenweißbrot, Reis, Spätzle oder Nudeln **Wein:** der gleiche, der zum Kochen verwendet wurde, z. B. ein Meursault oder Pouilly-Fuissé oder ein trockener Riesling aus dem Rheingau, aus Rheinhessen, von der Mosel oder der Nahe	Hähnchenteile portionsweise in die Pfanne geben und rundum goldbraun braten. Herausnehmen und mit der Hautseite nach oben in einen Schmortopf legen. Die Marinade in die Pfanne schütten und zum Kochen bringen. Fleischjus zugeben. Allen Bratensatz von Boden und Wänden lösen, kochend über die Hähnchenteile gießen. Ausgelassene Speckwürfel darüberstreuen. Zwiebeln und Champignons zugeben und vorsichtig untermischen. Hähnchen auf dem mittleren Einschub des Backofens 25 Minuten garen lassen. Topf aus dem Ofen nehmen. Hähnchenteile in einer Servierschüssel anrichten. Fond durch ein Sieb schütten, Pilze und Zwiebeln zu den Hähnchenteilen geben. Schüssel mit Alufolie abdecken und wieder in die abgeschaltete, aber noch heiße Röhre schieben. Fett vom Fond abschöpfen. Sauce mit Salz, Pfeffer, Zucker und Cognac abschmecken. Bei großer Hitze 10–15 Minuten einkochen lassen. Fleisch und Gemüse aus der Röhre nehmen. Sauce separat reichen.

Hähnchen in der Salzkruste

Personen 2	4	6	8	Zutaten
	1			**Poularde** von ca. 1,5 kg
	6			**Umdrehungen Pfeffermischung**
	4			**Stengel Petersilie** (evtl. die gleiche Menge Zitronenmelisse oder 1 Stengel Estragon)
	1,50			**m Alufolie, 45 cm breit**
	3			**kg grobes Meersalz** (Tip)
	1			**TL Butter**
	1			**Schalotte**
	1			**Knoblauchzehe**
	3			**dl Madeira** oder Portwein
	3			**EL Crème fraîche** oder süße Sahne
	2			**EL Fleischjus** (siehe Seite 64)
				Salz und Pfeffer
	1			**TL eiskalte Butter**
				Beilage: Pistazien-Kartoffeln und Champignons; Pfifferlinge in Blätterteig und Broccoli; Spätzle und Austernpilze
				Wein: ein trockener Riesling aus Franken, vom Rheingau, von der Nahe oder aus Rheinhessen; ein Pouilly-Fuissé oder ein Meursault; ein Rheinriesling aus Österreich, ein Dorin oder Perlan aus der Schweiz
	1.40			**Zeitaufwand**

Zubereitung

Backröhre vorheizen: E-Herd: 275° C, Gas: Stufe 7.

Das Hähnchen ausnehmen, Kopf und Füße entfernen, waschen und gut abtrocknen. Innen mit der Pfeffermischung würzen und mit den Kräutern füllen. Beine am Bürzel überkreuz zusammenbinden, die Flügel auf den Rücken drehen, Hähnchen beiseite stellen.

Alufolie zu einer Fläche von ca. 70×80 cm zusammenfalten. Die Kanten gut miteinander verkniffen. Eine Reine oder einen großen Topf damit auslegen und zwar so, daß die Folie über den Rand hinausragt. Jetzt eine zweifingerdicke Schicht Salz einfüllen und das vorbereitete Hähnchen darauflegen. Das ganze Hähnchen mit einer zweifingerdicken Salzschicht vollkommen bedecken. Gut ausdrücken und das Salz mit wenig Wasser befeuchten. Die Folie darüberschlagen und die Kanten zusammenkniffen. Hähnchen im Ofen 1¼ Stunden garen lassen.

Ca. 30 Minuten vor Ende der Bratzeit die Sauce zubereiten: Butter erhitzen.

In der Zwischenzeit eine Schalotte fein hacken, Knoblauch zerdrücken und beides in der Butter 5 Minuten dünsten. Mit Madeira oder Portwein aufgießen und um ⅓ einkochen lassen. Crème fraîche zugeben, nochmals um ⅓ einkochen. Jus zugeben und wieder 5 Minuten einkochen lassen. Mit Salz und Pfeffer abschmecken und die eiskalte Butter unterrühren. Aus dem Ofen nehmen und 10 Minuten ruhen lassen.

Vor dem Servieren die Folie über dem Hähnchen aufreißen und den festgewordenen Salzblock aufklopfen. Bei Tisch das Huhn herausheben und tranchieren. Die Sauce separat reichen.

Tip:

Dieses Rezept gelingt nur, wenn Sie grobkörniges Meersalz verwenden. Sie erhalten es im Reformhaus.

Aus dem Sommer-Menü I Seite 223

1976
CHATEAU

Aus dem Sommer-Menü II Seite 223

Ente mit Feigen, Rezept Seite 161
Elsässer Nudeln, Rezept Seite 180
Blanchierter Wirsingsalat mit Wild, Rezept Seite 204
Johannisbeer-Sorbet mit Cassis, Rezept Seite 209

Ente mit Feigen

(Foto nach S. 128)

Personen 2	4	6	8	Zutaten
	12		24	**frische Feigen**
	½		¾	**l Sauternes** oder Barsac (Tip)
	1		2	**unbehandelte Orange(n)**
	1		2	**EL Butter**
	1		2	**große, frisch geschlachtete Ente(n)** (je 3–4 Pfund)
	1		2	**gestrichene(r) TL Salz**
	10		20	**Umdrehungen Pfeffermischung**
	⅛		2/10	**l Fleischjus** (siehe Seite 64)
	⅛		2/10	**l Sauternes** oder Barsac
	4		6	**EL Grand Marnier** oder Cognac
				Beilage: Kartoffelkroketten; Kartoffelpüree mit Mandeln; Spätzle; Reis mit Mandeln
				Wein: der gleiche Sauternes oder Barsac, der auch zum Kochen verwendet wurde oder, als Gegensatz, ein ausgereifter Rotwein: z. B. Volnay oder Pommard
	1.45		2.00	**Zeitaufwand**

Zubereitung **Mai – November**

Ein oder zwei Tage vorher: Feigen waschen, abtropfen lassen, in eine Schüssel legen und mit Wein begießen, zugedeckt im Kühlschrank ein bis zwei Tage zeihen lassen.

Am Tag der Zubereitung: Feigen aus dem Wein nehmen. Beides zur Seite stellen.

Orange(n) ganz dünn schälen, ohne die weiße Haut mit abschneiden. Schale in hauchdünne, 4–5 cm lange Streifen schneiden. Geschälte Orange(n) ausdrücken, Saft und Schalenstreifchen beiseite stellen.

Backröhre vorheizen: E-Herd: 200° C, Gas: Stufe 3.

Butter zerlassen.

In der Zwischenzeit: Ente(n) waschen und gut abtrocknen. Mit Salz und Pfeffer innen und außen einreiben. Mit den Orangenstreifchen füllen.

Ente(n) mit der Brust nach oben in einen Schmortopf legen, mit zerlassener Butter bepinseln. Mit dem Wein, in den die Feigen eingelegt waren, übergießen. Fleischjus und Saft der Orange(n) zugeben.

Ente(n) in den Ofen schieben, 30 Minuten schmoren lassen. Alle 10 Minuten mit dem Saft aus dem Schmortopf begießen.

Ente(n) wenden. Weitere 20–30 Minuten schmoren lassen und dabei alle 10 Minuten begießen.

Ente(n) aus dem Schmortopf nehmen und auf einer Servierplatte wieder in die ausgeschaltete, aber noch heiße Röhre stellen.

Bratensaft entfetten, im Schmortopf auf dem Herd zum Kochen bringen. Sauternes oder Barsac und Grand Marnier zugießen. Feigen 10 Minuten darin dünsten, dabei öfter übergießen.

Gedünstete Feigen um die Ente(n) garnieren. Sauce abschmecken und getrennt reichen.

Tip:

Sauternes und Barsac sind schwere französische Dessert-Weißweine aus dem Bordelais (siehe Seite 47). Die berühmteste Lage ist Château d'Yquem (die Flasche ab DM 60,–). Es gibt auch wesentlich preiswertere Angebote, aber die ganz billigen sollten Sie für dieses Essen nicht nehmen, denn je besser der Wein ist, um so besser wird Ihre Ente schmecken.

Ente mit Orangen

Personen 2	4	6	8	Zutaten
	3			**Orangen, unbehandelt**
	1			**Zitrone, unbehandelt**
	1			**EL Butter**
	1			**große, frisch geschlachtete Ente** (3–4 Pfund)
	1			**TL Salz**
	10			**Umdrehungen Pfeffermischung**
	⅛			**l Fleischjus** (siehe Seite 64)
	⅛			**l trockener Weißwein**
				Alufolie
				Wein
				Grand Marnier
1				**Orange** zum Garnieren
				Beilage: Kartoffelpüree mit Mandeln und Broccoli; Kartoffelcrêpes und Gemüsepüree; grüne Nudeln mit rote Bete
				Wein: am besten paßt ein kräftiger Rotwein von den Côtes du Rhône, ein Burgunder oder Bordeaux
	1.35			**Zeitaufwand**

Zubereitung — **Oktober–März**

Backröhre vorheizen: E-Herd: 200° C, Gas: Stufe 3.

Orangen und Zitrone waschen. Von 2 Orangen und der Zitrone die Schalen hauchdünn, ohne die weiße Haut darunter, abschälen. Schalen in feine Streifchen schneiden (Länge maximal 5 cm). Von der dritten Orange die Schale abreiben. Alle Orangen und die Zitrone auspressen. Alles beiseite stellen.

Butter in einem Topf erhitzen.

In der Zwischenzeit: Ente gut waschen und abtrocknen. Mit Salz und Pfeffermischung innen und außen einreiben, mit der Orangenschale außen würzen. Ente mit den Schalenstreifen füllen, mit der Brust nach oben in eine Bratreine legen und mit der heißen Butter bepinseln. Orangensaft, Jus und Wein zugießen. Ente in die Röhre schieben und 50–60 Minuten braten lassen. Alle 10 Minuten mit dem Saft aus der Reine begießen.

Nach der Hälfte der Bratzeit die Ente umdrehen. Weiter begießen.

Ente aus dem Ofen nehmen. Schalenstreifen aus dem Bauch entfernen und zum Fond geben. Ente auf eine Servierplatte legen, mit Alufolie abdecken. Wieder in den ausgeschalteten, aber noch heißen Ofen schieben.

Fond entfetten und 10 Minuten einkochen lassen. Mit Wein und Grand Marnier abschmecken.

In der Zwischenzeit die vierte Orange mit der Schale in dünne Scheiben schneiden.

Ente aus dem Ofen nehmen und mit den Orangenscheiben garnieren. Sauce getrennt reichen.

Gans in Cidre

Oktober–Januar

2	4	6	8	Zutaten
	1		2	**junge, frische Gans (Gänse)** von (je) ca. 3–3,5 kg
	60		120	**g Karotten**
	150		300	**g Sellerie**
	150		300	**g Porree** (nur das Weiße)
	60		120	**g Petersilienwurzel**
	60		120	**g Champignons**
	60		120	**g Schalotten**

Am Tag vorher: Die Gans entbeinen, wie für Hähnchen beschrieben (siehe Seite 73).

Die Innereien säubern, dabei den Magen aufschneiden, mit der Haut und den Knochen beiseite legen. Galle von der Leber entfernen, Leber separat beiseite legen.

Gemüse putzen, waschen und in Würfel schneiden.

Personen				Zutaten
2	4	6	8	
	1		2	**Knoblauchzehe(n)**
	150		200	**g Fleischtomaten**
	2		4	**EL Butterschmalz**
	½		1	**l trockener Cidre**
	2		4	**EL frisch gehackter Majoran** oder ⅓ der Menge getrocknet
	1		2	**EL frisch gehackter Thymian oder** ⅓ der Menge getrocknet
	1		2	**Blatt Lorbeer**
	2		4	**cl Calvados**
	2		3	**EL Butterschmalz Küchenkrepp**
	2		4	**cl Calvados** zum Flambieren
	1		2	**dl Cidre**
	1		2	**TL Salz**
	8		16	**Umdrehungen Pfeffermischung**
	2		3	**TL frisch gehackter Majoran** oder ⅓ der Menge getrocknet
	2		3	**TL frisch gehackter Thymian** oder ⅓ der Menge getrocknet
	2		4	**säuerliche Äpfel**
	1		2	**dl Cidre**
				Salz, Pfeffermischung, Calvados zum Abschmecken
	50		100	**g Crème fraîche**
				Beilage: Kartoffelkroketten und Selleriepüree
				Wein: ein trockener Cidre
	3.30		4.15	**Zeitaufwand am 1. Tag**
	1.30		1.40	**Zeitaufwand am 2. Tag**

Zubereitung

Butterschmalz in einer Pfanne erhitzen. Die Geflügelabfälle ohne die Leber darin goldbraun braten. Herausnehmen und in einen Topf geben. Gemüse 5 Minuten in der Pfanne dünsten, herausnehmen und ebenfalls in den Topf geben. Cidre in die Pfanne gießen, erhitzen und allen Bratensatz lösen, in den Topf gießen. Gewürze zugeben und unbedeckt 2 Stunden bei schwacher Hitze kochen lassen.

Das Fleisch und die Leber in einer Schüssel mit Calvados begießen und zugedeckt im Kühlschrank marinieren lassen.

Nach Ablauf der Kochzeit die Brühe abgießen, Gemüse ausdrücken und den Fond auf 3 bzw. 4 dl einkochen lassen. Dann abkühlen lassen und in den Kühlschrank stellen.

Am Tag der Zubereitung: Backröhre vorheizen: E-Herd: 250° C, Gas: Stufe 5–6.

Fond entfetten, beiseite stellen.
Butterschmalz erhitzen. Die Gänseteile aus der Marinade nehmen und mit Küchenkrepp trocknen. Calvados beiseite stellen.
Das Fleisch im Butterschmalz auf jeder Seite 5 Minuten braten, die Leber insgesamt nur 5 Minuten. Herausnehmen und das Fett abgießen. Geflügel wieder in die Pfanne geben und mit dem beiseite gestellten Calvados flambieren. Mit Cidre ablöschen.
Leber herausnehmen und beiseite stellen.
Gänseteile in eine Reine legen, den Bratensatz vom Boden der Pfanne lösen und alles über das Gänsefleisch gießen. Mit Salz, Pfeffer, Majoran und Thymian bestreuen. Im Ofen 45 Minuten garen.

In der Zwischenzeit: Die Äpfel vierteln und vom Kerngehäuse befreien. Ca. 10 Minuten vor Ende der Garzeit die Äpfel bei schwacher Hitze in Cidre dünsten. Herausnehmen und zugedeckt mit der Leber warmstellen. Den Cidre zum Fond geben.

Gänseteile aus dem Ofen nehmen, den Fond in einen Topf gießen, die Gänseteile zugedeckt im ausgeschalteten Ofen warmhalten.

Den Fond entfetten und noch etwas einkochen lassen. Mit Salz, Pfeffermischung und Calvados abschmecken. Crème fraîche zugeben und unterrühren.

Die Gänseteile auf einer Servierplatte anordnen, mit den Apfelstücken und der in Scheiben geschnittenen Leber umlegen. Die Sauce separat reichen.

Fasan

(Foto nach S. 136)

Personen				Zutaten
2	4	6	8	
1	2	3	4	**junge(r) Fasan(e),** gerupft und ausgenommen
1	2	3	4	**gestrichene(r) TL Salz**
5	10	15	20	**Umdrehungen Pfeffermischung**
5	10	15	20	**Wacholderbeeren**
5	10	15	20	**Scheiben frischer Speck**
3	5	7	9	**EL Öl**
2	3	4	5	**EL Butter**
1	2	3	4	**EL Butter** zum Bestreichen
2	3	4	5	**dl trockener Weißwein**
2	4	6	8	**EL Fleischjus** (siehe Seite 64)
3	4	5	6	**cl Cognac**
	4	6	8	**EL Crème fraîche**
				Salz und Pfeffermischung
				Beilage: Stangenweißbrot; Kartoffel-Apfel-Auflauf und Wirsingpüree; Kartoffelpüree mit Mandeln und Karotten mit Weintrauben
				Wein: ein trockener Weißwein aus Burgund oder von der Loire; ein deutscher trockener Riesling oder ein Rheinriesling aus Österreich
1.05	1.10	1.25	1.30	**Zeitaufwand**

Zubereitung — **Oktober – Januar**

Backröhre vorheizen: E-Herd: 250° C, Gas: Stufe 5–6.

Fasan(e) innen mit Salz, Pfeffermischung und zerdrückten Wacholderbeeren würzen. Die Mischung gut einreiben. Schenkel und Brust mit Speck umwickeln.

Öl und Butter in einer, bei mehr als 4 Personen in 2 Pfannen erhitzen. Fasan(e) von allen 4 Seiten je 3 Minuten anbraten.

Vögel in einen Schmortopf, eine Reine oder in die Fettpfanne der Backröhre legen und in den Backofen schieben. Mit der Öl-Butter-Mischung aus der Pfanne übergießen und 15 Minuten braten.

In der Zwischenzeit: Die Butter zum Bestreichen erhitzen.

Nach Ablauf der Zeit den Speck abnehmen und den (die) Fasan(e) mit der heißen Butter bepinseln.

Nach weiteren 15 Minuten Fasan(e) aus der Röhre nehmen, Fett abgießen und den Bratensatz mit dem Weißwein lösen. In einen Topf gießen, Jus und Cognac zugeben und so lange kochen lassen, bis pro Person 2 EL übrigbleiben.

In der Zwischenzeit: Fasan(e) auf eine Servierplatte legen und in dem ausgeschalteten Ofen warmhalten.

Nach ca. 10 Minuten Crème fraîche zur Sauce geben, mit Salz und Pfeffermischung abschmecken, Sauce separat reichen.

Rebhuhn mit Traubensauce

(Foto nach S. 136)

Personen				Zutaten
2	**4**	**6**	**8**	
100	200	300	400	**g grüne säuerliche Weintrauben**
2	2	4	4	**cl Armagnac**
2	4	6	8	**junge Rebhühner**
2	2	4	4	**cl Armagnac**
4	8	12	16	**Umdrehungen Pfeffermischung**
30	30	60	60	**g Karotten**
75	75	150	150	**g Sellerie**
75	75	150	150	**g Porree** (nur das Weiße)
30	30	60	60	**g Petersilienwurzel**
30	30	60	60	**g Champignons**
30	30	60	60	**g Schalotten**
½	½	¾	¾	**l Wasser**
¼	¼	½	½	**l trockener Weißwein**
2	2	3	3	**EL Butterschmalz**
½	½	1	1	**gestrichener TL Salz**
4	4	8	8	**Umdrehungen Pfeffermischung**
				Für die Champignon-Duxelles:
250	500	750	1000	**g Champignons**
2	4	6	8	**EL Butter,** evtl. mehr
2	4	6	8	**große Schalotten** oder Frühlingszwiebeln
1	2	3	4	**kleine Knoblauchzehe(n)**
¼	½	¾	1	**TL Salz**
4	8	12	16	**Umdrehungen weißer Pfeffer**
1	2	3	4	**EL Zitronensaft**
5	10	15	20	**cm Tomatenmark** aus der Tube
½	1	1½	2	**gestrichene(r) TL Salz**
4	8	12	16	**Scheiben ungeräucherter Speck,** je ca. 10 cm lang und 15 cm breit, 1 mm dick
				Salz
				Zwirn
2	2	4	4	**EL Butterschmalz**
				Beilage: Kartoffelpüree mit Mandeln; Kartoffel-Apfel-Auflauf; Kartoffelcrêpes mit frischem Ingwer
				Wein: ein Rotwein aus den besten Lagen von Burgund oder Bordeaux
2.45	3.00	3.30	3.45	**Zeitaufwand**

Zubereitung **September – November**

Trauben halbieren, entkernen, mit Armagnac begießen und zugedeckt in den Kühlschrank stellen.

Rebhühner waschen, abtrocknen und häuten. Vorsichtig die Brustfilets abheben, die Schenkel am Rumpf abtrennen und entbeinen. Abfälle beiseite stellen. Das Fleisch mit Armagnac beträufeln und mit Pfeffermischung würzen, zugedeckt in den Kühlschrank stellen.

Für die Sauce Gemüse putzen, waschen und in kleine Würfel schneiden. Rebhuhnknochen mit dem Hammer zerklopfen. Butterschmalz in einer Pfanne erhitzen. Die Haut und die Flügel darin 10 Minuten bei Mittelhitze rösten, dann in einen großen Topf geben. Gemüse in der Pfanne 5 Minuten dünsten, zu den Knochen in den Topf geben. Etwas Wasser und Wein in der Pfanne zum Kochen bringen, dabei den Bratensatz lösen, in den Topf gießen und mit dem restlichen Wasser, Wein und den Gewürzen 1 Stunde kochen lassen.

In der Zwischenzeit: Die Champignon-Duxelles zubereiten (siehe Seite 190), beiseite stellen.

Fond von Gemüse und Knochen abgießen. Gemüse ausdrücken und wegwerfen. Fond entfetten und bei schwacher Hitze einkochen lassen, bis 3 EL pro Person übrigblbeiben.

Backröhre vorheizen: E-Herd: 225° C, Gas: Stufe 4.

Das Rebhuhnfleisch aus dem Kühlschrank nehmen. Jedes Brustfilet auf ein Stück Speck legen, salzen, mit Champignon-Duxelles bestreichen und mit dem Beinfleisch bedecken. Jetzt den Speck nach oben schlagen, mit einer zweiten Speckscheibe bedecken und über Kreuz mit Zwirn festbinden.

Butterschmalz in einer, bei mehr als 4 Personen in zwei Pfannen erhitzen. Rebhuhnfleisch von beiden Seiten je 5 Minuten bei reduzierter Hitze anbraten. Dann mit dem Bratenfett in eine Reine geben und in der Röhre 15 bis 20 Minuten garen lassen.

In der Zwischenzeit die Armagnac-Trauben zur Sauce geben und dünsten lassen, Sauce abschmecken.

Die Brüstchen auf Teller verteilen, mit der Sauce überziehen und servieren.

Wachteln, gefüllt mit Gänseleber (Foto nach S. 128)

Personen 2	4	6	8	Zutaten	Zubereitung
2	4			**Wachteln**	Wachteln waschen und mit Küchenkrepp trockentupfen. Innen mit Salz und Pfeffermischung würzen.
				Küchenkrepp	
½	1			**gestrichener TL Salz**	
6	12			**Umdrehungen Pfeffermischung**	
250	500			**g gehacktes Kalbfleisch**	Das Hackfleisch mit Eigelb, Crème fraîche, Salz, Pfeffermischung und Schalotte(n) gründlich mischen. Jede Wachtel etwa zu einem Drittel mit der Masse füllen, dann die Gänseleberpastete hineingeben, zum Schluß wieder Hackfleisch einfüllen und die Wachteln mit wenigen Stichen zunähen.
1	2			**Eigelb**	
				Salz und Pfeffermischung	
3	6			**EL Crème fraîche**	
1	2			**Schalotte(n)**	
100	200			**g frische Gänseleberpastete**	
2	3			**EL Butterschmalz**	Butterschmalz in einer Pfanne erhitzen. Wachteln von beiden Seiten je 3 Minuten anbraten, dann zugedeckt bei schwacher Hitze weitere 15 Minuten braten.
					5 Minuten vor Ende der Garzeit Backröhre vorheizen: E-Herd: 100° C, Gas: Stufe 1–2.
2	4			**cl Armagnac**	Wachteln herausnehmen, das Fett abgießen, die Wachteln wieder in die Pfanne legen und mit Armagnac flambieren, mit Madeira ablöschen. Wachteln zugedeckt in der Röhre warmhalten.
2	3			**dl Madeira**	
2	3			**EL Fleischjus** (siehe Seite 64)	Jus zugeben und den Bratensatz vom Pfannenboden lösen. Fond einkochen lassen, bis pro Person 2–3 Eßlöffel übrigbleiben. Crème fraîche zugeben und mit Salz und Pfeffermischung abschmecken.
1	2			**EL Crème fraîche**	
				Salz und Pfeffermischung	
				Beilage: entrindetes Weißbrot (Tip) und Gemüsepürees	Das Weißbrot auf Teller verteilen, die Wachteln darauflegen, mit der Sauce übergießen und servieren.
				Wein: Champagner brut oder trockener Sekt	
0.50	1.00			**Zeitaufwand**	

Tip:

Entrinden Sie Weißbrot und ordnen Sie die Wachteln zum Servieren darauf an.

Tauben, gefüllt mit Hähnchen-Mousse (Foto)

Mai – Juni, Wildtauben August – April

Personen 2	4	6	8	Zutaten
	1		2	**frische(s) Hähnchen** (je ca. 900 g schwer)
	4		8	**junge fleischige Tauben**
	2		4	**cl Armagnac**
	60		90	**g Karotten**
	150		225	**g Sellerie**
	150		225	**g Porree** (nur das Weiße)
	60		90	**g Petersilienwurzel**
	60		90	**g Champignons**
	60		90	**g Schalotten**
	1		2	**Knoblauchzehe(n)**
	150		200	**g Fleischtomaten**
	½		1	**TL Salz**
	4		8	**Umdrehungen Pfeffermischung**
	1		2	**TL frisch gehackter Salbei** oder die Hälfte getrocknet
	3		5	**dl trockener Rotwein**
	1		2	**dl Wasser**
	20		40	**g Morcheln**
	2		4	**Schalotten**
	2		4	**Eiweiß**
	100		200	**g Crème fraîche**
	1		2	**TL Salz**
				Pfeffermischung
				Nadel und Faden
				Butter zum Bestreichen
	1		2	**EL Butter**
	2		4	**Schalotten**
	2		4	**cl Armagnac**
	2		4	**EL Crème fraîche**
	1		2	**TL Zitronensaft**
				Salz und Pfeffermischung
	4		8	**Scheiben entrindetes Weißbrot**
				Beilage: feines Gemüse oder Gemüsepüree
				Wein: ein roter Burgunder, bestmögliche Qualität
	2.40		3.00	**Zeitaufwand am 1. Tag**
	3.00		3.15	**Zeitaufwand am 2. Tag**

Zubereitung

Am Tag vorher: Hähnchen häuten, das Fleisch von den Knochen lösen. Fleisch und Leber (auch die der Tauben) mit Armagnac beträufeln und zugedeckt in den Kühlschrank stellen. Knochen und Haut ohne Rückgrat, Bürzel und Innereien beiseite legen.

Für die Sauce: Gemüse putzen, waschen und in kleine Würfel schneiden. Mit den Geflügelabfällen, den Innereien (Herz, Magen und Flügelenden der Tauben) und den Gewürzen in einen Topf geben. Wasser und Wein angießen. 2 Stunden kochen lassen. Dann abgießen, das Gemüse ausdrücken und wegwerfen. Brühe abkühlen lassen und über Nacht im Kühlschrank ruhen lassen.

Am Tag der Zubereitung: Morcheln gründlich waschen und in lauwarmem Wasser 1½ Stunden einweichen.

Brühe entfetten und zum Kochen bringen. Auf ⅓ der Menge einkochen lassen.

Backröhre vorheizen: E-Herd: 225° C, Gas: Stufe 4.

Hähnchenfleisch, Leber und Schalotten pürieren oder durch den Fleischwolf (feine Scheibe) drehen. In den Kühlschrank stellen.
Eiweiß steifschlagen, in den Kühlstchrank stellen.

Morcheln abgießen, die Hälfte der Morcheln fein hacken. Das Morchelwasser durch einen Filter laufen lassen. Pilze und Crème fraîche unter das Fleisch rühren, mit Salz und Pfeffermischung würzen. Eiweiß unterheben. Tauben mit der Masse füllen und mit wenigen Stichen zunähen.

Butter erhitzen und die Tauben damit bestreichen. In eine Reine legen und in den Ofen schieben. Ca. 35 bis 40 Minuten braten lassen.

In der Zwischenzeit: Die Sauce fertigstellen: Schalotten hacken. Butter erhitzen und die Schalotten darin 5 Minuten dünsten. Restliche Morcheln zugeben und 10 Minuten braten lassen. Armagnac angießen, die Hälfte der Crème fraîche und des Morchelwassers zugeben. Um die Hälfte einkochen lassen. Restliche Crème fraîche und Morchelwasser angießen und wieder um die Hälfte einkochen.

Entrindetes Weißbrot im Ofen rösten.

Hühnerbrühe zur Sauce geben, mit Zitronensaft, Salz und Pfeffer abschmecken.
Tauben auf die Weißbrotscheiben legen. Die Sauce separat reichen.

Beilagen

Zwei unserer stärkehaltigen Beilagen, die nicht mehr von unseren Tellern wegzudenken sind, waren noch vor wenigen Jahrhunderten unbekannt. So brachte vermutlich erst Marco Polo von seiner China-Reise die Nudel mit. Katharina von Medici führte sie dann in Frankreich ein, wo sie bald darauf die Grenzen überschritt.

Sir Walter Raleigh schickte Königin Elisabeth I. die ersten Kartoffeln. Doch entgegen seinen Anweisungen versuchte man die grünen Teile statt der Knollen zu verzehren, was verständlicherweise der Ausbreitung dieses Gewächses nicht gerade förderlich war, ja sie 200 Jahre lang verhinderte. Erst der Apotheker Parmentier führte die Kartoffel mit Hilfe Ludwigs XVI. in Frankreich ein. Militärposten mußten die Felder bewachen, damit sie nicht von Fanatikern zerstört wurden. Erst langsam setzte sie sich durch und wurde schließlich die Mahlzeit der armen Leute. Heute kennen wir sie fast nur noch als Stäbchen oder Scheibchen, Pommes frites oder Chips genannt. Kalorienbomben – sicherlich nicht ohne Geschmack –, aber einfallslos. Die urdeutsche Salzkartoffel, ausgelaugt und totgekocht, meist noch speckig glänzend, weil lange warm gehalten, hat sicher zum Siegeszug dieser Stäbchen beigetragen. Dabei gibt es viele schmackhafte Kartoffelgerichte; in diesem Kochbuch finden Sie eine Reihe davon, z. B. den kalorienarmen Kartoffel-Apfel-Auflauf.

Außerdem möchte ich Ihnen hier noch einen Tip geben, wie Sie Kartoffelpüree schmackhafter zubereiten könne: Dünsten Sie gehackte Zwiebeln oder Selleriepüree ca. 5–7 Minuten in Butter und rühren Sie es dann unter Ihr Püree.

In Frankreich ist es vielfach üblich, die stärkehaltigen Beilagen durch Stangenweißbrot zu ersetzen. Weil es besonders neutral im Geschmack ist, kann es das Menü von der Vorspeise bis zum Käse begleiten. Allerdings muß es knusprig frisch sein, notfalls kurz in der Röhre aufgebacken. Es wird in 5 cm breite, schräge Scheiben geschnitten. Sie sollten es aber nicht durch das industriell gefertigte, oft geschmacklose und schwammige Toastbrot ersetzen.

Exzellenz
RÉCOLTE
1974

Aus dem Sommer-Menü III Seite 223

Feigensuppe, Rezept Seite 102
Zander in Trauben-Sauce, Rezept Seite 114
Wachteln, gefüllt mit Gänseleber, Rezept Seite 166
Artischocken- und Blumenkohlpüree, Rezepte Seite 191 und Seite 192
Heidelbeer-Pie, Rezept Seite 217

Prädikat

Aus dem Sommer-Menü IV Seite 223

Doppelte Hühnerkraftbrühe mit Gemüseeinlage, Rezept Seite 95
Goldbrasse, gefüllt mit Sauerampfer, Rezept Seite 121
Kalbsnieren mit Steinpilzen, Rezept Seite 139
Serviettenknödel, Rezept Seite 177
Erdbeer-Blätterteigtörtchen, Rezept Seite 210

Kräuter-Kartoffeln

Personen 2	4	6	8	Zutaten	Zubereitung April – November
500	1000	1500	2000	**g kleine, festkochende Kartoffeln**	Kartoffeln schälen, waschen und zu kleinen Kugeln von 3 bis 4 cm Durchmesser schneiden. In einen Topf mit Einsatz legen, Wasser und Salz zugeben und 15 Minuten bei schwacher Hitze kochen lassen.
½	½	½	½	**l Wasser**	
½	1	1½	2	**TL Salz**	
1	2	3	4	**TL Butter**	Kartoffeln abgießen und kurz ausdämpfen lassen.
3	6	9	12	**Umdrehungen Pfeffermischung**	*In der Zwischenzeit:* Butter in einer Pfanne erhitzen.
1	2	3	4	**TL frisch gehackter Dill,** Majoran oder Salbei	Kartoffeln in die Pfanne geben, mit Pfeffer würzen und 10 Minuten unter Rühren braten. Kräuter über die Kartoffeln streuen, umrühren und noch eine Minuten braten.
0.50	0.55	1.05	1.10	**Zeitaufwand**	

Gebackene Kartoffeln

2	4	6	8	Zutaten	Zubereitung
500	1000	1500	2000	**g kleine, festkochende Kartoffeln**	Kartoffeln schälen und zu Bällchen von 3–4 cm Durchmesser zurechtschneiden.
2	2	3	3	**l Wasser**	*In der Zwischenzeit:* Wasser zum Kochen aufsetzen.
4	6	9	10	**EL Öl**	Kartoffeln in das sprudelnd kochende Wasser geben und 5 Minuten kochen lassen.
1	2	3	4	**EL Butter**	
½	1	1½	2	**gestrichene(r) TL Salz**	*In der Zwischenzeit:* Öl und Butter in einer Pfanne erhitzen. Backröhre vorheizen: E-Herd: 200° C, Gas: Stufe 3.
3	6	9	12	**Umdrehungen Pfeffermischung**	
½	1	1½	2	**TL Majoran**	Kartoffeln abgießen und kalt abschrecken. In der Pfanne unter gelegentlichem Rühren bräunen lassen.
½	1	1½	2	**EL Butter**	
				Alufolie	
1.10	1.20	1.35	1.45	**Zeitaufwand**	Kartoffeln in eine feuerfeste Schüssel füllen. Salz, Pfeffermischung, Majoran und Butter untermischen. Mit Alufolie abdecken und im Ofen 35–40 Minuten backen lassen.

Gefüllte Kartoffeln

Personen 2	4	6	8	Zutaten	Zubereitung
2	4	6	8	**große, mehlige Kartoffeln**	Kartoffeln waschen und in einem Drahteinsatz in einen Topf stellen. Salz und Wasser zugeben, ca. 45 Minuten bei schwacher Hitze kochen lassen.
¼	½	½	¾	**l kaltes Wasser**	
1	1	2	2	**TL Salz**	
25	50	75	100	**g roher Schinken**	*In der Zwischenzeit:* Backröhre vorheizen: E-Herd: 225° C, Gas: Stufe 4. Schinken und Champignons fein hacken. Greyerzer reiben.
25	50	75	100	**g Champignons**	
25	50	75	100	**g Schweizer Greyerzer**	
1	1	2	2	**Eigelb**	Kartoffeln kalt abschrecken und abkühlen lassen. Dann von jeder Kartoffel ⅓ als Deckel abschneiden und die Kartoffeln aushöhlen. Die Kartoffelmasse und die geschälten Kartoffeldeckel mit Eigelb und Butter im Mixer pürieren. Schinken, Kräuter, Muskat, Salz, Pfeffermischung, Greyerzer und Crème fraîche zugeben.
1	2	2	3	**TL Butter**	
¼	½	¾	1	**gestrichener TL Muskat**	
½	1	1½	2	**gestrichener TL Salz**	
2	4	6	8	**TL Majoran,** Dill oder Salbei, frisch gehackt	
3	6	9	12	**EL Crème fraîche** oder süße und saure Sahne gemischt	Alles gut verrühren, abschmecken. Die Mischung in die Kartoffeln füllen und stehend in der Röhre 30 Minuten backen lassen.
4	8	12	16	**Umdrehungen Pfeffermischung**	
1.35	1.45	1.55	2.05	**Zeitaufwand**	

Pistazien-Kartoffeln

500	1000	1500	2000	**g kleine, festkochende Kartoffeln**	Kartoffel schälen, waschen und zu Kugeln von 3–4 cm Durchmesser schneiden. In einen Topf mit Einsatz legen. Wasser und Salz zugeben und 15 Minuten bei schwacher Hitze kochen lassen.
½	½	½	½	**l Wasser**	
½	1	1½	2	**TL Salz**	
25	50	75	100	**g geschälte Pistazien**	*In der Zwischenzeit:* Die Pistazienkerne grob hacken.
1	2	3	4	**TL Butter**	Kartoffeln abgießen und kurz ausdämpfen lassen.
3	6	9	12	**Umdrehungen Pfeffermischung**	*In der Zwischenzeit:* Die Butter in einer Pfanne erhitzen.
0.45	0.55	1.05	1.15	**Zeitaufwand**	Kartoffeln und Pistazien in die Pfanne geben, mit Pfeffer würzen. Unter Rühren 10 Minuten braten.

Kartoffel-Apfel-Auflauf

Personen				Zutaten
2	4	6	8	
250	500	750	1000	**g festkochende Kartoffeln,** möglichst gleich groß
250	500	750	1000	**g säuerliche Äpfel**
1	1	1	1	**Knoblauchzehe**
1	1	2	2	**EL Butter**
1	2	3	4	**dl Crème fraîche** oder süße Sahne
⅛	¼	⅜	½	**l Milch**
¼	½	¾	1	**gestrichener TL Salz**
4	6	10	12	**Umdrehungen Pfeffermischung**
¼	½	¾	1	**gestrichener TL Muskat**
1	1	2	2	**EL Butter**
1.10	1.20	1.30	1.40	**Zeitaufwand**

Zubereitung

Kartoffeln schälen und waschen, in 2–3 mm dicke Scheiben schneiden.

Äpfel schälen und halbieren, Kerngehäuse entfernen. In 4–5 mm dicke Scheiben schneiden.

Backofen vorheizen: E-Herd: 200° C, Gas: Stufe 3.

Eine bzw. zwei Auflaufform(en), in die die Äpfel und Kartoffelscheiben hineinpassen, mit Knoblauch ausreiben und buttern. Abwechselnd Kartoffel und Apfelscheiben senkrecht hintereinander stellen.

Crème fraîche und Milch mit dem Handrührer gut vermischen. Mit Salz, Pfeffer und Muskat würzen und über die Scheiben gießen. (Sie sollen nicht vollständig bedeckt sein.) Butterflöckchen darauf verteilen. Form(en) 10 Minuten auf den Ofen setzen und erhitzen. Dann in die Röhre schieben und 35 Minuten backen lassen. Sofort servieren.

Rösti

400	800	1500	2000	**g Kartoffeln,** vorwiegend festkochend
¼	¼	½	½	**l Wasser**
½	1	1½	2	**gestrichene(r) TL Salz**
1	1½	1½	2	**TL Kümmel**
3	6	9	12	**Schalotten**
1	2	3	4	**Knoblauchzehe(n)**
¼	½	¾	1	**TL Salz**
2	4	6	8	**Umdrehungen Pfeffermischung**
1	2	3	4	**Prise(n) Muskat**
2	3	4	5	**EL Butter**
3	4	5	6	**EL Öl**
1	2	3	4	**EL Milch**
0.55	1.00	1.05	1.10	**Zeitaufwand am 1. Tag**
0.40	0.45	0.50	0.55	**Zeitaufwand am 2. Tag**

Am Tag vorher beginnen: Kartoffeln waschen und mit der Schale in einen Topf mit Drahteinsatz legen. Wasser, Salz und Kümmel zugeben. Etwa 30 Minuten kochen lassen.
Wenn die Kartoffeln gar sind, das Wasser abgießen und ausdämpfen lassen. Dann schälen und über Nacht in den Kühlschrank stellen.

Am Tag der Zubereitung: Kartoffeln grob raffeln, am besten auf einer Rösti-Raffel. Schalotten fein hacken, Knoblauch zerdrücken, mit Salz, Pfeffermischung und Muskat unter die Kartoffeln mischen.

In einer Pfanne (bei mehr als 4 Personen in 2 Pfannen) Butter und Öl erhitzen. Kartoffeln in die Pfanne geben und mit der Bratschaufel umwenden, damit alle Kartoffeln eingefettet werden. Dann die Masse zu einem runden Kuchen zusammendrücken und mit der Milch beträufeln. Bei schwacher Hitze 10 bis 15 Minuten rösten lassen.

Dann mit der Bratschaufel die Kartoffeln rundum vorsichtig von Boden und Pfannenrand etwas abheben, einen Teller auf die Pfanne legen und den Kuchen in den Teller stürzen, wieder in die Pfanne geben und auf der anderen Seite 10 Minuten braten.

Rösti in der Form des Kuchens vorsichtig aus der Pfanne heben und sofort servieren.

Kartoffelkroketten

Personen				Zutaten
2	4	6	8	
500	1000	1500	2000	**g Kartoffeln**
¼	¼	½	½	**l kaltes Wasser**
½	1	1½	2	**TL Salz**
1	1	2	2	**Ei(er)**
¼	½	¾	1	**TL Muskat**
2	4	6	8	**Umdrehungen Pfeffermischung**
1	2	3	4	**TL Butter**
1	2	3	4	**EL süße Sahne**
				etwas Mehl
				Öl (bei einer Pfanne von 28 cm Durchmesser etwa ½ bis ¾ l (Tip 2)
1	1	2	3	**Ei(er)**
50	100	150	200	**g Semmelbrösel**
2.10	2.25	2.35	2.50	**Zeitaufwand**

Tips:

1. Falls Ihnen der Kartoffelteig zu flüssig geraten ist, mischen Sie Semmelbrösel in den Teig.

2. Wenn Sie eine Friteuse besitzen, richten Sie sich bitte nach der Gebrauchsanleitung.

Zubereitung

Kartoffeln schälen und waschen. In einen Topf mit Drahteinsatz legen, Wasser und Salz zugeben und ca. 30 Minuten bei schwacher Hitze kochen lassen.

In der Zwischenzeit: Eigelb und Eiweiß trennen. Eiweiß zu steifem Schnee schlagen. Beides zur Seite stellen.

Kartoffelwasser abgießen. Kartoffeln pürieren. Eigelb, Muskat, Pfeffermischung, Butter und Sahne zugeben, gründlich untermischen, Eischnee unterheben *(Tip 1)*. Eine Stunde zugedeckt ruhen lassen.

Kartoffelteigauf einer bemehlten Fläche zu einer ca. 2,5 cm dicken Rolle formen. In ca. 5 cm lange Stücke teilen.

Öl in einer hohen Pfanne oder Friteuse erhitzen, das Öl soll etwa 2 bis 3 cm hoch in der Pfanne stehen *(Tip 2)*.

In der Zwischenzeit: Backröhre vorheizen: E-Herd: 100° C, Gas: Stufe 1–2. Ei(er) in einem tiefen Teller verkleppern. Semmelbrösel in einen zweiten Teller schütten.

Sobald das Fett rauchheiß ist, Kroketten erst in Ei, dann in Semmelbröseln wenden und portionsweise goldbraun backen. Fertige Kroketten auf Küchenkrepp abtropfen lassen und im Ofen warmhalten.

Kartoffelcrêpes mit frischem Ingwer

Personen 2	4	6	8	Zutaten
	500	750	1000	**g mehlige Kartoffeln**
	½	½	½	**l kaltes Wasser**
	1	1½	2	**gestrichene(r) TL Salz**
	1	2	3	**Ei(er)**
	1	2	3	**gehäufte(r) TL frisch geriebener Ingwer**
	6	9	12	**EL Crème fraîche** oder süße Sahne
	½	¾	1	**gestrichener TL Salz**
	½	¾	1	**gestrichener TL Muskat**
	6	9	12	**Umdrehungen Pfeffermischung**
				evtl. Semmelbrösel
	6	8	10	**EL Öl**
				Alufolie
				Küchenkrepp
	2.15	2.25	2.45	**Zeitaufwand**

Tip:

Der Kartoffelteig darf weder zu flüssig noch zu trocken sein. Die Crêpes dürfen also weder zerfließen noch beim Wenden brechen. Geben Sie, wenn die Konsistenz nicht stimmt, entweder noch Sahne oder Semmelbrösel zum Teig.

Zubereitung

Kartoffeln waschen und auf einen Einsatz in den Topf legen, Salz und Wasser zugeben, ca. 30 Minuten bei schwacher Hitze kochen lassen.

Kartoffeln kalt abschrecken und abkühlen lassen.

In der Zwischenzeit: Ei(er) trennen. Eiweiß steif schlagen und beiseite stellen.

Kartoffeln schälen und pürieren. Sahne, Eigelb, Salz, Muskat, Pfeffer und Ingwer zugeben, mit dem Schneebesen gut durchschlagen. Eischnee unterheben, abschmecken, evtl. nachwürzen. *(Tip)* Eine Stunde ruhen lassen.

Backröhre vorheizen: E-Herd: 100° C, Gas: Stufe 1.

In zwei Pfannen je zwei EL Öl bis zum Rauchpunkt erhitzen.

In der Zwischenzeit: Mit feuchten Händen ovale, 2 mm dünne, ca. 10 cm lange Crêpes formen. (Teilen Sie den Teig so ein, daß Sie pro Person 4 Stück ausbacken können.)

Crêpes nach und nach in das heiße Öl geben. Auf jeder Seite ca. 2 Minuten backen. Zwischendurch die Pfannen mit Küchenkrepp auswischen und je 1 EL Öl nachgießen.

Fertige Crêpes mit Alufolie abdecken, in der Röhre warmhalten.

Kartoffelpüree mit Mandeln

Personen				Zutaten
2	4	6	8	
½	½	½	½	**l Wasser für die Mandeln**
50	100	150	200	**g Mandeln**
				etwas Öl
500	1000	1500	2000	**g mehlige Kartoffeln**
½	½	½	½	**l Wasser** für die Kartoffeln
½	1	1½	2	**gestrichene(r) TL Salz**
5	10	15	20	**dl Buttermilch**
½	1	1½	2	**gestrichene(r) TL Salz**
2	4	6	8	**Umdrehungen Pfeffermischung**
¼	½	¾	1	**gestrichener TL Muskat**
1.10	1.15	1.20	1.25	**Zeitaufwand**

Zubereitung

Backröhre vorheizen: E-Herd: 150° C, Gas: Stufe 1–2.

Wasser zum Kochen bringen. Die Mandeln damit überbrühen, ca. 5 Minuten ziehen lassen und häuten.

Backblech ölen. Die Mandeln darauflegen und in den Ofen schieben. Öfter wenden.

In der Zwischenzeit: Die Kartoffeln schälen und waschen, große in Stücke schneiden.

Mandeln aus dem Ofen nehmen und auskühlen lassen, Röhre nicht ausschalten.

In der Zwischenzeit: Die Kartoffeln auf einen Einsatz in den Topf legen, Wasser und Salz zugeben und 30 Minuten bei schwacher Hitze garen lassen.

Zwei Drittel der Mandeln fein reiben, beiseite stellen. Restliche Mandeln blättrig schneiden.

Mandelblätter nochmals in den Ofen schieben, aber nicht verbrennen lassen!

Kartoffeln abgießen und pürieren. Buttermilch, Pfeffermischung, Salz, Muskat und feingeriebene Mandeln zugeben und untermischen, Masse mit dem Schneebesen schaumig rühren. Abschmecken und mit den blättrig geschnittenen Mandeln bestreuen.

Souffliertes Kartoffelpüree

Personen				Zutaten
2	4	6	8	
300	600	900	1200	**g Kartoffeln**
½	½	½	½	**l Wasser**
½	1	1½	2	**TL Salz**
1	2	3	4	**Eigelb**
½	1	1½	2	**TL Butter**
1	2	3	4	**EL Crème fraîche** oder saure Sahne
¼	½	¾	1	**gestrichener TL Salz**
3	6	9	12	**Umdrehungen Pfeffermischung**
½	1	1½	2	**TL geriebener Muskat**
½	1	1½	2	**TL frisch gehackter Majoran** oder ⅓ der Menge getrocknet
3	5	7	9	**Eiweiß**
				Butter und Mehl für die Form
				Pergamentpapier und Bindfaden
1.15	1.35	2.00	2.15	**Zeitaufwand**

Zubereitung

Kartoffeln schälen, große in Stücke schneiden, und waschen. In einen Topf mit Einsatz legen und Wasser angießen, salzen und 20–30 Minuten bei schwacher Hitze kochen lassen.

Kartoffeln abgießen und pürieren. Eigelb, Butter, Crème fraîche, Salz, Pfeffermischung, Muskat und Majoran zugeben und gut vermischen. Zudecken und abkühlen lassen.

In der Zwischenzeit: Eiweiß zu steifem Schnee schlagen. Backröhre vorheizen: E-Herd: 225° C. Gas: Stufe 4. Wasser zum Kochen bringen.

Eine Soufflé-Form mit geraden Wänden, in der das Püree Platz hat (2 Finger breit unter dem Rand sollen frei bleiben), buttern und mehlen.

Eiweiß erst eßlöffelweise, dann den Rest unter das Püree heben, aber nicht rühren. Masse in die Soufflé-Form füllen. Einen etwa 15 cm hohen Pergamentpapier-Streifen so um die Form legen, daß er etwa 10 cm darüber hinausragt, dann festbinden. In ein breites Gefäß stellen, heißes Wasser angießen, bis maximal zur Hälfte der Form. Auf den Rost in die Mitte der Röhre stellen und backen lassen:
Bei einer Menge für
2 Personen ca. 35 Minuten,
4 Personen ca. 45 Minuten,
6 Personen ca. 50 Minuten,
8 Personen ca. 55 Minuten.
Nach ca. 10 Minuten auf 200° C oder Stufe 3 zurückschalten.

Das Soufflé sollte etwa um ein Drittel aufgegangen und die Oberfläche braun sein. Den Ofen während des Backens nicht öffnen, sonst fällt das Soufflé zusammen.

Thüringer Kartoffelklöße

Personen 2	4	6	8	Zutaten
1	2	3	4	**altbackene Semmel(n)** oder entsprechende Menge Weißbrot
1	1	2	2	**TL Butterschmalz**
1000	2000	3000	4000	**g mehlige Kartoffeln**
				Für die Kartoffeln:
½	¾	1	1	**l Wasser**
¼	½	¾	1	**TL Salz**
				Für die Klöße
3	3	4	5	**l Wasser**
1	1½	2	2½	**TL Salz**
1	1	2	2	**Schuß Essig**
1/16	1/8	3/16	¼	**l Milch** (1/16 l = 62,5 ccm)
½	1	1½	2	**TL Salz**
¼	½	¾	1	**TL Muskat**
3	6	9	12	**Umdrehungen Pfeffermischung**
1	2	3	4	**TL Speisestärke**
1.20	1.35	1.55	2.10	**Zeitaufwand**

Zubereitung

Semmel(n) entrinden, in ca. 1 cm große Stücke schneiden.

In einer Pfanne Butterschmalz bis zum Rauchpunkt erhitzen. Semmelwürfel in heißem Fett goldbraun rösten, beiseite stellen.

Kartoffeln schälen und waschen. Ein Drittel der Kartoffeln in Salzwasser ca. 30 Minuten kochen.

In der Zwischenzeit: Wasser für die Klöße salzen und zum Kochen bringen. Die restlichen rohen Kartoffeln in eine Rührschüssel reiben; etwas Wasser zugeben, dem Essig beigefügt wurde, damit die Kartoffeln weiß bleiben. Milch zum Kochen bringen.

Wasser von den gekochten Kartoffeln abgießen, Kartoffeln pürieren, beiseite stellen.

Rohe Kartoffelmasse in ein Geschirrtuch füllen und alles Wasser ausdrücken. Die Masse in eine Schüssel geben und mit kochender Milch übergießen, Salz, Muskat, Pfeffermischung und Speisestärke dazugeben.

Gekochte und rohe Kartoffeln mischen und abschmecken. Nicht zu große Klöße (ca. 5 cm im Durchmesser) formen. Dabei die Hände öfter in kaltes Wasser tauchen. In die Mitte der Klöße geröstete Semmelwürfel drücken. Klöße im kochenden Wasser ca. 15–20 Minuten ziehen lassen.

Aus dem Herbst-Menü I Seite 224

Feigen in Parma-Schinken, Rezept Seite 89
Krebse in Riesling, Rezept Seite 123
Rebhuhn mit Traubensauce, Rezept Seite 165
Kartoffelpüree mit Mandeln, Rezept Seite 174
Drei pürierte Salate, Rezepte Seite 206

Aus dem Herbst-Menü I Seite 224

Feigen in Parma-Schinken, Rezept Seite 89
Krebse in Riesling, Rezept Seite 123
Rebhuhn mit Traubensauce, Rezept Seite 165
Kartoffelpüree mit Mandeln, Rezept Seite 174
Drei pürierte Salate, Rezepte Seite 206

BG
1977

Aus dem Herbst-Menü II Seite 224

Estragon-Suppe, Rezept Seite 101
Hechtklößchen in Krebssauce, Rezept Seite 104
Rehrücken, Rezept Seite 149
Spätzle, Pfifferlinge, Maronenpüree, Rezepte Seite 181 und Seite 192
Orangen-Sorbet, Rezept Seite 209

Serviettenknödel

Personen 2	4	6	8	Zutaten	Zubereitung
				Semmeln und Weißbrot am Tag vorher einkaufen.	Semmeln und Weißbrot in 1 cm lange und breite Stücke schneiden. In eine Schüssel geben.
2	4	6	8	**Semmeln**	
100	200	300	400	**g Weißbrot**	Butter in einer Pfanne erhitzen.
1	2	3	4	**TL Butter**	*In der Zwischenzeit:* Die Schalotten fein hacken, Knoblauch zerdrücken.
2	3	4	5	**Schalotten**	Schalotten und Knoblauch in der heißen Butter 5 Minuten unter Rühren dünsten, nicht verbrennen lassen.
1	1	2	2	**Zehe(n) Knoblauch**	
2	3	5	7	**TL Petersilie**	Petersilie zu den Schalotten geben, umrühren und die Mischung über die Semmel gießen.
1	2	3	4	**Ei(er)**	Eier trennen. Eiweiß beiseite stellen. Eigelb mit ⅔ der Milch, Salz, Pfeffer und Muskat in einer Schüssel zu einem Teig verkneten. Wenn er zu trocken ist, noch Milch zugeben, wenn zu naß, Semmelbrösel untermischen. Der Teig soll nicht glatt, sondern zäh sein.
2	4	6	8	**dl Milch**	
1	2	3	4	**Prise(n) Salz**	
4	6	8	10	**Umdrehungen Pfeffermischung**	
1	2	3	4	**Prise(n) Muskat**	
				evt. Semmelbrösel	
3	3	4	4	**l Wasser**	
				einige Bogen Pergamentpapier	Eiweiß zu steifem Schnee schlagen und unter den Semmelteig heben. Teig zu einem lockeren Kloß formen und 30 Minuten ruhen lassen.
				Butter zum Bestreichen	
				Schnur zum Zubinden	Nach der Hälfte der Ruhezeit Wasser zum Kochen aufsetzen.
				Leinenserviette	
1.35	1.55	2.10	2.25	**Zeitaufwand**	Nach Ende der Ruhezeit Pergamentpapier buttern und in die Mitte einer Serviette legen. Aus dem Semmelteig eine faustdicke Rolle formen, zuerst in das Pergamentpapier, dann in die Serviette locker einrollen. Die Enden der Serviette zubinden.

Serviettenknödel ins kochende Wasser gleiten lassen, wieder zum Kochen bringen: Bei einer Knödelmasse für
2 Personen 40 Minuten,
4 Personen 50 Minuten,
6 Personen 60 Minuten,
8 Personen 70 Minuten
bei schwacher Hitze kochen lassen.

Serviettenknödel aus dem Wasser heben, abtropfen lassen und auswickeln. In fingerdicke Scheiben schneiden und servieren.

Semmelknödel

Personen				Zutaten
2	4	6	8	
5	10	15	20	**Semmeln** (Brötchen) vom Vortag (Tip 1) oder
1	2	3	4	**Beutel Knödelbrot** à 150 g
⅛	¼	⅜	½	**l Milch**
2	4	6	8	**große Schalotten**
2	4	6	8	**Zehen Knoblauch**
2	2	3	3	**EL Butter**
1	2	3	4	**EL frisch gehackte Petersilie**
3	4	5	5	**l Wasser**
1	1	2	2	**TL Salz** (für das Knödelwasser)
¼	½	¾	1	**TL Salz** (für die Knödelmasse)
4	8	12	16	**Umdrehungen Pfeffermischung**
½	1	1½	2	**TL Muskat**
3	5	7	10	**Eier**
				evtl. Semmelbrösel (Tip 2)
0.50	0.55	1.00	1.05	**Zeitaufwand bei Verwendung von Knödelbrot**
0.55	1.05	1.15	1.25	**Zeitaufwand bei Verwendung von Semmeln** (Brötchen)

Zubereitung

Geschnittene Semmeln in eine große Schüssel geben. Milch lauwarm werden lassen, über die Semmelscheiben gießen und einziehen lassen. Falls die Masse zu trocken ist, noch etwas Milch zugeben *(Tip 2)*. Beiseite stellen.

Schalotten fein hacken, Knoblauch zerdrücken. Butter in einer Pfanne erhitzen, Schalotten, Knoblauch und Petersilie bei Mittelhitze unter Rühren 5 Minuten dünsten.

In der Zwischenzeit: Knödelwasser salzen und zum Kochen aufsetzen.

Gedünstete Schalottenmischung, Salz, Pfeffermischung, Muskat und Eier in die Schüssel zu den Semmeln geben. Alles zu einem Teig verkneten. Zugedeckt 10 Minuten ziehen lassen.

Knödel von ca. 5 cm Durchmesser formen und im sehr heißen, aber nicht mehr kochenden Wasser 15 Minuten garziehen lassen.

Tips:

1. Falls Sie kein Knödelbrot, das sind bereits geschnittene Semmeln, erhalten (das gibt es eigentlich nur in Bayern), sollten Sie die Semmeln oder Brötchen schon am Vortag kaufen und dann am Tag der Zubereitung in ca. 3 mm dicke Scheiben schneiden.

2. Der Semmelteig muß sehr fest, ja fast trocken sein. Die Konsistenz können Sie aber erst beurteilen, wenn alle Zutaten im Teig sind. Seien Sie deshalb sparsam mit der Milch. Sollte der Teig zu weich geraten sein, mischen Sie Semmelbrösel unter, denn bei zu flüssigem Teig werden die Knödel matschig.

Grüne Nudeln

Personen 2	4	6	8	Zutaten
	2		3	**l Wasser**
	½		1	**gestrichener TL Salz**
	250		500	**g Spinat**
	1		2	**Ei(er)**
	1		2	**Eigelb**
	½		1	**gestrichener TL Salz**
	6		12	**Umdrehungen Pfeffermischung**
	½		1	**TL Muskat**
	200		400	**g Mehl**
				Alufolie
				Mehl zum Ausrollen
	3		4	**l Wasser**
	1½		2	**TL Salz**
	1		2	**EL Öl**
	1		2	**EL Butter**
	4.20		4.40	**Zeitaufwand**

Zubereitung **April – November**

Wasser salzen und zum Kochen bringen.

In der Zwischenzeit: Spinat verlesen, Stiele entfernen, gründlich waschen und abtropfen lassen.

Spinat 5 Minuten in kochendem Wasser blanchieren, abgießen, mit kaltem Wasser abschrecken, ausdrücken und im Mixer pürieren. In einer Rührschüssel mit Ei(ern), Eigelb, Salz, Pfeffermischung und Muskat gründlich mischen.

Mehl abwiegen, nach und nach über den Spinat sieben und unterrühren. Mit den Händen gut durchkneten, bis der Teig weich und geschmeidig ist, eventuell noch Mehl oder etwas Wasser zugeben, der Teig soll gleichmäßig grün und weder zu weich noch brüchig sein. Teig zu einer Kugel formen, in Alufolie einschlagen und 3 Stunden im Kühlschrank ruhen lassen.

Den Teig in 2 bzw. 4 Portionen teilen und auf einer bemehlten Fläche papierdünn ausrollen (es sollen Rechtecke von ca. 15 cm Breite daraus entstehen). Immer wieder Mehl anstäuben, damit der Teig nicht anklebt. Die brüchigen Ränder abschneiden. Die Teigplatten von einer Querseite her einrollen und die Rollen in 5 mm breite Streifen schneiden. Teigstreifen sofort wieder entrollen und 15 Minuten trocknen lassen.

In der Zwischenzeit: Das Wasser mit Salz und Öl zum Kochen bringen.

Nudeln ins sprudelnd kochende Wasser geben und 4–5 Minuten ziehen lassen; sie sollen noch Biß haben. Nudeln in ein Sieb gießen, mit kaltem Wasser abschrecken und kurz abtropfen lassen.

In der Zwischenzeit: Butter im Topf erhitzen.

Nudeln in der heißen Butter schwenken und servieren.

Elsässer Nudeln

Personen 2	4	6	8	Zutaten
125	250	375	500	**g Mehl**
1	2	3	4	**Ei(er)**
½	1	1½	2	**EL Öl**
¼	½	¾	1	**gestrichener TL Salz**
2	4	6	8	**Umdrehungen Pfeffermischung**
1	2	3	4	**Prise(n) Muskat**
5	10	15	20	**cl Essig,** am besten Sherry-Essig
				Mehl zum Ausrollen
3	3	4	4	**l Wasser**
½	1½	2	2	**gestrichener TL Salz**
1	1	2	2	**EL Öl**
½	1	1½	2	**EL Butter**
1.10	1.20	1.40	1.50	**Zeitaufwand**

Zubereitung

Mehl in eine Rührschüssel sieben. Ei(er), Öl, Salz, Pfeffermischung und Muskat zugeben. Alles gut verrühren. So viel Essig angießen, daß ein glatter, geschmeidiger Teig daraus wird. Mit dem Handrührer (Knethaken) gut verrühren.

Aus dem Teig eine Kugel formen. In eine Schüssel legen und zudecken, 15 Minuten ruhen lassen.

Den Teig je nach Anzahl der Personen in 2, 4, 6 oder 8 Stücke teilen. Teigstücke nach und nach papierdünn und rechteckig ausrollen. Immer wieder Mehl anstäuben, damit der Teig nicht anklebt. Brüchige Ränder abschneiden. Den ausgewellten Teig einrollen. In 5 mm breite Streifen schneiden. Sofort wieder entrollen und zum Trocknen ausbreiten. Nudeln ca. 10 Minuten trocknen lassen.

In der Zwischenzeit: Wasser zum Kochen bringen. Salz und Öl zugeben.

Nudeln in das sprudelnd kochende Wasser geben. 5 Minuten kochen lassen. Öfter probieren, sie sollen noch Biß haben. In ein Sieb gießen und mit kaltem Wasser abschrecken. Kurz abtropfen lassen.

In der Zwischenzeit: Butter im Topf schmelzen.

Nudeln in der heißen Butter schwenken. Sofort servieren.

Reis mit Mandeln

200	400	600	800	**g Langkorn-,** besser Naturreis
0,4	0,8	1,2	1,6	**l Wasser** für den Reis
½	1	1½	2	**TL Salz**
2	4	6	8	**Umdrehungen weißer Pfeffer**
¼	¼	½	½	**l Wasser** für die Mandeln
50	100	150	200	**g Mandeln**
				Küchenkrepp
0.40	0.40	0.45	0.45	**Zeitaufwand**

Reis in einem Sieb unter fließendem kalten Wasser waschen. In einen Topf schütten, Wasser, Salz und Pfeffer zugeben, zugedeckt bei schwacher Hitze 20 Minuten kochen lassen. Nicht aufdecken oder umrühren.

In der Zwischenzeit: Das Wasser für die Mandeln zum Kochen bringen. Mandeln überbrühen und häuten, auf Küchenkrepp abtrocknen, grob raspeln.

Herdplatte ausschalten. Die geriebenen Mandeln schnell unter den Reis rühren. Sofort wieder zudecken. Reis noch 10 Minuten auf der heißen Platte ziehen lassen.

Safran-Reis

Personen				Zutaten	Zubereitung
2	4	6	8		
1	2	3	4	**Tasse(n)** oder	Reis in einem Sieb unter fließendem kalten Wasser waschen. In einen Topf schütten, Wasser, Salz, Pfeffermischung und Safran zugeben. Bei geschlossenem Topf und schwacher Hitze 20 Minuten kochen lassen. Nicht aufdecken oder umrühren.
200	400	600	800	**g Langkorn-** oder Naturreis	Platte ausschalten und den Reis weitere 10 Minuten auf der heißen Platte ziehen lassen. Nicht aufdecken.
2	4	6	8	**Tassen** oder	
0,4	0,8	1,2	1,6	**l Wasser**	
½	1	1½	2	**TL Salz**	
2	4	6	8	**Umdrehungen Pfeffermischung**	
1	2	3	4	**Döschen Safran**	
0.40	0.40	0.45	0.45	**Zeitaufwand**	

Tip:

Dieses Rezept ist das einfachste und beste, um Reis zu kochen: Der Reis gelingt einfach immer, wird körnig und locker. Die Chinesen bereiten ihn seit Jahrhunderten so, allerdings ohne die Gewürze.

Spätzle

250	500	750	1000	**g Mehl**	Aus Mehl, Wasser, Eier, Salz, Muskat und Pfeffermischung einen flüssigen Teig bereiten. 5–10 Minuten rühren, bis er Blasen wirft, dann 30 Minuten ruhen lassen.
⅛	¼	⅜	½	**l Wasser,** am besten Mineral- oder Sodawasser	Wasser mit dem Salz in einem großen Topf zum Kochen bringen.
2	4	6	8	**Eier**	Teig portionsweise auf ein mit kaltem Wasser abgespültes Holzbrett geben, Brett schräg halten, mit einem langen Messer feine Teigstreifen ins sprudelnd kochende Wasser schaben. Messer öfter ins Wasser halten, um eventuell daran haftenden Teig zu entfernen. Sobald die Spätzle an die Oberfläche steigen, sind sie gar. Sofort herausnehmen und kalt abschrecken; Kochwasser wegschütten, Butter im Topf erhitzen und die Spätzle wieder hineingeben, umrühren und 5 Minuten braten lassen.
½	1	1½	2	**TL Salz**	Spätzle anrichten und mit Petersilie überstreuen.
¼	½	¾	1	**TL Muskat**	
2	4	6	8	**Umdrehungen Pfeffermischung**	
2	3	4	5	**l Wasser**	
½	1	1½	2	**TL Salz**	
2	2	3	3	**EL Butter**	
1	2	3	4	**TL frisch gehackte Petersilie**	
0.50	0.55	1.00	1.05	**Zeitaufwand**	

Gemüse

Beim Gemüse macht sich der Trend zur leichteren, schonenderen, schmackhafteren Zubereitung am deutlichsten bemerkbar. Gemüse wird nicht mehr so lange wie bisher gekocht, alles bleibt knackig und reich an Vitaminen. Säuerliche Gemüse erobern den Teller. Zum Beispiel Blattspinat, Sauerampfer und sogar Rhabarber. Gemüse, die streng schmecken, werden zu Pürees verarbeitet, mit Sahne und Eiweiß luftig aufgeschlagen und interessant gewürzt, ohne daß sie ihren Eigengeschmack verlieren. Hier setzt vielfach Kritik ein; es wird behauptet, Pürees seien eine Verirrung der neuen Küche, aus knackigem Gemüse würde Babynahrung. Zum einen sehe ich nicht ein, warum Babynahrung etwas Negatives sein soll, zum anderen muß ich sagen, daß erst durch das Pürieren manche Gemüse ihren Weg auf den Teller des Feinschmeckers gefunden haben.

Ich habe wieder im kulinarischen Geschichtsbuch geblättert und festgestellt, daß bereits die Römer und Griechen Pürees kannten und aßen. Auch in französischen Kochbüchern der 50er und 60er Jahre werden eine ganze Reihe von Rezepten für Pürees aufgeführt.

Eine weitere Wiederentdeckung sind die Gemüseflans, im Wasserbad gestockte Gemüsepürees, die Sie auch als Zwischengericht servieren können.

Grüne Bohnen

Personen 2	4	6	8	Zutaten
300	600	900	1200	**g grüne Bohnen,** möglichst die kleinen, stricknadeldünnen (Tip)
¼	½	½	¾	**l Wasser**
½	1	1½	2	**gestrichene TL Salz**
2	4	6	8	**Stengel Bohnenkraut**
1	1	2	2	**EL Butter**
2	4	6	8	**Umdrehungen Pfeffermischung**
½	1	1½	2	**TL frisch gehacktes Bohnenkraut**
0.30	0.40	0.50	1.00	**Zeitaufwand**

Zubereitung **Juni – Oktober**

Bohnen putzen, das heißt Blüte und Stielansatz abschneiden, anschließend waschen.

Wasser salzen und zum Kochen bringen, Bohnen mit dem Bohnenkraut auf einen Einsatz in den Topf geben. 15–20 Minuten bei schwacher Hitze kochen lassen.

Nach Ende der Garzeit Bohnenkraut herausnehmen, Bohnen mit eiskaltem Wasser abschrecken. Butter in den Topf geben und erhitzen. Bohnen darin schwenken. Mit Pfeffermischung und dem gehackten Bohnenkraut würzen.

Tip:

Die besten Bohnen kommen aus Kenia oder Frankreich. Falls Sie keine bekommen, müssen Sie die dickeren nehmen und die Kochzeit um 5–10 Minuten verlängern.

Broccoli

Oktober – Juli

2	4	6	8	Zutaten
¼	¼	⅜	½	**l Weißwein**
½	½	1	1	**TL Salz**
3	6	9	12	**Umdrehungen Pfeffermischungen**
½	¾	1	1	**gestrichener TL geriebener Muskat**
500	1000	1500	2000	**g Broccoli**
1	1½	2	3	**EL Butter**
0.25	0.25	0.30	0.30	**Zeitaufwand**

Wein in einem großen Topf erhitzen und würzen.

In der Zwischenzeit: Die Broccoli waschen, große Blätter entfernen, die Stiele schälen und kreuzweise bis fast zu den Röschen einschneiden.

Broccoli in den Topf geben, zum Kochen bringen und 12–15 Minuten dünsten lassen.

Wein abgießen, Butter zugeben, erhitzen und die Broccoli darin schwenken.

Tip:

Sie können zu Broccoli auch eine leichte holländische Sauce (siehe Seite 68) servieren, die Sie während der Kochzeit der Broccoli zubereiten.

Broccoli-Flan

Personen				Zutaten
2	4	6	8	
400	800	1200	1600	**g Broccoli**
¼	¼	½	½	**l Wasser**
½	½	1	1	**gestrichener TL Salz**
1	2	3	4	**Eiweiß**
2	2	3	3	**l Wasser**
1	2	3	4	**EL Crème fraîche** oder süße Sahne
				Salz, Pfeffermischung, Muskat
1	2	3	4	**TL Butter**
1.10	1.10	1.15	1.15	**Zeitaufwand**

Tips:

Sie können natürlich auch viele andere Gemüse als Flan zubereiten. Beachten Sie jedoch die unterschiedlichen Garzeiten (im Topf):

Blumenkohl 15 Minuten,
Fenchel 20 Minuten,
Karotten 30 Minuten,
Lauch 15 Minuten,
Rote Bete 30 Minuten
Wirsing 10 Minuten.

Sie sollten außer bei Blumenkohl kein Muskat zum Würzen verwenden.

Auch die Einkaufsmengen sind unterschiedlich. Rechnen Sie pro Person ca. 100–150 g fertig geputztes Gemüse.

Zubereitung **Oktober – Juli**

Broccoli waschen, große Blätter entfernen, den Stiel schälen und kreuzweise einschneiden. Auf einen Einsatz in einen Topf geben, Wasser und Salz zugeben und 15 Minuten kochen lassen.

In der Zwischenzeit: Backröhre vorheizen: E-Herd: 175° C, Gas: Stufe 2. Eiweiß steif schlagen, beiseite stellen. Wasser zum Kochen bringen.

Broccoli-Wasser abgießen, das Gemüse pürieren oder durch den Fleischwolf drehen. Kurz abkühlen lassen.

Crème fraîche unter das Püree rühren, Eischnee unterheben. Mit Salz, Pfeffermischung und Muskat abschmecken.

Butter erhitzen und Portionsförmchen oder Suppentassen (pro Person eine) damit ausstreichen. Das Püree auf die Förmchen verteilen und in eine Reine oder die Fettpfanne des Backofens stellen. Das heiße Wasser angießen, die Förmchen sollen etwa bis zur Hälfte darin stehen. Im Backofen 35 Minuten garen lassen.

Nach Ablauf der Zeit auf kleine, vorgewärmte Teller stürzen.

Aus dem Herbst-Menü III Seite 224

Seeteufel-Salat, Rezept Seite 87
Gans in Cidre, Rezept Seite 162
Kartoffelkroketten, Selleriepüree, Rezepte Seite 172 und Seite 193
Feldsalat mit Speck und Walnüssen, Rezept Seite 205
Apple-Pie, Rezept Seite 216

VQPRD
Merlot

Aus dem Herbst-Menü IV Seite 224

Crêpes, gefüllt mit Champignon-Duxelles, Rezept Seite 85
Hummer mit kalter Avocado-Sauce, Rezept Seite 124
Kalbsleber mit Basilikum, Rezept Seite 138
Gebackene Kartoffeln, Rezept Seite 169
Gedünsteter Spinat, Rezept Seite 185
Sachertorte, Rezept Seite 219

Spargel

Personen 2	4	6	8	Zutaten	Zubereitung — April – Juni
1½	1½	2	2	**l Wasser**	Wasser zum Kochen bringen.
400	800	1200	1600	**g Spargel,** so frisch wie möglich, von bester Qualität (Tip 2)	*In der Zwischenzeit:* Spargel waschen und schälen. Holzige Enden abschneiden.
1	1½	2	2½	**TL Salz**	Spargelabfälle in das kochende Wasser geben und 20 Minuten kochen lassen. Geschälten Spargel in der Zwischenzeit in ein feuchtes Tuch einschlagen und beiseite stellen.
1	2	3	4	**EL Butter**	Spargelabfälle aus dem Wasser nehmen und wegwerfen. Spargel in den Topf geben, salzen und 20 Minuten bei schwacher Hitze kochen lassen. *(Tip 1)*
0.50	0.55	1.00	1.05	**Zeitaufwand.**	Spargel auf eine Platte legen und mit Butterflöckchen garnieren.

Tips:

1. Das Kochwasser können Sie zu einer Spargelsuppe verwenden.

2. Die angegebenen Mengen verstehen sich nur als Beilage. Wenn Sie Spargel als Hauptgericht servieren möchten, müssen Sie ca. 500 g pro Person rechnen.

Gedünsteter Spinat oder Sauerampfer

April – November *(Tip 1 und 2)*

2	4	6	8	Zutaten	Zubereitung
500	1000	1500	2000	**g Spinat** oder **Sauerampfer** (oder beides gemischt)	Spinat putzen und dabei die Stiele entfernen. Gründlich waschen und abtropfen lassen.
1	1	2	2	**EL Butter**	In einem großen Topf die Butter erhitzen.
1	2	3	4	**Schalotte(n)**	*In der Zwischenzeit:* Schalotte(n) hacken, Knoblauch zerdrücken.
1	2	3	4	**kleine Knoblauchzehe(n)**	
¼	½	¾	1	**TL Salz**	Beides in die heiße, aber noch nicht braune Butter geben und ca. 5 Minuten dünsten. Spinat zugeben, mit Salz, Pfeffermischung und Muskat würzen und durchmischen. 5 Minuten bei schwacher Hitze dünsten lassen. Dann die entstandene Flüssigkeit abgießen. Sahne zugeben und aufkochen lassen, abschmecken und sofort heiß servieren. *(Tip 2)*
3	6	9	12	**Umdrehungen Pfeffermischung**	
¼	½	¾	1	**TL Muskat**	
⅒	⅒	⅛	⅛	**l Crème fraîche** oder süße Sahne	
0.40	0.55	1.10	1.25	**Zeitaufwand**	

Tips:

1. Sauerampfer wird selten auf dem Markt angeboten. Dabei ist er durch seine feine Säure wesentlich delikater als Spinat. Er sollte allerdings nach Juli nicht mehr verwendet werden, da er dann bitter schmeckt.

2. Spinat sollte man nicht wieder aufwärmen. Dadurch kann Nitrat frei werden, das bei Kleinkindern zu Vergiftungen führt.

Rosenkohl mit Maronen

Personen 2	4	6	8	Zutaten
250	500	750	1000	**g Maronen** (Eßkastanien)
250	500	750	1000	**g Rosenkohl**
¼	¼	½	½	**l Wasser**
½	1	1½	2	**TL Salz**
½	½	1	1	**EL Butter**
1	2	3	4	**Prise(n) Muskat**
3	6	9	12	**Umdrehungen Pfeffermischung**
				Zugabe:
1	2	3	4	**Schuß Sherry**
1.15	1.20	1.25	1.30	**Zeitaufwand**

Tip:

Sollte sich, was selten vorkommt, die weiße innere Haut nicht entfernen lassen, müssen die Maronen vorher überbrüht werden.

Zubereitung **November – März**

Backröhre vorheizen: E-Herd: 250° C. Gas: Stufe 5–6.

In der Zwischenzeit: Die Maronen mit einem scharfen Messer an der Spitze kreuzweise einschneiden.

Maronen auf ein Backblech legen und im Ofen 30 Minuten rösten.

In der Zwischenzeit: Rosenkohl putzen und waschen. Wasser zum Kochen bringen. Salzen.

Maronen aus dem Ofen nehmen und abkühlen lassen.

Rosenkohl in das kochende Wasser geben und bei schwacher Hitze 20 Minuten kochen lassen.

In der Zwischenzeit: Die braune äußere Schale und die weiße innere Haut der Maronen entfernen. *(Tip)*

Wasser vom Rosenkohl abgießen. Butter in einer Pfanne erhitzen. Maronen und Rosenkohl hineingeben, mit Muskat und Pfeffermischung würzen, eventuell Sherry angießen. Alles gut durchrühren und 10 bis 15 Minuten dünsten lassen.

Maronen mit Knoblauch *(Tip 1)*

Oktober – März

250	500	750	1000	**g Maronen** (Eßkastanien)
2	2	3	3	**EL Butter**
3	5	7	9	**große Knoblauchzehen**
1	2	3	4	**Prise(n) Salz**
2	4	6	8	**Umdrehungen weißer Pfeffer**
1.00	1.10	1.20	1.30	**Zeitaufwand**

Tips:

1. Maronen mit Knoblauch sind eine herzhafte Beilage von interessantem Geschmack. Sie schmecken gut zu Steaks oder anderem Kurzgebratenem.

2. Sollte sich, was selten vorkommt, die innere weiße Haut nicht entfernen lassen, müssen die Maronen vorher überbrüht werden.

Backofen vorheizen: E-Herd: 250° C. Gas: Stufe 5–6.

In der Zwischenzeit: Maronen mit einem scharfen Messer an der Spitze kreuzweise einschneiden.

Maronen auf ein Backblech legen und im Backofen 30 Minuten rösten. Dann kurz abkühlen lassen und die äußere braune Schale und die innere weiße Haut entfernen. *(Tip 2)*

Butter in einer Pfanne erhitzen.

In der Zwischenzeit: Knoblauch schälen.

Knoblauch in die heiße, aber noch nicht braune Butter drücken. Eine Minute braten, aber nicht braun werden lassen, Pfanne eventuell vom Feuer nehmen. Maronen zugeben, mit Salz und weißem Pfeffer würzen, bei schwacher Hitze 5 Minuten braten lassen und sofort servieren.

Überbackener Spinat oder Sauerampfer

Personen 2	4	6	8	Zutaten
500	1000	1500	2000	**g Spinat** oder **Sauerampfer** (oder beides gemischt)
¼	¼	½	½	**l Wasser**
25	50	75	100	**g Greyerzer,** Appenzeller oder Schweizer Emmentaler
50	100	150	200	**g Mandeln**
1	1	2	2	**EL Butter**
1	2	3	4	**Schalotte(n)**
1	2	3	4	**Knoblauchzehe(n)**
¼	½	¾	1	**TL Salz**
3	6	9	12	**Umdrehungen Pfeffermischung**
¼	½	¾	1	**TL Muskat**
⅒	⅒	⅛	⅛	**l süße Sahne**
1	2	3	4	**TL Butter**
1.10	1.30	1.50	2.10	**Zeitaufwand**

Zubereitung **April–November** *(Tip 1)*

Spinat oder Sauerampfer putzen, die Stiele entfernen. Gründlich waschen und abtropfen lassen.

Wasser für die Mandeln zum Kochen bringen.

In der Zwischenzeit: Käse fein reiben, zur Seite stellen.

Mandeln in einer Schüssel mit dem kochenden Wasser überbrühen. Eine Minute ziehen lassen, dann die braunen Häutchen abziehen. Mandeln fein hacken.

Butter in einem Topf schmelzen lassen.

In der Zwischenzeit: Schalotte(n) fein hacken, Knoblauch zerdrücken. Backofen vorheizen: E-Herd: 200° C, Gas: Stufe 3.

Schalotte(n) und Knoblauch in die heiße Butter geben und ca. 5 Minuten dünsten. Spinat (Sauerampfer) zugeben, mit Salz, Pfeffermischung und Muskat würzen, weitere 5 Minuten dünsten. Die entstandene Flüssigkeit abgießen, Sahne zugeben und aufkochen lassen, abschmecken. Gemüse in eine feuerfeste Kasserolle geben, mit dem geriebenen Käse, dann mit den Mandeln bestreuen und Butterflöckchen aufsetzen. Im heißen Ofen 10 Minuten überbacken.

Tip:

Sauerampfer sollte nach Juli nicht mehr verwendet werden, da er dann bitter schmeckt.

Zuckerschoten

Mai – Oktober

2	4	6	8	Zutaten
250	500	750	1000	**g Zuckerschoten**
1	1	2	2	**EL Butter**
1	2	3	4	**Schalotte(n)**
1	1	2	2	**Knoblauchzehe(n)**
1	1	2	2	**EL Fleischjus** (s. Seite 64)
1	1	2	2	**EL Weißwein** oder Wasser
¼	½	¾	1	**gestrichener TL Salz**
4	6	8	10	**Umdrehungen Pfeffermischung**
1	2	3	4	**EL Crème fraîche** oder süße Sahne
1	2	3	4	**EL frisch gehackte Petersilie**
0.35	0.40	0.50	0.55	**Zeitaufwand**

Schoten waschen, Spitzen und Stielansatz entfernen, Fäden abziehen.

Butter erhitzen.

In der Zwischenzeit: Schalotten hacken, Knoblauch zerdrücken.

Beides in der Butter 5 Minuten dünsten. Schoten zugeben und darin schwenken. Kalbsjus, Wein, Salz und Pfeffer zugeben und 5 Minuten dünsten.

Nach Ablauf der Zeit Crème fraîche zugeben und weitere 3 Minuten dünsten lassen. Abschmecken, mit Petersilie bestreuen und servieren.

Karotten mit Weintrauben

Personen				Zutaten	Zubereitung Juli – November
2	4	6	8		
250	500	750	1000	**g Karotten**	Karotten schälen, waschen und abtrocknen. In ca. 3 cm lange, gleichmäßige Stücke schneiden. Alle Schnittflächen rund schnitzen, so daß die Karottenstückchen eine ovale Form erhalten. Wenn die Hälfte fertig geschnitten ist, Wasser zum Kochen aufsetzen. Karotten beiseite stellen.
½	½	1	1	**l Wasser**	
150	300	450	600	**g weiße Trauben,** möglichst säuerliche	
1	2	3	4	**EL Butter**	
2	4	6	8	**Prisen Salz**	Trauben waschen, Mit dem kochenden Wasser überbrühen und mit kaltem Wasser abschrecken. Häute abziehen, Trauben halbieren und die Kerne entfernen.
2	4	6	8	**Umdrehungen Pfeffermischung**	
¼	½	¾	1	**TL Koriander,** gemahlen oder zerstoßen	
1	1	2	2	**TL Zitronensaft**	Butter in einem Topf erhitzen. Trauben mit den Karotten, Salz, Pfeffer, Koriander, Zitronensaft und Wein in den Topf geben. Durchrühren und 25 Minuten bei schwacher Hitze zugedeckt schmoren lassen.
2	4	6	8	**EL trockener Weißwein,** evtl. Wasser	
1.10	1.30	1.50	2.10	**Zeitaufwand**	

Rote Bete

September – März

250	500	750	1000	**g kleine rote Bete**	Rote Bete schälen, am besten mit Gummihandschuhen. Mit einem Gemüsebohrer aus den Roten Beten runde Bällchen ausstechen. Beiseite stellen.
½	1	½	2	**TL Zucker**	
1	1	3	4	**TL Butter**	
1	2	3	4	**EL Fleischjus** (s. Seite 64)	Zucker und Butter in einem Topf unter Rühren hellbraun werden lassen. Rote Bete zugeben, Wein und Jus angießen und 25 Minuten dünsten lassen.
1	1	2	2	**dl Rotwein**	
1	2	3	4	**EL Crème fraîche** oder saure Sahne	Crème fraîche einrühren. Rote Bete in der Sauce servieren.
0.35	0.45	0.55	1.05	**Zeitaufwand**	

Gedünsteter Rhabarber

April – August

400	800	1200	1600	**g Rhabarber**	Rhabarber waschen, schälen und in etwa 10 cm lange Stücke schneiden.
1	1	2	2	**dl kaltes Wasser**	Wasser und Wein zum Kochen bringen. Einen Drahteinsatz in den Topf geben.
1	1	1	1	**dl Weißwein**	
¼	¼	½	½	**TL Salz**	
4	6	8	10	**Umdrehungen Pfeffermischung**	Rhabarber auf den Drahteinsatz legen. Salz, Pfeffermischung und Ingwer zugeben. Maximal 10 Minuten bei schwacher Hitze kochen lassen. Rhabarber darf nicht zerkochen!
¼	¼	½	½	**TL frisch geriebener Ingwer**	
0.25	0.30	0.35	0.40	**Zeitaufwand**	Rhabarber herausnehmen und sofort servieren.

Rotkohl

Personen				Zutaten
2	4	6	8	
500	1000	1500	2000	**g Rotkohl**
2	3	4	5	**Schalotten**
1	1	2	2	**EL Butter**
3	6	9	12	**EL Sherry-** oder Himbeeressig
1	2	3	4	**EL Johannisbeergelee**
½	1	1½	2	**TL Salz**
3	6	9	12	**Umdrehungen Pfeffermischung**
2	4	6	8	**Nelken**
1	2	3	4	**Blatt Lorbeer**
1	2	3	4	**dl Rotwein,** evtl. mehr
1	2	3	4	**Apfel (Äpfel)**
1.10	1.20	1.30	1.40	**Zeitaufwand**

Zubereitung **Oktober – März**

Kohlkopf in Viertel schneiden, die äußeren harten Blätter und den Strunk entfernen. Rotkohl in dünne Streifen schneiden, beiseite stellen.

Schalotten fein hacken.

Butter in einem entsprechend großen Topf erhitzen, Schalotten darin 5 Minuten dünsten. Rotkohl, Essig, Johannisbeergelee, Salz, Pfeffermischung, Nelken und Lorbeer zugeben und durchmischen. Rotwein angießen und bei schwacher Hitze 35 Minuten dünsten lassen.

In der Zwischenzeit: Die Äpfel entkernen und in dünne Scheiben schneiden.

Die Apfelstücke zum Kohl geben. Weitere 20 Minuten dünsten lassen. Von Zeit zu Zeit umrühren, damit nichts anbrennt. Wenn nötig, noch Rotwein angießen, nach Ende der Garzeit sollte aber keine Flüssigkeit mehr im Topf sein.

Gedünstete Champignons

250	500	750	1000	**g frische Champignons**
1	1	2	2	**EL Butter**
1	2	3	4	**große Schalotte(n)**
1	2	3	4	**Prise(n) Salz**
3	6	9	12	**Umdrehungen weißer Pfeffer**
1	2	3	4	**TL Zitronensaft**
1	2	3	4	**dl Crème fraîche** oder süße Sahne
1	2	3	4	**El frisch gehackte Petersilie**
0.30	0.35	0.40	0.45	**Zeitaufwand**

Champignons waschen, putzen und in Scheiben schneiden.

Butter erhitzen.

In der Zwischenzeit: Schalotte(n) fein hacken.

Schalotte(n) in die heiße Butter geben und unter Rühren 5 Minuten dünsten lassen. Champignons zugeben, mit Salz, Pfeffer und Zitronensaft würzen. Weitere 5 Minuten dünsten lassen.

Sahne angießen und untermischen, noch 10 Minuten dünsten lassen. *(Tip)*

Petersilie über die Pilze streuen und abschmecken.

Tip:

Nach diesem Rezept können Sie auch Pfifferlinge zubereiten.

Champignons mit Knoblauch

Personen 2	4	6	8	Zutaten
250	500	750	1000	**g Champignons**
2	3	4	5	**EL Olivenöl**
1	2	3	4	**Schalotte(n)**
2	4	6	8	**Knoblauchzehen**
1	2	3	4	**Prise(n) Salz**
3	6	9	12	**Umdrehungen Pfeffermischung**
1	2	3	4	**Schuß Weißwein**
1	2	3	4	**EL frisch gehackte Petersilie**
0.30	0.35	0.40	0.45	**Zeitaufwand**

Zubereitung

Champignons waschen, putzen und in Scheiben schneiden.

Olivenöl in einer Pfanne erhitzen.

In der Zwischenzeit: Schalotte(n) hacken, Knoblauch zerdrücken.

Schalotte(n) und Knoblauch im heißen Öl 5 Minuten bei schwacher Hitze dünsten. Champignons zugeben, mit Salz und Pfeffer würzen. Wein angießen und die Pilze bei schwacher Hitze 10 bis 15 Minuten dünsten lassen.

Petersilie über die Pilze streuen und abschmecken.

Champignon-Duxelles

250	500	750	1000	**g Champignons**
2	4	6	8	**EL Butter,** evtl. mehr
2	4	6	8	**große Schalotten** oder Frühlingszwiebeln
1	2	3	4	**kleine Knoblauchzehe(n)**
¼	½	¾	1	**TL Salz**
4	8	12	16	**Umdrehungen weißer Pfeffer**
1	2	3	4	**EL Zitronensaft**
5	10	15	20	**cm Tomatenmark** aus der Tube
0.25	0.35	0.45	0.55	**Zeitaufwand**

Champignons waschen und putzen. Mit dem Mixer pürieren oder durch den Fleischwolf drehen. Die Masse in ein sauberes Geschirrtuch füllen und soviel Flüssigkeit wie möglich herauspressen. Püree beiseite stellen.

Butter in einer Pfanne erhitzen.

In der Zwischenzeit: Schalotten hacken, Knoblauch zerdrücken.

Beides in der heißen Butter ca. 5 Minuten dünsten. Champignonpüree untermischen. Evtl. noch Butter zugeben, falls die Pilze zu trocken sind. Mit Salz, weißem Pfeffer, Zitronensaft und Tomatenmark würzen. Gut durchrühren und bei Mittelhitze 5 bis 10 Minuten dünsten lassen, abschmecken.

Tip:

Dieses Champignonpüree wurde nach dem Franzosen Marquis d'Uxelles benannt, der es erfunden hat.

Artischockenpüree

Personen 2	4	6	8	Zutaten	Zubereitung Juni – November
2	2	3	3	**l Wasser**	Wasser zum Kochen bringen. Zitronenscheiben und Salz zugeben (in einen 5-Liter-Topf passen 4 Artischocken).
2	2	4	4	**Zitronenscheiben**	
1	1	2	2	**TL Salz**	
1	2	3	4	**große Artischocke(n)**	*In der Zwischenzeit:* Die Artischocke(n) waschen. Die kleinen Blätter am Boden entfernen, den Stiel abschneiden. Schnittflächen mit Zitrone einreiben, damit sie sich nicht verfärben.
¼	¼	½	½	**Zitrone**	
50	100	150	200	**g Crème fraîche** oder süße Sahne	
1	2	3	4	**El frisch gehackter Estragon**	Artischocke(n) ins sprudelnd kochende Wasser legen und 40 Minuten bei schwacher Hitze kochen lassen.
1	2	3	4	**TL Zitronensaft**	*In der Zwischenzeit:* Sahne steif bzw. Crème fraîche luftig aufschlagen.
1	2	3	4	**Prise(n) Salz**	
2	4	6	8	**Umdrehungen Pfeffermischung**	Artischocke(n) aus dem Wasser nehmen und kalt abschrecken. Blätter ablösen und jeweils das Fleisch am unteren Ende abschaben. Das Heu vom Boden der Artischocke entfernen. Fleisch von den Blättern und Boden durch ein Sieb streichen, mit Zitronensaft, Salz, Pfeffer und Estragon würzen, abschmecken und die Sahne unterheben.
1.05	1.15	1.25	1.35	**Zeitaufwand**	

Birnenpüree mit Spinat

Juni – Oktober

2	4	6	8	Zutaten	Zubereitung
	400		800	**g Spinat**	Spinat putzen, Stiele entfernen und waschen, abtropfen lassen.
	1½		2	**l Wasser** für den Spinat	Wasser für Spinat und Birne(n) zum Kochen bringen, Spinatwasser salzen.
	⅛		⅛	**l Wasser** für die Birnen	
	1		2	**TL Salz**	
	1		2	**Birne(n)**	*In der Zwischenzeit:* Birne(n) schälen, entkernen und vierteln. Eiweiß steifschlagen.
	1		2	**Eiweiß**	
	1		1½	**gestr. EL Salz**	Birnenviertel ins kochende Wasser geben. 10 Minuten leise kochen lassen.
	4		8	**Umdrehungen Pfeffermischung**	Spinat ins sprudelnde Wasser geben. 5 Minuten leise kochen lassen.
	2		4	**Prisen Muskat**	Birnenviertel und Spinat aus dem Wasser nehmen. Spinat mit kaltem Wasser abschrecken. Abtropfen lassen.
	1		2	**EL Crème fraîche** oder saure Sahne	
	0.40		0.55	**Zeitaufwand**	Birne(n) und Spinat im Mixer pürieren. Mit Salz, Pfeffer und Muskat abschmecken. Crème fraîche zugeben. Nochmals durchmixen. Eiweiß unterheben und sofort servieren.

Blumenkohlpüree

Personen				Zutaten	Zubereitung Mai – Oktober
2	4	6	8		
¼	¼	½	½	**l Wasser**	Wasser zum Kochen bringen und salzen. Einen Einsatz in den Topf geben.
1	1	2	2	**gestrichene(r) TL Salz**	
250	500	750	1000	**g Blumenkohl**	Blumenkohl waschen, Blätter und den Strunk abschneiden.
1	2	3	4	**EL Crème fraîche** oder süße und saure Sahne gemischt	Blumenkohl in den Topf geben. 25 Minuten bei schwacher Hitze kochen lassen.
1	2	3	4	**EL Magerquark**	*In der Zwischenzeit:* Sahne steif- bzw. Crème fraîche luftig aufschlagen, den Quark untermischen.
2	4	5	8	**Umdrehungen Pfeffermischung**	
1	2	3	4	**Prise(n) Salz**	Blumenkohl aus dem Topf heben. Mit kaltem Wasser abschrecken und im Mixer pürieren. Mit Pfeffer, Salz und Muskat würzen. Sahne-Quarkmischung unterheben, abschmecken.
1	2	3	4	**Prise(n) Muskat**	
0.35	0.35	0.35	0.35	**Zeitaufwand**	

Maronenpüree

Oktober – März

100	200	300	400	**g Maronen** (Eßkastanien)	Backröhre vorheizen: E-Herd: 250° C. Gas: Stufe 5–6.
50	100	150	200	**g Magerquark**	*In der Zwischenzeit:* Die Maronen mit einem scharfen Messer an der Spitze kreuzweise einschneiden.
1	2	3	4	**TL Butter**	
				evtl. etwas Crème fraîche oder Sahne	Auf ein Backblech legen und im Ofen 30 Minuten rösten.
1	2	3	4	**Prise(n) Salz**	Maronen aus dem Ofen nehmen, abkühlen lassen, dann die braune äußere Schale und die weiße innere Haut entfernen. *(Tip)*
2	4	6	8	**Umdrehungen Pfeffermischung**	
1.00	1.05	1.10	1.15	**Zeitaufwand**	Maronen im Mixer pürieren, Quark und Butter zugeben. Falls das Mus zu trocken ist, etwas Sahne angießen.
					Mit Salz und Pfeffer würzen, abschmecken.

Tip:

Sollte, was selten vorkommt, sich die weiße innere Haut nicht entfernen lassen, müssen die Maronen überbrüht werden.

MOET
IMPERIAL
1971

Aus dem Winter-Menü I Seite 224

Ententerrine mit Orangen, Rezept Seite 79

Sauce Cumberland, Rezept Seite 69

Austern in Champagner, Rezept Seite 126

Filet Wellington mit Sauce Périgord, Rezept Seite 132

Aus dem Winter-Menü II Seite 224

Bohnensalat mit Gänseleber und Trüffeln, Rezept Seite 90
Seezunge in Wermut, Rezept Seite 118
Fasan, Rezept Seite 164
Pistanzien-Kartoffeln, Rezept Seite 170
Karotten mit Weintrauben, Rezept Seite 188
Apfelstrudel, Rezept Seite 215

Rosenkohlpüree

Personen 2	4	6	8	Zutaten	Zubereitung November – März
250	500	750	1000	**g Rosenkohl**	Rosenkohl putzen und waschen.
¼	¼	½	½	**l Wasser**	Wasser in einem entsprechend großen Topf mit Drahteinsatz zum Kochen bringen. Salzen.
½	1	1½	2	**gestrichene(r) TL Salz**	
2	3	4	5	**EL Crème fraîche** oder süße und saure Sahne gemischt	*In der Zwischenzeit:* Crème fraîche oder Sahne luftig aufschlagen und den Quark untermischen.
1	2	3	4	**EL Magerquark**	Rosenkohl in den Topf geben. Bei schwacher Hitze 35 Minuten kochen lassen. Dann herausnehmen, mit kaltem Wasser abschrecken und im Mixer pürieren. Mit Pfeffer, Salz, Muskat und Zitronensaft würzen, die Sahne-Quark-Mischung unterheben und abschmecken.
2	4	6	8	**Umdrehungen Pfeffermischung**	
1	2	3	4	**Prise(n) Salz**	
2	4	6	8	**Prisen Muskat**	
1	2	3	4	**TL Zitronensaft**	
0.55	1.00	1.05	1.10	**Zeitaufwand**	

Selleriepüree

2	4	6	8	Zutaten	Zubereitung
250	500	750	1000	**g Sellerieknolle** oder Staudensellerie	Sellerie schälen – beim Staudensellerie die Fäden entfernen –, waschen und in Würfel schneiden.
½	½	1	1	**l Wasser**	Wasser in entsprechend großen Topf mit Drahteinsatz zum Kochen bringen. Salzen.
1	1	2	2	**gestrichene(r) TL Salz**	
2	3	4	5	**EL Crème fraîche** oder süße und saure Sahne gemischt	*In der Zwischenzeit:* Crème fraîche oder Sahne luftig aufschlagen.
1	2	3	4	**TL Butter**	Sellerie in den Topf geben und 35 Minuten bei schwacher Hitze kochen lassen. Dann herausnehmen, den Kochsud aufheben und den Sellerie im Mixer pürieren. Mit Butter, Salz und Pfeffer würzen. So viel vom Kochsud angießen, daß das Püree geschmeidig wird. Crème fraîche unterheben und abschmecken.
1	2	3	4	**Prise(n) Salz**	
2	4	6	8	**Umdrehungen Pfeffermischung**	
				etwas vom Kochsud	
0.50	0.55	1.00	1.05	**Zeitaufwand**	

Wirsingpüree

September – Februar

Personen 2	4	6	8	Zutaten
2	3	4	4	**l Wasser**
1	2	3	3	**TL Salz**
300	500	750	1000	**g Wirsing**
¼	½	¾	1	**gestrichener TL Salz**
2	4	6	8	**Umdrehungen Pfeffermischung**
¼	½	¾	1	**gestrichener TL geriebener Muskat**
1	2	3	4	**EL Crème fraîche** oder saure Sahne
1	2	3	4	**TL Quark**
0.20	0.25	0.30	0.35	**Zeitaufwand**

Zubereitung

Wasser mit Salz zum Kochen bringen.

In der Zwischenzeit: Den Wirsing entblättern. Äußere welke oder braune Blätter wegwerfen, von den anderen die Mittelrippen entfernen, Wirsing waschen.

Wirsingblätter im kochenden Wasser 3–5 Minuten blanchieren, herausnehmen und mit eiskaltem Wasser abschrecken. Abtropfen lassen bzw. abtrocknen und im Mixer pürieren.

Salz, Pfeffermischung, Muskat, Crème fraîche und Quark zugeben und untermischen. Wieder in den Topf geben und unter Rühren erhitzen, aber nicht mehr kochen lassen.

Austernpilze

200	400	600	800	**g Austernpilze**
1	2	3	4	**TL Butter**
2	4	6	8	**Schalotten**
1	1	2	2	**Zehe(n) Knoblauch**
1	2	3	4	**TL Butter**
1	2	3	4	**TL Fleischjus** (s. Seite 64)
1	2	3	4	**EL Crème fraîche** oder süße Sahne
1	2	3	4	**TL frisch gehackte Petersilie**
0.25	0.30	0.35	0.40	**Zeitaufwand**

Pilze putzen, möglichst nicht waschen. Beiseite stellen.

Butter in einer Pfanne erhitzen.

In der Zwischenzeit: Schalotten hacken, Knoblauch zerdrücken.

Schalotten und Knoblauch in der Butter 5 Minuten dünsten. Dann die Pilze zugeben, durchrühren, würzen und den Jus angießen. 5 – 7 Minuten dünsten lassen.

Dann Crème fraîche und Petersilie untermischen.

Tip:

Der exakte Name des Austernpilzes lautet Austernsaitling. Dieser Pilz wird seit einiger Zeit wie der Champignon gezüchtet; er schmeckt würziger als dieser und erinnert leicht an den Steinpilz.

Pfifferlinge in Blätterteig

Personen 2	4	6	8	Zutaten
50	100	150	200	**g Blätterteig** (Tip 1) **etwas Mehl**
100	200	300	400	**g Pfifferlinge** (Tip 2)
2	4	6	8	**Schalotten**
½	1	1½	2	**EL Butter**
½	1	1½	2	**Scheiben gekochter Schinken**
2	4	6	8	**cm Tomatenpüree** aus der Tube
1	2	3	4	**Prise(n) getrockneter Thymian**
2	4	6	8	**Prisen Salz**
4	6	8	10	**Umdrehungen Pfeffermischung**
1	1	1	1	**Ei**
1	1	1	1	**TL Süße Sahne** **Butter und Mehl** fürs Blech
0.45	0.50	1.00	1.05	**Zeitaufwand**

Tips:

1. Eine Packung tiefgekühlter Blätterteig enthält im allgemeinen 5 Scheiben und wiegt 300 g. Es gibt auch Packungen gleichen Gewichts mit nur 3 Scheiben. Sie können auch frischen Blätterteig beim Bäcker kaufen, wenn sie ihn vorbestellen, oder selbst zubereiten (Rezept Seite 70).

2. Probieren Sie dieses Rezept auch mit anderen Pilzen, z. B. Champignons, Austern- oder Semmelpilzen.

Zubereitung **Juni – November**

Tiefgekühlten Blätterteig auf eine bemehlte Fläche auslegen und mit Mehl bestäuben, auftauen lassen.

In der Zwischenzeit: Pfifferlinge waschen und putzen. Pro Person 2 schöne große Pilze auswählen und beiseite legen. Restliche Pilze im Mixer zerkleinern. Schalotten hacken.

Butter in einer Pfanne erhitzen.

In der Zwischenzeit: Schinken in Würfel schneiden. Backofen vorheizen: E-Herd: 225° C. Gas: Stufe 4.

Schalotten in der Butter 5 Minuten dünsten. Gehackte Pilze zugeben und andünsten. Schinken, Tomatenpüree, Thymian, Salz und Pfeffer untermischen, 5 Minuten unter Rühren bei schwacher Hitze dünsten.

In der Zwischenzeit: Pro Person eine Blätterteigscheibe, ca. 12 × 12 cm groß, auswellen.
Schalotten-Pilz-Mischung vom Herd nehmen. Die ganzen Pfifferlinge auf die Blätterteigscheiben verteilen und mit der Pilzmischung bedecken.

Das Ei trennen. Eiweiß mit einer Gabel aufschlagen und die Ränder der Scheiben damit bestreichen. Blätterteig über den Pilzen zu Taschen zusammenfalten.

Backblech fetten und mehlen, die Blätterteigtaschen daraufsetzen.

Eigelb mit Sahne aufschlagen und die Taschen damit bestreichen. Sofort in die Röhre schieben und 15 Minuten backen lassen. Dann herausnehmen und jede Tasche halbieren.

Crêpes, gefüllt mit Blattspinat

Personen 2	4	6	8	Zutaten	Zubereitung — April – November
1	2	3	4	**Ei(er)** *(Tip 2)*	Eier trennen, Eiweiß beiseite stellen.
50	100	150	200	**g Mehl**	Aus gesiebtem Mehl, Milch, Öl, Eigelb, Salz und Pfeffer einen sehr flüssigen Teig rühren. Dann ruhen lassen.
1	2	3	4	**dl Milch**	
½	1	1½	2	**TL Öl**	
1	2	3	4	**Prise(n) Salz**	
2	4	6	8	**Umdrehungen Pfeffermischung**	
250	500	750	1000	**g Spinat** oder **Sauerampfer** oder beides gemischt	*In der Zwischenzeit:* Spinat putzen und die Stiele entfernen. Gründlich waschen und abtropfen lassen. Schalotte(n) fein hacken, Knoblauch zerdrücken. Eiweiß zu steifem Schnee schlagen und unter den Teig heben.
1	2	3	4	**Schalotte(n)**	Backröhre vorheizen: E-Herd: 100° C, Gas: Stufe 1–2.
1	2	3	4	**Knoblauchzehe(n)**	
1	2	3	4	**TL Butter** zum Ausbacken der Crêpes	In einer, bei mehr als zwei Personen in zwei möglichst beschichteten Pfannen, (je) ½TL Butter erhitzen und mit einem Pinsel gut verstreichen.
1	2	3	4	**TL Butter** für den Spinat	So viel Teig in die Pfanne(n) gießen, daß er sich hauchdünn über den Pfannenboden verteilt. Pfanne(n) dabei schräg halten und drehen (pro Person wird eine Crêpe gebacken). Crêpes von beiden Seiten ca. 2 bis 3 Minuten backen lassen und in der Röhre zugedeckt heißhalten.
¼	½	¾	1	**TL Salz**	
2	4	6	8	**Umdrehungen Pfeffermischung**	
2	4	6	8	**Prisen Muskat**	
1.10	1.15	1.20	1.25	**Zeitaufwand**	Nach und nach alle Crêpes ausbacken, zwischendurch immer die Pfanne(n) buttern. Butter für den Spinat in einem großen Topf erhitzen. Schalotte(n) und Knoblauch in die heiße Butter geben, dünsten, aber nicht braun werden lassen.

Spinat zu den Schalotte(n) in den Topf geben. Mit Salz, Pfeffermischung und Muskat würzen, dünsten lassen.

Spinat in ein Sieb schütten, damit die Flüssigkeit abläuft. Auf die Crêpes verteilen, einrollen und in der Mitte durchschneiden. *(Tip 1)*

Tips:

1. Sie können die Crêpes statt mit Spinat auch mit Sauerampfer füllen. Spinat nicht wieder aufwärmen! Es kann Nitrat frei werden, das bei Kleinkindern zu Vergiftungen führt. Sauerampfer sollten Sie nach Juli nicht mehr verwenden, da er dann bitter schmeckt.

2. Pro Person wird eine Crêpe zubereitet. Die Menge ist jeweils auf eine Pfanne von 18 bis 20 cm Durchmesser abgestimmt.

Salate

Salat können Sie als Vorspeise oder nach dem Hauptgericht servieren. In der feinen Küche ist er stets ein eigenständiges Gericht, kein Begleiter des Hauptganges. Das heißt, daß Sie seiner Zubereitung genausoviel Aufmerksamkeit widmen sollten wie den anderen Speisen. Abschreckende Beispiele, wie Sie es nicht machen sollten, finden Sie in vielen Gaststätten. Zumeist wird Blattsalat bereits Stunden vor dem Servieren geputzt und im Wasser liegend »frisch« gehalten, was ihm natürlich die Vitamine entzieht. Dann kommen die Blätter, so naß wie sie sind, auf den Teller und werden mit einer belanglosen Essig-Wasser-Sauce übergossen. Öl würde sowieso auf den nassen Blättern nicht haften, es ist also überflüssig.

In der französischen Küche sind die gemischten Salate, z. B. Blattsalat mit Gurken, Tomaten, Rettichen etc., wie sie bei uns gang und gäbe sind, nicht üblich, dafür aber Salatmischungen mit Fleisch, Wild oder Geflügel, die sich besonders gut als Vorspeise eignen. In diesem Kapitel finden Sie einerseits Salate der französischen Richtung, aber auch einige andere, z. B. Tomaten- und Gurkensalat, besonders schmackhaft zubereitet.

Die Rezepte für die Sauce Vinaigrette können Sie nach Ihrem Geschmack abwandeln, z. B. mit Zitrone statt Essig. Wenn Sie Sherry- oder Himbeer-Essig verwenden, sollten Sie Nußöl statt Olivenöl gebrauchen. Es harmoniert besser mit diesem Essig.

Wein verträgt sich im allgemeinen nicht mit der Essigsauce des Salats. Sie sollten deshalb zum Salat keinen Wein reichen.

Allgemeines zur Vorbereitung von Blattsalaten *(Tip 1 und 2)*

Tips:

1. Zu den Blattsalaten gehören:
Kopfsalat, Schnittsalat, Endivie, Löwenzahn, Feldsalat, Römischer Salat, Chicorée, Radicchio, Spinat, Brunnenkresse und Eisbergsalat.

2. Pro Person rechnet man etwa so viele geputzte Blätter, wie Sie in einer Hand locker halten können.

Welke oder gelbe und zu harte äußere Blätter entfernen.

Vorsichtig waschen, eventuell mehrmals, dann abtropfen lassen.

Blätter entweder im Drahtkorb oder durch Schleudern im Geschirrtuch trocknen. Wenn der Salat naß ist, haftet die Sauce nicht.

Salatsauce (Rezepte unten und Seite 199) separat anmachen, erst kurz vor dem Servieren über den Salat gießen und untermischen.

Sauce Vinaigrette, einfache Art

Personen				Zutaten
2	4	6	8	
1	1½	2	3	**EL bester Wein-,** Sherry- oder Himbeer-Essig (Tip)
1	2	3	4	**Prise(n) Salz**
3	5	7	9	**Umdrehungen weißer Pfeffer** oder **Pfeffermischung**
3	4½	6	9	**EL Öl,** am besten kaltgepreßtes Olivenöl
				Zugaben:
1	2	3	4	**EL süße** oder saure **Sahne** oder Crème fraîche
1	2	3	4	**Spritzer flüssiger Süßstoff** oder
1	2	3	4	**Prise(n) Zucker**
0.03	0.03	0.05	0.05	**Zeitaufwand**

Zubereitung

Weinessig in eine Schüssel gießen. Salz und Pfeffer zugeben und untermischen.

Öl zugießen und zu einer Emulsion verrühren. Evtl. Sahne und Süßstoff zugeben.

Vinaigrette kurz vor dem Servieren über den Salat gießen und untermischen.

Tip:

Sie können den Essig zur Hälfte durch Zitronensaft ersetzen.

Sauce Vinaigrette, klassische Art

Personen				Zutaten	Zubereitung
2	**4**	**6**	**8**		
1	2	3	4	**kleine Schalotte(n)**	Schalotte(n) und Knoblauch schälen.
1	1	2	2	**kleine Knoblauchzehe(n)**	Schalotte(n) fein hacken, Knoblauch zerdrücken.
1	1½	2	3	**EL bester Wein-,** Sherry- oder Himbeer-Essig	Weinessig in eine Schüssel gießen. Salz, Pfeffer, Senf, Schalotte(n) und Knoblauch zugeben, gut vermischen.
1	2	3	4	**Prise(n) Salz**	
3	5	7	9	**Umdrehungen weißer Pfeffer** oder **Pfeffermischung**	Öl zugießen und zu einer Emulsion verrühren. Eventuell Sahne und Süßstoff zugeben.
½	1	1½	2	**TL Dijon-Senf** (oder ein mittelscharfer)	Vinaigrette kurz vor dem Servieren über den Salat gießen und untermischen.
3	4½	6	⅜	**EL Öl,** am besten kaltgepreßtes Olivenöl	
				Zugaben:	
1	2	3	4	**EL süße** oder saure **Sahne** oder Crème fraîche	
1	2	3	4	**Spritzer flüssiger Süßstoff** oder	
1	2	3	4	**Prise(n) Zucker**	
0.05	0.05	0.08	0.08	**Zeitaufwand**	

Spezielles zur Zubereitung von Blattsalaten

Kopfsalat (Grundvorbereitung und Mengen siehe Seite 198). Die welken und harten Blätter werden entfernt, dann wird der Kopf mit einer Hand festgehalten und mit der anderen durch eine Drehung der Strunk herausgezogen. Nach dem Waschen werden die Blätter in mundgerechte Stücke zerpflückt. Die Blätter sollten nicht gedrückt werden, sonst fällt der Salat sofort zusammen.

Zugaben:
In Scheiben geschnittene Radieschen oder Tomaten. Die Hälfte des Salates kann auch aus Brunnenkresse oder Spinat bestehen oder aus Radicchio, Fenchelknolle und Bleichsellerie.

Kräuter:
Estragon, Zitronenmelisse und Pimpinelle; Zwiebel- oder Schnittlauch und Petersilie; Dill, Liebstöckel oder Kerbel.

Endivie (Grundvorbereitung und Mengen siehe Seite 198). Sie gehört zu den klassischen Wintersalaten, es gibt aber auch eine Sommerendivie. Man unterscheidet die leicht bittere, krause und die im Geschmack kräftigere, breitblättrige. Endivie wird nach dem Waschen und Trockenschleudern in feine Streifen geschnitten.

Zugaben:
Gehackte Hasel- oder Walnüsse;
Orange, Apfel, Clementine oder Mandarine, in feine Würfel geschnitten.

Kräuter:
Petersilie, Schnittlauch und Zitronenmelisse.

Löwenzahn (Grundvorbereitung und Mengen siehe Seite 198). Die Blätter werden in breite Streifen geschnitten, der Strunk wird weggeworfen.

Zugaben:
Gehackte Hasel- oder Walnüsse.

Löwenzahn kann mit Kopf- oder Feldsalat gemischt werden.

Kräuter:
Zwiebel oder Schnittlauch und Petersilie.

Feldsalat (Grundvorbereitung und Mengen siehe Seite 198). Er gehört eigentlich zu den klassischen Wintersalaten, ist aber inzwischen fast das ganze Jahr über zu haben. Die Röschen sollten nicht in einzelne Blätter zerlegt werden.

Zugaben:
Früchte, in feine Würfel geschnitten, wie bei Endivie.

Chicorée (Grundvorbereitung und Mengen siehe Seite 198). Er gehört zu den Wintersalaten. Die Blätter können einzeln vom Strunk gepflückt oder die ganze Pflanze in breite Streifen geschnitten werden. Der bittere Teil am unteren Ende kann kegelförmig herausgeschnitten werden.

Zugaben:
Gehackte Nüsse; Früchte, in feine Würfel geschnitten. Besonders zu empfehlen: Mandarinen und Basilikum.

Schnittsalat, Römischer Salat
Beide Salate sind nur vereinzelt auf dem Markt zu finden. Zubereitung wie Kopfsalat.

Spinat (Grundvorbereitung und Mengen siehe Seite 198). Er ist als Salat sehr herb und fällt leicht zusammen. Er sollte darum mit Kopfsalat gemischt werden.

Zugaben:
Früchte, klein geschnitten.

Brunnenkresse (Grundvorbereitung und Mengen siehe Seite 198). Er ist ziemlich scharf und wird darum am besten mit Kopfsalat gemischt. Nur die schönen, großen grünen Blätter und die Spitzen der Stengel werden verwendet.

Radicchio (Grundvorbereitung und Mengen siehe Seite 198). Er stammt aus Italien und wird erst seit wenigen Jahren bei uns angeboten. Er hat harte Blätter, die an Blaukraut erinnern. Die inneren Blätter schmecken leicht bitter, können aber mitverwendet werden. Am besten wird er zur Hälfte mit Kopf-, Feld- oder Römischem Salat gemischt.

Zugaben:
Bleichsellerie oder Fenchel.

Eisbergsalat (Grundvorbereitung und Mengen siehe Seite 198). Er stammt aus den USA und hat sich bei uns rasch Freunde geschaffen, weil er lange lagerfähig ist. Dieser Salat erinnert an einen lockeren Weißkohlkopf, das Gewicht beträgt ca. 500 g, das reicht für mindestens 4 Personen. Er wird nach dem Waschen entweder geviertelt oder in Streifen geschnitten und mit einer Salatsauce übergossen.

Zugaben:
Er kann mit anderen Salaten beliebig gemischt werden, vor allem mit Gurken, Tomaten und Paprika oder mit Früchten, z. B. Orangen, Mandarinen, Äpfeln, Bananen.

Kräuter:
Petersilie, Zitronenmelisse, Estragon, Pimpinelle.

DEUTZ

Aus dem Winter-Menü III Seite 224

Getrüffelte Entenleber-Mousse, Rezept Seite 82
Steinbutt in Champagner, Rezept Seite 119
Kalbsragout im Blätterteighaus, Rezept Seite 135
Feldsalat Stroganoff, Rezept Seite 205
Mango-Sorbet, Rezept Seite 209

Kopfsalat mit Äpfeln und Champignons

Personen 2	4	6	8	Zutaten
	1		2	**Kopfsalat**
	1		2	**säuerliche(r) Apfel (Äpfel)**
	1		2	**TL Zitronensaft**
	100		200	**g Champignons**
	20		40	**g Kerbel**
	1		2	**EL Sherry-** oder Weinessig
	1		2	**TL Sherry**
	1		2	**Prise(n) Salz**
	1		2	**Prise(n) Zucker**
	4		8	**Umdrehungen weißer Pfeffer**
	½		1	**TL Dijon-Senf**
	3		6	**EL Oliven-** oder Walnuß-Öl
	0.30		0.40	**Zeitaufwand**

Zubereitung

Kopfsalatblätter waschen und trockenschleudern, in mundgerechte Stücke zupfen und auf einem Küchentuch zum Trocknen ausbreiten.

In der Zwischenzeit: Den (die) Apfel (Äpfel) vierteln (nicht schälen) und das Kerngehäuse entfernen. In dünne Scheiben schneiden und sofort mit Zitronensaft beträufeln, damit sie nicht braun werden; beiseite stellen.

Champignons waschen und putzen, ebenfalls in dünne Scheiben schneiden und mit Zitronensaft beträufeln.

Kopfsalat auf Teller verteilen, mit den Apfel- und Champignonscheiben belegen und mit Kerbel garnieren.

Jetzt die Sauce zubereiten: Essig, Sherry, Salz, weißen Pfeffer, Senf und evtl. Zucker miteinander verrühren. Das Öl unterschlagen, bis eine dickflüssige Emulsion entsteht. Salat auf der Sauce übergießen.

Gurkensalat

Juni – November

2	4	6	8	Zutaten
300	600	900	1200	**g Gurken**
1	1½	2	3	**EL guter Wein-** oder Sherry-Essig
½	1	1½	2	**gestrichene(r) TL Salz**
3	6	9	12	**Umdrehungen weißer Pfeffer**
1	2	3	4	**kleine Schalotte(n)**
1	1	2	2	**Knoblauchzehe(n)**
2	4	6	8	**EL Öl,** am besten kaltgepreßtes Olivenöl
2	4	6	8	**EL saure Sahne** oder Crème fraîche
2	4	6	8	**EL frisch gehackte Kräuter: Zitronenmelisse, Dill, Pimpinelle** oder **Borretsch**
0.25	0.25	0.30	0.30	**Zeitaufwand**

Gurke(n) waschen, schälen und hobeln. In eine Schüssel geben.

Sauce zubereiten: Essig in ein Schüsselchen gießen. Salz, Pfeffer, Schalotten und Knoblauch zugeben und gut vermischen. Mit Öl und Sahne zu einer Emulsion verrühren.

Kräuter über den Salat streuen. Sauce darübergießen und untermischen. 10 Minuten ziehen lassen.

Tomatensalat

Personen 2	4	6	8	Zutaten	Zubereitung Juli – November
400	800	1200	1600	**g Tomaten** (siehe Seite 12)	Tomaten waschen, in Scheiben schneiden und in eine Schüssel geben.
1	1½	2	3	**weiße Zwiebel(n),** nicht zu groß	Zwiebel(n) schälen, in dünne Ringe schneiden und zu den Tomaten geben. Basilikum darüberstreuen.
2	3	4	5	**TL frisch gehacktes Basilikum**	
1	1½	2	3	**EL Wein-** oder Sherry-Essig	Sauce zubereiten: Weinessig, Salz und Pfeffer in einem Schüsselchen vermischen. Mit dem Öl zu einer Emulsion verrühren.
½	1	1½	2	**gestrichene(n) TL Salz**	
3	6	9	12	**Umdrehungen weißer Pfeffer**	Kurz vor dem Servieren über den Salat gießen und vorsichtig untermischen.
3	4½	6	9	**EL Öl,** am besten kalt gepreßtes Olivenöl	
0.15	0.20	0.25	0.30	**Zeitaufwand**	

Rettichsalat

April – November

1	2	3	4	**Rettich(e)**	Rettich(e) und Radieschen putzen und waschen. Rettich(e) dünn schälen oder schaben. Radieschen und Rettich(e) in dünne Scheiben schneiden oder hobeln und in einer Schüssel mit Salz und weißem Pfeffer würzen. Essig darübergießen und untermischen. Öl und saure Sahne unterziehen.
3	6	9	12	**Radieschen**	
½	1	1½	2	**TL Salz**	
2	4	6	8	**Umdrehungen weißer Pfeffer**	
1	1½	2	3	**EL Wein-** oder Sherry-Essig	
3	4½	6	9	**EL Öl,** am besten kalt gepreßtes Olivenöl	
2	4	6	8	**EL saure Sahne** oder Crème fraîche	
0.15	0.15	0.25	0.30	**Zeitaufwand**	

Rote-Bete-Salat *(Tip 1 und 2)*

Personen 2	4	6	8	Zutaten
	1		2	**kg Rote Bete**
	½		¾	**l Wasser**
	1		2	**TL Salz**
	¼		½	**l Wasser**
	⅛		¼	**l Rotwein**
	¼		½	**l Weinessig**
	2		4	**EL Zucker**
	1		2	**TL Salz**
	5		10	**Umdrehungen Pfeffermischung**
	2		3	**Blatt Lorbeer**
	1		2	**EL Kümmel**
	5		10	**Schalotten**
	10		15	**cm Meerettichwurzel**
				Für die Sauce:
	½		1	**Apfel**
	3		6	**EL von der Marinade**
	2		4	**EL Öl**
	5		10	**EL saure Sahne** oder Crème fraîche
	1.15		1.30	**Zeitaufwand** 2 Tage vorher
	0.10		0.10	**Zeitaufwand** am Tag des Verzehrs

Zubereitung **September – März**

2 Tage vorher: Rote Bete vorsichtig waschen, damit die Haut nicht verletzt wird. Nicht schälen und auch die Wurzeln nicht entfernen, sonst bluten die Rüben aus.

Rote Bete in einen Topf geben, mit kaltem Wasser bedecken und salzen. Bei schwacher Hitze 45 Minuten kochen lassen.

In der Zwischenzeit: Die Marinade zubereiten: Wasser, Rotwein und Weinessig zum Kochen bringen. Zucker, Salz, Pfeffermischung, Lorbeer und Kümmel zugeben. Schalotten schälen und in feine Ringe schneiden. Meerrettich schälen und in feine Scheiben schneiden. Beides in den Topf geben und 10 Minuten bei schwacher Hitze kochen lassen. Beiseite stellen.

Rote Bete aus dem Wasser nehmen und etwas abkühlen lassen. Dann unter fließendem, kalten Wasser schälen. In dünne Scheiben schneiden und in einen Steintopf oder ein Porzellangefäß geben. Marinade darübergießen und untermischen. 2 Tage marinieren lassen. *(Tip 1)*

Am Tag der Zubereitung: Rote Bete aus der Marinade nehmen und in eine Schüssel geben.

Apfel waschen, halbieren und entkernen, in feine Scheiben schneiden und zu den Roten Beten geben. Entsprechende Menge der Marinade, Öl und saure Sahne zugeben.

Tips:

1. Dieser Salat sollte gut durchziehen. Bereiten Sie ihn darum mindestens zwei Tage vorher zu. Er kann aber auch 4 bis 6 Wochen in der Marinade im Kühlschrank aufbewahrt werden.

2. Das Wort »Bete« hat nichts mit »Beeten« zu tun. Es leitet sich vielmehr von der lateinischen Bezeichnung für Rüben, »beta«, ab. Vermutlich haben römische Legionäre diese Rüben nach Mitteleuropa gebracht.

Blanchierter Wirsingsalat mit Wild *(Tip 1 und 2)*

Personen				Zutaten
2	**4**	**6**	**8**	
	2		3	**l kaltes Wasser**
	1		2	**gestrichene(r) TL Salz**
	500		1000	**g Wirsing**
	200		400	**g Wildfleisch ohne Knochen** (Reh, Hase, Kaninchen, Wildschwein oder Wildgeflügel)
	1		2	**EL Butter**
	4		4	**cl Cognac**
	1		1	**Schuß Portwein** oder Sherry
	2		4	**Prisen Salz**
	4		8	**Umdrehungen Pfeffermischung**
	1½		3	**EL Essig,** am besten Sherry-Essig
	3		6	**EL Olivenöl**
	0.20		0.30	**Zeitaufwand**

Zubereitung

Salzwasser zum Kochen bringen.

In der Zwischenzeit: Wirsing entblättern, den Strunk herausschneiden, die harten grünen Blätter wegwerfen. Die zarten gelben waschen und beiseite stellen.

Wild häuten und eventuell vorhandene Sehnen entfernen.

Butter in einer Pfanne erhitzen und das Fleisch von allen Seiten insgesamt 5 bis 10 Minuten anbraten. Es soll innen noch rosa sein. Das Fett abgießen. Das Fleisch wieder in die Pfanne geben, mit Cognac flambieren und mit einem Schuß Portwein löschen. Das Fleisch aus der Pfanne nehmen und abkühlen lassen, den Fond aufheben. Fleisch in feine, dünne Streifen schneiden. Mit dem Fond begießen und gut vermischen. Zugedeckt ziehen lassen.

Wirsingblätter in das kochende Wasser geben und 3 bis 5 Minuten blanchieren. Dann aus dem Wasser nehmen und kalt abschrecken. Harte Rippen herausschneiden. Blätter in mundgerechte Stücke zupfen und in eine Schüssel geben. Mit Salz, Pfeffermischung und Essig würzen, gut untermischen.

Das Wildfleisch darüberstreuen. Den Fond und das Öl darübergießen.

Tips:

1. Die Schonzeiten der einzelnen Tiere finden Sie auf den Seiten 23/24.

2. Diesen Wirsingsalat können Sie auch als Vorspeise servieren. Reichen Sie als Beilage dazu Stangenweißbrot und einen trockenen Weißwein.

Feldsalat Stroganoff

Personen				Zutaten	Zubereitung August – April
2	4	6	8		
50	100	150	200	**g Rinderfilet**	Rinderfilet längs der Faser in 1 cm dicke Scheiben schneiden. Filets nebeneinander ins 3-Sterne-Gefrierfach legen und anfrieren lassen. *(Tip)*
100	200	300	400	**g Feldsalat**	*In der Zwischenzeit:* Feldsalat putzen, waschen und trockenschleudern. Eine Schüssel mit Knoblauch ausreiben und den Feldsalat hineingeben.
1	1	1	1	**Knoblauchzehe**	
50	100	150	200	**g frische Champignons**	Champignons putzen, waschen und blättrig schneiden. Sofort mit Zitronensaft beträufeln und vermischen, beiseite stellen.
½	½	1	1	**TL Zitronensaft**	
					Filets aus dem Gefrierfach nehmen. Mit einem scharfen Messer in dünne Streifen schneiden.
1	1	1	1	**EL Öl**	Öl in einer Pfanne rauchheiß werden lassen. Filetstreifen eine Minute unter Rühren darin anbraten. Sofort vom Feuer nehmen. Mit Salz und Pfeffer würzen, durchrühren, mit Cognac flambieren, dann auskühlen lassen.
1	2	3	4	**Prise(n) Salz**	
2	4	6	8	**Umdrehungen Pfeffermischung**	
2	2	2	2	**cl Cognac**	
1	2	3	4	**Prise(n) Salz**	Champignons zum Feldsalat geben und untermischen. Mit Salz, Pfeffer und Essig würzen, durchmischen, das Öl darübergießen und nochmals mischen. Mit den Filetstreifen garnieren.
2	4	6	8	**Umdrehungen Pfeffermischung**	
1	2	3	4	**EL Sherry-Essig**	
2	4	6	8	**EL Olivenöl**	
0.35	0.45	0.55	1.05	**Zeitaufwand**	

Tip:

Es geht auch ohne Gefrierfach. Die Streifen werden dann allerdings beim Schneiden nicht so dünn.

Feldsalat mit Speck und Walnüssen **Aug.–April**

5	10	15	20	**Walnüsse**	Walnußkerne grob hacken und beiseite stellen.
100	200	300	400	**g Feldsalat**	Feldsalat und Radicchio putzen, waschen und trockenschleudern.
1	1	2	2	**kleine(r) Kopf (Köpfe) Radicchio**	
¼	¼	¼	¼	**l Wasser**	Wasser zum Kochen bringen.
50	100	150	200	**g geräucherter, durchwachsener Bauchspeck**	*In der Zwischenzeit:* Bauchspeck in kleine Würfel schneiden. Speckwürfel im kochenden Wasser 3 Minuten blanchieren. Herausnehmen, mit kaltem Wasser abspülen und abtropfen lassen.
1	1	1	1	**Knoblauchzehe**	Eine Salatschüssel mit einer Knoblauchzehe ausreiben. Feldsalat und Radicchio darin mischen. Mit Salz und Pfeffer würzen, mit Essig beträufeln und durchmischen. Öl darübergießen und nochmals mischen. Walnüsse und Speckwürfel darüberstreuen.
2	4	6	8	**Prisen Salz**	
3	6	9	12	**Umdrehungen Pfeffermischung**	
1	2	3	4	**EL Sherry-Essig**	
2	4	6	8	**EL kaltgepreßtes Olivenöl**	
0.35	0.50	1.05	1.20	**Zeitaufwand**	

Drei pürierte Salate

Personen 2	4	6	8	Zutaten
				Küchenkrepp und 2 Küchensiebe
1	2	3	4	**Becher Magerjoghurt**
300	600	900	1200	**g Salatgurken**
150	300	450	600	**g Rote Bete**
½	1	1½	2	**Kopfsalat**
½	1	1½	2	**TL Zitronensaft**
50	100	150	200	**g Crème fraîche**
50	100	150	200	**g Quark**
½	1	1½	2	**gestrichene(r) TL Salz**
4	8	12	16	**Umdrehungen Pfeffermischung**
				Für die Gurken:
1	2	3	4	**TL frisch gehackter Dill**
1	2	3	4	**TL gehackte Schalotten**
½	1	1½	2	**Knoblauchzehe(n)**
				Für den Kopfsalat:
1	2	3	4	**EL frisch gehackte gemischte Kräuter,** z. B. Pimpinelle, Petersilie, Zitronenmelisse, Kerbel oder ⅓ der Menge Estragon
0.30	0.35	0.45	0.55	**Zeitaufwand**

Tip:

Mit diesen pürierten Salaten werden Sie auch die Salatmuffel unter Ihren Freunden begeistern. Die Salate sind erfrischend, kalorienarm, vitaminreich und bieten etwas fürs Auge. Sie haben außerdem den Vorteil, daß man nicht vor einem Berg von Salat sitzt, den man glaubt, nicht bewältigen zu können. Diese Salatpürees können Sie auch als Vorspeise servieren.

Statt der hier vorgeschlagenen Salate können Sie auch nach eigenem Geschmack Pürees zusammenstellen.

Zubereitung

Ein Blatt Küchenkrepp in ein Sieb geben, Joghurt hineinfüllen und das überflüssige Wasser ablaufen lassen. Das dauert ca. 30 Minuten.

In der Zwischenzeit: Die Gurke(n) schälen und pürieren. Vorher eventuell die Kerne entfernen.

Ein Blatt Küchenkrepp in das zweite Sieb legen und die pürierte Gurke hineingeben, das überflüssige Wasser ablaufen lassen. Öfter umrühren.

Die Roten Bete schälen (am besten mit Gummihandschuhen), dann raspeln und pürieren. Beiseite stellen.

Kopfsalat putzen, waschen, trockenschleudern und ebenfalls pürieren. Zitronensaft zugeben.

Das Gurkenpüree aus dem Sieb in eine Schüssel geben. Frisches Küchenkrepp ins Sieb legen und das Salatpüree abtropfen lassen.

Joghurt aus dem Sieb nehmen und beiseite stellen. In das Sieb ein frisches Blatt Küchenkrepp legen und die pürierten Roten Bete darin abtropfen lassen.

In der Zwischenzeit: Die Crème fraîche steif schlagen, Joghurt und Quark unterziehen und mit Salz und Pfeffer würzen.

Salat- und Rote-Bete-Püree jeweils in eine Schüssel geben. Die Joghurtsauce gleichmäßig auf die drei Pürees verteilen und untermischen.

Gurkenpüree mit Dill, Schalotten und Knoblauch würzen, den Kopfsalat mit Pimpinelle, Petersilie und Zitronenmelisse oder Estragon.

Jedes Püree abschmecken. Entweder in Gläsern übereinander oder auf Tellern nebeneinander mit Kräutern garniert servieren.

Desserts

Ein Menü ist erst dann komplett, wenn nach dem Käse ein Dessert gereicht wird. Vor allem die Fruchtsorbets, aus Fruchtmark mit etwas Wein, Sekt oder Champagner zubereitet, erfreuen sich großer Beliebtheit, weil sie nach dem Menü herrlich erfrischend sind. Nach dem Erdbeer-Sorbet-Rezept, das Sie auf Seite 209 finden, können Sie viele weitere Fruchtsorbets zubereiten.

Es ist auch bei den Desserts wieder interessant zu verfolgen, wie sie sich im Laufe der Jahrhunderte entwickelten. Lange Zeit nach den römischen Orgien war es still um sie geworden. Erst die Sizilianer nahmen sich der Süßspeisen wieder an. Und auch hier begegnen wir Katharina von Medici. Ein Sizilianer war es, mit Namen Francesco Procopio Coltelli, der mit ihr nach Frankreich ging und dort das Speiseeis populär machte. Ja, er gilt als der Erfinder des Speiseeises. Noch heute sind die besten Eiszubereiter die Italiener.

In diesem Kapitel finden Sie außerdem eine ganze Reihe weiterer köstlicher Rezepte, auch für Kuchen und Torten, die Sie als Dessert servieren können. Dazu ein Rezept für Croissants (Hefeblätterteig-Hörnchen), die in Frankreich frisch gebacken zum Frühstück gereicht werden.

Als Getränk zu Desserts empfiehlt sich Sekt oder Champagner, wobei ich die trockenen Sorten vorziehe, da die Qualität des Grundweins höher ist – aber das ist Geschmackssache. Sie können auch eine Spät- oder Auslese servieren oder einen Sauternes oder Barsac aus Frankreich.

Feigen auf Himbeermus

Personen 2	4	6	8	Zutaten
200	400	600	800	**g frische oder tiefgekühlte Himbeeren**
2	4	6	8	**frische Feigen**
1	2	3	4	**gestrichene EL Zucker**
				oder
2	4	6	8	**Spritzer Süßstoff**
2	4	6	8	**cl Himbeergeist**
				Zucker
1.20	1.25	1.30	1.35	**Zeitaufwand**

Zubereitung **Mai – November**

Gefrorene Himbeeren 1 Stunde auftauen lassen, frische Früchte in den Kühlschrank stellen und gut durchkühlen lassen. (Feigen nicht in den Kühlschrank legen.)

Himbeeren durch ein Sieb streichen, damit die Kerne zurückbleiben. Süßen und den Himbeergeist zugeben. Alles gut verrühren.

Feigen oben kreuzweise einschneiden und die Schale abziehen, im Zucker wälzen.

Himbeermus auf Sektschalen verteilen. Mit den gezuckerten Feigen garnieren.

Rote Grütze *(Tip 1)*

2	4	6	8	Zutaten
½	1	1½	2	**kg Früchte,** z. B. je zur Hälfte Johannisbeeren und Himbeeren oder Erdbeeren und Himbeeren oder Erdbeeren und Rhabarber
1	2	3	4	**dl Weißwein**
125	250	375	500	**g Zucker**
				oder
1	2	3	4	**EL flüssiger Süßstoff**
½	1	1½	2	**Zitrone(n), unbehandelt**
1	2	3	4	**EL Vanillezucker** (siehe Seite 72)
1	2	3	4	**gehäufte TL Speisestärke**
2	3	5	5	**EL kaltes Wasser**
⅛	¼	⅜	½	**l süße Sahne**
1	2	3	4	**TL Zucker**
				oder
3	5	9	12	**Spritzer flüssiger Süßstoff**
2.30	2.40	2.50	3.00	**Zeitaufwand**

Früchte putzen und waschen. Eventuell kleinschneiden. Mit Wein und Zucker zum Kochen bringen und bei schwacher Hitze 15–20 Minuten kochen lassen.

In der Zwischenzeit: Schale der Zitrone(n) abreiben, mit dem Vanillezucker zu den Früchten geben. Speisestärke mit kaltem Wasser anrühren.

Angerührte Speisestärke in den Topf geben. Umrühren. Aufkochen lassen, damit es dickt. *(Tip 2)*

Rote Grütze im Kühlschrank ca. 2 Stunden erkalten lassen.

Sahne leicht schlagen, sie soll noch flüssig sein; süßen.

Rote Grütze und Sahne separat reichen.

Tips:

1. Rote Grütze kann man das ganze Jahr über aus verschiedenen Früchten zubereiten. Wenn es keine frischen Früchte gibt, können Sie ohne weiteres tiefgefrorene verwenden.

2. Früchte mit Kernen sollten Sie vor dem Einrühren der Speisestärke durch ein Sieb streichen.

Johannisbeer-Sorbet mit Cassis

Personen 2	4	6	8	Zutaten
¼	½	¾	1	**l schwarzer Johannisbeersaft**
1	2	3	4	**TL Zitronensaft**
50	100	150	200	**g Zucker**
2	4	6	8	**cl Crème de Cassis**
				Frische schwarze Johannisbeeren zum Garnieren
2.10	2.10	2.10	2.10	**Zeitaufwand**

Zubereitung **Juni – August**

Die Zutaten in einer flachen Schüssel mischen und 2 Stunden im Tiefkühlfach gefrieren lassen. Alle 15 Minuten mit einer Gabel durchrühren. *(Tip)*

Zum Servieren mit frischen schwarzen Johannisbeeren garnieren.

Tip:

Das Sorbet sollte beim Servieren von weicher Konsistenz sein und keine groben Eiskristalle aufweisen. Falls Sie eine Sorbetiere haben, richten Sie sich bitte nach der Gebrauchsanweisung.

Erdbeer-Sorbet *(Tip)*

Mai – Juli

2	4	6	8	Zutaten
250	500	750	1000	**Erdbeeren**
1/16	⅛	3/16	¼	**l trockener Sekt** oder Champagner brut
1½	3	4½	6	**EL Zucker** oder
½	1	1½	2	**TL Süßstoff,** evtl. mehr
2.15	2.20	2.25	2.30	**Zeitaufwand**

Erdbeeren waschen, entstielen und pürieren.

In eine Schüssel geben. Sekt angießen und Zucker oder Süßstoff zugeben. Unterrühren. *(Tip 2)*

Im Gefrierfach 2 Stunden gefrieren lassen. Alle 15 Minuten mit einer Gabel durchrühren.

Tips:

1. Sorbets aus Beeren und Früchten können Sie das ganze Jahr über nach diesem Rezept zubereiten. Siehe auch Seite 207. Die Menge Zucker oder Süßstoff sollten Sie je nach Geschmack und den Rohstoffen variieren. Das Sorbet sollte beim Servieren von weicher Konsistenz sein und keine groben Eiskristalle aufweisen.

2. Falls Sie eine Sorbetiere haben, richten Sie sich nach der Gebrauchsanleitung.

Erdbeeren in Madeira

Mai – Juli

2	4	6	8	Zutaten
250	500	750	1000	**g frische Erdbeeren**
2	4	6	8	**EL Madeira**
1	2	3	4	**TL Zucker** und
2	4	6	8	**Spritzer flüssiger Süßstoff** oder
1	2	3	4	**EL Zucker** insgesamt
⅛	¼	⅜	½	**l Sahne**
0.45	0.50	1.00	1.05	**Zeitaufwand**

Erdbeeren waschen und entstielen. Abtropfen lassen. Große Früchte 1–2mal durchschneiden. Mit Zucker oder Süßstoff süßen und Madeira darübergießen. Alles gut durchmischen.

½ Stunde zugedeckt in den Kühlschrank stellen.

In der Zwischenzeit: Sahne steif schlagen.

Erdbeeren in Gläser oder Sektschalen füllen. Mit Sahne garnieren.

Erdbeeren Romanoff

Personen 2	4	6	8	Zutaten
250	500	750	1000	**g frische Erdbeeren**
½	1	1½	2	**Orange(n)**
1/16	⅛	3/16	¼	**l Grand Marnier**
⅛	¼	⅜	½	**l Sahne**
½	1	1½	2	**Vanilleschote(n)**
1	2	3	4	**EL Puderzucker**
2.15	2.25	2.30	2.40	**Zeitaufwand**

Zubereitung **Mai – Juli**

Erdbeeren waschen und entstielen. Abtropfen lassen. In eine Porzellan- oder Glasschüssel geben.

Orange(n) auspressen. Saft und Grand Marnier über die Erdbeeren gießen, vorsichtig untermischen. 2 Stunden im Kühlschrank zugedeckt durchziehen lassen. Öfter vorsichtig umrühren, ohne die Erdbeeren zu zerdrücken!

Sahne steif schlagen. Mark der Vanilleschote(n) und Puderzucker unterziehen. Erdbeeren auf Schalen verteilen. Mit Sahne garnieren.

Erdbeer-Blätterteigtörtchen

Mai – Juli

2	4	6	8	Zutaten
½	½	½	½	**l Milch**
1	1	1	1	**Vanilleschote**
1	1	1	1	**Päckchen Vanillepudding-Pulver** (Tip 2)
2	2	2	2	**Eigelb**
2	2	2	2	**EL Zucker**
1	1	1	1	**Ei**
50	50	50	50	**g Butter**
0.80	1.60	2.40	3.20	**m Alufolie**
				Mehl zum Bestäuben
2	4	6	8	**Scheiben Tiefkühlblätterteig** (Tip 1)
250	500	750	1000	**g ausgesucht schöne Erdbeeren**
1	1	2	2	**Eigelb**
2	2	4	4	**EL Sahne**

Zuerst die Creme zubereiten: ½ l Milch aufsetzen. Vanilleschote längs schlitzen und das Mark herauskratzen. In die Milch geben. Umrühren. Den Pudding nach Vorschrift zubereiten. 2 Eidotter mit 2 EL Zucker schaumig rühren. Zum Pudding gegen. Aufkochen lassen. Das ganze Ei und die Butter zugeben. Gut durchrühren und zum Auskühlen in den Kühlschrank stellen.

Aus Alufolie entsprechend der Personenzahl Förmchen herstellen: ca. 40 cm Alufolie (normalbreit) in der Mitte falten. In die Mitte der gefalteten Folie ein Schüsselchen oder eine Dose mit 10 cm Bodendurchmesser stellen. Die Folie am Dosenrand nach oben falzen und gut andrücken. Jetzt die Alufolie nach unten schlagen und mit den Fingerspitzen einen Rand formen. Er soll ca. 2 cm hoch sein, mindestens aber 5 cm breit. (Siehe Zeichnungen)
Förmchen mit Mehl ausstäuben.

Personen				Zutaten
2	4	6	8	
3	6	9	12	**EL rotes Johannisbeergelee**
1	2	3	4	**EL Wasser**
1	2	3	4	**EL Grand Marnier,** Cognac oder Himbeergeist
				gehackte Pistazienkerne zum Garnieren
1.20	1.30	1.40	1.50	**Zeitaufwand**

Zubereitung

Blätterteigscheiben auf eine bemehlte Fläche legen und mit Mehl bestäuben. Auftauen lassen.

In der Zwischenzeit: Backröhre vorheizen: E-Herd: 225° C, Gas: Stufe 4.

Erdbeeren waschen. Stiele entfernen. Abtropfen lassen.

Blätterteig Platte für Platte auf der bemehlten Fläche hauchdünn ausrollen und jeweils ein rundes Stück von mindestens 18 cm Durchmesser ausstechen oder -schneiden.

Die runden Teigstücke auf die Förmchen legen. Vorsichtig in der Mitte etwas nach innen drücken. (Der Rand der Förmchen muß deutlich nach unten geneigt sein, sonst fällt beim Backen der Teig in das Förmchen hinein!) Mit einer Gabel die Teigmitte etwa 10mal einstechen. (So geht nur der Teigrand, nicht aber die Mitte auf!) Mit Sahne-Eigelbmischung bestreichen. Sofort in die Röhre schieben.

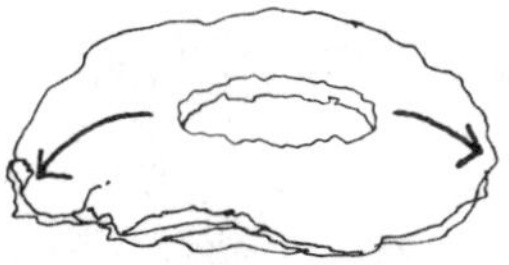

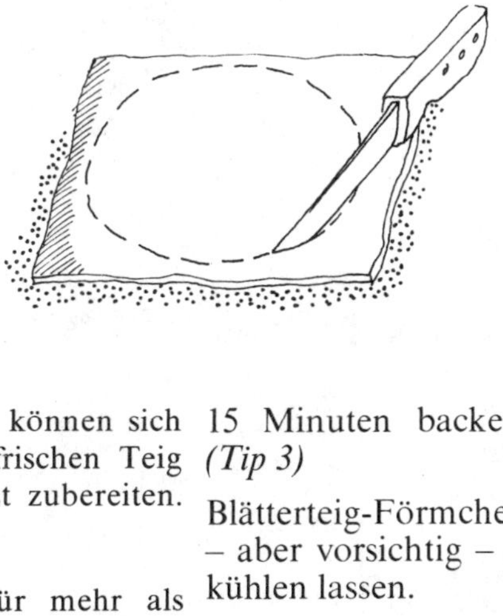

15 Minuten backen, bis der Teig goldbraun ist. *(Tip 3)*

Blätterteig-Förmchen aus dem Ofen nehmen. Sofort – aber vorsichtig – aus der Aluform heben und abkühlen lassen.

In der Zwischenzeit: Johannisbeergelee und Wasser zum Kochen bringen. Ständig umrühren, damit nichts anbrennt. 5 Minuten kochen lassen. Vom Herd nehmen. 1 EL Grand Marnier dazugießen. Umrühren. Etwas abkühlen lassen.

Pudding-Creme in die Blätterteig-Förmchen füllen. Mit den Erdbeeren belegen. Die Glasur darüber verteilen. Mit gehackten Pistazien bestreuen und servieren.

Tips:

1. Beachten Sie bitte beim Einkauf:
Eine Packung Tiefkühlblätterteig enthält normalerweise 5 Scheiben, andere Hersteller packen nur 3 Scheiben ein, das Gewicht ist jedoch immer 300 g. Sie benötigen 60 Gramm Blätterteig pro Person. Ab 6 Personen müssen Sie also 2 Packungen kaufen. Sie können sich auch die entsprechende Menge frischen Teig beim Bäcker besorgen oder selbst zubereiten. (Siehe Seite 70)

2. Die Pudding-Creme reicht für mehr als 8 Blätterteigtörtchen. Leider ist es nicht möglich, eine geringere Menge zuzubereiten. Sie können aber auch einen guten fertigen Pudding nehmen.

3. In einem normalen Herd werden Sie nur 4–6 Förmchen auf dem Rost unterbringen. Legen Sie, falls Sie mehr backen wollen, die anderen eine Etage tiefer auf das Kuchenblech.

Rhabarbersoufflé mit Ingwer

Personen 2	4	6	8	Zutaten
	500	750	1000	**g Rhabarber**
	¼	¼	¼	**l Wasser**
	4	6	8	**Spritzer flüssiger Süßstoff** oder
	2	3	4	**TL Zucker**
	1	1	1	**unbehandelte Zitrone**
	½	1	1½	**gehäufte(r) TL frisch geriebener Ingwer**
	3	5	6	**Eigelb**
	100	150	200	**g Zucker** oder
	50	50	50	**g Zucker** und
	1	2	3	**TL flüssiger Süßstoff**
				Pergamentpapier
	5	8	10	**Eiweiß**
				1 Souffléform: für 4 Personen = 1 l Inhalt 6 Personen = 1½ l Inhalt 8 Personen = 2 l Inhalt
	1.20	1.35	2.00	**Zeitaufwand**

Zubereitung **April – September**

Rhabarber waschen und schälen.

Wasser zum Kochen bringen und süßen. Drahteinsatz in den Topf stellen.

In der Zwischenzeit: Rhabarber in 1 cm lange Stücke schneiden.

Rhabarber auf dem Drahteinsatz 10 Minuten kochen lassen.

In der Zwischenzeit: Zitronenschale abreiben. Ingwer schälen und reiben.

Wasser abgießen, Rhabarber pürieren und süßen. Eigelb, Ingwer und Zitronenschale zugeben, gut schaumig schlagen. Im Kühlschrank 20 Minuten auskühlen lassen.

In der Zwischenzeit: Souffléform buttern. Am Rand von außen einen ca. 15 cm breiten Pergamentpapier-Streifen festbinden. Eiweiß schaumig schlagen. Backröhre vorheizen: E-Herd: 175° C, Gas: Stufe 2.

Eiweiß unter die Rhabarbermasse heben. Masse in die Souffléform füllen und glattstreichen. In den Backofen stellen. Bei einer Menge für:
4 Personen 25 Minuten,
6 Personen 35 Minuten,
8 Personen 45 Minuten backen lassen. Backofen dabei nicht öffnen!

Soufflé sofort servieren.

Mousse au Chocolat (Schokoladencreme)

2	4	6	8	Zutaten
				24 Stunden vor dem Servieren zubereiten!
				ca. ½–1 l Wasser für das Wasserbad
50	100	150	200	**g Vollmilchschokolade**
100	200	300	400	**g Zartbitterschokolade**
4	8	12	16	**Eiweiß**
⅛	¼	⅜	½	**l süße Sahne**
0.25	0.30	0.35	0.40	**Zeitaufwand**

Wasser in einem großen Topf aufsetzen. Ein Porzellangefäß hineinstellen. (Es muß schwimmen, und zwar so, daß kein Wasser in die Schale hineinspritzen kann.) Schokolade in Stücke brechen und in das Porzellangefäß geben. Wasser zum Kochen bringen, nicht sprudelnd kochen lassen. Die Schokolade soll langsam zerlaufen; ab und zu umrühren.

In der Zwischenzeit: Eiweiß zu steifem Schnee schlagen. Sahne steif schlagen. Beides vorsichtig miteinander vermischen, nicht rühren!

Jetzt muß es sehr schnell gehen: Flüssige Schokolade aus dem Wasserbad nehmen und in die Masse schütten, kräftig untermischen. Nicht rühren. Mousse in eine Schale füllen und zugedeckt mindestens 24 Stunden im Kühlschrank ruhen lassen.

Schneeberg

Personen				Zutaten	Zubereitung
2	4	6	8		
20	40	60	80	**dl Weißwein,** am besten ein Gewürztraminer	Backröhre vorheizen: E-Herd: 275° C, Gas: Stufe 7.
5	10	15	20	**dl Wasser**	Wein mit Wasser mischen und zum Kochen bringen. Das Wasser für die Mandeln zum Kochen aufsetzen.
2	4	6	8	**Eigelb**	*In der Zwischenzeit:* Eigelb und Mondamin verrühren, in einen Topf geben.
1	2	3	4	**EL Speisestärke**	
¼	¼	¼	¼	**l Wasser** (für die Mandeln)	Die heiße Weinmischung mit dem Schneebesen nach und nach unter das Eigelb schlagen, wieder zum Kochen bringen. Unter Rühren aufkochen lassen, dann in eine flache, feuerfeste Schüssel füllen. Beiseite stellen.
100	200	300	400	**g süße Mandeln**	
½	1	1½	2	**gestrichene(r) TL Zimt**	Mandeln mit dem kochenden Wasser überbrühen, 5 Minuten ziehen lassen, dann die Schalen entfernen und die Mandeln fein hacken. Mit Zimt mischen und beiseite stellen.
2	4	6	8	**Eiweiß**	
3	6	9	12	**Spritzer flüssiger Süßstoff** oder	Eiweiß zu steifem Schnee schlagen. Mit Süßstoff oder Zucker und Vanillezucker süßen und die Masse bergförmig auf die Eigelbmasse setzen. Mit den Mandeln bestreuen, im Ofen 10 – 15 Minuten überbacken lassen und sofort servieren.
1	2	3	4	**gestrichene(r) TL Zucker**	
1	2	3	4	**TL Vanillezucker** (siehe Seite 72)	
0.45	0.55	1.10	1.20	**Zeitaufwand**	

Leichte Schokoladenmousse

				Am Tag vorher zubereiten!	Wasser in einem großen Topf erhitzen. Ein Porzellangefäß hineinsetzen, es muß schwimmen. Schokolade in Stücke brechen und mit der Milch in das Gefäß geben. Das Wasser darf nicht sprudelnd kochen, die Schokolade soll langsam zerlaufen.
1	1	1	1	**l Wasser** für das Wasserbad	
150	300	450	600	**g Zartbitterschokolade**	
4	8	12	16	**EL Milch**	
50	100	150	200	**g Crème fraîche**	*In der Zwischenzeit:* Die Crème fraîche und das Eiweiß getrennt zu steifem Schnee schlagen. Beides mit dem Schneebesen vorsichtig mischen.
3	6	9	12	**Eiweiß**	
0.25	0.30	0.35	0.40	**Zeitaufwand**	Die flüssige Schokolade unter die Eischnee-Mischung heben, die Masse in eine Schüssel füllen und im Kühlschrank über Nacht fest werden lassen.

Mandel-Bavaroise

Personen 2	4	6	8	Zutaten
2	4	6	8	**Blatt Gelatine**
⅛	¼	⅜	½	**l Milch**
65	125	190	250	**g Zucker**
				oder
1	2	3	4	**EL Zucker** und
1	2	3	4	**TL flüssiger Süßstoff**
1	2	3	4	**EL Wasser**
2	4	6	8	**Eigelb**
½	½	½	½	**l Wasser**
75	150	225	300	**g Mandeln**
⅛	¼	⅜	½	**l süße Sahne**
1	2	3	4	**EL Puderzucker**
4	6	8	10	**cl Grand Marnier** oder Curaçao
				zum Garnieren:
½	½	½	½	**l Wasser**
100	100	100	100	**g Mandeln**
3.00	3.00	3.00	3.00	**Zeitaufwand**

Zubereitung

Gelatine in wenig Wasser einweichen.

In der Zwischenzeit: Milch zum Kochen aufsetzen. Zucker zugeben und unter Rühren auflösen. Milch aufkochen lassen, beiseite stellen.

Gelatine aus dem Wasser nehmen, ausdrücken und in einen Topf geben. Entsprechende Menge Wasser zugießen und erhitzen, damit sich die Gelatine auflöst, dabei öfter umrühren.

Eigelb gut durchrühren, heiße Milch und aufgelöste Gelatine langsam zugießen.

Creme 30 Minuten im Kühlschrank erkalten lassen, dabei öfter umrühren.

In der Zwischenzeit: ½ l Wasser zum Kochen bringen.

Backröhre vorheizen: E-Herd: 125° C, Gas: Stufe 1–2.

Mandeln mit kochendem Wasser überbrühen. 5 Minuten ziehen lassen. Häute abziehen. Mandeln auf ein Backblech schütten, im Ofen 5 Minuten trocknen lassen.

Mandeln herausnehmen und fein mahlen. Sahne steif schlagen. Mit dem gesiebten Puderzucker süßen.

Creme aus dem Kühlschrank nehmen. Mandeln, Sahne und Grand Marnier unterheben. 2 Stunden im Kühlschrank durchkühlen lassen.

In der Zwischenzeit: Die Mandeln für die Garnierung zubereiten: ½ l Wasser zum Kochen bringen.

Backröhre vorheizen: E-Herd: 225° C, Gas: Stufe 4.

Mandeln mit dem kochenden Wasser überbrühen. 5 Minuten ziehen lassen. Haut abziehen. Mandeln grob reiben oder hacken. Auf dem Backblech braun rösten. Vorsicht, nicht verbrennen lassen!

Mandel-Bavaroise mit den gerösteten Mandeln bestreuen und servieren.

Apfelstrudel

Personen 2	4	6	8	Zutaten
				Für den Teig: (Tip 1)
			250	**g Mehl** (evtl. mehr/Tip 2)
			40	**g Butter**
			⅛	**l Milch**
			1	**Ei**
			1	**Prise Salz**
			1	**EL Vanillezucker**
			1	**unbehandelte Zitrone**
				Für die Füllung:
			250	**g Rosinen**
			½	**l Wasser**
			150	**g süße Mandeln** oder Nüsse
			4	**Pfund säuerliche Äpfel**
				Außerdem:
			4	**EL Butter**
			1	**großes Geschirrtuch**
				Mehl zum Bestäuben
				Butter und Mehl für das Backblech
			100	**g Zucker** oder 1 EL Zucker und 1 EL flüssiger Süßstoff
			2	**TL Zimt**
			3	**EL Puderzucker**
			¼	**l süße Sahne**
			1	**Stück frische Ingwerwurzel**
			2.00	**Zeitaufwand**

Zubereitung **September – Februar**

Mehl in eine Rührschüssel sieben. Butter in einen Topf geben. Knapp ⅛ l Milch dazugießen und langsam erhitzen. Die Butter soll nur zerlaufen.

Ei, Salz und Vanillezucker zum Mehl geben. Die Schale der Zitrone abreiben, Zitrone entsaften. Schale und Saft mit der Milch-Butter-Mischung in die Schüssel geben.

Alle Zutaten 5 Minuten miteinander verkneten. Aus dem Teig mit bemehlten Händen eine Kugel formen und zugedeckt an einem warmen Platz 45 Minuten ruhen lassen.

In der Zwischenzeit: Rosinen in Wasser einweichen. Wasser für die Mandeln zum Kochen bringen, Mandeln damit überbrühen, schälen und mahlen. Äpfel schälen, vierteln, Kerngehäuse entfernen; Äpfel schnitzeln. Rosinen abgießen, abbrausen und abtropfen lassen, mit den Mandeln zu den Äpfeln geben.

Backröhre vorheizen: E-Herd: 225° C. Gas: Stufe 4.

Butter erhitzen, nicht braun werden lassen.

Ein großes Geschirrtuch ausbreiten und mit Mehl bestäuben. Den Teig aus der Schüssel nehmen und darauf papierdünn auswellen, das Muster des Tuches muß gut durchzusehen sein. Teig mit flüssiger Butter bestreichen.

Backblech fetten und mehlen.

Zucker und Zimt mischen und unter die Äpfel mengen, Äpfel auf dem Teig verteilen, 2 cm am Rand freilassen. Tuch an einer Längsseite hochheben, so daß sich der Strudel aufrollt. Aus dem Tuch auf das Blech gleiten lassen. Strudel mit flüssiger Butter bestreichen. In den Backofen schieben, 45 Minuten backen lassen.

Strudel vorsichtig vom Blech heben. Mit Puderzucker bestreuen. Mit geschlagener Sahne, die mit geriebenem Ingwer vermischt wird, servieren. (Apfelstrudel kann warm oder kalt gegessen werden.)

Tips:

1. Diese Menge ergibt einen Strudel von etwa 50 cm Länge, das reicht als Dessert oder zum Nachmittags-Kaffee gut für 8–10 Personen.
2. Wenn der Teig zu flüssig ist, geben Sie etwas mehr Mehl zu.

Apple-Pie *(Tip)*

Personen				Zutaten
2	4	6	8	
			200	**g Mehl**
			¼	**TL Salz**
			125	**g Butter,** eisgekühlt
			50	**g Schweineschmalz,** eisgekühlt
			4	**EL Eiswasser**
				Mehl zum Ausrollen und Bestäuben
			1	**kg säuerliche Äpfel** (Cox' Orange oder Boskop)
			50	**g Korinthen**
			¼	**l heißes Wasser**
			2	**EL Zucker,** evtl. mehr oder
			3	**Spritzer flüssiger Süßstoff,** evtl. mehr
			3	**EL Sherry**
			1	**unbehandelte Zitrone**
			1	**TL Zimt**
				Butter und Mehl für die Form
			1	**Eigelb**
			1	**TL süße Sahne**
			2.10	**Zeitaufwand**

Tip:

Dieser Pie reicht als Dessert für 8 Personen, zum Nachmittags-Kaffee für 4–5 Personen. Die Teigmenge ist für eine Form mit 24 cm Durchmesser berechnet. Falls Sie keine Pie-Form besitzen – eine Springform tut's auch.

Zubereitung **September – Februar**

Mehl in eine Rührschüssel sieben und das Salz zugeben.

Butter und Schmalz schnell mit einem großen Messer in kleine Stücke schneiden und zum Mehl geben. Schnell zu großen Flocken verkneten, die Mischung nicht fettig werden lassen. Eiswasser zugeben und alles schnell zu einem Teig verkneten. Mit Mehl bestäuben. In Folie packen und für eine Stunde in den Kühlschrank legen.

In der Zwischenzeit: Äpfel schälen, vierteln, das Kerngehäuse entfernen. Korinthen in heißem Wasser einweichen. Äpfel in einen Topf geben. Zucker und Sherry zugeben. 5 Minuten kochen lassen. Öfter vorsichtig umwenden. Topf vom Feuer nehmen. Zitronenschale abreiben, zu den Äpfeln geben; die abgeseihten Korinthen und Zimt untermischen, beiseite stellen.

Teig aus dem Kühlschrank nehmen. Ca. ⅔ des Teigs auf einer bemehlten Fläche etwa 3 mm dick ausrollen. Eine Pie- oder Springform darauflegen und mit dem Messer außenherum schneiden. Aus dem Teigrest zu Verzierung Äpfel und Herzen o. ä. ausstechen oder ausschneiden.

Die Pie-Form buttern und mehlen.

Aus dem restlichen Drittel des Teiges eine Wurst formen und an den Rand der Form drücken. (Ein Boden wird nicht gemacht, er würde nur durchfeuchten.)

Backröhre vorheizen: E-Herd: 225° C, Gas: Stufe 4.

Apfelmischung einfüllen. Die Teigdecke über das Wellholz hängen und über die Äpfel legen, am Rand gut festdrücken. 4–5 mal mit der Gabel einstechen. Mit den ausgeschnittenen Formen verzieren.

Eigelb mit der Sahne mischen und die Ornamente damit bestreichen.

Apple-Pie 35 Minuten backen. Warm oder kalt servieren.

ROPITEAU FRÈRES
73 cl

Aus dem Winter-Menü IV Seite 224

Avocado, gefüllt mit Krabben, Rezept Seite 91

Zwiebelsuppe, Rezept Seite 96

Sauerbraten mit Kartoffelpuffer, Rezept Seite 131

Rotkohl, Rezept Seite 189

Schneeberg, Rezept Seite 213

Heidelbeer-Pie *(Tip)*

Personen 2	4	6	8	Zutaten
			200	**g Mehl**
			¼	**TL Salz**
			125	**g Butter,** eisgekühlt
			50	**g Schweinescmalz,** eisgekühlt
			4	**EL Eiswasser**
				Mehl zum Ausrollen und Bestäuben
			500	**g Heidelbeeren**
			150	**g Zucker**
				oder
			50	**g Zucker** und
			3	**TL flüssiger Süßstoff**
			1	**gestrichener EL Mondamin**
			1	**EL Zitronensaft**
				Butter und Mehl für die Form
			1	**TL süße Sahne**
			1	**Eigelb**
			2.25	**Zeitaufwand**

Tip:

Dieser Pie reicht als Dessert für 8 Personen, zum Nachmittags-Kaffee für 4–6 Personen. Die Teigmenge ist für eine Form von 24 cm Durchmesser berechnet. Falls Sie keine Pie-Form besitzen – eine Springform tut's auch.

Zubereitung **Juli – September**

Mehl in eine Rührschüssel sieben, Salz dazugeben.

Butter und Schmalz schnell mit einem großen Messer in kleine Stücke schneiden und zum Mehl geben. Schnell zu groben Flocken verkneten, die Mischung nicht fettig werden lassen. Eiswasser zugeben, alles schnell zu einem Teig verkneten. Mit Mehl bestäuben. Teig in Folie packen und für eine Stunde in den Kühlschrank legen.

In der Zwischenzeit: Die Heidelbeeren waschen und verlesen. Backröhre vorheizen: E-Herd: 225° C, Gas: Stufe 4.

Heidelbeeren mit dem Zucker, Mondamin und Zitronensaft mischen.

Pie- oder Springform buttern und mit Mehl bestäuben.

Teig aus dem Kühlschrank nehmen und auf einer bemehlten Fläche ausrollen. Er muß etwa 3 cm größer sein als der Boden der Form. Teig rund ausschneiden und in die Form legen, den Rand gut hochdrücken. Mit einer Gabel den Boden mehrmals einstechen. Beeren einfüllen und verteilen.

Teigreste ausrollen. Schmale, 1 cm breite Streifen schneiden und gitterförmig auf die Beeren legen.

Eigelb mit der süßen Sahne vermischen. Gitter damit bestreichen. Kuchen in der Röhre 50 Minuten backen.

Johannisbeerkuchen *(Tip)*

Personen 2	4	6	8	Zutaten	Zubereitung — Juni – August
			200	**g Haselnüsse,** 50 g für den Teig, 150 g für den Belag	Haselnüsse mahlen.
					Backröhre vorheizen: E-Herd: 200° C. Gas: Stufe 3.
			150	**g Mehl**	Mehl in eine Rührschüssel sieben. Zucker. Eigelb. Vanillezucker. Salz und Haselnüsse zugeben. Butter in Flöckchen aufsetzen. Mit einem Messer alles durchhacken. Schnell zu einem Teig verkneten.
			125	**g Zucker** oder	
			1	**EL Zucker** und	
			1	**EL flüssiger Süßstoff**	Springformboden fetten und mehlen, mit dem Teig belegen. Mehrmals mit einer Gabel einstechen. 15 Minuten backen.
			3	**Eigelb**	
			1	**EL Vanillezucker**	
			1	**Prise Salz**	*In der Zwischenzeit:* Johannisbeeren von den Stielen befreien. Eiweiß steif schlagen. Puderzucker sieben und mit den Haselnüssen und Johannisbeeren unter das Eiweiß mischen.
			100	**g Butter**	
				Butter und Mehl für die Form	
			250	**g rote Johannisbeeren**	Springform aus dem Ofen nehmen. Eiweiß-Johannisbeer-Mischung darauf verteilen. Im Ofen 1½ Stunden backen. E-Herd: 125° C, Gas: Stufe 1–2.
			3	**Eiweiß**	
			150	**g Puderzucker** oder	
			1	**TL Zucker** und	*Tip:*
			1	**EL flüssiger Süßstoff**	Die Menge ist berechnet für eine Form mit 24 cm Durchmesser. Der Kuchen reicht als Dessert für 8 Personen, zum Nachmittags-Kaffee für 4–6 Personen.
			2.15	**Zeitaufwand**	

Haselnußmakronen

2	4	6	8	Zutaten	Zubereitung
			250	**g Haselnüsse** (Tip 1)	Haselnüsse mahlen. Eiweiß sehr steif schlagen. Zucker nach und nach zugeben. Haselnüsse, Vanillezucker und Zimt mit dem Schneebesen unter das Eiweiß ziehen, nicht rühren.
			4	**Eiweiß**	
			200	**g Puderzucker** oder	
			2	**TL Puderzucker und**	Backröhre vorheizen: E-Herd: 175° C. Gas: Stufe 2.
			1	**EL flüssiger Süßstoff**	Oblaten auf das Backblech legen. Mit einem Teelöffel die Eiweißmasse darauf verteilen. In jedes Makronenhäufchen eine Haselnuß drücken. 25 Minuten backen, dann 1 Stunde auskühlen lassen. *(Tip 2)*
			1	**EL Vanillezucker**	
			1	**TL Zimt**	
				ca. 30 runde Backoblaten (50 mm ⌀)	
				ca. 30 ganze Haselnüsse	*Tips:*
			1.55	**Zeitaufwand**	1. Diese Menge ergibt ca. 30 Makronen. Das genügt auch für 8 Personen als Knabberei zum Kaffee nach dem Menü.
					2. Wenn die Makronen nicht sofort gegessen werden, in eine Blechdose oder in einen Kochtopf füllen und fest verschließen, damit die Makronen saftig bleiben und nicht austrocknen.

Sachertorte *(Tip)*

Personen				Zutaten
2	4	6	8	
			1	**l Wasser**
			150	**g gute Milchschokolade**
			75	**g Mehl**
			75	**g Gustin**
			150	**g Butter**
			150	**g Zucker** oder
			1	**EL Zucker** und **1 EL flüssiger Süßstoff**
			6	**große Eier**
				Butter und Mehl für die Form
				evtl. Alufolie zum Abdecken
			1	**Gläschen (4 cl) Cognac** oder Grand Marnier
			1	**Glas Aprikosen-Konfitüre**
			1	**l Wasser**
			200	**g Zartbitterschokolade**
			1	**TL Butter**
			1.20	**Zeitaufwand**

Zubereitung

Am Tag vorher: 1 l Wasser in einen Topf füllen und eine Porzellanschüssel hineinstellen, sie soll schwimmen. Zerbröckelte Milchschokolade in die Schüssel geben, Wasser zum Kochen bringen, Hitze reduzieren, damit das Wasser nicht sprudelt oder spritzt, und die Schokolade schmelzen lassen.

In der Zwischenzeit: Mehl, Gustin, Butter, Zucker abwiegen. Eiweiß und -gelb voneinander trennen.

Butter in einer Rührschüssel schaumig rühren. Eigelb und den Zucker, bis auf 2 EL, abwechselnd zugeben. Dann die flüssige Schokolade nach und nach unterrühren, beiseite stellen.

Backröhre vorheizen: E-Herd: 175° C, Gas: Stufe 2.

Eiweiß zu steifem Schnee schlagen, die restlichen 2 EL Zucker untermischen.

Mehl und Gustin in die Rührschüssel sieben. Eischnee und die Schokoladenmasse unterheben.

Boden einer Springform fetten und mehlen. Teigmasse in die Form füllen und 50 Minuten backen, evtl. gegen Ende der Backzeit mit Alufolie abdecken.

Torte aus dem Ofen nehmen und vorsichtig aus der Form heben. Über Nacht ruhen lassen.

Am Tag der Zubereitung: Torte zweimal durchschneiden. Den untersten Boden mit Cognac bepinseln.

Backröhre vorheizen: E-Herd: 175° C, Gas: Stufe 2.

Konfitüre pürieren. Die Böden mit einem Teil davon bestreichen, dann zusammensetzen.

Außenseite und Deckel der Torte dünn mit Konfitüre überziehen. Torte in den Ofen schieben und 20 Minuten trocknen lassen.

In der Zwischenzeit: Wasser in einem Topf erhitzen. Porzellanschüssel hineinstellen. Zartbitterschokolade zerbröckeln und hineingeben. Wasser zum Kochen bringen. Es darf nicht sprudeln oder spritzen. Schokolade schmelzen lassen.

Torte aus dem Ofen nehmen und abkühlen lassen.

In der Zwischenzeit Schüssel aus dem Wasserbad nehmen. Butter unter die Schokolade rühren, bis eine glatte Masse entsteht.

Die Torte mit der Schokolade bestreichen und im Kühlschrank abkühlen lassen.

Tip:

Die Teigmenge ist für eine Springform von 24 cm berechnet. Als Dessert reicht die Sachertorte für 8 Personen, zum Kaffee für 4–6 Personen.

Hefe-Blätterteighörnchen (Croissants)

Personen 2	4	6	8	Zutaten
				Am Abend vorher mit der Zubereitung beginnen!
	⅛		¼	**l Milch,** reichlich bemessen
	300		600	**g Mehl**
	50		100	**g Zucker**
	25		50	**g Hefe** oder
	1		2	**Päckchen Trockenhefe**
	1		2	**Prise(n) Salz**
	1		2	**EL Vanillezucker**
	2		4	**Eier**
	100		200	**g Butter,** eisgekühlt
	1		2	**Eigelb** zum Bestreichen
	1		2	**TL Portwein,** notfalls Wasser
	0.35		0.35	**Zeitaufwand** am 1. Tag
	1.50		2.10	**Zeitaufwand** am Tag der Zubereitung

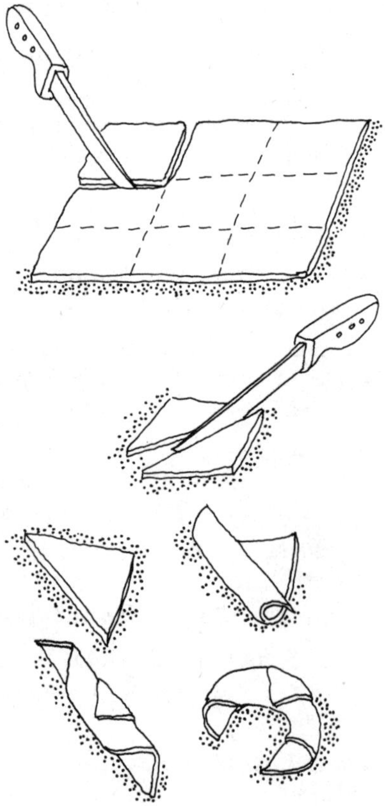

Zubereitung

Vorbemerkung: Bei Verwendung von Trockenhefe muß diese nach Anweisung auf der Packung zubereitet werden. Die folgenden Zubereitungspunkte gelten entsprechend.

Am Abend vorher: Milch lauwarm werden lassen.

In der Zwischenzeit: Mehl in eine Rührschüssel sieben, eine Vertiefung hineindrücken.

Hefe mit der Hälfte der Milch und 1 TL Zucker anrühren, in die Mehlmulde gießen. Mit etwas Mehl vermengen und mit Mehl bestäuben. Den Rest der Milch und des Zuckers, Salz, Vanillezucker und Eier auf dem Mehlrand verteilen.

Schüssel mit einem Geschirrtuch abdecken und 15 Minuten an einem warmen Platz (ca. 25° C) gehen lassen.

Alles zu einem Teig verkneten. Zugedeckt über Nacht an einen kühlen Platz stellen.

Am nächsten Morgen: Teig durchkneten und auf einer bemehlten Fläche ½ cm dick ausrollen.

Die Hälfte des Teigs mit dünnen, kalten Butterscheiben belegen. (Nur die Hälfte der Butter verarbeiten!) Teigrand freilassen. Die andere Hälfte des Teigs darüberklappen. Ränder andrücken. ½ cm dick auswellen. Zusammenklappen. Wieder auswellen. Teig vierfach zusammenlegen. Wieder auf ½ cm auswellen. Den Vorgang noch 2mal wiederholen. 10 Minuten in den Kühlschrank legen.
Wieder ausrollen. Mit dem Rest der Butter belegen und den Ausrollvorgang wiederholen. Nochmals 10 Minuten in den Kühlschrank legen.
Den Teig herausnehmen, noch 2mal zusammenfalten und auf ½ cm Stärke ausrollen. Aus dem Teig 10×10 cm große Quadrate schneiden. Jedes Quadrat 1mal von Ecke zu Ecke durchschneiden, so daß je zwei Dreiecke entstehen. Teigplättchen zur spitzen Seite hin aufrollen und zu Hörnchen biegen.

Backblech mit Mehl bestäuben. Hörnchen darauflegen. An einem warmen Platz 20 Minuten gehen lassen.

In der Zwischenzeit: Backröhre vorheizen: E-Herd: 200° C, Gas: Stufe 3.
Eigelb mit 1 TL Portwein verquirlen. Hörnchen damit bestreichen. 20 Minuten backen.
Hörnchen mit Butter und Marmelade servieren.

Das Menü

Betrachtet man die Entwicklung der Speisenfolge, also das Menü, so waren sie zu Zeiten der französischen »Ludwige« am ungewöhnlichsten. Die Mengen und die Art der Zusammensetzung stellten selbst die nicht gerade kargen Orgien der Römer in den Schatten. Ein Menü der damaligen Zeit bestand aus wenigstens 5 Gängen. Die Gerichte eines jeden Ganges, manchmal ein Dutzend und mehr, wurden gleichzeitig aufgetischt. Zumeist begann man mit mehreren Suppen, dann folgte Gebratenes. Es kam alles auf den Tisch, was man braten konnte: Huhn, Fasan, Rebhuhn, Tauben, Kalbfleisch, Ente, Kaninchen, Hammel, Wachteln und vieles mehr. Danach gab es wieder Fleisch, z. B. Hammel mit Kartoffeln, Lende mit Zichorie, Huhn mit Zwiebeln usw. Es folgten Pasteten, Schinken, Brot. Anschließend servierte man Kleinigkeiten wie Drosseln, Rebhühner, Fasane, Hähnchen und was es an diesen Leckereien sonst noch gibt. Den Abschluß bildeten Süßigkeiten, Artischocken, Ragouts, Crèmes. Der Kunst der Köche waren keine Grenzen gesetzt.

Grimod de la Reynière hat im Januar 1783 in Paris ein denkwürdiges Essen gegeben. In einem schwarz ausgeschlagenen Saal wurden 14 Gänge zu je 5 Platten von 200 schwarzgekleideten Dienern serviert.

Verschwenderische Menüs dieser Art waren noch bis zu Beginn des 19. Jahrhunderts üblich. Sie verschlangen viel Geld. Zumeist wurden sie nur veranstaltet, um den Reichtum des Gastgebers zu demonstrieren.

An dieser Stelle möchte ich auch noch die berühmte Geschichte der Perlen Kleopatras einflechten, die immer wieder falsch zitiert wird. Sie rühmte sich einmal der enormen Kosten für das Festmahl, das sie gerade gab. Als jedoch einige ihrer Gäste an der enormen Summe, die sie nannte, zweifelten, warf sie eine kostbare Perle aus ihrem Halsschmuck in die Salatschüssel, als Dreingabe sozusagen. Daraus entwickelte sich die Mär, sie hätte Perlen in Essig gelöst und getrunken. Wäre es tatsächlich möglich und wäre es ihr persönliches Aphrodisiakum gewesen – Sie können ganz sicher sein, daß Sie Perlen, aufgelöst in Essig, in jedem Supermarkt kaufen könnten.

Heute sind wir wesentlich bescheidener geworden, sowohl was die Kosten als auch die Mengen der Speisen betrifft, die wir unseren Freunden servieren. Und das ist gut so.

Noch bis in unsere Tage aber waren Menüs üblich, die sich stundenlang hinzogen und zwölf und mehr Gänge hatten.

Das klassische Menü von heute besteht zumeist aus:

Vorspeise
Suppe
Fisch
Fleisch, Geflügel oder Wild
mit Beilagen
Salat
Käse
Dessert
Kaffee mit Gebäck

Inwieweit Sie ein derart umfangreiches Menü zubereiten wollen, sei Ihnen überlassen, vor allem dem Fassungsvermögen des Magens Ihrer Freunde. Natürlich können Sie auf einige Gänge verzichten. Ein Menü sollte aber immer aus Vorspeise, Hauptgericht mit Beilagen, Käse und Dessert bestehen.

Ein gutes Menü zu komponieren ist gar nicht so einfach. So sollten Sie kalte Vorspeisen vor, warme nach der Suppe servieren. Beachten Sie außerdem, daß Sie die einzelnen Gänge sorgfältig und kontrastreich aufeinander abstimmen. Kombinieren Sie also keinen Geflügelsalat mit Ente oder einen kalten Braten mit Rehrücken. Einige Menüs, nach Jahreszeiten geordnet, finden Sie am Ende dieses Kapitels. Achten Sie bei der Menüzusammenstellung aber auch darauf, daß Sie mit Ihrem Backofen nicht in Konflikt kommen, also nicht gleichzeitig ein überbackenes Gericht und einen Braten zubereiten. Oftmals ist es jedoch erforderlich, ein Gericht kurze Zeit warm zu halten, obwohl die Backröhre bereits besetzt ist. Das kann dann abseits vom Herd oder auf einem Topf mit heißem Wasser geschehen.

Ihre Freunde sollten Sie so rechtzeitig bestellen, daß auch ein verspäteter Gast Ihre Zeitplanung nicht durcheinander bringen kann. Rechtzeitig, das heißt mindestens 15 bis 30 Minuten vor Beginn des ersten Ganges. So können Sie sich zwischen den letzten Handgriffen in der Küche Ihren Freunden widmen, ihnen einen Aperitif anbieten und ein paar Radieschen zum Knabbern. Oder Sie backen vorher kleine Blätterteigtaschen, die Sie mit Wurst, Tomaten oder Käse füllen.

Der bereits erwähnte Grimod hat einmal gesagt: *»Ein Gast, der länger als eine Viertelstunde auf sich warten läßt, ist kein Gourmand, sondern eher ein Flegel.«* Harte Worte – aber wer Stunden in der Küche für seine Meisterwerke verbracht hat, die dann durch Warten verderben, wird ihm beipflichten. Ich habe es mir zur Angewohnheit gemacht, pünktlich mit dem Essen zu beginnen und dem Zuspätkommenden nachzuservieren.

Stellen Sie von Anfang an Butter und möglichst Stangenweißbrot auf den Tisch. Gießen Sie kurz vor dem Servieren des jeweiligen Ganges den passenden Wein in die entsprechenden Gläser. Lassen Sie die einzelnen Gänge nicht zu rasch aufeinander folgen. Und bedenken Sie, daß für die Vorspeise und den Fischgang jeweils bis zu 15 Minuten für das Verspeisen einzurechnen sind (bei Krebsen auch mehr). Das ist wichtig für den Garpunkt Ihres Hauptgerichts, bzw. den Zeitpunkt, zu dem Sie Ihren Braten etc. in die Röhre schieben oder auf den Herd setzen müssen.

Servieren Sie den Salat nach dem Hauptgericht. Das Dressing verträgt sich geschmacklich zumeist nicht mit gutem Wein und auch nicht mit den Saucen der Speisen.

Zu einem guten Menü gehört die Käseplatte vor dem Dessert. Sie sollten unbedingt ausgereifte Käse servieren. Die Sortenvielfalt richtet sich ganz nach Ihrem Menü, nach Ihrem Geschmack und der Zahl Ihrer Gäste.

Zum Abschluß sollten Sie einen frisch gebrühten Kaffee mit etwas Kleingebäck, möglichst selbstgebacken, und dazu einen Cognac, Armagnac oder Calvados reichen. Damen mögen es oft süßer, z. B. einen Cointreau.

Bei den nun folgenden Menüs können Sie ganz nach Ihrem Geschmack auf den einen oder anderen Gang verzichten bzw. weitere einbauen. Es sind lediglich Vorschläge von mir.

Die in den Rezepten für die jeweilige Personenzahl angegebenen Zutaten sind immer für eine Zusammenstellung als Menü berechnet. Wenn Sie also ein einzelnes Rezept, z. B. ein Haupt- oder ein Fischgericht ohne Vorspeise und Dessert zubereiten möchten, können Sie die Mengen erhöhen.

Nicht nur bei Hauptgerichten, sondern auch beim Fisch finden Sie geeignete Beilagen – wenn Sie einmal Fisch als Hauptgericht servieren –, sonst sind Beilagen hier so gut wie nie nötig. Reichen Sie dazu Weißbrot.

An dieser Stelle möchte ich ein letztes Mal Grimod zitieren: *»Ein Gast, der es versteht zu leben, wird erst nach dem ersten Gang ein Gespräch anknüpfen.«* Er war ein großer Genießer, der sich wohl erst einstimmen lassen wollte. Ich meine, wenn wir mit unseren Freunden speisen, wird bereits lange vor dem ersten Gang Stimmung aufkommen und das Gespräch beginnen, und je weiter das Essen fortschreitet, immer lebhafter werden. Der Wein, den Sie servieren, wird daran nicht schuldlos sein. Und das Gespräch ist ja mit ein Grund, seine Freunde einzuladen und zu bewirten.

Dieses Kochbuch möchte ich mit einem Wort Escoffiers, des großen, hochbegabten Kochs, der von 1847–1935 lebte, schließen: *Eine gute Küche ist das Fundament allen Glücks.*

Menü-Vorschläge

Frühling

Wild-Terrine

Austern

Hähnchen in der Salzkruste
Kräuterkartoffeln, Austernpilze

Radicchio mit Sauce Vinaigrette

Mousse au chocolat

*

Räucherlachs mit Apfel-Meerrettichsahne

Doppelte Rinderkraftbrühe

Lammkeule
Kartoffelcrêpes mit frischem Ingwer
gedünstete Champignons

Eisbergsalat mit Zitronen-Vinaigrette

Rhabarber-Soufflé mit Ingwer

*

Champagnersuppe

Lachs mit Sauerampfersauce

Tauben, gefüllt mit Hähnchen-Mousse
Spargel

Erdbeeren Romanoff

*

Entenleber auf Spinatsalat

Seewolf in der Salzkruste
mit weißer Buttersauce

Tafelspitz mit Apfelkren und Schnittlauchsauce
Rösti

Erdbeeren in Madeira

Sommer

Melone, gefüllt mit Portwein

Getrüffelte Hecht-Mousseline mit Krebsen
auf Blattspinat

Kaninchen in Estragon

Kartoffel-Apfel-Auflauf
gedünsteter Rhabarber

Kopfsalat mit Äpfeln und Champignons
Rote Grütze

*

Crêpes, gefüllt mit Räucherlachs

Ente mit Feigen
Elsässer Nudeln

Blanchierter Wirsingsalat mit Wild

Johannisbeer-Sorbet mit Cassis

*

Feigensuppe

Zander in Trauben-Sauce

Wachteln, gefüllt mit Gänseleber
Artischocken- und Blumenkohlpüree

Heidelbeer-Pie

*

Drei pürierte Salate

Doppelte Hühnerkraftbrühe
mit Gemüseeinlage

Goldbrasse, gefüllt mit Sauerampfer

Kalbsnieren mit Steinpilzen
Serviettenknödel

Erdbeer-Blätterteig-Törtchen

Herbst

Feigen in Parma-Schinken

Krebse in Riesling

Rebhuhn mit Traubensauce
Kartoffelpüree mit Mandeln

Drei pürierte Salate

Leichtes Schokoladen-Mousse

*

Estragon-Suppe

Hechtklößchen in Krebssauce

Rehrücken
Spätzle, Pfifferlinge, Maronen-Püree

Orangen-Sorbet

*

Seeteufel-Salat

Gans in Cidre
Kartoffel-Kroketten, Sellerie-Püree

Feldsalat mit Speck und Walnüssen

Apple-Pie

*

Crêpes, gefüllt mit Champignon-Duxelles

Hummer mit kalter Avocado-Sauce

Kalbsleber mit Basilikum
Gebackene Kartoffeln
Gedünsteter Spinat

Sachertorte

Winter

Ententerrine mit Orangen
Sauce Cumberland

Austern in Champagner

Filet Wellington mit Sauce Périgord
Rosenkohl-, Blumenkohl und Selleriepüree

Mandel-Bavaroise

*

Bohnensalat mit Gänseleber und Trüffeln

Seezunge in Wermut

Fasan
Pistanzien-Kartoffeln
Karotten mit Weintrauben

Apfelstrudel

*

Getrüffelte Entenleber-Mousse

Steinbutt in Champagner

Kalbsragout im Blätterteighaus

Feldsalat Stroganoff

Mango-Sorbet

*

Avocado, gefüllt mit Krabben

Zwiebelsuppe

Sauerbraten mit Kartoffelpuffer
Rotkohl

Feldsalat mit Orangen und Nüssen

Schneeberg

Rezept-Register

Sach-Register